国家安全译丛
NATIONAL SECURITY 总策划 王吉胜

全新
中文译本

21世纪犯罪情报

公共安全从业者指南

CRIMINAL INTELLIGENCE FOR THE 21ST CENTURY

A Guide for Intelligence Professionals

执行主编
[美] 理查德·赖特（Richard Wright）
主　编
鲍勃·莫尔豪斯（Bob Morehouse）
[美] 玛丽莲·彼得森（Marilyn B. Peterson）
莉萨·帕尔米耶里（Lisa Palmieri）
马德辉◎译
王鹏 等◎校译

金城出版社
GOLD WALL PRESS

图书在版编目（CIP）数据

21 世纪犯罪情报：公共安全从业者指南 /（美）理查德 · 赖特（Richard Wright）等主编；马德辉译 .—北京：金城出版社，2017.1
（国家安全译丛 / 朱策英主编）
书名原文：Criminal Intelligence for the 21st Century: A Guide for Intelligence Professionals
ISBN 978-7-5155-1405-5

Ⅰ. ① 2… Ⅱ. ①理… ②马… Ⅲ. ①犯罪侦察－情报分析 Ⅳ. ① D918

中国版本图书馆 CIP 数据核字（2016）第 253318 号

21 世纪犯罪情报
21SHIJI FANZUI QINGBAO

作　　者　[美] 理查德 · 赖特（Richard Wright）等主编
译　　者　马德辉
校　　译　王　鹏　王　砚　等
策划编辑　朱策英
责任编辑　朱策英
开　　本　710 毫米 × 1000 毫米　1/16
印　　张　33.75
字　　数　552 千字
版　　次　2017 年 10 月第 1 版　2017 年 10 月第 1 次印刷
印　　刷　三河市百盛印装有限公司
书　　号　ISBN 978-7-5155-1405-5
定　　价　98.00 元

出版发行　**金城出版社**　北京市朝阳区利泽东二路 3 号　邮编：100102
发 行 部　(010)84254364
编 辑 部　(010)64271423
投稿邮箱　gwpbooks@yahoo.com
总 编 室　(010)64228516
网　　址　http://www.jccb.com.cn
电子邮箱　jinchengchuban@163.com
法律顾问　陈鹰律师事务所　(010)64970501

译　序

《21 世纪犯罪情报》全面、系统、深入地介绍了以美国为主的西方国家在犯罪情报工作上的过去、现在和未来，论述了犯罪情报工作的思想、流程、方法、工具和实践，具有国际性、权威性、理论性、实践性和史料性等重要特征，是一部放眼国际、站位高远、影响深广的经典著作。

本书的最初版本为 1971 年出版的《情报的基本要素》一书，历经 40 年打磨、3 次全面修订（1976、2000、2010 年）和多次小修订。其最新修订版由全球 25 位经验丰富的犯罪情报专家共同编撰，并经执法情报单位协会（Association of Law Enforcement Intelligence Units，LEIU）和国际执法情报分析师协会（International Association of Law Enforcement Intelligence Analysts，IALEIA）两大国际组织联袂推出。在犯罪情报类著作中，其修订时间之久长、作者阵容之强大尚不多见。

《21 世纪犯罪情报》内容丰富，逻辑清晰，史料翔实，案例适用。正文涵盖了犯罪情报工作的历史发展、法律问题、情报单位人员配备、情报单位管理、情报规划和指导、情报搜集、数据整理和评估、情报分析和综合、情报传递、报告写作原则、情报应用、情报计划、情报行动效能评估、情报培训、情报安全、应用软件、网络、组织和资源、未来挑战等 18 个主题。附录则摘选了执法情报单位协会等组织关于犯罪情报工作的指南、法规、标准、资源、审计和评估等多篇原始材料。在理论上，该书揭示了犯罪情报工作的基本规律；在实践上，该书提供了犯罪情报工作的方法工具。书中相关内容，不仅对我国公安工作具有一定的参考价值，而且对防范泄密、信息安全、国家安全等工作也具有积极的借鉴意义。

本书的翻译得到了北京大学信息管理系王延飞教授、中国科技信息研究所陈峰研究员的帮助，还离不开我家人的支持和理解。北京大学信息管理系学生王伟、张帆等（第 3、4、14、15、17 章及附录 F），中国科技信息研究所硕士研究生耿哲、李伟（附录 A、D），南京大学信息管理学院硕士研究生魏雅雯（第 10 章），中国人民公安大学教师田华伟博士（第 12 章第 12.1、13.3 节及第 13、16 章）、肖延辉博士（第 11 章），中国人民公安大学公安情报学专业硕士研究生黄紫斐（附录 B、C）、朱胜楠（第 12 章第 12.2 节）、陈祥辉（附录 E），以及哈尔滨工业大学学生马玥莹（第 11 章第 11.5 节），他们分别参与了上述章节的初步翻译，在此一并表示衷心感谢。其余章节的翻译及全书校译和统稿均由中国人民公安大学教师马德辉博士承担。全稿完成后，又经王鹏等人的通读译校。

本书英文版作者众多，篇章结构、编排体例甚至文字格式也很难统一，我们的译文尽量与原版保持一致，不硬性改变。在译校过程中，我们对书中的组织机构、专有名词、法律判例、历史事件、地理名称以及相关数据进行了全面考证和深入研究，补充了大量注释，并在不改变著作原意的前提下，对原书中一些明显的错误做了修订。需要特别指出几点：（1）原书中有些地理名称非真实地名，为不影响读者对原文的理解，译文采取直接翻译的方式处理；（2）在原书特别是附录中，由于不同机构对保密级别的界定有所不同，英文表述各异，所以，译文尊重不同机构的原始界定和密级涵义；（3）原书反映了西方执法人员的政治立场和观点，从保持原貌考虑，中文版未作删减，请读者注意加以甄别。最后，由于译者水平和时间所限，纰漏之处不可避免，诚请广大读者批评斧正。

马德辉

2017 年 8 月

目录

前　言

2000 年，国际执法情报分析师协会（IALEIA）和执法情报单位协会（LEIU）共同出版了**《情报 2000：修订的基本要素》**（*Intelligence 2000: Revising the Basic Elements*）一书。该书是实战人员撰写的一部综合性文集，以飨对情报技艺感兴趣的读者。该书重点对 1971 年和 1976 年版的**《情报的基本要素》**（*Basic Elements of Intelligence*）进行了更新。

如今，10 年过去了，国际执法情报分析师协会和执法情报单位协会非常欣慰地呈献一部更新、修订和扩充的出版物，书名为**《21 世纪犯罪情报》**（*Criminal Intelligence for the 21st Century*）。虽然书中有些文章是对《情报 2000》中原文的修订，但大多数文章都是全新的。该书讨论了过去 10 年执法情报领域发生的诸多变化；收录了各相关领域专家撰写的 27 篇文章，论述了情报领域的不同方面，包括基本职能、各种应用以及情报计划等内容。

没有众多作者的自愿奉献和专注努力，本书不可能得以完成。我们感谢他们乐意分享专业知识。特别感谢执法情报单位协会的记录秘书米歇尔·帕纳伊斯（Michele Panages）以及加利福尼亚州司法部的犯罪情报专家安·休伊特（Ann Hewitt），感谢她们对本书的审读、版面设计和最终编辑。

我们衷心地期冀读者能够从本书积累的知识中获益，并帮助您提升管辖范围内公共安全的能力和水平。

此致

里奇·马丁内斯

国际执法情报分析师协会主席

范·戈德西

执法情报单位协会总会长

[第 1 章]

犯罪情报在执法中的作用

鲍勃·莫尔豪斯

1.1 引言

特别是自 2001 年“9·11 事件”以来，犯罪情报在执法工作中发挥着举足轻重的作用，并且需求巨大。对于一个机构而言，能否有效地利用情报流程决定着其工作的成败。从地方到联邦，再到国际机构，情报可以支撑每一个机构内的一系列广泛活动。尤其是在当前，由于信息非常丰富——有人会称之为信息过载——并且经常混淆或矛盾，所以，情报能够为提高警务工作的效率指明方向。

当我们步入之前被称为“新千年”的第二个 10 年之时，执法界（Law Enforcement Community）有机会再次重新审视并更新对情报流程的观点。执法情报指南源于 1971 年 E. 德雷克塞尔·戈弗雷（E. Drexel Godfrey）和唐·R. 哈里斯（Don R. Harris）撰写的《情报的基本要素》一书，该著作由执法援助管理局[1]出版。1976 年，唐·R. 哈里斯对该书进行了修订。2000

[1] 译注：执法援助管理局（Law Enforcement Assistance Administration，LEAA）是隶属于美国司法部的联邦机构，负责管理针对州和地方执法机构的联邦基金。该机构是根据《1968 年综合罪案控制和街道安全法》（Omnibus Crime Control and Safe Streets Act of 1968）成立的，1982 年被撤销。其前任机构为执法援助办公室（Office of Law Enforcement Assistance，1965—1968），继任机构为司法援助、研究和统计办公室（Office of Justice Assistance, Research, and Statistics，1982—1984），从 1984 年起更名为司法计划办公室（Office of Justice Programs，1984—）。司法计划办公室为美国犯罪情报工作的发展做出了重要贡献，包括联合制定《融合中心指南》等。

年，执法情报单位[1]和国际执法情报分析师协会整合资源，由玛丽莲·彼得森（Marilyn B. Peterson）任执行主编，理查德·赖特（Richard Wright）与鲍勃·莫尔豪斯（Bob Morehouse）任副主编，编辑出版了**《情报 2000：修订的基本要素》**（简称**《情报 2000》**）。《情报 2000》的章节由来自三大洲的情报官和分析师撰写，对**《情报的基本要素》**的概念进行了更新和拓展。当前这一版本的工作正是基于那次拓展。本章将概述情报的历史及其如何被执法界逐渐接受，浅析犯罪情报的价值、使命陈述需求、战略情报和战术情报，并对情报流程进行简要描述。

1.2 情报的含义

对提升执法机构理解犯罪环境和打击犯罪集团的能力而言，有效利用犯罪情报单位（Criminal Intelligence Unit）是至关重要的。情报单位可以为执法机构提供知识和建议，以便有效管理其资源。通过适当的任务，情报单位将协助制订战略计划，以应对未来的挑战。

犯罪情报（Criminal Intelligence）是一个涉及规划和指导、搜集、评估、整理、分析、传递以及再评估犯罪嫌疑人和（或）组织信息的过程（Harris 1976: 1-8[2]）。犯罪情报为执法当局建立主动应对罪案的机制提供知识，使执法机构能够识别和理解辖区内犯罪集团的活动（Aumond 1998: 35-36）。一旦识别出犯罪集团，掌握了其习惯，执法当局就可以开始评估当前的罪案趋势，预测并可能预防未来的犯罪活动。犯罪情报也可以为做出决策和选择合适的目标（犯罪主体、犯罪集团、企业）进行调查提供知识。犯罪情报不仅可以用来辅助调查、监视行动以及案件起诉，也可以为执法机构提供有效管理资源和预算的能力，使它们得以履行预测社区威胁以预防罪案的

[1] 译注：执法情报单位 1956 年成立，2008 年正式更名为执法情报单位协会。参见第 17 章第 17.21 节。

[2] 编注：这里的英文姓氏和数字，指本章章末的参考文献作者、出版时间及页码，是国外参考文献的著录格式，既可以是个人作者（有英文姓氏），也可以是团体作者（如 CIA 等），后者没有英文姓氏。后同。

职责。

刚进入 20 世纪之时，“有组织犯罪”成为了黑手党[1]的代名词。然而，今天有组织犯罪的图谱里已包含了许多新的犯罪集团。其中，这些新犯罪集团大多具有完善的组织结构，就像黑手党家族一样，其形成的目的就是为了获得权力和财富。这些犯罪集团包括亡命摩托帮、基于民族或种族的犯罪组织、毒品集团以及无数的街头黑帮。当然，还有白人至上主义、动物权利、民兵以及反政府等各种犯罪极端集团。

所有犯罪集团都涉及一项或多项持续的犯罪活动，如赌博、卖淫、盗窃、贩毒、勒索、欺诈和谋杀。一些犯罪集团正在使用先进技术支持其犯罪活动。过去几年，互联网资源的爆炸增长为罪犯骗取钱财打开了方便之门，并且对于执法而言，不断升级的高技术犯罪是一个具有挑战性的竞技场。

犯罪情报在执法中发挥着重要作用，因为在查明社区的犯罪活动以及对预防犯罪采取明智的判断和措施方面，它是一个经过验证的工具（Wright 1998: 9-10）。犯罪组织和主体变得越来越老练，执法面临的挑战是应对与日俱增的复杂形势，目的是减小犯罪活动对社会的影响，因为我们的最终目标是从根本上预防罪案的发生。

为了完成上述目标，执法机构需要积极进取的、综合性的战略，来遏制有组织犯罪集团的威胁。在任务明确并被有效使用的情况下，犯罪情报是执法军械库中一件重型武器。犯罪情报的搜集、分析和传递将为执法机构装备用以减少或预防罪案的必备知识。

1.3 美国警务情报的历史焦点

情报最初是军事活动的一种工具。早在圣经时代，中国古人就已经在军事行动中使用情报了。在美国，独立战争期间，乔治·华盛顿（George

[1] 译注：黑手党（La Cosa Nostra 或 Mafia）最早起源于 19 世纪中叶的意大利西西里岛。19 世纪末，黑手党的势力延伸到美国东岸和澳大利亚。在北美地区，黑手党通常是泛指意大利人组成的犯罪组织，但成员不只限于西西里岛人。

Washington）利用情报搜集英国军队调动的信息。从独立战争开始后，许多美国政府机构也使用情报手段，获取其他国家政府的情报（CIA 2000a and 2000b）。

第二次世界大战之前，美国不同的联邦机构相互独立、各自为政地搜集军事情报。二战期间，很显然，情报的搜集、处理需要建立在协调政府各部门的基础之上。为减少重复工作和不同政府部门情报中相互矛盾的信息，联合陆军海军情报研究计划（Joint Army Navy Intelligence Studies，JANIS）产生了，专门履行情报协调职能（CIA 2000a and 2000b）。

"珍珠港事件"之前，富兰克林·D. 罗斯福（Franklin D. Roosevelt）总统已经关注到美国情报工作的缺陷，并让一名纽约律师——威廉·J. 多诺万（William J. Donovan）提出一项建立情报机构的提案。1942 年 6 月，由于多诺万的提议，战略情报局（Office of Strategic Services，OSS）得以建立，向决策者提供情报。1945 年 10 月，战略情报局被撤销，其职责由国务院和战争部接管。随后，多诺万提议成立一个能够提供情报、确定国家情报目标及关联政府机构情报工作的组织。然而，这一提议却遭到了想保持军事和民事情报相互独立的政府机构的强烈批评。在权衡多诺万的提议和政府部门的关切之后，哈里·S. 杜鲁门（Harry S. Truman）总统在 1946 年建立了中央情报组（Central Intelligence Group）。在国家情报局 [1] 的指导下，中央情报组是协调现有政府部门情报工作的机构之一。中央情报组的主要作用是对现有部门情报工作的补充。中央情报组仅存续了很短暂的时间，1947 年 9 月就被撤销了（CIA 2000a and 2000b）。

二战后，基于更全面的、世界范围的政治和军事目的，美国有必要进行持续、协调的情报搜集。中央情报局（Central Intelligence Agency，CIA）应运而生，于 1947 年 6 月成立，并于 9 月开始工作。中央情报局的大部分职责是由《国家安全法》（National Security Act）确立的，而《国家安全法》是

[1] 编注：国家情报局（National Intelligence Authority），是美国 1942 年 1 月由国务卿、战争部部长、海军部部长和总统私人代表（相当于现在的总统幕僚长）组成的一个机构，主要是监督、指导中央情报组的工作。此机构常与一个从不存在的机构 National Intelligence Agency（常译作国家情报局）弄混。

紧随多诺万的提议和成立中央情报组的总统指令而出台的。1947年10月，联合陆军海军情报研究计划的职责移交给中央情报局，并由和平时期情报工作的国家情报调查（National Intelligence Survey）计划取代（CIA 2000a and 2000b）。中央情报局只是众多搜集情报信息的联邦机构之一。另外一个机构，1946年成立的情报研究局（Bureau of Intelligence and Research，INR），是国务院对全球发展进行诠释分析的主要情报源。通过利用全源情报，情报研究局为国务院决策者提供增值的、独立的事件分析，以确保情报活动支持外交政策和国家安全目的；并且情报研究局还是国务院确保对敏感的反情报和执法活动进行政策审查的焦点所在。情报研究局的首要任务是利用情报为美国外交政策服务，该局也分析地理和国际边界问题，其部分目的是向国务卿提供及时客观的评估，而不受政策处方和偏好的影响。情报研究局的授权令是告诉政策制定者：他们需要知道什么，而不是他们想听到什么。

执法情报的发展

民事执法使用情报是近代才发展起来的。直到20世纪初，执法当局才开始发展犯罪情报，但对打击犯罪集团的犯罪情报的实用性接受较为缓慢。逐渐地，犯罪情报作为打击犯罪的一个有效工具获得了认可。历经20世纪大部分时间后，犯罪情报才获得广泛接受。从20世纪初到50年代，犯罪情报仅仅是在被非常有限度地使用。20世纪下半叶，当被证明是打击有组织犯罪的有效执法工具时，犯罪情报方获得更多承认。

执法活动中第一次也是最著名的一次使用情报是对“黑手党”（Black Hand Society[1]）的行动（New York City Police Dept. 2000a and 2000b）。20世纪早期，犯罪情报在解决纽约意大利移民被黑手党谋杀的问题上发

[1] 译注：在本段中的黑手党特指19世纪末20世纪初美国黑帮 Black Hand，美国媒体称之为 Black Hand Society。19世纪80年代，Black Hand 这一英语术语专门指意大利南部移民在美国建立的敲诈勒索组织。进入20世纪，该组织的行动牢固地建立在诸如纽约、新奥尔良、芝加哥等大城市的意大利裔美国人社区，在纽约大约90%的意大利移民都受到了威胁。20世纪20年代中期，在一波负面的公众舆论之后，黑手党在美国的活动开始转入地下，逐渐演变为各种形式的黑社会组织。

图 1–1　朱塞佩·彼得罗西诺

挥了一定作用。黑手党是一个松散的犯罪组织，在纽约市区活动并勒索意大利移民的钱财，其成员包括美国和意大利人。纽约市警察局（New York City Police Department）朱塞佩·彼得罗西诺（Guiseppe Petrosino）警督（Lieutenant）[1] 对 1905 到 1909 年 4 年间黑手党的情况进行了调查。这次调查导致了 500 人被驱逐，数以千计的人被逮捕，并使针对意大利移民的犯罪下降了一半。不幸的是，后来，在意大利巴勒莫市（Palmero, Italy）进一步搜集黑手党成员信息时，彼得罗西诺警督惨遭杀害（New York City Police Dept. 2000a and 2000b）。

20 世纪 20 和 30 年代，美国和加拿大的执法机构对犯罪情报的利用十分有限。到了 40 和 50 年代，执法机构和政府官员开始变得更有动力去建立情报单位，以遏制有组织犯罪的发展。1950 年的基福弗听证会（Kefauver Hearings）使“黑手党”（Mafia）成为了一个家喻户晓的名词，也进一步强调了利用情报打击黑手党犯罪集团的必要性（Peterson 1994: 1-11）。

罪犯开始四处流窜，在所到之处疯狂作案。1956 年，执法情报单位成

[1] 译注：由于美国是联邦制国家，各州法律不同，所以警察没有全国统一的警衔，各州自行其是，大都把职务和警衔等融为一体。纽约警察局（NYPD）警衔包括：警员（Officer）、警探（Detective）、警司（Sergeant）、警督（Lieutenant）、警监（Captain）、副高级警监（Deputy Inspector）、高级警监（Inspector）、副总警监（Deputy Chief）、助理总警监（Assistant Chief）、处总警监（Bureau Chief）、局总警监（Chief of Department）等。纽约警察局最高首长并不是局总警监，而是警察专员（Police Commissioner），警察专员之下还有若干副警察专员（Deputy Police Commissioner，包括 1 名第一副警察专员 [First Deputy Police Commissioner]）。警察专员与副警察专员均为文职，所以，并不算警衔，而作为纽约警察局警衔最高的局总警监，行政地位要低于警察专员和副警察专员。

立，由 26 个州和地方执法机构组成，其成员间可相互交换关于有组织流窜犯的秘密犯罪信息。今天，规模已扩大至 3 个国家的大约 240 个成员单位，在促进职业信任、培训、诚信和交流，在法律和道德范畴内推动执法机构间共享和使用犯罪情报信息等方面，执法情报单位协会仍然是国际上唯一具有此类性质的组织。

- **信任**——信任是分享秘密信息的关键要求。通过筛选申请者，维护法律和道德标准，提供会议交流机会，就共同利益主题协同犯罪调查等方式，执法情报单位协会在其成员间推动互信关系的形成。
- **培训**——执法情报单位协会每年举办培训研讨会，主办本地和区域培训班，发表相关主题的文章和出版著作，为成员单位发展和评估犯罪情报单位提供帮助。
- **交流**——执法情报单位协会为犯罪情报交流提供便利，主要手段包括为成员颁布已制定的情报传递标准，提供包含反有组织犯罪、黑帮和恐怖主义的人员的个人联系号码的会员资格名单，以及通过区域信息共享系统（Regional Information Sharing System，RISS）访问计算机数据库。
- **诚信**——执法情报单位协会坚持认为，诚信是所有犯罪情报单位运行的关键组成部分。缺乏诚信，在机构间或其所服务的选区民众间就缺乏相互信任。

执法情报单位协会已经建立了执法机构中犯罪情报搜集、维护及传递的职业标准。该协会是倡议平衡执法需求和个人宪法权利的领导者，其使命是在犯罪情报界提供领导和促进专业精神，以保护公共安全和宪法权利。自从执法情报单位协会成立以来，加利福尼亚州司法部（California Department of Justice）一直担任中央协调机构（Central Coordinating Agency）。

《反有组织犯罪及腐化组织法》对情报的影响

20 世纪 60 年代后期，美国地方执法机构开始出现情报单位（Intelligence Unit）。1967 年，总统有组织犯罪委员会（President's 1967 Commission on

Organized Crime）支持在执法中使用犯罪情报（Peterson 1994: 1-11）。该委员会的工作是《反有组织犯罪及腐化组织法》（Racketeering Influenced and Corrupt Organization，RICO）这一联邦立法产生的基础。在识别有组织犯罪业务及其程度和影响方面，1970 年通过的这项立法是一个重要的里程碑，但当时在打击有组织犯罪的联邦措施上一直毫无建树。在《反有组织犯罪及腐化组织法》通过后，该法的效力并没有完全得以理解，而且在生效后将近 10 年内并未被使用。然而，当联邦执法当局和检察官开始认识到其深远潜力时，它开始发挥巨大的影响。

20 世纪 80 年代早期，《反有组织犯罪及腐化组织法》最早成功应用在对有组织犯罪成员的定罪，可对其组织造成沉重打击。这点很重要，因为有组织犯罪不同于个体犯罪，在很大程度上，前者对政治和经济生活的影响比后者更具威胁。《反有组织犯罪及腐化组织法》的效力体现在，通过查明和起诉非法组织和它们的经济基础以及单个罪犯，进而把有组织犯罪定为打击目标。这是控制有组织犯罪非常有效的一个工具。（Pennsylvania Crime Commission 1990:17-19）

为保证这类控制措施的效果，一种叫作“企业式有组织犯罪集团理论”（Enterprise Theory）[1] 的调查方法得以开发（Pennsylvania Crime Commission 1990: 17-19），并首先由联邦调查局（FBI）在 20 世纪 80 年代初期开始使用，后来被逐渐推广至其他执法机构。该方法寻求的是随时间推移的犯罪行为模式，而不仅仅是着眼于单个人在某一时刻的单一行为。该方法需要调查犯罪行为的总范畴以及犯罪组织的大小和范围。企业式有组织犯罪集团调查方法有 3 重目标。第一，把组织的业务或“企业式有组织犯罪集团”本身作为目标，而不仅仅是操纵组织的个人。其意图是扰乱组织业务，以达到摧毁或使其接近瘫痪的地步。第二，把组织的领导层以及那些参与业务或

[1] 译注：该调查方法的正式名称为“企业式有组织犯罪集团调查理论”（Enterprise Theory of Investigation，ETI），是 FBI 用于调查重大犯罪组织的标准调查模型。该方法鼓励主动攻击企业式有组织犯罪集团的结构，现已成为执法军械库中的一个强大工具。企业式有组织犯罪集团典型的有巴尔干犯罪集团（Balkan Criminal Enterprises）等。

从业务交易中牟利的人作为目标。第三，通过确定企业式有组织犯罪集团（Criminal Enterprise）[1] 变卖的资产抓捕他们，将利润从犯罪集团剥离。

20 世纪 80 年代，执法当局首先利用《反有组织犯罪及腐化组织法》的威力作为起诉武器。为了有效地使用该法，执法机构需要理解有组织犯罪的组织结构和业务活动。从 1970 年该法通过到 80 年代早期，执法领域建立了定罪所需的犯罪情报基础和专业知识体系。在证明一个组织内是否存在企业式有组织犯罪集团模式，确定责任人，以及查封资产等方面，这一理解是至关重要的。

20 世纪 80 年代，运用《反有组织犯罪及腐化组织法》具有里程碑意义的案例就是打击黑手党委员会（Mafia Commission）（Lindberg 2000）。由于从事某种形式的、违反联邦《反有组织犯罪及腐化组织法》的敲诈勒索犯罪活动，1986 年，纽约的五大黑手党家族 [2] 首领被绳之以法。五大首领的锒

---

[1] 译注：企业式有组织犯罪集团（Criminal Enterprise），FBI 将其界定为具有确定的等级结构，或类似的结构，从事重大犯罪活动的集团。这些组织往往从事多个犯罪活动，并拥有广泛的支持网络。有组织犯罪（Organized Crime）与企业式有组织犯罪集团（Criminal Enterprise）类似，并经常用作同义词。然而，各联邦犯罪（刑事）法规具体界定了一个需要被证明的企业式有组织犯罪集团的要素，以便根据这些法规对个人或集团定罪。《反有组织犯罪及腐化组织法》（RICO）和《美国法典》第 18 编第 1961 节第（4）条（Title 18 of the United States Code, Section 1961[4]）将一个企业式有组织犯罪集团界定为“任何个人、合作伙伴、公司、社团或其他合法实体，以及虽然不是合法实体，但事实上相关联的任何联盟或团体。《持续企业式有组织犯罪集团法规》（Continuing Criminal Enterprise Statute）或《美国法典》第 21 编第 848 节第（c）条第（2）款（Title 21 of the United States Code, Section 84 [c][2]）将一个企业式有组织犯罪集团界定为“有 6 个或更多个人组成的集团，其中，相对于其他 5 个人，6 人中的 1 人占有组织者职位、主管职位或任何其他管理职位，并且该集团产生可观的收入或资源，并从事持续地违反《美国法典》第 21 编第 13 章第 I 和 II 分章（Subchapters I and II of Chapter 13 of Title 21 of the United States Code）的系列犯罪”。（源自 FBI 网站的术语解释：*https://www.fbi.gov/about-us/investigate/organizedcrime/glossary*）另外，在本书附录 B.4“全球情报工作组犯罪情报培训最低标准”的犯罪情报术语表（2007 年 10 月）中，Continuing Criminal Enterprise 和 Enterprise 这两个术语引用的就是《反有组织犯罪及腐化组织法》和《美国法典》第 18 编第 1961 节第 (4) 条的解释。

[2] 译注：20 世纪 30 年代，黑手党已发展成为美国黑社会中一个完整的组织。从 50 年代开始，美国黑手党已颇具规模，派系林立，控制美国黑手党的许多黑社会独立集团已遍

铛入狱极大地削弱了黑手党委员会。虽然黑手党委员会依然存在，但它已不能继续发挥之前的影响。成功检控和没收资产的组合拳使这一有组织犯罪集团遭到失能打击，致使美国黑手党逐步走向衰败。

今天，《反有组织犯罪及腐化组织法》仍是执法界最强大的单一武器，使联邦执法当局能够有效打击有组织犯罪集团，而不仅仅是参与犯罪活动的歹徒。该法意味着，不再需要个人的具体罪行或犯罪活动进行定罪，仅凭业务运作中的敲诈勒索行为模式，检察官就能提供可以定罪的证据。

情报基础建设

1971 年，**《情报的基本要素》**一书第 1 版问世。之后不久，加利福尼亚州司法部和新泽西州警方开始在它们的情报计划中使用分析技术。1976 年，《情报的基本要素》被修订，情报分析能力培训开始在全美进行。执法管理人员和分析师开始学习关联分析、电话记录分析、事件分析、金融分析和可视化调查分析等基础知识，以及其他可用于分析的相关工具。到了 20 世纪 80 年代，情报分析更是广为人知，并且开始被用于联邦、州、地方各级的案件中。随着程序易操作化的发展，计算机开始用于信息的汇编，使得快速处理、存储和检索信息成为可能（Peterson 1994: 1-11）。

出于预测和预防有组织犯罪集团活动的需要，犯罪情报在执法界得以继续发展。执法官需要预警未来犯罪趋势和活动的信息，以便做出决策及打击犯罪集团。基于决策者的需求和维护法律与秩序的需要，犯罪情报开始成为广泛用于打击犯罪组织的有效工具。

1973 年，在联邦政府的资助下，有助于情报分析发挥更大作用的区域信息共享系统开始在区域有组织犯罪信息中心运行。该系统计划把提供分析产品作为一项服务——使用复杂的计算机程序辅助分析信息，为执法当局提供分析报告。区域信息共享系统由 6 个区域中心构成，每个区域中心选择自己

布全国各大城市。美国五大黑手党家族包括：甘比诺家族（Gambino crime family）、杰诺维塞家族（Genovese crime family）、波纳诺家族（Bonnano crime family）、卢凯塞家族（Luchese crime family）以及科洛博家族（Columbo crime family）。

的目标罪案，为成员单位提供一定范围内的服务（Bureau of Justice Assistance 1999: v）。大多数成员单位是市、县机构，但也包括州和联邦机构在各地的办事处。截至 2009 年年底，成员数已超过 8500 个机构。一旦执法当局发现区域中心生产的分析产品有用，更多的执法机构便开始建立它们自己的情报单位（参见第 17 章“网络、组织和资源”）。

1981 年，国际执法情报分析师协会成立，其目的是增进理解，培育职业精神，以及运用情报。2010 年，这一组织已拥有 50 多个国家的 2000 多个会员。

国际执法情报分析师协会会员包括分析师、宣誓就职的执法官员、执法机构行政官员、情报官员、军人、融合中心与国土安全人员、学生、教授，以及来自证券、反欺诈、海关、边境机构的从业人员。会员汇聚在一起，可以实现以下目标：

- **倡导**——国际执法情报分析师协会团结会员，增进公众和官员对犯罪情报分析及其作为一种职业作用的理解。
- **培训**——国际执法情报分析师协会设计概念、标准和培训课程，为世界各地的分析师提供基本的分析师培训。
- **认证**——国际执法情报分析师协会具有职业资格标准和能力指标，负责管理一项专业的国际认证项目。1991 年，该协会通过与认证犯罪分析师协会（Society of Certified Criminal Analysts，SCCA）合作，设立了一个执法分析师项目。其后，国际执法情报分析师协会借鉴并采用了认证犯罪分析师的认证流程。国际执法情报分析师协会分析师认证项目（IALEIA Analyst Certification Program）的结构是为了鼓励相关人士接受继续教育，衡量其知识和技能，以及帮助他们实现从优秀到卓越的提升。
- **交流网络**——在世界各地众多的地区分会，国际执法情报分析师协会都会定期安排会议、培训以及演讲嘉宾进行交流。通过为会员及时提供对该领域产生影响的机遇和问题的相关信息，该协会可培养见多识广的职业分析师。此外，该协会官方网站（*www.ialeia.org*）有几种语言，为国际交流提供了机会和便利。

· **职业化**——在犯罪情报分析从业者中，国际执法情报分析师协会强化职业精神、竭诚服务以及诚实正直的理念。

· **研究**——国际执法情报分析师协会鼓励关于犯罪情报分析和分析流程的研究，并资助此类研究。

为打击目前在世界各地运作的犯罪组织，人们迫切需要将犯罪情报提升至国际水平。有组织犯罪已经真正成为全球化问题。正如国家战略信息中心（National Strategy Information Center）的罗伊·戈德森（Roy Godson）和威廉·奥尔森（William Olson）在1993年的一份报告中所表述的那样，这些有组织犯罪集团是一种国际安全威胁，是全球不可治理性问题的主要因素（1993: i）。

今天，在打击国内甚至是全世界范围内各种犯罪集团有组织活动的工作中，犯罪情报是关键所在。这些犯罪集团行动诡秘，犯罪方法和实践日益复杂，并寻求权力和财务回报。所以，犯罪情报从业者必须与时俱进，掌握不断发展的技术，满足日益增长的需求，恰当地阐释情报，以预防罪案及预测未来趋势，从而使决策者能够正确管理他们的资源。

1.4 国家犯罪情报共享计划

2001年9月11日，恐怖分子袭击了美国，造成近3000名无辜者失去了生命。这一悲惨事件之后，对国家犯罪情报共享计划（National Criminal Intelligence Sharing Plan，NCISP）的需求显得极为紧迫。这一事件促使美国执法机构同心协力地开展工作，纠正影响信息和情报共享的不足并清除障碍，以预防未来再次发生悲剧。

2002年春，参加国际警察首长协会（International Association of Chiefs of Police，IACP）犯罪情报共享峰会（Criminal Intelligence Sharing Summit）的执法高管和情报专家们意识到，他们代表的地方、州、部落、联邦执法机构和组织必须朝着一个共同的目标努力。这一目标就是，各个机构各自搜集信息、生产情报，并且与其他执法和公共安全机构共享情报。峰会与会者呼吁，建立一个全国协调性的犯罪情报协调委员会，该委员会负有制定和监督国家情报计划之责。为响应这一迫切需要，美国司法部宣告成立全球司法信息共享倡议（全球）情报工作组（Global Justice Information Sharing Initiative [Global] Intelligence Working Group）。地方、州以及部落的执法代表是制订国家情报共享计划的关键参与者。

具有情报搜集和评估责任的多数州执法机构及所有联邦机构，在组织内已建立了情报职能（Intelligence Function）。然而，美国大约 75% 的执法机构平均只有不到 24 名正式宣誓的警官，并且通常情况下，这些机构没有人员从事情报职能。在这些规模较小的地方机构，警官们每天都与其所巡逻的社区公众打交道。为地方机构提供开发、搜集、访问、接收和共享情报信息所需的工具和资源，对改善公共安全和国土安全至关重要。

2003 年，时任总统乔治 · W. 布什（George W. Bush）承诺，让信息共享成为国家反恐怖战争的重要工具。“在全国范围内，我们将把恐怖信息和地方信息库捆绑在一起，以便反恐前线变得鲜活、真实起来，而且这一前线的成员就是地方执法警官。我们期待他们成为我们努力的一部分，我们必须为他们提供从事本职工作的必要工具。”国家犯罪情报共享计划是执法机构用来支持他们打击犯罪和维护公共安全的一个关键工具。以下引自时任美国司法部部长约翰 · 阿什克罗夫特（John Ashcroft）2004 年 5 月在国家犯罪情报共享计划全国启动仪式上的讲话：“这项计划意味着，执法界决心担当起确保把无论是犯罪还是恐怖主义的点连接起来的责任。这项计划是执法机构前所未有的努力的结果，在司法部强有力的支持下，将通过更好的情报分析和共享来加强国家安全。”（Executive Summary: National Criminal Intelligence Sharing Plan; Revised August 2005）国家犯罪情报共享计划执行摘要可参见本书附录 E。

1.5 美国国土安全部的成立

2002 年 11 月，美国总统乔治 · W. 布什签署《2002 年国土安全法》（Homeland Security Act of 2002），由此成立了内阁级的美国国土安全部（U.S. Department of Homeland Security，DHS）。国土安全部的使命是在美国国内预防恐怖袭击，降低美国对恐怖主义的脆弱性，最大限度地减小损失，协助美国从恐怖袭击中复苏。几个原有的联邦机构被合并到国土安全部，这些机构包括美国海关和边境保护局（United States Customs and Border Protection）、海关和移民执法局（United States Customs and Immigration Enforcement）、运输安全管理局（Transportation Security Administration）、联邦紧急事务管理局（Federal Emergency Management Administration）、海岸警卫队（United States Coast Guard）、特勤局（United States Secret Service）以及其他几个机构。在国土安全部内部，情报和分析办公室（Office of Intelligence and Analysis，I&A）成立，充当州和地方执法（和其他国土安全合作伙伴）机构以及美国情报界（U.S. Intelligence Community）之间的桥梁。该办公室部署在全国各地的情报官不仅支撑着全国范围的情报需求，而且提供培训和指导，以支持情报循环。

融合中心

国家犯罪情报共享计划中的主要建议之一就是成立一个小组，以长期监督和协助该计划的实施。2004 年 5 月，犯罪情报协调委员会（Criminal Intelligence Coordinating Council，CICC）正式成立。其目的是，就充分利用犯罪情报保卫国家的安全，向美国国会、司法部长以及国土安全部部长提供建议。要想和地方参与的想法保持一致，犯罪情报协调委员会应由来自地方、州、部落和联邦机构以及国家执法组织的代表组成，这一点很重要。

当各机构开始实施国家犯罪情报共享计划这一进程时，很显然，共同的努力可以促成更快地共享信息、利用资源。随着这些联合的国土安全倡议不断成熟和发展，“**融合中心**”（Fusion Center）这一术语便开始被采用。在

2004年和2005年，几个州和较大的城市都开始着手推动融合中心的发展。当越来越多的融合中心在全国各地建立后，显而易见的是，某种结构或形式应该到位，以便协调一致和有效地运行。

作为美国司法部司法援助局司法计划办公室（Bureau of Justice Assistance, Office of Justice Programs, U.S. Department of Justice）、美国司法部全球司法信息共享倡议、美国国土安全部，以及来自地方、州、部落和联邦机构的无数执法专家共同努力的部分成果，融合中心指南得以制定，并于2006年8月发布。（参见第12章12.2“融合中心”，获取融合中心这一概念的历史、发展和现状等细节。）

1.6 犯罪情报的使命

犯罪情报总的使命，是培养对参与犯罪阴谋的个人和集团的认知，了解其如何运作，描述其当前活动，并预测其可能采取的未来行动。为了指导情报专业人员搜集情报信息，情报单位需要明确的任务。一份使命陈述（Mission Statement），可以帮助确定情报官搜集和分析信息的范围及内容的重点。所以，一个明确的使命有助于开发有用的情报信息。（参见第4章“情报单位管理”）

帮助领导决策

情报使命的一个重要组成部分，就是支持机构首席执行官（CEO）的决策行为（Harris 1976: 1-8）。任何执法机构的终极目标都是预防罪案。为了做到这一点，首席执行官必须了解在自己管辖范围内的犯罪集团全貌，包括犯罪集团的成员、优势、影响、犯罪嗜好以及未来可能的行动。他（她）还应该注意到哪些组织未来会受到犯罪集团的渗透。除此之外，首席执行官应该保持警觉并制订相关计划，以预防未来的企业式有组织犯罪集团。为此，首席执行官需要确保情报产品源源不断地提供给他（她）；并且，他（她）必须明确与情报单位交流沟通情报的需要，并支持对方的工作。没有决策者积极参与到这一过程，情报循环便无法成功实施。由于极少机构具有足够的资源去解决数量众多的问题，所以，首席执行官必须率先确定优先次序，并基于现实期望调整情报单位的重点。

首席执行官必须系统地考虑责任和资源。他（她）应该规划目标，并用具体目标来设置优先事项。犯罪情报应在协助规划、资源重点和部署等方面发挥职能作用。明智地使用情报资源的执法机构，可以评估其管辖范围内的各种犯罪集团的威胁，并能够有效配置资源。

1.7 情报流程

什么是情报

人们普遍承认，情报由原始信息碎片构成，经过搜集、评估、整理和分析，最终形成有意义、有用、既准确又及时的判断。获取这些原始信息并将其转化为情报，需要一个连续的过程。唐·R.哈里斯把情报分步流程描述为：搜集→整理→评估→分析→传递→再评估。

后来，“规划和指导”这一环作为关键的第一步，被加到流程里。在搜集阶段之前，搜集人员或分析师必须对他们想要搜集什么（怎样搜集/从哪里搜集）有想法，并且这一过程需要得到首席执行官的指导（Harris 1974: 4）。然而，情报流程是个循环过程，步骤之间相互交织且界限通常较模糊，所以，需要理解流程的每一步，以生产及时准确的情报报告。

进行规划和指导，是首席执行官、管理人员以及分析师（调查人员）的职责。在从事数据搜集之前，这是关键的第一步。没有规划和指导这一步，信息搜集就会失去重点，宝贵的时间会被白白浪费。如上文所述，这一特别的步骤需要首席执行官的参与。他（她）必须确定优先事项，以便集中资源处理任务并最终取得有意义的成果。

搜集，仅仅是搜集单独的信息。信息搜集的来源很多：犯罪情报报告、外勤人员的报告、报纸、杂志、政府公开的文档、线人等。（参见第6章“情报搜集”）

评估，是审查信息的有效性和可靠性。（参见第 7 章“数据整理和评估”）

整理，通常是信息的合并和存储。信息经过分类，相关信息被安排在一起，这样可以识别它们之间的关系。（参见第 7 章“数据整理和评估”）

下一步是对信息的分析：编译、总结、比较和组织成关于罪犯和犯罪组织的有意义的关系。分析是情报流程的一部分，该过程将原始数据转化成有用的产品。它提供了“什么”，即产品的内容是什么；“会怎样”则解释它为什么重要；有时甚至是“现在该怎么办”，其中包括对缓解措施或解决方案提出的建议。这也是将“信息（Information）”和“情报（Intelligence）”区分开来的功能。它是一个价值增值的过程。正是这一重要的功能使信息搜集的努力得到回报。如果情报流程中缺少这一环，那么我们就只剩下支离破碎的片段信息，这些信息便不会被附加任何意义和相关性。这一步的目标是生产产品，其中，要以符合逻辑和有效的方式对信息进行分析，以产生包含基于信息分析、有效判断的情报。（参见第 8 章“情报分析和综合”）

传递，同样是情报流程重要的组成部分。如果情报不能被传递，生产情报就毫无意义。在使用时，被传递的情报必须是及时和可信的。情报传递也必须基于知情权原则和需知原则进行评估。“知情权”意指接受者具有获取信息的法律权利，其法律依据是法院命令、法令或决策法。“需知”即“需要知道”，意思是为了执行公务，所请求的信息是相关的和必要的。（参见第 9 章“情报传递”）这种传递可以通过书面或口头报告形式，一些书面报告的例子和格式详见第 10 章“报告写作原则”。

情报流程的最后一步是再评估。与其他步骤相比，对情报单位的工作进行反馈和评估这一需求可能不太受关注。但这一步反映了今天以结果为导向的警务现实，所以，其同样是必不可少的。

1.8 战术情报和战略情报

有两种使用犯罪情报的基本方式：战术情报和战略情报（Aumond 1998:

35-36）。这两种方式可能基于相同的原始数据，并且它们通常相互补充。战术情报和战略情报都很重要。战术情报产生得越多，战略情报也能产生得越多，因为战略任务可能导致开发更多的战术情报。

战术信息通常是案件调查和监视行动中搜集的事实数据。这样的信息可以作为一个调查线索；或者它可能仅仅由主体的关联清单组成；或者提供经常出没地的方位、业务关联清单，或描述犯罪倾向。这一信息使执法当局对罪犯和他们的活动有一个基本了解。战术情报被用来开发制止眼前的犯罪威胁的方法，并且通常针对某一特定的罪行或犯罪实体。它可能对一个事件做出反应，也可能用于防止犯罪。

战术情报（Tactical Intelligence）由经汇编和分析过的以下数据组成：姓名、住址、标识符、犯罪同伙以及其他识别信息。战术情报以多种形式存在，但它主要是事实的集合，形成目标主体的档案文件，以期进行调查和起诉。战术情报是持续不断产生的，并且作为一个有效和有价值的资源，应该随时提供给从事犯罪调查的调查员。最后，战术情报能够为情报专职人员提供进行战略分析所需的基础信息。

下面是两个战术情报的例子：

· 2000 年 6 月 15 日，在梅因街 2300 号，有人看到约翰 · 多伊去看望他的朋友杰克 · 多伊。在随后的 3 个星期四，在同一地址，人们也看到过他。前几个星期三的晚上，约翰都出现在斯隆酒吧烧烤店，并且大约在凌晨两点钟，他背着一个黑色运动包，离开了那个地方。每个星期四早晨，约翰背着同样的运动包，出现在杰克的住所，并且当约翰离开住所时，身上并没有背着那个包。因此，约翰 · 多伊也许是一个信使，投送未知的物品，可能是现金，从斯隆酒吧烧烤店传递给约翰 · 多伊。这也许表明，在杰克 · 多伊和斯隆酒吧烧烤店之间，存在一种以前未知的关联。

· 米奇 · 琼斯是一个著名的赌注经纪人和放高利贷者。据观察，从 2000 年 1 月到 3 月间，他在戈特街的一家惬意咖啡馆出现过几次。在大多数情况下，琼斯与瑞克 · 弗洛特和汤姆 · 博顿斯会面，琼斯偶尔带给弗洛特一个包裹。弗洛特涉嫌参与洗钱，并且是抽奖赌场的一个合伙人，而博顿斯又长期与弗洛特混在一起。这几次会面也许表明，在弗洛特的许可下，琼斯可以在赌场接受赌注或放高利贷，那个包裹可能是对弗洛特授权的回报。琼斯也可能正在试图入股赌场，做一个隐名合伙人。应采取进一步监控措施，确定琼斯是否经常出入赌场，以及他在赌场担任什么角色。如果不能发现重大信息，应由授权代理人（Licensing Agent）和弗洛特面谈，以确定他和琼斯的关系，以及他以后是否适合获取赌博执照。

战略情报（Strategic Intelligence）提供了更宏观的视角，审视企业式有组织犯罪集团的能力、优势、劣势以及发展趋势。战略情报是一个有情报根据的判断，基于这一判断，可以得出关于未来犯罪活动的结论。战略情报需要用于长期规划的分析，讨论可能产生的执法影响，并使执法官对预算、资源和政策做出明智的决定。

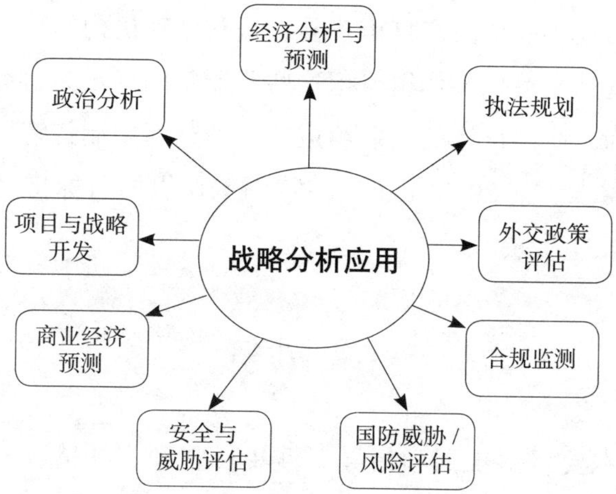

图 1–2 战略情报应用

所有情报特别是战略情报的最终目标是预防罪案。然而，基于必然构成犯罪情报组成部分的“软”数据得出的结论，有可能给这些判断造成一定程度的不确定性。情报不是必然的，必须将其视为决策者的一个工具，而不是终结定论。

下面提供了两个战略情报的例子：

- 对有组织犯罪给中部县带来的威胁进行分析，确定哪个犯罪集团是最受关切的。由于贩卖冰毒、具有暴力倾向、逼迫女性同伴卖淫，以及迁至中部县建立俱乐部，“偷心大少摩托帮”被认为带来了最大的威胁。这一犯罪集团必须被一个跨司法管辖区特别工作组（Multi-jurisdictional Task Force）列为打击目标，以降低其在中部县内的影响。如果任其发展，不加遏制，市和县的袭击伤人、卖淫、毒品等活动就会增加。公民团体和教育界的大部分人士可能会要求采取行动，减少这些违法活动。事实上，在这一努力中，争取他们的支持应该得到评估。
- 通过桌面演练[1]，警察部门对在其管辖范围内的重大犯罪要素进行了研究，并且确定了需要密切监视的三大犯罪集团，以震慑或预防它们的犯罪活动。一个由来自市、县、州和联邦机构的特工和官员组成的跨司法管辖区特别工作组将把这些犯罪集团确定为目标，核查它们的犯罪行为。所涉机构的代表组成的工作组将要制订特别调查计划，包括资源需求。到 2012 年年底，特别工作组的目标将是大幅降低三大犯罪集团的活动。

1.9 小结

情报的基本要素是规划和指导、搜集、整理、评估、分析、传递数据以及再评估。妥善地完成这些步骤，在法律的约束下，确保使用的数据得

[1] 译注：桌面演练（Tabletop）是指参演人员利用地图、沙盘、流程图、计算机模拟、视频会议等辅助手段，针对事先假定的情境，讨论和推演应急决策及现场处置的过程，旨在促进相关人员掌握应急预案中所规定的职责和程序，提高指挥决策和协同配合能力。桌面演练通常在室内完成。

到适当管理，因为它们涉及隐私和所有公民的权利。设有情报职能的每一个执法机构应该拥有这本手册，当情报问题出现时，其职员可以当场进行查询。

参考文献

1. Aumond, Karen, Tactical and Strategic Intelligence. *Issues of Interest to Law Enforcement, Criminal Intelligence: A Vital Police Function*. Law Enforcement Intelligence Unit (LEIU), February 1998.
2. California Peace Officers' Association Committee. (1998). *Criminal Intelligence Program for the Smaller Agency*. California Peace Officers' Association.
3. Central Intelligence Agency. (2000a). *A Factbook on Intelligence: Genesis of the CIA*, at <*www.cia.gov/publications/facttell/genesis.htm*> CIA Website, (5/11).
4. Central Intelligence Agency. (2000b). *A World Factbook: 1999 History of the World Factbook*, at <*www.cia.gov/publications/factbook/history.html*>, CIA Website (3/6).
5. Godfrey, E. Drexel and Harris, Don R. (1971). *The Basic Elements of Intelligence*. Washington DC: Law Enforcement Assistance Administration.
6. Godson, Roy and William Olsen. (1993). *International Organized Crime: Emerging Threat to US Security*. Washington DC: National Strategy Information Center 1993: i.
7. Harris, Don R. (1976). *Basic Elements of Intelligence-Revised*. Washington, DC: Law Enforcement Assistance Administration 1-8. September.
8. Lindberg, Richard, *Origins and History of the Mafia Commission*, at <*www.search-international.com/Articles/crime/mafiaorigins.htm*>, (5/18/2000).
9. McDowell, Don, *Strategic Intelligence: A Handbook for Practitioners, Managers and Users - Revised Edition. Scarecrow Press, Inc.* ISBN *0-8108-6184-4*2009.
10. New York City Police Department. (2000a). *A History: Shadows of the Past*, at <*www.ci.nyc.ny.us/html/nypd/db/history.html*>, New York City Police Dept web site. (3/17).
11. New York City Police Department. (2000b). *Lieutenant Petrosino*, at <*www.ci.nyc.ny.us/html/nypd/html/3100/retro-22.html*>, New York City Police Dept web site. (3/17).
12. Pennsylvania Crime Commission, 1990 Report, *Organized Crime In Pennsylvania: A Decade of Change*. 1991.
13. Peterson, Marilyn B. *Applications in Criminal Analysis: A Source Book*. Greenwood Press, Westport, Connecticut, 1994.

14. Wright, Richard, Mission Statements, *Issues of Interest to Law Enforcement, Criminal Intelligence: A Vital Police Function*. Law Enforcement Intelligence Unit (LEIU), February 1998.

15. Wright, Richard (1998). *Guidelines for the Criminal Intelligence Function*, Simi Valley Police Department, September 1998.

16. Bureau of Justice Assistance. (1999). Regional *Information Sharing System, The RISS Program: 1998*. Washington, DC: U.S. Department of Justice, March.

[第2章]

美国犯罪情报法律问题概述

约翰·加德纳

2.1 引言

本章将把重点放在与美国地方和州的犯罪情报工作相关的法律问题上。在州和地方执法界，能够称为“情报法”（Intelligence Law）的法律并不是很多。如下面将要证明的那样，管理犯罪情报的法律可以在其他不同的法律领域中找到。

自2001年9月11日以来，各级政府的倡议都强调增强犯罪情报的共享，以支持国家安全情报工作。然而，现实情况是，犯罪情报和国家安全情报有很大不同。换句话说，在国家安全情报领域占据主导地位的联邦法律，在大多数情况下，并不适用于州和地方的犯罪情报工作。

一些倡议，诸如融合中心以及搜集可疑活动报告（Suspicious Activity Report）等，已经将州、地方机构更多地带到了国家安全情报领域。只是到了现在，这些努力的法律意义才开始显现出来。当前，州和地方机构追求的最佳行动方案，就是能够透彻理解支配犯罪情报的既定规则，并遵循规则行事。

建立并保持犯罪情报有效、依法的职能，需要3个构成要素。

- 第一个构成要素是**宣誓就职的官员**。虽然很多机构为具体分配到犯罪情报单位的人员提供法律培训，但通常只有很少的管理和监督级别的培训。而且，可能出现的情况是，缺少“文化”建设来帮助宣誓就职的官员在其他任务中体会到，他们的观察结果和报告的准确性对犯罪情报职能而言是多么重要。

- 第二个构成要素是**训练有素、专业的情报分析师**。这些人必须精通由隐私权的概念和具有控制力的法律当局所强加的法律约束。通过这一构成要素生产的分析产品，往往是机构制定战术和战略决策的基础。它们将受到公民自由社会的仔细审查，以寻找法律缺陷，并且必须根植于对适当法律概念的透彻理解。
- 第三个构成要素是**一个知识渊博的法律顾问**。一般而言，对机构的建议由代表该机构所属的市、县政府的检察官提供。通常，这些检察官既不熟悉特定于犯罪情报的法律，也不熟悉一般法律在犯罪情报语境中的应用。进一步讲，刑事证据开示（Criminal Discovery）意味着，情报信息一般而言将由不熟悉情报相关部门、负责提起公诉的检察官陈述。理想的情况下，法律顾问将深谙所有具有控制力的法律问题，并在任何情况下进行应用。

有3个广义法律控制的概念会影响犯罪情报：1）搜集、处理以及保存信息的概念；2）“公开档案”的概念；3）诉讼的概念。在根本上，上述每一个概念都需要犯罪情报系统“在符合个人隐私和宪法权利的基础上加以利用”。

2.2 广义控制概念

当社会上某些公民对其他社会成员构成不能接受的风险或威胁时，社会限制这些公民的权利就是适当的，刑事司法过程正是建立在这一概念基础之上的。当我们能够**毫无疑问地**证明某人的违法犯罪行为时，就可以对其进行监禁。当存在**相当的证据和理由**认为一个特定的人实施了犯罪时，就可以对该人及其财务进行搜查。搜集信息，分析信息，建立作为分析产品的犯罪情报档案，这一过程涉及**合法的执法目的**和**合理的怀疑**等概念。这些犯罪情报的概念对隐私和宪法权利明显构成了较小的侵犯。此外，它们还需要更少的确定性和可能允许的更多主观性。

从法律的角度来看，犯罪情报工作是一个过程，在这一过程中，为了更好地为居住在某个司法管辖区的所有公民提供安全，执法机构以适当受限的方式侵犯了公民的结社权和它发誓要保护的公民的隐私权。犯罪情报是对信息进行搜集、分析和整理，从而预防犯罪行为的发生，并在罪案发生后，更快地加以解决、挫败犯罪组织。

在搜集犯罪情报的合法需求和公民权利之间，这样的侵犯制造了紧张局面。而通过体现在管理犯罪情报流程不同“阶段”的规则中的法律概念，这种紧张局面得到了解决。

州和地方机构犯罪情报工作的第一准则，源于《执法情报单位犯罪情报档案指南》（LEIU Criminal Intelligence File Guidelines）和《联邦规章典集》第28篇第23部（Code of Federal Regulations, Title 28, Part 23 [28 CFR]）。《执法情报单位犯罪情报档案指南》并不是法定的，而且并不是对任何机构都具有强制性。《联邦规章典集》第28篇的条款是法定的，但从严格的法律意义上讲，仅仅适用于一些机构，这些机构依据《综合罪案控制和街道安全法》接受联邦基金，以达到创造和维持一项情报活动的目的。上述两个规定不管是否是强制性的，国家犯罪情报共享计划提倡，所有的州和地方（甚至是联邦）的犯罪情报工作都应采用这两套规则。其中的原因很简单，在这些规定存在期间，它们始终证明，在执法需求和个人隐私及宪法权利之间已经取得了适当的平衡。

而影响犯罪情报工作的第二准则源于这样一个理念——民主国家的公民有权利访问政府机构创建和维护的档案记录。犯罪情报信息并没有达到那样的合理水平，由于它可能是不完整或错误的，所以，执法当局有责任防止公开披露犯罪情报信息，进而避免由于披露信息对声誉造成潜在的损害。在不同州之间，所谓“公开档案”的条款是不同的，并且依据司法管辖权，对防止信息披露提供了或大或小的保护。再者，《联邦规章典集》（《信息自由法》[Freedom of Information Act] 和《隐私权法》[Privacy Act]）一般不适用于州和地方一级。

第三准则是，诉讼取证规则要建立在公平审判和正当程序等概念基础之上。它们将对防止犯罪情报信息披露的能力产生影响。与隐私权和“公开档案”规则一样，在不同司法管辖区，取证规则也是有所不同的。

如果说，50 个州各有不同规则还算不上什么挑战的话，那么必须指出的是，在一些司法管辖区，有些县或城市的规则很可能对犯罪情报工作产生影响。这些地方规则通常涉及一些具体事项，诸如档案保管、公众游行的处理、执法监督或其他一些类似事项。本章提到的这类地方规则，实在是太多了。我们从本章所要获知的是，确定这些地方规则的需求已被确认并考虑了。

2.3 情报流程的法律“阶段”

笔者认为，在获取使用信息生产并利用犯罪情报的过程中，存在与法律问题相关的 5 个不同“阶段”（Phase）。每个阶段运用的法律概念都有所不同，或者至少各有侧重。这 5 个“阶段”是：

1. **合理怀疑之前阶段**——在这一阶段，执法官参与到决策过程。在该过程中，执法机构需要把注意力和与信息搜集相关的资源集中到何处（特定的人、团体、组织或协会）。
2. **合理怀疑之后阶段**——这一阶段发生在合理怀疑之前阶段搜集的信息经分析以证明存在“上游犯罪”（Criminal Predicate[1]）之后。当这样一个上游犯罪被确立之后，犯罪情报档案就可以合法公开。
3. **犯罪情报档案的维护**——这是最直接的法律阶段。其关注点在于，必须采取必要的安全措施，确保犯罪情报信息独立于机构内的一般记录系统。而且，审计职能必须应用到犯罪情报档案的管理之中。
4. **传递和访问**——从多方面来看，这是一个最复杂的法律阶段。第一方

[1] 译注：Criminal Predicate，是刑法的一个基本概念，译为上游犯罪，英文还表示为 predicate crime，predicate offense。上游犯罪通常是为准备更大、更严重的犯罪而实施的犯罪。例如，为了从其他人账户里取钱而生产假身份证就是上游犯罪，其中，从其他人账户里非法取钱就是更大的犯罪。

面，情报传递是对在执法实体间将怎样发生自愿共享进行支配的规则组合。第二方面，非执法传递是关于在执法实体和其他公共实体间能否以及如何自愿共享犯罪情报。第三方面，讲述的是一个法律框架。该框架对公共部门之外正在行使“公开档案”权利的个人或实体无意识地访问犯罪情报信息进行治理。第四方面，涉及对行使诉讼取证权利的人无意识地访问犯罪情报信息进行治理的法律框架。

5. 犯罪情报档案的清理——这看起来似乎是最简单的阶段，但销毁档案往往也是执法实体产生大量问题的阶段。

遵守与上述每个阶段相关的法律要求，将会使犯罪情报工作在法律上变得可接受。

2.4 合理怀疑之前阶段

> 尽管警方无可非议地追求搜集信息的合法利益，以阻止未来的犯罪行为，但对合法利益的确定是……分析的起点……不是……结论。警方“情报搜集”职能的内在合法性并没有授予其肆无忌惮的权力，通过任何及一切手段去追求这一职能。在这个领域……政府行为的允许范围是受联邦《权利法案》和我国宪法同等的保护所约束。（“怀特诉戴维斯案”，*White v. Davis* [1975] 13 Cal. 3rd. 757, 766）

当结合进一步观察“卧底警察搜集的信息属于合法活动或行为”时，加利福尼亚州最高法院的这一发现正是对合理怀疑之前阶段要素大致准确的描述。但卷宗执笔者所做的唯一例外，就是该法院将两个不同的概念混淆在一起，特别是将信息和犯罪情报视为同样的东西。为了分析而对信息进行搜集，恰恰是合理怀疑之前阶段的核心。

那么，**“怀特案”**（**“怀特诉戴维斯案”**的简称）的教训到底是什么呢？

· 第一，为了有助于预防罪案，搜集信息是一项必要和适当的执法职能。

· 第二，仅仅声称正在搜集犯罪情报，将不能证明所使用的流程是正当的。

· 第三，对如何以及何时可以搜集信息的最终边界的管理是由联邦《权利法案》设定的，而在某些情况下则是由州的法律条文设定的。

· 第四，仅当与犯罪活动有某种关联时，才能搜集信息。

只有为了一个**合法的执法目的**，才可以搜集信息。当信息被正确搜集后，《执法情报单位犯罪情报档案指南》允许该信息被保存不超过 1 年，以确定是否存在一个上游犯罪。这样搜集的信息被称为“发展性”“暂时性”或“工作”档案。

执法情报领域的困难是，《宪法第一修正案》（First Amendment）允许个人阐明不受欢迎的观点及不受欢迎的原因，这种行为不是犯罪。这意味着，仅仅这种行为还不足以支持搜集个人或组织的信息。这就是**“怀特案”**所反映出来的问题。一位教授以一种方式表达意见，而某些人认为这种方式是颠覆破坏性的，但这样做无非是表达思想而已。

另一方面，如果有人从事或煽动其他人从事危害公共安全的行为，或蓄意地部分协助、教唆这样的人，那么对这些人的信息进行搜集就是恰当的。在这种情况下，存在一个支持信息搜集活动的**合法的执法目的**。更不用说，这是一个有很大争议的领域。具有下列要素，信息搜集才能做得更好。

· 一个很好的标准就是，要对关注于某一特定主体的原因，以及通过直接行动或类似协助、教唆的行为对公共安全造成潜在危害的原因，有一个非常明确的理解。

· 要具有能够为特定主体清晰地表达“合法的执法目的”的能力。

· 在搜集信息时，要列出一个包含时间表的具体计划。

· 要得到高层或指定的管理或监管者的批准，才能搜集信息。

· 密切监督信息搜集的执行，定期向批准信息搜集的行政主管、管理者以及监管者提供简报。

· 从头至尾要有准确、完整的信息搜集记录。

正是在这一领域，作为国家安全情报工作一部分的州 / 地方机构，其参与的合理怀疑之前阶段产生了一些争议。在国家安全工作中，招募州和地方执法的耳目，这当然是没有错的。但是，当用看起来包括仅仅阐明不受欢迎的观点等术语来描述可疑活动时，就可能冒越“**怀特案**”雷池的风险了。所以，虽然犯罪情报工作与国家安全情报工作密切合作是完全适当和可取的，但仍然必须要遵守犯罪情报的基本法律规则。换句话说，一个州或地方机构不能以它们正在搜集国家安全情报为由，对**合法的执法目的的标准**置若罔闻。

2.5 合理怀疑之后阶段

支配犯罪情报流程这一阶段的法律标准是上游犯罪的标准。当一项上游犯罪被正确地确认，一份相关的犯罪情报档案就可以开放、保存、添加和共享。在这一阶段，档案的共享可以通过允许直接访问保存该信息的计算机系统完成。

关键的法律概念是上游犯罪。上游犯罪是一种合理的怀疑，这一怀疑基于这样一个事实，即依法获得一个人或一群人正在策划从事或参与可界定的犯罪活动的事实。这一概念由若干要素构成：

- 依据的事实必须通过法律手段获取。例如，依赖于通过搜查获取的信息，而搜查手段随后被裁定为非法，这样就是不恰当的。用事实来证明它们是合法获得的，这是一个执法机构的责任。
- 上游犯罪的信息必须与主体的身份和（或）合理怀疑的犯罪活动相关。实际上，《联邦规章典集》第 28 篇明令禁止考虑这样的问题：“……任何个人或任何团体、协会、公司、企业、合伙人或其他组织的政治、宗教、社会的观点、联系或活动，除非这些信息与犯罪行为和活动直接相关，并且有合理的理由怀疑该信息的主体是 / 或者可能参与犯罪行为或活动。”就此而论，《联邦规章典集》第 28 篇也禁止骚扰或干扰任何合法的政治活动。
- 犯罪活动必须是“可界定的”。基于主体也许会做一些可能犯罪的事这样的推断，是不足以创建一份犯罪情报档案的。

就剩最后一个问题了。确定存在可界定犯罪活动的合理怀疑的法律需求是什么？这些已由美国最高法院在“**美国诉阿尔维祖案**”（简称“**阿尔维祖案**”，*United States v. Arvizu* 534 U.S. 266 [2002]）中得到阐述。在“阿尔维祖案”中，法院阐明了 4 个标准，用于确定合理怀疑。

1. 合理怀疑不受“公式化”分析制约。为此，法院对每种情况的裁定，必须基于该特定情况的具体事实，单独进行评估。
2. 合理怀疑是由决策人（不论是宣誓就职的官员，还是分析师）掌握的综合情况确定的。其实，“阿尔维祖案”决策的要素之一就是拒绝了下级法院的做法，该做法隔离了每个已知要素，并测试每个要素是否独立支持合理怀疑。
3. 也必须考虑综合情况，并信任决策者的经验、训练及专门知识。这会使一个有经验的犯罪情报官或分析师，因基于其专长得出的结论而受到称赞。在实际案例中，根据专家意见，我们可以确定某人是否是一名黑帮成员。
4. 确定合理怀疑的存在，并不需要消除可能发生的无辜行为。换句话说，没有必要去证明，除了犯罪行为，就没有其他解释了，只需要能支持犯罪行为的结论。

当满足了上述 4 个标准，合理怀疑就成立了。决策者有义务记录其发现的依据。这份记录必须包括：做出决策的官员或分析师对信息源和信息内容的置信水平的高低。这一要求提供了一个很好范例，即《执法情报单位犯罪情报档案指南》如何与《联邦规章典集》第 28 篇结合起来使用。虽然《联邦规章典集》第 28 篇强制要求在犯罪情报运行中设立置信水平，但它并没有阐述并说明这一概念。然而，《执法情报单位犯罪情报档案指南》却提供了一个详细的模板。

2.6 情报档案维护

合理怀疑之前和之后的档案必须保存在一个安全的地方，使犯罪情报职能以外的人无法接触。安全措施必须要防止未授权的销毁、修改或对档案的访问。在安全的地方，这两类档案也必须要分开保存，其原因是，合理怀疑之前的档案还没有达到上游犯罪的标准，并且不能和已达到标准的档案混杂在一起。

从历史角度看，档案分开保存有其根源。《联邦规章典集》第28篇的指南得以颁布，部分原因就在于，已经存在能够使用电脑迅速而广泛传输信息的能力。在合理怀疑的阈值已达到的情况下，通过安全网络共享档案内容是合适的。在阈值还没有达到时，最好使用一个“指针”系统。“指针”系统允许机构查询名称，并提交至具有合理怀疑信息的机构，但不能直接访问档案内容。至于合理怀疑之前和之后的档案，对必须提供的材料则有具体要求：

· 提供的包括得出结论依据的档案数据来源的信息必须是合法获取的。
· 提供一份审计线索，记录谁曾接收信息，什么时候给他，为什么要给他。
· 必须给信息标注敏感程度和置信水平，必须披露信息的来源（如果是秘密的话，以适当的方式标识），并应提供信息接收的日期。
· 如果信息已被分析，提供分析人的姓名以及调查结果的记录。

档案维护结构的一个重要组成部分是建立书面政策和程序，由机构行政首长批准，并解决所有的法律需求。值得注意的是，《联邦规章典集》第28篇需要有书面的指南，用于筛选和限制相关职业，以便相关人士直接访问档案。

2.7 传递和访问

在笔者看来，传递被明确描述为自愿分享信息的过程，访问则是妥善应对非执法主体通过合法努力获得信息的过程。

按照《联邦规章典集》第28篇的规定，这一基本原则有两方面内容：

1. “在从事执法任务中，只有在需要知道（Need-to-Know）和有权知道（Right-to-Know）信息的情况下，项目的接受者或被授权者才应传递犯罪情报信息。”
2. “……项目应把犯罪情报信息仅仅传递给那些会同意遵守程序的执法当局……所遵循的程序与这些原则相一致。”

该基本原则有一个例外，即在必要时，为了避免对生命或财产造成迫在眉睫的危险，允许把犯罪情报信息的评估传递给任何政府官员或其他个人。

正是在这样的情报传递背景下，“9·11 事件”后，国土安全工作的建立可能使法律框架复杂化了。显然，《联邦规章典集》第 28 篇是在紧急状态下才考虑共享的。在非紧急情况下，当希望将信息传递给非执法公共机构时，困难就出现了。通过赋予该机构中某些关键人物执法身份，联邦国土安全法解决了这个问题。于是，促进日常犯罪情报访问提供的需知需求得到了满足。许多州和地方机构并没有这样的身份。这意味着，如果常规共享被认为是可取的，那么必须仔细审查适用的法律，以确保在不泄露犯罪情报秘密的情况下，迈出理想的一步。

在传递可能发生前，甚至在一个机构传递给另一执法机构时，前者有责任审查接收机构的政策和程序。如果与《联邦规章典集》第 28 篇的规定不相符，那么共享不应该发生，除非令人满意的标准已经到位。这也凸显了一个机构具有现行的书面政策和程序的必要性，该政策和程序应达到或超越《联邦规章典集》第 28 篇的标准。这些政策和程序应该包括合理怀疑之前的范畴。

一旦这个基本原则的第一部分满足了条件，那么，与执法目的相关（如机构人员、宣誓官员或分析人员）的知情权原则和需知原则必须确立起来。必须强调的是，仅仅宣誓官员和（或）机构分析师自身还不足以满足需要知道的条件。需要知道是工作的一个职能要求，或任务分配的要求。

最后，在传递发生之前，需要遵守“第三方规则”。该规则要求，一个机构已收到另一来源的信息后，在将信息传递给第三个机构前，应与信息源的机构进行核实。这一规则的存在并不妨碍共享，但可确保信息源机构将不会泄露调查或调查的步骤。“第三方规则”的另一优势是，最初的信息源机构将从只有第三方机构已知的任何信息中获益。当这些不同的法律要求得到满足后，自愿传递信息可能而且应该会发生。

如前所述，所谓的“档案开放”法律为非政府实体寻求访问政府档案提供了法律杠杆，而这些政府档案包括合理怀疑之前和之后的档案。在州与州之间，这些法律大不相同，呈现出两个极端：有些法律规定，除了那些已提交法院归档的案件，不允许披露任何执法档案；另一些法律则规定，除了那些特别用于主动调查的，几乎每份执法文档都可以开放。所以，举个例子，一个允许强力保护其犯罪情报档案的州的机构，可能在与另一个几乎没有保护的州的机构共享信息时存在顾虑。

这种顾虑并不意味着无法实现信息共享，但确实需要仔细考虑共享什么，如何共享？存在 50 个不同的档案开放法律的实际结果是，在自愿共享之前，它们增加了必须要做的另一个调查。

有关档案开放的法律添加的另外一层责任与犯罪情报行动的需求相关，需要准备处理在其管辖区的法律适用问题。总体而言，这意味着，该机构有责任了解如何以及在何种程度上能够防止犯罪情报档案的披露。机构必须在此前提下工作，即为了编制犯罪情报档案而侵犯隐私的权利应该负有保护那些档案主体隐私的义务。进一步而言，机构必须认识到对档案开放需求最多的可能来自积极准备诉讼请求的传播媒体。

最后，犯罪情报行动必须予以重视的访问的最后形式是诉讼取证过程。虽然犯罪诉讼取证过程将最有可能对犯罪情报系统产生极大影响，但可以肯定的是，民事诉讼可能也是一个问题。诉讼取证在民事情境下通常是法定的，但在犯罪情境下可能往往不是法定的。

具有深远影响的犯罪取证案例是**“布雷迪诉马里兰州案”**（简称“**布雷迪案**”，*Brady v. Maryland*，373 U.S. 10 [1973]）。“布雷迪案”规定了检方有义务提供任何和所有的无罪证据或信息，这可能导致其拥有被告无罪的证据。与犯罪情报相关的一个关键问题在于，它是基于合理怀疑的事实。这意味着，如前所述，它可能会或不会包含上升到合理水平的结论。实际上，事实通常是，即使犯罪情报档案提供了“线索”，但产生合理依据的这些事实也可以通过独立调查发现。

关于犯罪情报作为可取证的材料，存在两个问题：（1）是否是对关于诉讼中特定案件进行的搜集；（2）是否具体到足以与诉讼相关。每个检察官都将关注犯罪情报信息的存在，这涉及一个人由于其“**布雷迪**”义务而被起诉的问题。在笔者看来，在缺少具体的法定管辖权或判例法的情况下，最佳的方法是，让检察官知道犯罪情报信息什么时候可在案件中发挥作用，并鼓励他（她）**不公开**裁决，即是否以及在何种程度上取证应被获准。

关于档案开放和诉讼访问工作的“好消息”，是存在**不公开**的听证程序。所有的州都有某种形式的类似程序，允许在请求当事人不在场的情况下，执法当局可以展示档案（犯罪情报和证据）。这一展示往往要受到一种平衡检验，通常对寻求访问一方的信息价值进行评估，以防其被公开而带来的危害。一般而言，结果应有利于维护犯罪情报档案的保密。

2.8　情报档案清理

> “所有项目应采用确保由项目保留的所有信息具有相关性和重要性的程序。这样的程序应为信息和任何误导、过时或不可靠信息的**销毁**（特别强调）提供定期审查……”（《联邦规章典集》第 28 篇第 23 部 [28 CFR 23]）

此处的关键概念在于，**销毁**不再满足这些要求的档案文件。这一条款还规定，在任何情况下，缺乏相关性和重要性的档案文件，保存应不超过 5 年。必须指出，在 1 年之内，合理怀疑之前阶段的文件如果不能确立一个上游犯罪，也必须被销毁。

这项要求并不意味着，在 5 年之后档案文件必须被销毁。它的意思是，该档案文件必须反映出，合理怀疑结论仍然是现实可行的和言之有据的。在 5 年期限内，如果一份档案文件可反映上游犯罪或者与同一主体相关的其他上游犯罪的证据，那么，这份档案文件可以再被保存 5 年。新的期限从建立实质性条目的最近日期开始，仅仅添加非上游犯罪信息（只有升至个人身份或地址数据水平的信息），不支持被保留更长的时间。确认主体在犯罪活动中仍然处于活动状态就足够了。必须对其持续活动提供一个肯定的、基于事实的证据。

当不再存在一个言之有据、现实可行以及相关的上游犯罪时，档案文件就必须被销毁。只有清理档案文件的所有内容，才是最符合标准的销毁。令人遗憾的是，这些年来，在许多高度曝光的案件中，很多机构努力规避销毁的要求。最终，对这些机构而言，其结果却都很糟糕。销毁就必须真正销毁！然而，您可以参考销毁的记录——以一种消除过时档案主体标识任何信息的方式——为了审计，或者为了避免记录被丢失、错放或销毁等问题，跟踪您的档案文件。

在合理怀疑之前和之后阶段，档案文件还有一项附加责任，即通知义务。《联邦规章典集》第 28 篇的条款规定，要求通知一切有权访问档案文件的人士：该文件将被销毁或涉及任何错误或更正。

最后一个阶段完成了整个法律周期，并确保了过时的信息将不再作为当前有效的信息而流通。这保护了档案主体的隐私和声誉。正确执行并完成这些阶段，将兑现机构对正确开展犯罪情报行动的承诺。

2.9 小结

《执法情报单位犯罪情报档案指南》和《联邦规章典集》第 28 篇提供的法律框架应在所有州或地方情报行动中实施。为了适应州或地方标准，对其进行一些修订也是必要的。

一个简单的、令人信服的理由是，无论为执法界还是为公民自由的社会利益考虑，不时修订相关法律也是理所当然的。对于双方而言，多年来都已证明，在保护个人权利和提供集体安全的责任之间，这两个标准取得了适当平衡。最新的例证是对《联邦规章典集》第 28 篇进行修订的反应，该建议在 2008 年由司法规划办公室提出。几乎所有对该建议做出反应的群体，得出了相同的结论：**修订没有从根本上改变需求**。因此，该建议被撤回了。

简而言之，《执法情报单位犯罪情报档案指南》和《联邦规章典集》第 28 篇建立了信任，因为它们满足了基本的法律需求。

参考文献

1. Global Justice Information Sharing Initiative. (2003). *National Criminal Intelligence Sharing Plan.*

2. 9/11 Commission (nd). *The 9/11 Commission Report.* Washington, DC: The 9/11 Commission.

3. Association of Law Enforcement Intelligence Units. (2005). *LEIU File Guidelines.*

4. U.S. Department of Justice Executive Order #12291. *Criminal Intelligence Systems Operating Policies 28 CFR Part 23.*

[第3章]

情报单位人员配备

伊恩·韦尔斯

3.1 引言

在组织中，任何主管着手填补一个关键和敏感岗位时，都会问两个基本问题：（1）“我正在考虑填补这个岗位的人有完成这份工作的能力吗？”（2）“其他岗位的员工能与这个工作人员一起有效率地工作吗？”在执法机构的情报单位中，以及在很多其他工作中，还有第三个会涉及情报安全的问题：“我正在考虑的这个人能被信任吗？”从情报的角度来看，一个更深层的问题是，“这位工作人员可以用深入分析的方法进行思考，并搜集和组织碎片化信息，最终找到解决问题的方法吗？”

在情报单位的环境中，对员工的需求可以分为4个常规种类：单位管理者（Unit Manager）、情报官（Intelligence Officer）、情报分析师（Intelligence Analyst）和支持人员（Support Staff）。其中，最为重要的岗位是单位管理者。在一个跨司法管辖区的执法环境中，对单位管理者的遴选可能被迎合众多成员机构要求的需要所复杂化。情报官这一类别提出了一种不同的遴选问题。在执法机构中，情报官经常是被调到情报单位的宣誓就职官员。除了能够搜集情报外，情报官还必须有能力与情报分析师一起进行团队工作，研拟应对日益复杂的非法企业式有组织犯罪的新方法，并且同时从追求未将重点放在拘捕和起诉的情报目标中获得满足。

另一个重要的种类是情报分析师。这一章将会使用相当多的篇幅重点介绍情报分析师，因为他们构成了情报单位的基本组成要素。他们更多的是来自组织外的专业人员，致力于明确地分析从其他人员处搜集来的信息。因此，当单位管理者拥有对个体评价和雇佣的最终决定权时，为分析师设定具体要求就更为容易。对情报官和情报分析师的遴选通常被视为一个常见的问题，一些机构将情报职能视作可交换的，并在很大程度上，要求同样水平的知识素养。虽然后面一点在某种程度上是有效的，但是这一方式可以助长一种不切实际的观点，即优秀的情报官天性上就是优秀的情报分析师，反之亦然。

本章考虑的第四个种类是支持人员。虽然这一群体不构成独特的招募问题，但是支持人员对于单位的产出有着重要的贡献，甚至可以被认为是未来情报分析的切入点。在本章后文，将简要讲解这一群体。

3.2 术语

在继续本章之前，有必要阐明本章用到的术语。在国际执法界中，很有可能为从事相同工作的官员确认大量的可替换的职位描述。比如说，“情报官”有时被替换为“情报分析师”，用来描述从事分析工作的官员。在美国，“情报官”往往与“调查员”交替使用。出于本章的论述目的，将采用下列术语，并用于整篇章节。

- **单位管理者**——情报单位的管理者或指挥者。他们可能是文职的或宣誓就职的执法官员。
- **情报官**——主要职能是搜集所需信息的官员，秉承某种搜集计划和分析功能，以支持情报循环。
- **情报分析师**——训练从事分析多种来源信息，并有效率地交流分析结果，以支持情报用户的职员。
- **支持人员**——被雇佣为单位提供行政和后勤支持的职员。
- **警官**——执法机构中宣誓就职或佩戴警徽的人员。
- **文职雇员**——全职或兼职的文职雇员。

这些术语并不相互排斥，仅用来帮助读者理解本章。

3.3 单位管理者

一个情报小组的单位管理者可能是文职的或是宣誓的官员。在一些执法机构，情报单位管理者的职位不需要个人拥有执法权力。单位管理者的职位如此重要，以至于需要采用一种灵活的方法，确保任命只有具有最高素质的候选人。选择一名单位管理者，需要对本章开始提到的所有甄择问题有一个肯定的回答。一名单位管理者必须表现出诚实正直的最高水准，与机构管理团队高效协同工作的能力，以及足以处理最为复杂情报问题的概念与分析技能。此外，单位管理者必须有非常强的领导和交流能力。单位管理者必须为单位的所有职员提供清晰的前进方向，并确保向单位的用户清晰、简明地传达情报。如果情报没有传递给最能高效利用它的人手里，那么世界上最好的情报也会被浪费。

应在以下几条的基础上，制定遴选情报单位管理者的基本标准：

· 合适的教育资质，研究生学历并不是必需的，但拥有更佳；

· 经证实的管理能力；

· 优秀的口语和书面交流能力；

· 已证明的概念和分析技能；

· 在情报环境中管理层面的有关经验。

情报单位管理者的遴选并不总是留给由该领域直接主管领导的甄选小组去判断，因为任何官僚制度所通晓的种种限制都已被内置于单位管理者的选任制度之中。在那里，很多机构一起工作，该职位可能在机构之间轮换。如果内部转岗或任命填补了单位管理者，那么，对单位管理者的选任也可能被局限于合适职员的可利用性和组织的优先事项。最终，由个别组织来决定遴选过程。然而，必须强调的是，单位管理者的职位对于单位的成功或失败很重要；并且，在一个情报主导警务（Intelligence-led Policing，ILP）的环境中，很大程度上会影响基于提供的情报做出的决策是否成功。因此，在缺少合适的候选人时，机构应考虑训练和推荐现有雇员——分析师或警官——担任这一职位的可行性。

甄选小组也可能发现自身存在不完美的选择。当它对一份比预期更小的候选人名单进行资质分析时，有可能会产生将分析或信息搜集才能置于管理和团队建设能力之上的诱惑。根据单位的需要，每一项所需要的才能必须以单位的需求来衡量。最重要的是，单位管理者必须拥有无可挑剔的诚信资历。在很大程度上，单位管理者将为单位定下基调。单位管理者的行为必须反映出对透明性、完整性和运行安全性的关切。在这一点上没有任何妥协的余地。

3.4 职员甄选的一般标准

很多应用于遴选单位管理者的标准将适用于平衡单位职员的招募。当然，我们需要做出适当调整，以反映不同层级职员所扮演的不同角色。这并不是说，单位管理者应该设法招募与自己思考方式相同的下属。一个强大的情报单位是由能为每一个情报问题带来不同视角的情报分析师、情报官和其他职员所组成的。情报单位将需要一些能从多种视角看待情报问题的个人，无论是就其分析科目，还是就其一般人格类型而言（参见 Myers & Myers 1980: 83-116 和 Kroeger & Thuesen 1992: 46-57，对于团队中人格类型的讨论）。不管其个人观点和技能如何，他们必须拥有强烈的诚信意识和很高的智力水平。相比于一群讨好他人的、想法类似的职员，一个单位管理者将从毫不犹豫地提出非正统方法和挑战传统假设的职员身上获益更多（Colwill & Birchall 1992: 168）。

寻找聪明的、意志坚强的职员会遇到很多困难。单位管理者应小心避免那些尽管初次见面留下深刻印象，但对可靠的情报工作缺乏灵活性的候选人。在处理意想不到的事务时，无论头脑多么聪明，关注于大多事项的官员都可能遇到困难。灵活性是一名情报分析师的关键品质。虽然一个引导性假设是情报研究过程不可分割的一部分，但是在复杂的情形下，过度关注一种假设可能会产生一个忽视预示相反假设证据的趋势。警官可能对直觉比对事实更有信心。在最不利的情况下，具有这种人格类型的人可能会一心一意地追求他们为自己确定的目标，却忽视自己对于单位的责任或者甚至是对于整个执法机构的责任。利用这类职员从事一个特定和狭隘的专业有时是可能的。在该专业领域，其对主题的强烈的、不间断的兴趣可能成为一种资产，但这种情况很少发生。此外，当组织受经济和技术压力影响做出改变时，职位描述也会改变，所以，职员需要灵活有效地进行应对（Nankervis & Compton 1996: 149）。

对情报官特别是情报分析师招聘的一个方式，开始侧重于研究生入学项目。其目的是招募大学毕业生进入为培养分析能力设计的培训计划。这种方法会培训出高质量的分析人员，但需要有效的培训、发展规划以及明确界定的新员工职业路径规划。经验丰富的分析人员来此直接就业，非常有益于分析工作的高效进行。情报是开拓思想的业务。其目标不断变化，其方法不断改进，并且需要越来越多的创新理念，以应付日趋复杂的犯罪。这是情报工作的一个方面，可以用来作为吸引合适候选人的诱惑。总体而言，部门经理需要一个平衡的招聘计划，确保情报单位拥有一群个性独特、经验丰富和技能卓越的典型人才。

这里有招聘的一般流程，可以用于高效地招聘情报单位工作人员（Colwill & Birchall 1992: 165-166）。该流程仅提供指导，不具排他性。

- **确定招聘需求**——这份工作真的需要完成吗？您可以通过其他任何方式完成工作吗？
- **确定工作性质**——所招聘人员的素质以及该工作对组织具有什么价值——工作是否能由一个人来填补？他们需要是经验丰富的，还是可以通过培训提供的？不能填补这份工作的成本有多大？
- **明确吸引应聘者的资源**——您能负担得起招聘吗？您能为您所需要的人提供有足够诱惑力的薪水吗？
- **明确可能的招聘来源**——从组织内部，还是外部？他们是当地现有的，还是需要将他们从其他地方挖来？
- **确定如何最简便地招聘到潜在的新人**——您会在报纸、公告板、电台或者专业刊物上刊登广告吗？

· **明确筛选过程的第一阶段**——通过使用一个有效的筛选过程，您可以省去不少麻烦，但您应确保筛选标准与工作相关（如工资、学历、经验等）。
· **确定审查求职者的方法**——您会接受何种类型的申请书？您会委托私人招聘机构进行初步审查吗？
· **决定您将如何面试**——您将有多少场面试？在面试的时候，您会要求求职者证明其技能吗？您会委托一个评估中心或职业介绍所吗？您会使用就业前测试吗？
· **确定谁将会进入面试**——甄选小组应在性别、技能、性格类型等方面进行平衡。
· **确定谁将获得这份工作**——遵循上述流程，并做出最终选择。

面试

面试仍然是任何员工甄选过程中的一个关键组成部分。高超的面试技巧有时能完成笔试难以完成的事。它能客观地评估候选人情报分析心态和性格的质量。最有成效的面试是由甄选小组精心策划，并由候选人充分准备的。凡是招聘方没有要求提交书面申请的，应聘者（事先）提交一份简历是非常有效的。这种简历一般不超过两页，其中至少应陈述职业期望。

这一要求有以下几个优点：

· 不鼓励轻率的申请；
· 可以告知甄选小组候选人可能提出的、未在人事档案中显示的岗位要求；
· 可以提前一睹候选人书面表达的能力；
· 对候选人分配到情报单位的特殊秉性印象深刻；
· 提供了面试官与候选人对话的机会。

当然，甄选小组的工作必然比阅读候选人的申请书或履历做得更多。他们应尽量谨慎地将候选人的申请书或履历与其初步背景调查或人事档案的内容做比对。此外，当处理有内部候选人问题时，甄选小组应明确，对情报官的期望完全不同于巡逻警察和调查人员。任何申请者认为他（她）将从事秘密工作，并且其首要目标是逮捕犯罪嫌疑人，在做出任何承诺前，需要劝阻其抛弃这种执念。

显然，任何好的面试都会测试候选人的动机。这对于情报工作尤为重要，情报工作的回报多数是解决一个问题的满意度，而非任何金钱奖励或者直接参与抓捕犯罪的满意度。还有一些很少有人公开展示的其他素质需要探讨。其中，最重要的是一丝不苟，或者说注重细节。如果没有这样的品质，那么一个好的情报科目可能迅速消失，分析研究可能失败，而情报产品也可能无法实现其目标。对一名有调查经验的执法官，应要求他（她）带来自己所撰写的实地报告副本。在随后的或跟进面试中，这些报告可以用作讨论其跟踪线索中的个人工作习惯、搜集技术及缜密思维等的依据。对于较大规模的招聘会，一些执法机构已委托私营招聘组织进行管理测试，以对候选人进行首轮淘汰。对之前在情报环境中工作的分析师而言，背景调查都是确定候选人技能的重要组成部分。

候选人测试

在经过初始面试后，如果一个潜在的情报官和情报分析师表现出有前途，那么让个人参与结构化问题可能是比较明智的。如果要是揭示关于候选人有用或新的信息的话，那么这种测试需要精心准备。

问题应将重点放在所填补岗位的训导。为候选情报官设置一个简单、非疑问式问题可能是适当的，此类问题可以涉及一些被动监控、地址和汽车牌照检查、公共图书馆研究、官方记录或类似记录检查等。候选人必须填写两份书面声明，陈述问题的结论：（1）一份标准的情报官报告，在演习开始时提供；（2）一份补充的表格，记录从一个调查点到下一个调查点的带有注释的活动日志。对于这样的一个问题，应该没有一个统一的解决方案，但良好的训导将需要一个固定的时间表以完成演习。

显然，这两个书面报告对面试官是具有极大兴趣的产品。如果这个演习是精心设计的，那么两份报告将表明候选人预先规划、谨慎处理时间、思维缜密、思路清晰、注重细节等能力，一个出色的实地演习报告也能揭示出候选人的想象力和灵活性。

对于一位候选的情报分析师来说，问题应该是案头评估[1]。问题的性质并不重要，可以是直截了当地研究期刊文章，并确定机构关注的问题。面试官关注的主要问题是候选人对所提问题的解决方案，以及候选人处理问题方式的逻辑。当然，在这一点，与问题是如何处理的，以及在形成答案过程中表现出什么样的创造力相比，候选人想出的答案并不那么重要。除非正在考虑一个其他执法机构经验丰富的情报分析师或情报官，在上述情况下被测试的并不是经验，而是想象力、机智、缜密度、合理利用研究工具和自律性。

甄选过程

在上面描述的任意一个或者所有的情境中，如果有两个或更多候选人的话，那么可以通过其表现进行对比、衡量，决定谁来填补空缺则是相对简单的。然而，这并不总是可能的。候选人可能在某一个时间点或者在一年四季不规则地出现，因此，不能通过直接对比得到令人满意的结果。那么单位管理者必须制定相应的标准，并始终如一地应用它们。暂时需要一个新员工来缓解职工的过重负担，不应被用作降低新人入选门槛的借口。从长远来看，相对于职位一直空缺，直到有一个合适人选可填补此职位而言，一个不合适的情报官或情报分析师将给单位带来更大的负担。

当有几个同样合格的候选人，却只有一两个招聘名额时，不同性质的问题就出现了。从表面上看，这是情报单位一个令人羡慕的条件。单位管理者几乎不能出错，因为无论选谁都可能成为团队的完美一员，但也担心最佳候选人可能没有被选上。很显然，在这种情况下，甄选小组根本没有为情报单位服务，他们通过寻找理由消除合格的候选人，而不是准确地找出最好的候选人。

从一组高素质候选人中选出最佳者并不是一件容易的事。很多时候，将

[1] 译注：案头评估，主要指对二手资料进行搜集、筛选，并据以判断问题是否已局部或全部地解决。

不得不基于细节做出抉择。某位候选人可能具有一系列比其竞争者更适合特殊空缺职位的品质。但是，如果不是这种情况，那么甄选会变得更加复杂。此时，甄选小组可能开始寻找在遴选过程开始时的预选赛中不必具备的素质。

在这里提及以下素质，是因为它们本身是各级优秀员工的重要品质。

- 广泛的兴趣，因为这可能意味着拥有一个比社会大众兴趣更宽广的灵活头脑；
- 个人的坦率，因为这是先天诚实和正直的好标准；
- 认清重要问题的能力，因为无论周围有多么繁杂的细枝末节，成功的情报取决于把握问题的核心。

3.5 情报官

目前，大多数情报官都是宣誓过的执法官。这可能并非总是如此，因为执法机构越来越多地采用更灵活的方法来招聘。值得注意的是，在一些国家，文职情报官被看作情报单位宣誓就职官员的合法替代，在这些情报单位中，执法权不一定是一个必要条件。然而，在正常情况下，情报官将从组织内部被转岗到情报单位。该官员在更传统模式的调查工作中已取得经验，并且也将成为更广泛的调查职业结构的一部分，期待着进一步晋升职务。这可能意味着，该官员将不想在情报单位待太久，并且这有可能导致情报单位的需求和情报官的职业期望之间的一些冲突。情报单位管理者将不得不在该机构的最佳候选人中做出选择，并试图至少在一个商定的时间段内保证这些人员留在岗位。如果该机构没有人符合情报单位的需求，那么情报单位管理者可能需要获得从外部招聘的权力。

情报单位应该寻找训练有素的情报官。在许多情况下，单位规模可能会相对较小，并且没有多少时间在工作中培训情报官。例如，有组织犯罪调查的困难属性需要有丰富经验的人员。情报官最好已经知道地理区域，至少知道有组织犯罪的街头行动和此类行动的主要事发地。我们期望，他们将会在一个或更多个有组织犯罪的主要活动区域内开展工作。

然而，在选拔过程中，寻求训练有素的情报官会带来一个问题。最佳的目标是一个在日常工作中已经做得很好的情报官，但并不能满足于此。当探讨到更加复杂的调查工作时，例如涉及打击有组织犯罪，该情报官应能积极响应。成功的候选人应选择方向，并具备足够的创新精神、开发方法和途径，解决远高于主管提出的问题。这意味着，应避免选择只知道快速逮捕的、训练有素的情报官。尽管在其他地区通常非常高效，但是在一个可能持续数月并不一定以逮捕告终的情报计划的世界里，这种类型的情报官不太可能做得很好。

一位情报官必须有能力带领情报分析师，后者可能有或没有情报官的以往经验。情报官必须与情报分析师在团队环境中共同工作，互相尊重对方的角色。情报官不仅必须在其报告中保证明确属实，而且必须发展一种能力，至少用于“首轮”分析（“First-cut”Analysis）并解释调查结果的含义。事实上，理想的情报官应接受并乐于从事这方面的情报工作。

3.6 情报分析师

自从在犯罪情报工作中引进职业分析师以来，关于成为一名高效的情报分析师所需的技能和资格一直存在很大争议。通常，这一争议受一些单位管理者的想法影响，确保单位中工作人员之间存在某种程度的互换性。起码在理论上，一些员工的互换性大大增加了通常是小职员的灵活性。在案件早期阶段，工作人员可以被调到调查部门，然后，当信息搜集阶段开始后，再被调到分析部门。然而，尽管一些互换对单位的管理有利，但情报官和情报分析师的技能是不能完全互换的。情报官不可能有一个职业分析师的深度分析能力，而职业分析师也不可能具备一个经验丰富的情报官的技能。要充分发挥效力，情报单位中的大多数情报分析师应是职业情报分析师，不需要事先的调查经验。

1998 年，FBI 发布了“分析师的核心竞争力”清单。人们感觉该清单为所有分析师，无论其任务如何，提供了一个基本标准。技能范围包括：分析、判断、研究、书面交流、口头沟通、计算机技能、专业素养/联络、灵活性/适应性、学习能力、主动性/进取心、组织、规划和确定优先事项、了解时事和辅导技能（Cromwell 1998）。

今天，在执法中的大多数情报分析师都是文职人员，许多有一点或根本没有作为执法官的经验。尽管宣誓就职官员与文职分析师的混用会带来潜在的摩擦，但是利远远大于弊。没有几个执法机构的宣誓就职官员具有使其打击有组织犯罪的技能。文职分析师为情报单位增添技能，可以使情报单位进入以前传统警察未涉足的调查领域。更重要的是，文职分析师可以使一个情报单位的注意力远离专门协助调查，直接支持该机构的使命。

尽管理论上由于雇佣情报官和情报分析师协同合作能带来好处，但是它带来的更具有意义的好处在于，确保信息搜集由拥有大量专业知识的分析师完成（Martens 1990: 15-16）。目前，执法机构招募分析师以解决单位的特定需求。例如，军事情报背景的用于反恐，或者具有研究生学位的个人满足高级分析技能的需求。渐渐地，执法机构正在认识到聘用拥有特别专业知识职员的必要性，这意味着，机构的招聘方式必须要更加灵活。

这样的专家能够为情报单位做什么？哪些技能适用于某个特定问题领域？没有一个简单的答案可以回答这些问题，但是做些概括是可能的，可以作为单位管理者的指导。

通才分析师

大多数执法机构不敢奢望雇佣一支能够配备类似于情报界如何运行的专用“席位”的分析队伍。理想情况下，分析师会专注于这类复杂的领域，例如金融犯罪、街头黑帮或在其管辖区造成最大影响的任何重特大有组织犯罪集团。相反，最常见的情况是，不管它们是什么，分析师必须把重点放在发展分析能力和支持机构的优先事项之上。就其本质而言，分析师应能快速学习，掌握主要内容，并尽可能地应用其分析能力，适当地解决每个问题。

专业分析师

由于犯罪的复杂性，一些犯罪活动需要比通才分析师还要多的专业知识。这并不是说，一个“通才分析师”不能提供关于这些主题的情报，但是除了其他责任以外，它不会是一个随便的任务。情报分析处理诸如商业欺诈、证券操纵、洗钱等犯罪，并且为其他性质的法律业务提供会计安排，这就需要一位具有专门培训和（或）经验的分析师。例如，技艺精湛的专家——如法务会计和计算机取证专家——可能被要求解读信息，并提供复杂犯罪网络的情报。一个单位管理者必须确定他（她）是否有内部资源完成该水平的分析，或者是否有必要利用专门从事这些领域的机构的分析师。该方法的有效性将取决于所需分析的性质。一个可行的选择可以是从另一个执法机构借调人员，或者与另一机构持续共享专职财务分析师。区域解决方案也同样有效。如果几个机构加入了融合中心或区域信息共享系统，那么专业知识渊博的分析师不仅可以更有效地支持几个部门的情报需求，而且当需要时还能提供调查支持。涉及技术和金融需求的专业领域获得的专业知识不是一个小规模组织能够承受的。对针对较小机构更多的区域办法的投资更有可能成功，因为专家更容易受雇于多家机构，并且通过为多个机构提供服务，可以以更低的成本公平补偿每个机构。保持这样的专家挑战和有效补偿是这种方法成功的关键。

固定关系的一个变体，是利用合同工或顾问来处理一个需要执法机构所不具有的专业知识的特定项目。当然，这在很大程度上取决于本地法律管辖出租这种合同工和雇佣临时工的刚性。一般而言，当有一个特定目标时，这种安排是最满意的。该目标要么需要机构内无法获得的特殊技能，要么由该机构现有员工解决，但在较长一段时间会严重扰乱正常工作秩序。例如：

· 一项为查明洗钱指标的国际金融交易研究；

· 一项关于主要犯罪分子旅行模式的长期研究，可以作为确定非法活动性质的手段；

· 一项关于某大城市指定部分的房地产所有权交易受到纵火案困扰的

调查；

· 一项关于计算机技术在欺诈和其他白领犯罪中应用的评估；
· 对某地理区域医疗账单的实践进行统计比较，确定“规范”，识别异常，为保险欺诈提供指标。

还有一类研究和分析或许与犯罪行为不直接相关，但还是需要提供打击有组织犯罪的策略。譬如，对情报单位更传统的许多活动而言，关于司法管辖区高利贷法规有效性的研究对州或市可能会有更长期的影响。根据合同或在与情报单位咨询的基础上，这样的一项研究可能很有成效地通过律师或研究生完成。

学术界的使用

虽然学术界能为情报单位提供巨大价值，但是在将提供分析支持的任何安排之前，必须解决3个问题：安全、责任以及客观。对于这类问题的任何妥协可能为所有参与者带来麻烦。

第一，情报管理者必须解决安全问题。不管项目敏感度如何，个人应接受背景调查。任何调查的深度都应与该人将访问的信息的敏感度相匹配。虽然有些候选人也许能胜任分析的挑战，但是在访问敏感设备或普通大众不能获取的信息之前，必须揭露其前科行为甚至是学术作弊的问题。对于在执法机构中的情报单位工作的任何人来讲，不管其从属关系如何，保密条款应该是一项基本要求。

第二，责任问题。如果一位教授或学生同意提供他们的分析专长以支持情报单位，那么就学校上课的时间表而言，从一开始就必须明确情报单位的期望是什么。不管经常困扰情报循环有效执行的意外问题，情报单位必须试图也要遵守这些时间表。除了关于双方预期的协议，从学术环境讲，情报单位必须明白，它不能对某人进行业务控制，而且在签订任何这样的协议前，必须对此有所考虑。确保责任的最佳方案会是，让一个学生或教授支持一项可以出版的项目，使他们受到惠泽，同时也支持了单位的需要，抑或在完成项目后，给予他们报酬。

第三，客观问题。在前期工作中，有些学者已经建立了一些声誉，形成了对某一特定问题的具体观点。一个情报单位必须要意识到过去可能支配或影响分析的工作。坦诚的讨论和对话当然会尽量减少任何偏见，但事实是，在情报世界，面对偏见是一件非常困难的事，就像一个人在真空中一样。重要的是，教授或学生要了解各种方法，解决可能出现的偏见。例如竞争性假设分析，该方法可以用来支持分析的客观性。这并不是一场反对与学术界发展这类关系的争执，而是必须要解决的争执，目的是确保所做的工作对情报单位有价值。

为了与学术界的成员发展互利互惠关系，无论是与学生，还是与教授，必须有一个使双方受益的机会，这样可能会将这种关系局限到一个不敏感的情报项目。由于为了在工作中获得学分（信誉），学生（或教授）可能会设法发表他们的研究方法和成果。如果没有这样的一个出版物，或按照规定不讨论某些问题，就能为实习生安排大学学分，那么这也许是解决这个问题的一个办法。只要一个项目的参数提前被概括出来，并且情报单位和提供支持的学术参与者可以从中获得某些东西，这一关系就会带来极大收益。如果合适，那么双方的其他好处，如获取对某特定项目的国家安全许可，或完成任务后有更优条件的工作机会，则都可以进行协商。那些“现实社会”中所能取得的相关领域的宝贵经验，对于学术界的人员都是非常具有吸引力的，并且作为这种关系的收益，应该推向市场。应该牢记，虽然这种安排似乎是一个双赢的局面，但是该机构对一位教授或学生不会有业务控制权，因此，不能保证任何特定项目都会有一个成功的结果。此外，对于不在机构控制之内的、被提供了访问敏感记录和信息的任何个人，必须完成一个完整的背景检查并签订保密协议。

3.7 支持人员

情报支持人员为一个情报单位的活动做出了重大贡献。本章前面几节所述的大部分选拔标准同样适用于情报支持人员。显而易见，虽然情报支持人员预计不会拥有等同于情报分析师的分析技能或情报官的调查技能，但是一般标准仍然适用。选拔情报支持人员关注的重点是严谨、勤奋和正直。在很多情报单位，与只倾向于专注一或两个特定项目的情报分析师相比，情报支持人员享有更广泛地访问保密材料的权利。因此，诚信问题尤为重要。

情报单位管理者应采取一种均衡的方式招募情报支持人员。支持人员是保证单位内连续性的关键点，所以单位管理者寻求的应是最符合选择标准的，对支持人员角色很可能心满意足的，也因此愿意留在单位的候选人。此外，受制于可获取的资源，情报单位管理者还可以利用情报支持人员的岗位，招募那些在进行研究的同时寻求执法环境经验的人员。这些人员将最终渴望前往责任更重的岗位，未必仍在同一个机构，但在见习期间，将为情报单位提供一份有用的分析资源。

3.8 职业路径

多年来，对于情报单位管理者而言，为情报官——无论是宣誓就职官员，还是文职分析师——开发职业路径是一个重大挑战。在大多数美国警察机构，因为有更传统的任务分配，所以情报官或分析师没有结构化的职业道路。

在一些机构，情报领域的专家意见或针对犯罪环境的知识构建，被认为偏离了“真正的”警察工作，并且情报单位的长期任务有可能会扼杀警员的晋升潜力。为了强调情报在当下警务环境中的边缘性质，大多数美国警察院校对情报培训没有要求。在晋升考试中，有些机构现在才要求加入一些涉及情报理解的内容，但一般情况下，情报还不算是一个被广泛接受或正确理解的警务领域。在很多情况下，宣誓就职人员未经任何前期培训便被安排到情报单位，并且期望在工作中学习技能。然而，当他们理解了其在情报单位的角色和责任后，他们会被频繁调动或提升至其他工作岗位。

警察机构的文职分析师在那个单位面临的额外挑战一般都比较小，且这些单位的领导和管理岗位几乎无一例外地均由宣誓就职人员占据。一位文职分析师也许在其岗位上出色工作 10 年，却没有一次提升机会，而宣誓就职人员，有些是情报概念的新手，却能在管理和领导岗位每 2 或 3 年进行轮岗。结果是一些分析师进入更大和更结构化的情报单位，无论他们是在政府机构，还是在私营部门的情报单位，其晋升潜力和薪酬水平都不会有这样的限制。

开发情报单位所有员工的职业路径并没有简单答案。机构可以更有创新精神，允许资深分析师和官员更多地参与到管理决策，并为他们提供相称的工资级别或晋升机会。但是，执法机构的结构通常约束了情报人员的职业发展选择。情报单位的专业化和标准化以及被分配人员的技术和能力可能有助于改变现状。就目前而言，这将是一个挑战，管理和领导的灵活性和创造性将是唯一的解决办法。

情报官或分析师的详细工作与有组织犯罪网络的最终瓦解或一个黑帮头目的控告间的实际关系是不明显的。换句话说，情报活动也许很少有一个可识别的结果，该结果使专业人员个人感到满意并对专业有所回报。相反，一些小的信息碎片拼接在一起，构成一个更大图景的一部分。其他官员或执法机构也许会贡献图景的其他部分，直到足够拿到委任状、逮捕令或起诉书。逮捕和控诉几乎总是由其他人来做，通常在一个情报专业人员不知道的时间和地点。情报往往是一个无名的业务，且的确是一个很难通过头条新闻或被授予英勇勋章等统计数字衡量成功与否的业务。与导致逮捕连环杀手的高度专业和高度关注的侦探工作相比，花 3 个月时间研究衣物批发行业中的敲诈勒索案则几乎没有一点迷人的潜力。为了弥补这一点，单位管理者需要成为情报单位和其他机构的沟通渠道，让单位获知来自单位工作的成功消息，并在机构里的那些同等成就中，提升情报单位的作用。

单位管理者也许会发现，其麾下经验丰富的情报官和情报分析师如此专业，以至于机构的任何进步都可能受到危害。在很多机构，他们会被夹在两条相互矛盾的官僚规则中。第一条，为了在机构中大幅进步，警官必须有各种各样的职业经历，譬如巡逻、交警、禁毒、规划等；第二条，情报工作是独一无二的，具备工作才能的警官通常被鼓励留在情报单位。当然，对文职分析师而言，在机构里从一个部门调到另一个部门或许是完全不可能的。

单位管理者应该有一个积极的人才政策，即使它必须根据其他部门的不同情况运行。不顾情报单位的短期成本，适合的宣誓就职人员应被鼓励争取一项临时的任务或从情报中得到晋升机会。一个从单位里提拔起来的情报官，很可能是一位机构里其他地方的情报支持人员，并随后在机构范围内，对情报单位的影响有一个积极的作用。

有两件基本的事情，单位管理者可以并应该为下属去做。第一，单位管理者必须努力在单位里建立高等级或者高薪资的职位。在这里，这个情况必须依靠牵涉到的男性或女性的能力，不能依靠逮捕的统计数据，或者甚至是该辖区逮捕的有组织犯罪人物的数量。它必须依赖于这样的事实：涉及的警官和分析师是一个非常优秀的团队，并且为自己在机构或其他行业的其他位置可能做得更好。为了使用该理由产生任何有效的影响，选拔政策必须产生一个优秀的团队。

第二，在情报单位，单位管理者必须确保一名警官或文职分析师的职业尽可能多样化。一位做了几次有关赌博长期调查的警官可以被调去处理毒品问题。一位内勤文职分析师花了几个月甚至几年测绘出了一个大阴谋，可以将其派去参加来自机构所有部门中层官员的培训。不论级别高低，情报分析师和情报官都可以有机会管理个人专业领域的项目团队。根据单位的大小，灵活部署专业情报人员是允许的，单位管理者可以利用这种机会。

3.9　员工评估

绩效评估，是情报单位面临的、关于人事最具挑战性的问题之一。因为情报产品更注重质量，而不是数量，所以，警察机构中一般的评价标准并不适用于它。像所有的评估过程一样，在评估期，情报分析师和警官事先就知道期望值非常重要。现实和可实现的期望是一个情报人员成功绩效的关键。一种对员工可能的评估方法将是基于情报循环特定方面的个人责任的一部分。

规划和指导

理想的情况下，虽然这一步应该是高管或决策者的职责，并由情报单位管理者执行，但现实情况是，情报单位往往确定他们将努力解决的问题。这一步的评估将适用于情报单位的管理者或监督人，因为这属于他们的责任范围。举一个例子：一个监督涉及街头黑帮问题几个项目的情报管理者发现了一个共同主题——更多的女性团伙成员参与暴力犯罪。这导致她（他）定义了一个问题：这些女孩是如何以及为什么被招募的，为什么暴力水平提高了，并且部门怎样才能对这些问题产生影响？在他们表现之前，鼓励情报人员站出来面对问题，是情报单位管理者应该评估的东西。

信息搜集

成功搜集信息分为很多方面。某些方面与情报官关联性更大，其他方面则与分析师相关。对于情报官而言，成功的信息搜集基于人际交往，既包括与其他机构的联络，也包括发展秘密信息源。线人的使用和对监视技术的掌握支撑了该领域的搜集工作。简明扼要地撰写报告对于搜集工作也是至关重要的，因为一篇不完整的或者难理解的报告将严重阻碍基于它的分析。

对于分析师而言，搜集可能涉及不同的技术。知道哪些信息可以通过电子手段获取，哪个政府机构控制什么信息，以及怎样可以合法获得是非常重要的。随着情报分析师目前可用数据库数量的爆炸，这些技能已成为一个必要条件。了解数据的存储方式和如何能最有效地查询数据，对一个情报单位具有巨大价值。

在情报循环的搜集阶段，隐私问题和其他法律问题是至关重要的，并且必须评估情报官和分析师之类的人对这些原则的理解。例如，信息搜集与正在处理的犯罪活动无关（如，该人去某个教堂礼拜，或者他持有不受欢迎的政治观点）会使情报单位处于风险之中。确保单位对这些问题得到培训是一个标准，该标准也可以用来评估单位管理者的效率。

情报分析

关于情报循环的分析阶段也同样有标准，可以在不同程度上应用于情报官和分析师。在某种程度上，简报和写作技巧以及对信息可信度和可靠性的评估将适用于两者。然而，基于单位的预期，情报分析师的评估标准应该更复杂。为了制定这样的标准，管理者必须学会如何评估情报写作、简报、分析方法和严谨性。在有效评估情报分析师方面，当前面临的挑战之一是，大多数管理者都不熟悉他们应该期望什么，以及他们需要培训团队中的分析师获得何种核心竞争力。

传递和反馈

传递和反馈更适用于情报单位管理者。通过影响决策者，确保搜集和分析对犯罪环境产生影响，是情报单位的基本生计。不断识别所有能从某些情报受益的用户是不容易的，但管理是分配这一任务并评估实现该目标绩效的适当途径。

基于单个员工成员以及作为整体的单位的任务和能力，一个情报单位的绩效评估将是独特的。但如上所述，情报循环可以提供一个基本结构，并在其之上建立更加个性化的绩效计划。除了执行情报单位任务所需的能力以外，还应涵盖其他因素，包括：

· 个人和职业操守；

· 动机、毅力、在最小监管下工作的能力、韧性；

· 团队协作能力；

· 超越个人偏见、批判性思维和创造性思维能力；

· 基于可用信息做出判断的意愿。

虽然情报官的绩效评估可能是困难的，但是它将为整个单位的宣传和评估提供更多的定性依据。

总体而言，一个执法机构内情报单位的人事配备应侧重于制定高标准。人员的招聘和留用都应依据那些标准。情报单位将依据其结果的质量来评判，并且这与其员工自身素质有着不可分割的联系。

参考文献

1. Carter, D. L. (1990). *Law Enforcement Intelligence Operations: Concepts, Issues, Terms*. Michigan: Michigan State University Press.
2. Collwill, J., and Birchall, G. (1992). *Practical Management: An Introduction to Management Skills*. Melbourne: Longman.
3. Cromwell, Robert. "Analyst's Core Competencies" presentation at IALEIA Conference, October 1998.
4. Kroeger, O., and Thuesen, J. M. (1992). *Type Talk at Work*. New York: Delacorte.
5. Makridakis, S.G. (1990). *Forecasting, Planning and Strategy for the 21st Century*. New York: MacMillan.
6. Martens, F.T. (1990). 'The Intelligence Function', in Andrews, P.P., and Peterson, M.B., (eds), *Criminal Intelligence Analysis*. Loomis, Ca: Palmer Enterprises, pp1-20.
7. Myers, I.B. and Myers P.B. (1980). *Gifts Differing*. Palo Alto. Ca: Consulting Psychology Press.
8. Nankervis, A., Compton, R., and McCarthy, T. (1996). *Strategic Human Resources Management*, 2nd ed. Melbourne: Nelson.

[第4章]

情报单位管理

理查德·赖特

4.1 引言

“管理”这一术语被定义为：为完成既定目标，对组织性资源进行控制和指导的一种行为。传统上，管理者已被授权具有规划、指导、人事、培训、预算、协调、报告、提供公共信息和获取适当装备等职能。执法管理者对所有这些职能都非常熟悉。然而，本章将重点关注执法管理者扮演管理一个犯罪情报单位的角色时，产生的那些独特的管理挑战。当这种情况发生时，管理者的角色变得更加复杂，并且必须承认并考虑其他若干问题。

4.2 挑战

对于新的情报管理者而言，最主要的问题涉及理解犯罪情报这一前瞻性概念，以及情报流程是如何工作的。唐·R. 哈里斯将警察情报单位管理称为：“能够分配给警察部门主管也许最困难的任务”。（Harris 1976: 53）这一困难的部分原因是由于许多执法部门管理者几乎没有接触过情报，并且作为情报单位管理者的一个任务将是他们第一次有机会理解并使用这个概念。大多数执法管理者从街头学习警务，并且在他们整个职业生涯中接受培训以被动模式处理问题。犯罪情报要求一种新的思维，因为它努力把视角从被动反应转为积极主动方式。本质上，在犯罪活动发生之前，情报就试图了解它，并且当特定犯罪问题还很轻微，能够用最少资源管理的时候，就安排机构对其处理。一个犯罪问题生根后，管理起来就会变得更加困难，也需要额外的资源。

简单地说，妥善管理犯罪情报职能对执法机构及其所服务的社区可能产生巨大影响。然而，那句话中的关键词是“妥善管理”。妥善管理这一多维任务绝非易事，需要一名训练有素的、已得到适当指导的人员，并且拥有机构、治理该机构的政体以及其所服务社区的支持。如果对“情报”一词的理解和感知不受这种消极执法历史的影响，那么可能更容易获得这样的支持。

20 世纪 70 和 80 年代，在美国各地，为数不多但也十分显眼的、老练而经验丰富的执法机构因其犯罪情报活动而臭名昭著。这种问题一般是由于在没有适当准则和有效管理的情况下就运行犯罪情报单位。特别地，机构被指控利用不当的搜集程序，存储非犯罪相关信息，并对非犯罪组织进行渗透。

简单地回顾历史能够帮助我们理解，在过去 40 年，这一局面是如何发展并不断演变的。在 20 世纪 60 年代末，当时美国国内的安宁正处在颠覆组织和大范围骚乱围攻之下，通过使用卧底警察渗透到嫌疑团伙并获取嫌疑个人及其组织信息的方式，许多执法机构对颠覆和骚乱做出了反应。这类信息随后被放入情报档案里。

执法工作显然是为了减轻犯罪行为并帮助解决席卷全国的骚乱。然而，在美国历史上的那一时刻，没有到位的准则和犯罪情报标准，用以平衡执法对信息的需求和个人“隐私权”之间的关系。

事实上，只有一个美国最高法院的判例达到了那一点，该判例维护了“隐私权”的概念（Griswold vs. Connecticut, 381 U.S. 479 [1965]）。格里斯沃尔德判例重点在于婚姻隐私问题，而且在当时，其对执法情报的最终影响并没有得到认可。

随后的 20 世纪 70 年代早期的事件，包括“水门事件”和 FBI 的反情报计划丑闻，加剧了社会的一些阶层对政府越来越多的不信任，并带来了一些针对执法机构的诉讼，因为在搜集犯罪情报的过程中侵犯了个人的隐私权。

结果，1972 年，加利福尼亚选民通过了对《加州宪法》第一章第一节的修改，从而将“隐私”列入了不可剥夺的权利清单。许多其他州也纷纷效仿。

立法机关也加入了战斗，并通过了关于这个问题的立法，如《1974 年联邦隐私权法案》（Federal Privacy Act of 1974）和《1977 年加利福尼亚州信息实践法案》（California Information Practices Act of 1977）。近年来，据报道，50 个州已有 48 个拥有某种形式的保护个人“隐私权”的立法。

20 世纪 70 年代中期，通过建立犯罪情报职能的标准，加利福尼亚州司法部、新泽西州警察系统、FBI 和执法情报单位等几个机构和组织承认了隐私权问题。最重要的标准要求搜集情报数据必须与犯罪活动相关。其他新的标准解决了情报产品的妥善存储和恰当传递等问题。在随后的几十年，这些标准逐渐被大多数执法机构和努力倡导个人隐私权的组织所接受。

因此，借助于适当的准则和标准，而不用过于担心不利诉讼的威胁，今天的执法当局能够受益于专业化管理的犯罪情报单位。然而，这种情况下的困难系于这样的事实：许多公众都没有意识到犯罪情报的专业标准现在已经到位，并可能仍然对政府和情报职能抱有负面看法。因此，在地方一级，向社区民众包括机构的主管部门推广犯罪情报职能的重要性和合法性，就属于单位管理者和机构首席执行官的职责范围了。

告知政界人士和公民有关犯罪情报及其对于司法管辖区安全的价值，可以通过不断发展的教育工作来完成。需要公众了解的是，犯罪情报是一种主动的犯罪预防工作和社区导向警务（Community Oriented Policing）的一个可行部分。教育工作可以辅以向所涉及的市议会或县监事会作定期报告，这巩固了情报职能的法律地位和能力，并从总体上识别管辖区的现有犯罪威胁。

在今天的情报环境下，另一个挑战是关注人口统计学在管辖区内识别犯罪威胁可能发挥的影响。每个种族或文化群体通常都有一个有组织犯罪的构成成分，倾向于掠夺自己的民族。由于来自世界各地的移民浪潮一直占据着这个国家，所以，这是一个困难的问题。拿加利福尼亚州来说，目前有 3800 万人口，大约 25% 的居民出生在国外。该州在这方面处于领先地位，但这预示了一个对全国执法机构具有重要意义的趋势。

这些移民中许多人与自己的族群居住在封闭的领地，他们说自己的母语，维系自己的文化，并且基于在以前国家的经验，倾向于不信任美国执法机构。这种不信任延伸到如此地步，以至于对正在发生的犯罪活动，他们不去通知执法当局。这样使得犯罪集团在他们的族裔社区内行使更大权力，带来更大的恐惧。

对于一个犯罪情报单位而言，如果它在社区各阶层中没有信息源，那么，确定或预测针对管辖区的犯罪威胁是特别困难的。除非情报单位拥有一名会讲族群语言或了解族群文化的警官或可信赖的信息源，否则几乎没有能力了解犯罪活动。针对这一问题，最有可能的解决方案就是有效利用社区导向警务。社区导向警务理念包含使用犯罪情报，并鼓励与市民开放交流，该理念可以在这些族裔社区的守法成员和执法机构间提供良性的互动。

4.3 犯罪情报职责

一个机构首先需要考虑的因素之一，就是关于犯罪情报职能的责任范围。显然，这由当地来决定。但关于该地区内机构的大小和犯罪问题等条件应该决定了情报单位的需求、任务和资源。

1973 年，刑事司法标准和目标国家咨询委员会（National Advisory Commission on Criminal Justice Standards and Goals）建议：所有拥有 75 名以上宣誓警员的警察机构应聘用 1 名专职犯罪情报官（Police Standard 9.11）。这项准则可能成为一个机构的起点，但这也可能依然无法满足机构对犯罪情报的需求。有组织犯罪和恐怖主义活动很少是公开的，当然也不承认司法管辖边界。许多时候，为了确定需要分配给情报职能的资源的适当水平，一个机构需要进行威胁评估，以了解其管辖区内犯罪问题的程度。

国家咨询委员会没有解决的是较小机构的需要，这些机构参与所在社区识别并追踪有组织犯罪威胁工作的宣誓警员不足 75 人。虽然小型机构未必能为情报职能设立一个全职岗位，但是可以做一些解决犯罪威胁的事情。一个小机构需要了解犯罪情报这一前瞻性观念，并认识到大多数执法机构，不论大小，容易遇到超出其管辖范围的犯罪活动。它们的工作人员应接受相关培训，识别并报告有组织犯罪、黑帮、犯罪极端主义和恐怖活动的迹象。

然后，这条信息应被拿来与邻近机构（治安部门、区域情报中心或相应的州执法机构）受过情报培训的人员共享。通常情况下，一些自身似乎显得无关紧要的细微信息，可能是关于企业式有组织犯罪集团的一个更大图景的重要组成部分。无论是县域、区域，还是全州范围，较小机构成员的这类工作将是允许对犯罪活动进行更大规模分析和评估的重要一步。

拥有 75 到 250 名宣誓警员的中型机构和拥有超过 250 名宣誓警员的大型机构应该设有犯罪情报职能部门。情报单位的大小取决于当地的犯罪状况和该单位的任务范围。只能分配 1 或 2 个情报官到情报单位的机构可能有一个问题，即是否有足够资源完成情报流程需要的所有职能。

减少中型机构情报工作量的一个可行选择是签订一个网络或互助犯罪情报协议。与周边执法管辖区的任何成员签订的这些协议可以是正式的，也可以是非正式的。可以想象，邻近机构有可以通过共享资源来解决的共同问题。这类协议允许一个机构分配有限的人员和周边管辖区的情报官在一起工作，进行联合调查。

这个概念可以扩展到这样一点，即一个区域内的牵头机构维护保管情报档案的职责，而其他成员机构则提供调查人员。为了录入和传递的目的，成员机构将可以访问档案。

在培训新的或无经验的犯罪情报官这一领域，从几个机构汇集的资源也是一笔巨大财富。这类安排的另一个好处是，如果一个情报官退休、晋升或调离犯罪情报岗位，那么个别机构不会失去它们所有的犯罪情报专业知识。相反，会有一大批经验丰富的人员继续服务于联合领域。

对于小单位来说，另一个关键问题是如何获得训练有素的分析师。情报流程需要分析，并且通过犯罪分析师和情报分析师的岗位轮换培训，一些中型机构已经解决了这个问题。这项工作可以被证明既有效又符合成本效益。

犯罪情报单位的具体职责包括以下内容：

1. 开展调查并检索信息，以获取首席执行官指定的特定犯罪活动相关的犯罪情报信息；
2. 开发和维护用于搜集、审查、评价、存储、整理、检索和传递与指定犯罪活动相关的系统；
3. 提高分析能力，提供有用的战略和战术犯罪情报产品；
4. 维护委托单位的所有信息的完整性和安全性；
5. 坚持使用法律和道德程序获取信息；
6. 形成评估单位完成执法目标和保护其所拥有信息的所有人隐私权的效能的方法；
7. 为促进关于犯罪事项的有意义的信息交换，建立和保持与各级执法机构的联络。

4.4 组织架构

当将其定位在一个机构内的组织架构时，犯罪情报职能是一个需要特殊考虑的独立和独特的活动。

根据单位规模的大小，犯罪情报官、监督者或单位管理者需要直接接近首席执行官。这种直接接近是必要的，因为情报单位的主要职能是为首席执行官提供及时的战略情报，其将虑及适当的规划和决策，以应对发展的犯罪趋势。该组织成员必须意识到情报官直接向首席执行官报告的必要性。这种绕开正常指挥链条的报告程序被用来消除交流过滤现象，并确保犯罪情报信息的秘密性。

理想的情况是，犯罪情报单位应设在首席执行官自己的安全办公室内，并配有适当的设备。它不应与其他调查单位合并，如毒品、扫黄、侦查或内部事务等。

情报与调查有很大不同，并且重要的是，要理解为什么这些合法的执法职能必须区别对待。基本上，通过为首席执行官提供其管辖范围内可能发生的犯罪事件的知识，犯罪情报将成为一个积极的、旨在预防罪案的工作。

如果正确执行，这将使首席执行官的时间用于做出打击潜在犯罪活动的决策。通常情况下，犯罪情报流程所涉及的并不是专用于法庭的“软”信息。“软”信息可能包括源自档案建设的谣言、建议和信念的传闻信息。在搜集最初的原始数据时，情报官经常会去一些犯罪调查人员为其调查需求很少接触的信息源。除了监视观察的数据以及从公共数据库中挑选的材料以外，情报官可能会注意到关于他们所信任的人可能正在策划一个罪案的匿名言论，或者倾听那些他们感觉有能力了解罪案的其他人的言论。他们拿手的是培育这种类型的软数据，经过适当的核查，形成精练而有用的犯罪情报。

这种类型的信息搜集包括仔细的评估和分析，并需要权衡执法需要和个人隐私权。隐私权应仔细结合既定的知情权原则和需知原则处理犯罪情报信息的传递。因此，情报档案安全性要求很高。其保护级别远大于大多数其他执法档案所需的保护级别。

相反，特定犯罪的调查严格意义上是一个被动的职能，其目的是逮捕和起诉参与的罪犯。这一工作是为了查明嫌疑人和证人，追回被盗财物和违禁品，并且获取在法庭上使用的可行证据。其重点是专用于诉讼目的的、“硬”的、可证实的信息。

情报和调查这两个科目间的区别是非常重要的。情报档案需要保存在一个远离调查档案的单独位置，并且该职能需要分配到不同的单位。这种分离将有助于确保在各自专业领域维持专业标准。

4.5 首席执行官的角色

关于情报职能，一个执法机构的首席执行官负有重要责任。对于一个信息闭塞的首席执行官来说，理解这个角色的起点是初步回顾国家犯罪情报共享计划。这个计划在 2003 年由美国司法部长约翰·阿什克罗夫特和美国司法部批准，并且包括典型政策、标准和准则，目的是制定地方执法情报职能。它为实施问题提供了建议，并为共享关键信息提供了方法。

一旦首席执行官对情报职能有了基本了解，他（她）将会意识到犯罪情报是一个相当简单而且现实的概念；意识到妥善搜集和分析的信息会带来更明智和更具成本效益的决定和相关行动；意识到战略评估、战术、犯罪目标的选择、犯罪预防以及资源的合理分配。最终，它会帮助建设一个更安全的社区。

一旦启动情报职能，首席执行官特别需要接受他（她）在生产可加强公共安全的战略和战术产品上的责任和作用。这些责任包括，建立情报单位的使命，设置优先事项，并不断提供指导和支持。另外，首席执行官必须确保情报职能得到了整个部门的积极支持，以及有必要的资源来完成其使命。最后，首席执行官有义务依据最终情报产品提出的建议，并采取适当的行动。

首席执行官的另一个问题大体上仍然没有得到解决，那就是需要社区支持情报职能。犯罪情报是一门科目，尤其是鉴于潜在的恐怖主义威胁，需要由首席执行官和（或）高层管理人员向公众解释。公众应理解犯罪情报流程是一个合法的犯罪预防工具，需要他们参与其中，预防罪案并创建一个更安全的社区。目前，大多数地方机构采用某种形式的社区导向警务，在社区成员和执法机构之间共享罪案相关信息是该过程的一个重要方面。

4.6 机构支持

对于一个成功的项目而言，机构对情报工作的支持是至关重要的。这些支持必须包括从首席执行官到一线职员的所有人员。一旦工作人员了解了项目的目标，以及他们能够如何协助工作，就可以获得必要的支持。

通常情况下，一些机构对犯罪情报单位的看法一直是一个问题。在某些情况下，情报的使命对于单位之外的人而言并不清楚。单位的职能、角色、目标和使命需要与组织里的其他人共享。为了避免存在“秘密部队”的误解，单位应解释信息发布及传统命令链修正的既定准则。一旦过程得到解释，并且隐私权的法律方面以及秘密性的需要得以公认，一些关于情报的神秘感就会荡然无存了。随后，大多数知情的雇员将接受情报必须运作的规矩，并在工作中予以协助。

每天，对情报职能的支持包括必须考虑机构内正式与非正式的犯罪相关信息的交流通畅。全体员工需要了解情报优先事项，并且当他们审查或处理报告或讨论犯罪相关问题时，鼓励他们把情报需求记在心里。属于情报单位使命的事项，或对情报用途有价值的事项，需要及时地转发给情报单位。

4.7 单位使命

确定犯罪情报单位的使命，是另一个需要重点关注的问题。类似于其他专门的执法任务，犯罪情报职能需要适当的方向和重点。具体参数是必要的，以至于犯罪情报工作将不会失去其远景，并将保持其稳定地提供有用产品的能力。使命陈述可以帮助提供那样的方向。它们应说明该机构对其犯罪情报单位的预期，以便情报单位人员及机构其他人员能够理解该职能。

使命陈述应该解决 3 个不同的组成部分：

1. 使命陈述的第一部分应该描述与犯罪活动相关的信息的搜集、评估、整理、分析和传递的犯罪情报“流程”。
2. 使命陈述的第二部分需要机构确定犯罪情报将要解决的犯罪活动的类型和范围。在起草陈述的这一部分时，重要的是确定何种罪案问题或议题正在威胁所关注的管辖区。每个社区或地区都有其独特的挑战，并且使命陈述应反映那些问题。譬如，如果一个管辖区的现行犯罪问题包含犯罪街头帮或“新兴有组织犯罪集团”，那么使命陈述应确定那些关切，并作为情报单位的重点。

   在确定犯罪情报单位重点时，同样重要的是确定一个人员能实际完成的目标以及分配给单位的资源。对于单位而言，在过于宽泛的条件下设计使命只会适得其反，使得指定人员不能充分地完成工作。
3. 使命陈述的最后一部分应该描述单位所预期获得的结果。如果犯罪情报单位的主要职能是为首席执行官提供战略情报，那么使命陈述的这部分则应表明，所提供的信息将促使首席执行官就意料之外的犯罪威胁和机构资源的部署做出理性选择。

下面是使命陈述的一个“样本”：

部门的犯罪情报单位将搜集、评估、整理、分析和传递关于涉嫌参与（管辖区关注的犯罪问题）的个人或团体的信息，并且会将这份信息提供给首席执行官，以达到犯罪预防和决策制定的目的。

4.8 培训

犯罪情报最先进的培训是可以利用的，并且应提供给机构成员使用。为了使源于犯罪情报单位的利益最大化，部门的培训承诺应始于首席执行官。首席执行官需要理解单位如何运作，以及它可以生产什么。首席执行官特别感兴趣的是，战略情报产品如何帮助该机构预防罪案，合理配置资源和预算，以应对新兴的罪案问题。机构的管理者和监督者也必须理解情报的概念，以及它如何帮助减少罪案。他们的支持将极大地加强与搜集工作的协调。

线人是情报单位的一个重要资源。他们必须明白他们是该机构的耳目。他们 1 天 24 小时都出现在社区，1 周 7 天与个人互动并进行观察活动。让他们认识到自己的能力有助于情报工作是至关重要的。作为回报，情报人员应为他们提供能保证其安全的战术信息，并帮助他们识别社区内的威胁。巡逻人员也需要了解个人隐私权的法律问题以及情报信息传递规则如此严格的原因。对线人的适当培训将有助于他们理解情报单位与首席执行官密切关系的战略需要。（见第 14 章“培训与情报单位”）

告知城市管理者和县行政人员犯罪情报职能的存在和目的，也是很重要的。这些行政人员因对其政府的服务而最终对社区负责，并且必须充分意识到情报单位的犯罪预防性质及其运作过程中的法律约束。

在出现任何法律问题之前，对机构的法律顾问进行培训也是十分有益的。它为律师提供了一个了解单位政策、程序，以及情报单位必须运作的法律制约的机会。近年来，虽然对犯罪情报单位的法律诉讼大幅减少，但在接受传票或诉讼之前，单位的法律顾问还是需要熟知单位的运行准则。

4.9 流程管理

犯罪情报单位需要正确的指导、适当的准则和一致的监督。除非整个流程存在不断的协调，否则规划和指导、搜集、评估、整理、分析、传递、再评估等七步“情报流程”将不会为机构证明自己的价值。情报流程的目标就是为机构提供战略产品和战术产品。

根据单位的规模和组成，一个犯罪情报单位的管理、监督和指导将会有所不同。然而，在任何情况下，对情报工作的指导都是至关重要的。每个情报计划需要一个重点。这个重点和具体指导必须对该机构有价值。许多机构都搜集了从未被投入使用的大量犯罪情报信息。这显然充满了文件柜和电脑空间，却没有为机构提供有用的产品。正确地识别目标可以解决这个问题，并提供有用的产品，帮助确保社区安全。

有效的指导始于首席执行官提供的一般引导和广泛目标。单位管理者随后将选择对象或确定具体目标。一项具体的情报计划一旦被确定下来，必须考虑并实施信息搜集方法和程序的规划。“搜集计划”往往是情报流程唯一致命的弱点（阿基里斯之踵[1]）。如果没有设计并实施一个合适的计划，那么目标常常无法实现。

根据不同的项目，我们可以用许多不同的方式部署犯罪情报人员，可以通过犯罪主体、犯罪组织、地理区域、种族有组织犯罪类型或犯罪活动分配情报人员。这一决定通常取决于正在进行的特定信息搜集工作的类型。

犯罪情报计划一经启动，管理者需要与其员工会面，确定使用获得所需

[1] 译注：阿基里斯之踵（Achilles heel）。阿基里斯是古希腊神话中最伟大的英雄之一。相传，他的母亲是一位女神。在他降生之初，女神为了使他长生不死，将他浸入冥河洗礼。阿基里斯从此刀枪不入，百毒不侵，只有一点除外——他的脚踵当时被女神提在手中，未能浸入冥河。于是，“阿基里斯之踵”就成了这位英雄的唯一致命的弱点。

信息的哪些方法和资源。我们可以通过或从监视、卧底特工、数据库、犯罪举报人以及执法或公民来源搜集数据。一个不容忽视的方法是，使用被派去监督已知犯罪主体的公开的情报人员。一旦确定了这些嫌疑人的习惯，那么情报官就可以创造合适的机会，在公共场合与犯罪嫌疑人进行面谈或对话。这种类型的接触可以是非常有效的。很多时候，犯罪主体很乐意与警方调查人员公开交谈。即使是那些不会主动与已知情报官交谈的犯罪主体，可能会受到在公共地点观察嫌疑人期望与犯罪同伙进行社交或交易的情报官的影响。在餐馆、酒吧、旅馆或其他公共场所的这种联系的心理影响，通常会阻碍该嫌疑人的活动，并且，毫无疑问地，让他们担心情报官已经知晓了其犯罪意图。

除了情报单位承担的具体情报计划，情报单位必须培养和建立定期的信息源，以掌握辖区内的犯罪活动。同时，这条信息流还将包括审查选定的犯罪和逮捕报告、报纸上的文章、搜查令、特殊出版物以及来自执法联系人和社区来源的消息。

随后，所有这些原始数据必须进行任务相关性的审查和评估，并且，如果认为适当，就考虑档案录入。“单位指挥者必须建立一个有效的档案系统。它应该是一个最大限度地减少文书工作的系统，同时为分析师提供一个有效的工具。对档案系统的第二个主要要求是便于信息检索。最后，这个系统必须尽可能简单，以提高归档准确性，这样就能保证，相对于某一特定主题的所有信息变得可用。”（Harris 1976: 54）

“为了能够提供指导，并同时确保档案的合法性，单位指挥官必须制定具体准则，确定哪些材料可以归入档案，是如何组织的，并且最后不再被认为重要的信息是如何从档案中清理的。”（Harris 1976: 54）

人们准确地将分析环节称作情报流程的“核心”。如果没有情报流程的这一部分，情报仅仅是一个信息搜集职能，不会使机构从搜集到的数据中提取适当意义而获取利益。情报流程的这一步包括对管理的需要，确保分析师和数据搜集者之间持续的交流。他们的工作需要协调，以确保分析师将可用且适当的数据用于当前的项目。

情报流程的下一步涉及情报产品的传递。情报用户包括首席执行官、该机构和其他执法机构。单位管理者需要确保遵循需知原则、知情权原则和第三方规则（从其他机构获得的原始文档不能发布给第三方机构）等传递规定。此外，适当的准则必须到位，以批准发布，并记录请求，向用户发布信息。“单位指挥官必须决定该单位如何传递其产品。在任何情况下，情报单位都应采取一个传递信息的积极方案，并在敏感性约束范围内，尽可能广泛地输出……情报档案中未被使用的信息是没有价值的。”（Harris 1976: 56）

再评估是情报流程的最后一个步骤，包括从用户获得必要的反馈，确保情报产品是有用的，并达到其目标。

每一个情报单位应定期进行评估。单位管理者应确保单位达到其既定目标。一个非正式评估应问一问以下问题：

1. 情报单位是否遵循其准则？
2. 情报单位是否将重点放在既定使命？
3. 情报单位需要培训吗？
4. 情报单位达到其目标了吗？
5. 情报单位是否在生产分析产品？
6. 情报单位为机构提供战略产品和战术产品了吗？
7. 情报单位的产品是否对机构有价值？

4.10 监督

合理监督的关键之一在于，确保所有成员都认识到情报单位的目标，并专注于自己的角色。这需要单位成员间持续不断地沟通交流。频繁的会面是必要的，以便建立一个团队，同心协力地达到单位目标。

作为一个整体，情报单位需要知道目标、正在进行的单位活动以及正在寻找的信息需求。这种信息分享和获得基本数据的想法是必要的，因为资深的情报官往往都会有各种各样的信息源以获取信息。现场搜集人员和分析师之间必须密切协调，这样犯罪问题的一个完整和准确的图景就会显现出来。

清晰和简洁的准则是一个情报单位顺利和高效运行所必需的。指派的人员需要了解他们必须在其之下工作的规则和程序。情报单位运行的准则应该解决问题，例如政策、使命、职责、隐私权、报告程序、文档标准和维护、信息评估和分类、清理程序以及传递。必须有其他准则用于线人的使用、情报单位的安全以及特殊基金的使用。“情报单位指挥官还负责建立准则，将知会调查者它们可能会覆盖的目标，并且在什么条件下……然后，指挥官的后续任务就是确保调查者实际遵守准则。”（Harris 1976: 54）

4.11　人员配备

人员配备问题在第3章得到了充分的论述。然而，情报单位管理者应该牢记，犯罪情报人员必须具备多种能力，以确保他们成功完成任务。一些较明显的能力包括正直、高智商和分析能力、主动性、口头和书面的有效沟通能力。另一个注意事项是，与不同的人（从执法官到社区各种成员）建立融洽关系的能力。这项能力至关重要，并将最终决定一位情报官从多种信息源获取信息的能力。其他重要的特质是一位情报官的判断力及在任何特定情况下预测什么可能发生的能力。显然，有许多个人技能需要考虑，但单位的成功终将取决于指派人员的才能。

在当今的管理环境下，很多首席执行官觉得，人员轮岗是一个非常重要的主题。赞成定期任务轮岗的论点主要是与预防敏感岗位腐败和为机构人员提供更广泛的知识和经验相关。轮岗或许对执法机构内的很多任务（即使不是大多数）是合适的，但犯罪情报是一个专业任务，不应定期轮岗。这一观点的主要原因包括：一位情报官学习任务并有效工作所花费的时长，所需要的技能开发和培训投资，以及执法的联系和其他必须建立的有价值的联系。基于上述原因，情报人员的任何轮岗应基于一个对从指定个人收到情报产品的质量和数量，以及个人对这个专业任务适应性所进行的评估。

4.12 联络

在各级政府的执法机构之间，对犯罪信息的共享与协调存在一个持续的需求。在许多情况下，关于自己管辖区的相关犯罪情报数据首先从相邻机构获得。这种定期的数据共享允许对影响多个管辖区的犯罪活动进行更全面的审查。地方机构应以地区为基础定期建立网络关系。相关信息也应与州和联邦当局共享。建议所有情报单位加入区域信息共享系统、执法情报单位协会、区域特别工作组以及融合中心。专业调查协会也提供有价值的联系和培训机会。（见第 17 章“网络、组织和资源”）

4.13 小结

21 世纪，执法部门认为犯罪情报是“执法终极管理工具”，这一观点是恰当的。预防和遏制犯罪是执法的业务，并且犯罪情报职能允许警察机构积极地解决其社区的犯罪威胁。作为社区导向警务和情报主导警务的一个重要组成部分，犯罪情报必须成为警察机构接受的实现公共安全最佳水平的方法。

4.14 成功犯罪情报计划的 10 个步骤

1. 创建一个适当的环境。
   · 获得机构首席执行官的积极支持；
   · 从适当的当选官员获得政治和预算支持；
   · 为机构和社区提供关于具有犯罪情报职能裨益的教育。
2. 建立犯罪情报单位，作为积极的犯罪预防行动，支持社区导向警务理念。
3. 设计侧重于特定犯罪活动的单位使命陈述，并传递到整个机构。
4. 选择合格的人员供职于犯罪情报单位，包括训练有素的分析师。
5. 为单位争取到独立、安全的住所。

6. 实施并执行专业准则：
   · 单位业务；
   · 档案程序；
   · 安全；
   · 特别费用基金；
   · 线人控制。
7. 为以下人员提供培训：
   · 首席执行官；
   · 适当的当选官员；
   · 犯罪情报管理者和主管；
   · 犯罪情报官和分析师；
   · 该机构的其他人员；
   · 法律顾问。
8. 联络周边机构及参与区域和州犯罪情报网络。加入区域信息共享系统和执法情报单位协会。
9. 需要来自情报单位的战略产品和战术产品，并定期评估其业务。
10. 确保首席执行官定期与犯罪情报单位主管会面，以提供适当的指导。

参考文献

1. Griswold v. Connecticut 381 U.S. 479 (1965).
2. Harris, Don R. (1976). *Basic Elements of Intelligence - Revised*. Washington, DC: Law Enforcement Assistance Administration, September.
3. Report on Police, National Advisory Commission on Criminal Justice Standards and Goals, 1973. Commissioned by the Law Enforcement Assistance Administration (LEAA) on October 20, 1971 to formulate national criminal justice standards and goals for crime reduction and prevention at the state and local level.
4. Wright, Richard. (1998). *Ten Steps to Establishing a Criminal Intelligence Unit*. Issues of Interest to Law Enforcement Criminal Intelligence: A Vital Police Function. Marilyn B. Peterson, ed., Sacramento CA: Law Enforcement Intelligence Unit.
5. The National Criminal Intelligence Sharing Plan U.S. Department of Justice – 2003.

[第5章]

情报规划和指导

道格·拉尔姆

5.1 情报流程

> 情报流程或循环始于问题——对问题的回答不可避免地导致更多的问题。所以，实际上，一个循环的结束是下一个循环的开始。[1]

情报流程（Intelligence Process）是获取问题答案的一个动态的、系统的方法。该流程适用范围非常广泛，是国家安全政策、执法战略以及商业竞争决策的基础。政府、执法以及企业领域的方法和手段可能有所不同，但是最终的结果都是一样的。情报流程旨在填补知识缺口，目的是支持决策。

情报循环（Intelligence Cycle）是这一过程最常见的可视化范式。该循环是一个概念模型，表明了将信息和数据转化为决策者所需情报产品的行动步骤的连续流动。每个步骤都有一个目的或输出。输出指向下一步，从而继续步骤之间的顺序联系。当决策者提供反馈而产生新的需求时，上述循环开始重复。

---

[1] 原注：*United States Intelligence Community-What We Do* at: <*http://www.intelligence.gov/2-business.shtml*> accessed March 2009.

虽然对情报循环固有步骤的数量没有绝对共识[1]，但是所有概念模型都有一个共同观点——为决策者提供相关、准确和及时的情报。

规定情报流程步骤的数量并不重要。所有概念模型都一致将情报流程作为信息价值增值的相关活动。情报循环作为用来说明识别、搜集、处理和传递情报的一种基本方法，被用于政府、执法和公司等领域。

从实践上看，现实的情报流程是“多维的、多向的，而且最重要的是互动和迭代的”[2]。这并不意味着把情报流程描述为一个圆形的性质——一个连续流动的行动步骤——是简单或过时的。相反，尽管目前存在批评的声音[3]，但情报循环仍然是警方高层管理人员和机构首席执行官的一个有效的心智模式。考虑到需要理解和可视化这一使数据和信息增值的过程，情报循环代表了用于决策、规划、确定犯罪目标和犯罪预防的执法方法。

---

[1] 原注：阐释情报循环的描述包括 4 个步骤、5 个步骤和 6 个步骤等模型。例如，一个商业情报模型概述了搜集、处理、报告和为公司情报用户传递可行动性情报等 4 步循环。（白皮书——情报循环，Tech-Writer.net at: < *http://www.tech-writer.net/Intelligence_Cycle.pdf*> accessed March 2009.）中央情报局遵循 5 个步骤的情报循环流程。（<*https://www.cia.gov/news-information/featured-story-archive/2007-featured-story-archive/what-is-intelligence.html*> accessed March 2009.）国家犯罪情报共享计划（NCISP at: <*http://www.iir.com/global/products/NCISP_Plan.pdf*>, page 7 accessed March 2009.）、联邦调查局（FBI, 情报循环，网址 <*http://www.fbi.gov/intelligence/di_cycle.htm*> accessed March 2009.）以及国防部（联合条令 2-01，联合和国家情报支持军事行动，2004 年 10 月 7 日，网址 <*http://www.dtic.mil/doctrine/new_pubs/jp2_01.pdf*> accessed March 2009.）均把情报循环分为 6 个步骤。

[2] 原注：Douglas H. Dearth, *National Intelligence: Profession and Process*, in Strategic Intelligence: Theory and Application, eds. Douglas H. Dearth and R. Thomas Goodden, 2d ed. (Washington, DC: Joint Military Intelligence Training Center, 1995), page 17.

[3] 原注：Kristan J. Wheaton, *The Coming Revolution in Intelligence Affairs*, in an editorial on International Relations and Security Network at:<*http://www.isn.ethz.ch/isn/Current-Affairs/Special-Reports/The-Revolution-in-Intelligence-Affairs/Editorial*> accessed March 2009; and Arthur S. Hulnick, *What's Wrong with the Intelligence Cycle,* in Intelligence and National Security, Routledge Publishing (Vol 21, Issue 6 December 2006) at: <*http://www.informaworld.com/10.1080/02684520601046291*> accessed March 2009.

5.2 情报流程中的规划和指导

当被问到，如果给1小时来拯救世界，他会做什么。据报道，爱因斯坦回答说，他会花55分钟去理解和确切表达该问题，5分钟执行解决方案。[1]

国家犯罪情报共享计划认为："犯罪情报是对关于犯罪嫌疑人和（或）组织的信息进行规划和指导、搜集、处理（整理）、分析、传递以及再评估（反馈）这一过程的结果。这个有序进程通常被称为情报流程。"[2]

虽然国家犯罪情报共享计划把规划和指导确定为事件序列的一部分，但是规划和指导在整个情报流程中也很明显。它不仅仅是一个开端或终结。正如FBI在其情报处网站上所表明的那样，规划和指导是对整个工作的管理。[3]

从组织的角度来看，在犯罪情报支持执法的每个层面，都需要进行规划和指导。从情报流程中产生的所有其他事务工作或组织行动中，规划和指导是获得相关性、优先次序和授权的源泉。

在部门、单位、科室或小队等层级，规划和指导的产出确定了需要和要求。随着更高层级的组织问题得到详细阐述，逐渐收窄，并且信息缺口得以弥补，在整个情报流程中，这一连续产出开始螺旋式上升。这些问题的答案构筑了生成简明、及时和可行动犯罪情报的知识。

警方高层管理人员确认情报循环中规划和指导重点的一个方法是，理解

[1] 原注：K.R. Ravi, *Thinking About Thinking,* Jaico Book House (Mumbai, 2008) at: <*http://www.flipkart.com/thinking-ravi-kr/8179925161-5v23fal06f#previewbook*> accessed March 2009, page 131.

[2] 原注：Bureau of Justice Assistance, US Department of Justice, *The Rationale for the National Intelligence Criminal Intelligence Sharing Plan,* National Criminal Intelligence Sharing Plan (Version 1.0, October 2003) at: <*http://www.iir.com/global/products/NCISP_Plan.pdf*> accessed March 2009, page 16.

[3] 原注：Federal Bureau of Investigation, US Department of Justice, Directorate of Intelligence at: <*http://www.fbi.gov/intelligence/di_cycle.htm*> accessed March 2009.

界定管理整个工作的关键属性。成功的规划和指导，即管理整个工作，需要警方高层管理人员（特别是机构首席执行官），通过提倡 5 个关键绩效属性，推动并积极参与到情报流程中来。这 5 个关键绩效属性是：战略管理、领导力、协作、灵活性和以搜集计划形式存在的行动。

战略管理为规划和指导提供基础，并形成组织保证。正是通过这一过程，组织确定使命和愿景，决定宗旨和目标，制订实现组织目标的计划、政策和行动。[1] 例如，国家犯罪情报共享计划强调了执法首席执行官采用战略管理过程的关键性。[2]

领导力未必等同于有效管理。领导力协调变革并包括独特过程，该过程区别于日常管理组织的复杂性。[3] 虽然国家犯罪情报共享计划并没有特别地把领导力说成是情报共享的一个重要因素，但是在领导力语境下 [4]，在国家犯罪情报共享计划的整个建议 [5] 中，确认了促进新方向、共同愿景、加强专业判断、信任和绩效等理念。因此，国家犯罪情报共享计划将领导力作为一个情报流程成功规划和指导所需要的、多方面的绩效特征。

---

[1] 原注：John L. Thompson and Frank Martin, *Strategic Management: Awareness and Change*, 5th ed. (Cengage Learning EMEA, 2005), pages 9-10.

[2] 原注：Bureau of Justice Assistance, US Department of Justice, *The Rationale for the National Criminal Intelligence Sharing Plan,* National Criminal Intelligence Sharing Plan (Version 1.0, October 2003) at:<*http://www.iir.com/global/products/NCISP_Plan.pdf*> accessed March 2009, page 8.

[3] 原注：Thomas S. Bateman and Scott A. Snell, *Management: The New Competitive Landscape*, 6th ed. (McGraw-Hill Irwin, 2004), page 368.

[4] 原注：An excellent primer on context of leadership is "On Leadership: The Context of Leadership", an article in a series of leadership articles by Michael L. Venn, Ph.D., and B. Keith Simerson, Ed.D., on Tradewinds Consulting,LLC at: <*http://www.tradewindsconsulting.com/publications.htm*> accessed March 2009.

[5] 原注：国家犯罪情报共享计划“行动建议 1”着重阐述情报流程，包含管理和监督要素；“行动建议 7”认识到沟通和协作；“行动建议 8”促进推广宣传情报共享概念；“行动建议 10”突出犯罪情报模型政策（2003 年修订版），将其作为执行情报职能的指南；“行动建议 12”支持加强职业判断；“行动建议 14”培养信任；“行动建议 15”推行有效的问责措施；“行动建议 16”鼓励司法领导人和从业人员使用相关的隐私指南；并且“行动建议 20—25”征求机构支持通信、数据系统、档案共享互操作性和安全性等新方向。具体参见附录 E。

在情报处网站上，通过在情报循环的中心贴上**积极协作**的标签[1]，FBI生动地描绘了合作对于情报流程的重要性。FBI 的图形说明，在所有组织层面，合作触及到情报流程的每个方面。因此，它是多维度的。合作也是交互式的，所以它是多方向的。在组织内部，成功合作的绩效和对合作的支持使内外知识得以共享。例如，国家犯罪情报共享计划建议，执法机构应促进与其他执法机构、急救、公共安全以及其他参与更广泛的国土安全使命的机构之间的信息共享（内部和外部）。[2]

在商业世界里，敏捷意味着行动——其含义是接受力和行动力。[3] 在情报流程中，规划和指导中的敏捷形成组织的柔性。这是指一个组织能够有效地适应不断变化的要求的速度，就应该选择这样做。并不是所有不断变化的要求都需要以组织行动来面对，但所有不断变化的要求确实需要整个组织的每个人都能意识到。在机构首席执行官的领导下，警方高层管理人员需要清晰地阐述组织行动所需的条件、环境及影响。敏捷的规划和指导会产生及时、行之有效和有成本效益的反应。

以搜集计划形式存在的行动是组织高管用来确定、记录和评估情报需求的构架。对于执法机构而言，国际执法情报分析师协会将一项搜集计划界定为："对具有具体目标的特定主题的数据搜集、该数据的潜在来源清单以及估算的时间期限进行指导的一项计划。"[4]

在情报流程内，一项搜集计划的基本意图是确定所需的信息或需要回答的问题。这些问题的答案支持在组织级别生成问题的决策。搜集计划的格式

---

[1] 原注：Federal Bureau of Investigation, US Department of Justice, Directorate of Intelligence at: <*http://www.fbi.gov/intelligence/di_cycle.htm*> accessed March 2009.

[2] 原注：Bureau of Justice Assistance, US Department of Justice, *National Criminal Intelligence Sharing Plan*, (Version 1.0, October 2003) at: <*http://www.iir.com/global/products/NCISP_Plan.pdf*> accessed March 2009, pages 31 and 34.

[3] 原注：Michael Schrage, "The Struggle to Define Agility", a September 2004 article posted to CIO at: <*http://www.cio.com.au/article/185655/struggle_define_agility*> accessed March 2009.

[4] 原注：IALEIA, *Law Enforcement Analytic Standards*, November 2004, at: <*http://www.it.ojp.gov/documents/law_enforcement_analytic_standards.pdf*> accessed March 2009, page 39.

可以是简约的或冗杂的，这取决于搜集信息使用的方法和来源。信息源范围涵盖组织文件记录、调查报告、个人访谈以及数目庞大的在线信息网站等。对于更复杂的来源，诸如线人、秘密调查员以及技术侦查任务等，一项搜集计划拟定了积极的调查任务，反映了方法的多样性和资源的深度，用以促进组织目标的实现。搜集计划变成了一幅创造知识并生产行动性犯罪情报的蓝图。因此，以搜集计划形式存在的行动将组织的重点放在，在特定的时间，开发特定事物的特定信息，以实现特定的效果。

情报循环的规划和指导可以在一个深思熟虑或快速反应的决策环境中完成。作为危机管理的一部分，搜集计划可以像一个在紧急情况下快速识别知识缺口的心理过程一样简单。同样，当时间不是一个关键因素时，搜集计划可能产生于一个审慎的、不一定慢的、循环和连续的流程。

5.3 确定优先情报需求

如果您问了错误的问题，当然，您会得到错误的答案……提出正确的问题是更为重要和困难的，一旦您做到了这一点，正确的答案就变得显而易见。[1]

成功地管理整个工作需要始终如一地应用所有的关键属性。否则，不完整的工作流程会导致这样的局面，诸如，在没有建筑图纸的情况下，一名工程师试图建造一栋建筑，或者在缺少地址标签的情况下，一个邮递员试图投递邮件。成功的情报循环规划和指导需要从其他人和活动的应用中输入，并对其进行处理产生输出，即指导知识开发的搜集计划。

在组织知识的开发中，犯罪情报分析师发挥着重大作用。分析师使用问题作为寻求理解的工具。有效问题的答案生成了组织知识。此外，通过了解

[1] 原注：Business quote attributed to Amory Lovins, Rocky Mountain Institute Chairman and Chief Scientist, posted at: <*http://www.woopidoo.com/business_quotes/authors/amory-lovins/index.htm*> accessed March 2009.

高层管理人员和机构首席执行官面对的优先事项和资源决策，分析师能对组织决策产生积极的影响。具有这种洞察力使分析师对组织的影响会有更清晰的认识，而组织的影响则源于依据生成的答案所做的决策。为了建立和界定责任，确定和改进工作活动，以及概述组织需求，分析师与首席执行官和其他警方高层管理人员的交流对情报流程尤其重要。

这种交流的驱动力涉及对两个组织流程的整合——一个是商业，另一个是军事。商业应用采用项目管理的逐步细化和分解过程。[1] 这涉及把首席执行官在部门或机构层面作为一个问题提出的重要但通用的信息需求，分解或细分为更小、更易管理的情境条件，是一个分解和确定已知与未知信息以及协作与迭代的工作过程。军事应用采用优先情报需求（Priority Intelligence Requirement，PIR）。[2] 优先情报需求是关于情境、环境或条件的关键问题。虽然优先情报需求不是唯一的一个军事应用，但国土安全部借鉴了类似的情报需求应用，连同情报标识符“PIR”[3] 一起称为常设信息需求（Standing Information Need）和优先信息需求（Priority Information Need）。它是最密切相关的一个军事术语，在组织层级内，用来确定预期或规定的优先需求。因此，在军事、国家安全和执法环境内，不管是称作常设信息需求、优先信息需求，还是称为优先情报需求，对关键问题的解答提供了支持组织决策、计划和行动所需的信息或知识。

---

[1] 原注：Project Management Institute, *A Guide to the Project Management Body of Knowledge*, 2000 ed. (PMI, 2000), pages 57-59.

[2] 原注：Joint Publication 2-0, Joint Intelligence, Department of Defense, (Joint Chiefs of Staff), 22 June 2007, pages I-8 – I-10.

[3] 原注：虽然优先情报需求与军事情报行动紧密相关，但就情报产品而言，联邦调查局以类似的方式使用该术语（FBI, Today's FBI: Intelligence, at:<*http://www.fbi.gov/facts_and_figures/intelligence.htm*> *accessed September 2009*）。一些执法行动已经开始将优先情报需求并入搜集情报报告素材的一个参考术语了。（Frank S. Root, Law Enforcement Intelligence Critical Elements, at:<*http://www.lawenforcementintelligence.com/glossary.htm#p_list*> accessed September 2009.）此外，国土安全部把优先情报需求用作该部以及美国情报界聚焦情报业务活动的参考术语。参见 : DHS, Office of Intelligence and Analysis, Information Sharing Strategies, Robert C. Riegle, State and Local Government Program Manager, DHS presentation at: <*www.agpartnership.org/documents/Riegle_1.ppt*> accessed September 2009。

把逐步细化的项目管理过程和优先情报需求进行合并，并且在组织层次结构整合犯罪情报分析师和决策者，允许分解过程把优先情报需求细分为更小、更易管理的条件式问题（Conditional Question）。反过来，分解过程持续进行，直到条件式问题被阐述或浓缩为一个情报指标。

情报指标（Intelligence Indicator）是以问题形式存在的证据性思考。情报指标是犯罪嫌疑活动或人、地点、事物的任何特征的肯定或否定性证据，这些证据可指向漏洞、能力或构成威胁（或作为公共安全风险）的能力。情报指标有助于确定具体的、必须弥合的信息缺口，以降低不确定性，或确定条件式问题的相关性，并最终确定优先情报需求。

对于执法而言，优先情报需求的逐步细化增强了组织的调查计划。搜集计划的产生是一个条理、细化的情报流程的输出，并且迫使组织将已知和未知信息分解为条件式问题，并最终成为情报指标。情报指标扮演路标的角色，并帮助分析师和调查人员集中、协调、稳定调查过程。

例如，假设在一个假定城市的模拟场景。警察机构的首席执行官把城市的条件、环境和影响优化为一个关键问题或优先情报需求清单。其中一个优先情报需求要反映首席执行官的一个问题，即“什么事件引起有组织犯罪对该城市的兴趣？”在本质上，确定的优先情报需求是通用的，并且过于宽泛。然而，在机构层面，这个问题表明要优先考虑机构首席执行官提出的两个要素——**事件和有组织犯罪**。

机构的高层管理人员、调查人员以及分析师相互协作，并将首席执行官的优先情报需求分解或细分为条件式问题。条件式问题把重点放在查明什么是已知的和未知的，放在城市事件还是有组织犯罪上。在该场景中，逐步细化揭露了即将到来的钻石买家会议。其中的一个条件式问题可以反映出：“即将到来的钻石买家会议是否将吸引犯罪‘机会联盟’或极端分子实施犯罪意图？”条件式问题确定了首席执行官提出的优先情报需求或关键问题的构成部分，即事件——钻石买家会议；剩下的要素——有组织犯罪——在意义和目的上仍然是未知的，并且需要进一步分解。

把条件式问题分解或细分为更小的情境式问题是一个迭代过程。在这个情境中，城市执法官和分析师合作，打破他们的信息需求，确定可能涉及有组织犯罪对钻石买家会议产生兴趣的原因、意义和目的。

分解过程一直持续到形成情报指标。源于情报指标的答案、寻求肯定或否定证据的问题反映了以任务为导向的特定工作细目的结果。工作细目不是代替调查任务，而是对犯罪情报分析师支持的机构调查工作的一种反映。

分析师和调查人员都在寻求问题的答案。工作细目反映了潜在问题的答案，诸如：

· 地方、国家和国际媒体对即将到来的钻石买家会议进行报道的特征是什么？

· 是否存在表明系统或有纪律的、在性质上可疑的事件的近期报道？那些有关即将到来的钻石买家会议指定地点的报道，能否被轻易搁置或误解为好奇或幼稚的行为？

· 在城市外的任何已知黑帮成员或其同伙，最近是否查询、前往或接近钻石买家会议现场？

如模拟场景所示，优先情报需求分解的输出是具体的、以任务为导向的工作细目。不管是在调查计划中确认，还是辅以情报流程搜集计划，完成这样的任务可以提供信息或问题的答案。就像情报循环一样，从机构高层到可行的基层工作，优先情报需求的分解是一个迭代和互动的过程。该过程通过回答后续问题和识别围绕情报需求的条件、环境和影响，来寻求特定问题的答案。

对开发优化优先情报需求战略而言，首席执行官的积极参与是至关重要的。一个组织不能回答每一个优先情报需求以及所有的后续条件式问题。组织经常面临时间太少和资源不足的问题。在情报流程中，首席执行官、高层管理人员、调查人员以及分析师的互动交流决定了什么知识对于组织是迫切重要的。优化组织关键问题或优先情报需求，即便有的话，也应该为高层管理人员和分析师确定现在需要做什么，以及随后能做什么。

随着分析师、高层管理人员以及其他组织成员完成任务，并且提供了信息更新、业务调整及分析估值，信息缺口得以弥合，知识结构得以建立。最终，情报流程的分析结果使一个组织的情境感知逐渐成熟为情境理解[1]。

5.4 实施规划和指导——管理一个组织内的整体工作

> 追求卓越的过程必然会改善警务机构。……但是对于每一位局长和每一位警长而言，寻找卓越之路的任何努力必然会带来某些改进。并且在警务中，即使是很小的成功都可以无限大。[2]

国家犯罪情报共享计划为管理机构内的情报职能提供了建议。该计划的基本要素是作为机构加强或建立情报系统所遵循的一个蓝图。国家犯罪情报共享计划促进情报主导警务业务模式，用以开发、搜集、访问、接收和共享信息与数据，提升打击犯罪、维护公共安全和国土安全的能力。[3]

国家犯罪情报共享计划的建议可以作为几乎任何机构能够立即采取的

---

[1] 原注：军事术语“情境理解”（Situational Understanding）和“情境感知”（Situational Awareness）源于美国军事行动并经常互换使用。然而，美国陆军将两者进行了区分，正如本章所做的那样。在整合商业和军事组织流程情况下，本章将情境感知界定为，保持一个关于事件、条件、环境或影响的相关信息的、清晰的心理图像。本章将情境理解界定为，经分析、合作和判断而生成的知识产品，并通过其识别业务机会、行动风险和信息差距，促进整个组织的决策。为进一步推敲在军事语境下的情境感知和情境理解，参见：US Army Field Manual 3-20.96, Cavalry Squadron (RSTA), (US Army Armor Center), December 2002, pages 1-2 and 2-3。

[2] 原注：Chuck Wexler, Mary Ann Wycoff, Craig Fisher, Office of Community Oriented Policing Services, US Department of Justice, Police Executive Research Forum, “‘Good to Great’ Policing: Application of Business Management Principles in the Public Sector”, (Washington DC, June 2007) at:<*http://www.cops.usdoj.gov/files/RIC/Publications/good_to_great.pdf*> accessed March 2009, page 60.

[3] 原注：Bureau of Justice Assistance, US Department of Justice, *The Rationale for the National Criminal Intelligence Sharing Plan,* National Criminal Intelligence Sharing Plan (Version 1.0, October 2003) website at <*http://www.iir.com/global/products/NCISP_Plan.pdf*> accessed March 2009, page 15.

行动步骤。情报流程的实施是提高组织战略价值和工作质量的一个既有效率又有效力的手段。该计划承认，必须利用现有工作，并建立在——不能改造——现有、成功的信息共享实践基础上。[1] 因此，一个机构的“认可”并不能按照再组织、再构造或者支出来衡量，反而可以按照承诺、业务调整和业务措施来衡量。

实施情报循环的规划和指导，需要机构首席执行官以宣传和行动等形式做出承诺。首席执行官负责以符合其目的和设计的方式应用情报流程，并在整个组织将情报流程付诸实践。只有通过支持、效法并建立5个关键绩效指标——用语言或通过行动——首席执行官才能将规划和指导从管理活动序列中的一个可行步骤转变为对**整个工作的管理**。

情报流程寻找信息弥合知识缺口。使用严格、系统的方法，将组织目标和目的与工作绩效和质量协同一致。情报循环的规划和指导为执法机构高层管理人员、分析师以及其他人员提供了愿景、目标及重点，以便在整个情报流程中合作，即分解问题、识别情境条件及情报指标，决定信息和知识缺口，并开发后续问题、战略或工作细目以弥合差距。因此，组织协同利用整个机构的工作绩效，并集中每个人为战略价值和工作质量做出贡献。

运行衡量指标（Operational Measure）是指一种绩效管理工具，用于确定组织实现战略价值的组织协同的有效性。作为一个管理工具，运行衡量指标使机构能始终如一地交流其在业务方面的战略。所以，组织的每一个人都能理解，部门、单位、科室、小队等层级的工作行动如何和为什么对战略目的及目标做出贡献。

用来可视化运行衡量指标的一个常见方法是情态图板（Status Board）。无论是以电子（基于网页）形式，还是以纸质形式存在，情态图板都是一个交流沟通的工具。它确定并提供了当前的工作状态。组织的高层管理人员可以分解

[1] 原注：Bureau of Justice Assistance, US Department of Justice, *The Rationale for the National Criminal Intelligence Sharing Plan,* National Criminal Intelligence Sharing Plan (Version 1.0, October 2003) website at <*http://www.iir.com/global/products/NCISP_Plan.pdf*> accessed March 2009, page 16.

情态图板，以保持对具体工作活动的需知和知情状态。然而，为了全面检视和测定所有工作绩效的协同一致，机构应考虑组织内的总体水平。

情态可以通过不同的方式来展示。一种方法表现为决策树格式。一个优先情报需求将关联的条件式问题像树干一样展现出来。条件式问题的后续分解继续分成细枝，形成工作细目。另一种方法表现为一个缩进格式。每一个优先情报需求对条件式问题进行缩排。后续的迭代分解进一步缩排，表现出一个结构或层级，非常像决策树格式，把优先情报需求连接到工作细目。

不论是哪种格式，情态图板需要有效和持续地显示工作进展。一种方法是使用一个红、黄、绿颜色情态。例如，一个红色情态反映了优先情报需求、条件式问题或者工作细目没有被回答，或者未被分配工作。一个黄褐色情态反映了答案无法被可靠的信息源证实，或者答案不能证明当前与优先情报需求相关联。一个绿色情态表示获取的信息是最新的，并且答案是来源可靠的。分析师将条件式问题和工作细目汇总起来，以便确定优先情报需求的整体情态。虽然汇总是主观的，但是它与分析师或调查人员的专家判断关联起来，以评估整体情态。

参考文献

1. United States Intelligence Community-What We Do at: <http://www.intelligence.gov/2-business.shtml> accessed March 2009.
2. Douglas H. Dearth. *National Intelligence: Profession and Process*, in Strategic Intelligence: Theory and Application, eds. Douglas H. Dearth and R. Thomas Goodden, 2d ed. (Washington, DC: Joint Military Intelligence Training Center, 1995), page 17.
3. Kristan J. Wheaton. *The Coming Revolution in Intelligence Affairs*, in an editorial on International Relations and Security Network at: *<http://www.isn.ethz.ch/isn/Current-Affairs/Special-Reports/The-Revolution-in-Intelligence-Affairs/Editorial>* accessed March 2009; and Arthur S. Hulnick, *What's Wrong with the Intelligence Cycle,* in Intelligence and National Security, Routledge Publishing(Vol 21, Issue 6 December 2006) at: *<http://www.informaworld.*

com/10.1080/02684520601046291> accessed March 2009.

4. K. R. Ravi. *Thinking About Thinking,* Jaico Book House (Mumbai, 2008) at: <http://www.flipkart.com/thinking-ravi-kr/8179925161-5v23fal06f#previewbook> accessed March 2009, page 131.
5. Bureau of Justice Assistance, US Department of Justice. *The Rationale for the National Intelligence Criminal Intelligence Sharing Plan,* National Criminal Intelligence Sharing Plan (Version 1.0, October 2003) at: <http://www.iir.com/global/products/NCISP_Plan.pdf> accessed March 2009, page 16.
6. Federal Bureau of Investigation, US Department of Justice, Directorate of Intelligence at: <http://www.fbi.gov/intelligence/di_cycle.htm> accessed March 2009.
7. John L. Thompson and Frank Martin. *Strategic Management: Awareness and Change*, 5th ed. (Cengage Learning EMEA, 2005), pages 9-10.
8. Bureau of Justice Assistance, US Department of Justice. *The Rationale for the National Criminal Intelligence Sharing Plan,* National Criminal Intelligence Sharing Plan (October 2003) at: <http://www.iir.com/global/products/NCISP_Plan.pdf> accessed March 2009, p8.
9. Thomas S. Bateman and Scott A. Snell. *Management: The New Competitive Landscape*, 6th ed. (McGraw-Hill Irwin, 2004), page 368.
10. An excellent primer on context of leadership is “On Leadership: The Context of Leadership”, an article in a series of leadership articles by Michael L. Venn, Ph.D., and B. Keith Simerson, Ed.D., on Tradewinds Consulting,LLC at: <http://www.tradewindsconsulting.com/publications.htm> accessed March 2009.
11. Federal Bureau of Investigation, US Department of Justice, Directorate of Intelligence at: <http://www.fbi.gov/intelligence/di_cycle.htm> accessed March 2009.
12. Bureau of Justice Assistance, US Department of Justice. *National Criminal Intelligence Sharing Plan* (Version 1.0, October 2003) at: <http://www.iir.com/global/products/NCISP_Plan.pdf> accessed March 2009, pages 31 and 34.
13. Michael Schrage,“The Struggle to Define Agility”, a September 2004 article posted to CIO at: <http://www.cio.com.au/article/185655/struggle_define_agility> accessed March 2009.
14. IALEIA. *Law Enforcement Analytic Standards*, November 2004, at: <http://www.it.ojp.gov/documents/law_enforcement_analytic_standards.pdf> accessed March 2009, page 39.
15. Business quote attributed to Amory Lovins, Rocky Mountain Institute Chairman and Chief Scientist, posted at: <http://www.woopidoo.com/business_quotes/authors/amory-lovins/index.htm> accessed March 2009.
16. Project Management Institute. *A Guide to the Project Management Body of Knowledge*, 2000 ed.

(PMI, 2000), pages 57-59.

17. Joint Publication 2-0, *Joint Intelligence*, Department of Defense (Joint Chiefs of Staff), 22 June 2007, pages I-8–I-10.
18. Chuck Wexler, Mary Ann Wycoff, Craig Fisher, Office of Community Oriented Policing Services, US Department of Justice, Police Executive Research Forum, "'Good to Great' Policing: Application of Business Management Principles in the Public Sector", (Washington DC, June 2007) at: <*http://www.cops.usdoj.gov/files/RIC/Publications/good_to_great.pdf*> accessed March 2009, page 60.
19. Bureau of Justice Assistance, US Department of Justice. *The Rationale for the National Criminal Intelligence Sharing Plan*, National Criminal Intelligence Sharing Plan (Version 1.0, October 2003) website at: <*http://www.iir.com/global/products/NCISP_Plan.pdf*> accessed March 2009, page 15.

[第 6 章]

情报搜集

保罗·柯姆斯

6.1 引言

情报循环的数据搜集部分是“情报流程的生命线”，包含了旨在为分析提供相关数据的各种要素。

支持情报职能的信息搜集应受搜集计划的指导，该计划取决于机构领导层决定的特定优先事项。在执法领域，尽管情报职能不是一个新的现象，但是许多高管和中层管理人员对其在执法情报使命中的具体责任缺乏充分理解。

警察高管需要欣然接受情报职能，因为这种态度最终遍及其他部门，并有效地支持信息自由流动到情报单位。通过持续地向非情报人员阐明情报理念和使命，情报人员可以帮助其深入理解情报职能。一个很好的方法就是获得新员工，并在其岗前培训阶段，提供适当培训。

在许多方面，对于大部分执法机构而言，情报职能及相应的情报搜集过程是一个陌生的概念。幸运的是，当前的证据表明，FBI 已经将自身从一个主要的检察组织转变为一个有效的情报机构，履行其在国内领导执法机构负责打击恐怖主义的职能。许多州和地方执法机构积极地将其情报单位与国家打击恐怖主义的工作配对结伴。

令人遗憾的是，有些短视的地方执法机构并没有参加到打击恐怖主义的工作中来。在这个恐怖主义盛行、间谍活动猖獗以及全球或跨司法管辖区的企业式有组织犯罪集团泛滥的年代，没有欣然接受情报职能的警察高管，正在欺骗其选民，并增加了社区的脆弱性。机构没有为情报单位和（或）地区信息中心培训其工作人员积极搜集和转发的技巧和线索，在检测和阻止未来不可避免的恐怖袭击的国家工作中，这些机构正在制造差距。此外，它们不彻底追捕居住在其社区内的跨司法管辖区的罪犯，不参与执法情报界的警察机构，正将其他司法管辖区置于更大风险之中。

情报数据搜集过程的全面性取决于需求的迫切性以及所需情报产品的特定类型。战术情报产品有利于短期的可行性行动，并需要对直接影响运行参数的信息进行深入搜集。战略情报产品比战术情报产品更宽泛，并有提供情报的特定目的，即支持决策制定。

执法犯罪情报职能超越了对数据的正式搜集，指向对表现出上游犯罪的预定目标进行情报分析。除非执法情报单位严格地把重点放在单一任务上，否则，作为一个整体，该单位必须积极争取成为正在发生和较为熟悉的、超越其当前划定的犯罪情报调查范围的各种主题。对历史和现状的宽阔外围视野允许该单位预测并识别表明潜在、新或更新的关注问题的关键指标。

由于执法任务是确保公众安全，所以，政府机构对情报数据的搜集和汇编可能是一个必要的侵入性行为。在《信息时代保护美国的自由》（*Protecting America's Freedom in the Information Age*）报告中，马克尔基金会特别工作组（Markle Foundation Task Force）表达了一个隐私和保护美国安全的政府责任间平衡的观点。

“为了保护自由，美国的人身安全是必要的。保护自由也需要确保美国的价值观，包括使我国与众不同的公民自由和隐私权。在维护使我们的价值观能够蓬勃发展的公共秩序方面，权利与责任同行。当美国人觉得，他们必须开始交易基本权利，以换取更多的安全时，我们了解到，我们的国家安全政策是失败的。法治是我们的强项。”

政府和私人公司侵犯隐私权以及滥用搜集的个人数据，可能导致对公民权利的系统性侵蚀。在美国，对个人数据的搜集是一个备受关注的话题。一个最强烈的反对声音发自美国民权联盟（American Civil Liberties Union）。

2003 年 1 月，在美国民权联盟出版的《大怪物，弱锁链：美国监视社会的成长》（*Bigger Monster, Weaker Chains: The Growth of an American Surveillance*

Society）报告中，杰伊·斯坦利（Jay Stanley）与巴里·斯坦哈特（Barry Steinhardt）写道："在美国，隐私和自由正处在危险之中。闪电般快速的技术创新与对隐私保护侵蚀，一起正将一个经常被提及但威胁尚远的'老大哥'转变为美国人生活中非常真实的一部分。因此，我们正处于变成一个监视社会的危险之中。"

考虑到人类通过权力滥用自我强化的基本倾向，美国民权联盟的论断还是有一定的道理。从历史上看，联邦政府、州和市执法机构从事的"监听"活动等事件，用今天的标准来评判，显然是非法的。今天禁止存储缺少上游犯罪特别是政治、性别或种族性质数据的国内信息，这是保护公民权利的基本规则。

在建立合法政府职能方面，反对政府情报活动的人经常无法分辨遵守公共活动和私人活动的区别。当执法部门用监控方式出席公开活动，访问公共领域信息，或以其他方式依法获取信息，而不是搜集和保留非法数据时，两者之间还是存在巨大差异的。再看一下美国民权联盟斯坦利与斯坦哈特的报告："在2002年5月，司法部长约翰·阿什克罗夫特签发了国内监听活动的新指南。该指南显著增加了联邦特工对美国公民和组织采取监听活动的自由。根据新的规则，FBI特工可以渗透'向公众开放的任何事件'，涵盖公众集会和示威、政治会议、教堂礼拜以及12步计划[1]等。"

出于对公民权利保护的要求，今天的国内执法情报计划必须受持续培训支持的严格规定的制约。

6.2 犯罪情报产品的信息搜集过程

为了创建正式执法情报产品的目的，原始数据的搜集需要一个参考框架，应不同于并扩展超越面向起诉的犯罪调查的框架。在美国，只要情报调

[1] 译注：12步计划是一套处理酗酒、吸毒、强迫等问题的指导原则（精神准则），用于对成瘾者或心理疾病患者进行治疗，具体包括：诚实、信心、屈服、灵魂追问、正直、接纳、谦虚、自愿、宽恕、坚持、保持联络、服务等。

查有一项上游犯罪，隐私法没有受到侵犯，且合法搜集信息并遵守《联邦规章典集》第 28 篇第 23 部（28 CFR Part 23）的规定，那么在许多方面，犯罪情报调查人员就不受检察机关刑事调查的限制。

秉承书面搜集标准和犯罪情报档案标准，将确保为情报目的而搜集的信息是合法搜集和存储的。

情报数据搜集过程需要制订搜集计划，保持程序专注于数据从搜集者到分析师的有效流动。为什么需要情报？依据情报将做出哪种类型的决定？将如何使用情报信息？回答这些问题，会导致达到或修改具体目标，以便进行演变式分析。

搜集计划必须解决一系列的组织关键点：

· 所有犯罪情报人员是否都接受关于数据搜集及隐私权的法律应用培训？
· 是否有非犯罪情报人员参与调查？
· 情报人员是否具备承担项目的必要技能？
· 如果要使用线人，线人准则是否到位？
· 是否有书面搜集计划？
· 搜集计划是否明确需要哪些数据？
· 数据搜集有无时间表？
· 搜集计划是否符合判例法和地方、州以及联邦法规？
· 搜集计划是否关注犯罪活动？
· 所有已知的信息源是否都将被利用？
· 搜集计划的目标和要求是否要传达给所有参与搜集的人员？
· 搜集计划是否可促进分析师和搜集调查人员的密切工作关系？
· 搜集计划是否规定责任的等级结构？
· 搜集计划是否估算对使用所有可用资源完成一项成功搜集的困难程度和概率？
· 所有特定搜集目标是否确定下来？是否进行了等级安排？

具体、全面、预期的搜集计划结果：

· 确定目标犯罪集团的动机，也就是说，生产收益和（或）个人的 / 政治的议程；

· 确定一个犯罪集团的参与者，并决定集团内部关系；
· 确定犯罪集团成员个人和集体的犯罪活动；
· 识别目标的决策过程；
· 阐明目标关键领导、决策者以及顾问的深入的传记背景；
· 识别和描述罪犯和他们活动的地理位置；
· 确定用于控制集团内成员的内部机制；
· 确定竞争性和非竞争性犯罪集团与目标集团的关系；
· 确定目标犯罪集团与非犯罪集团间的关系。

6.3 信息源

为情报目的搜集的信息主要是执法调查报告、监视和卧底行动报告以及讯问和审讯，还包括照片、电子拦截、搜查令、执法职业联系、公共记录和公开来源。虽然搜集的各种书面格式的数据是非常宝贵的，但情报工作的核心是利用人力情报进行公开和隐蔽的信息搜集。

执法情报同事间共享有洞察力的信息，标志着成功的人际交往的建立。成功的人际交往取决于专业素养和相互信任培育的个人关系的发展。与情报搜集人员公开共享信息可能是多种动机的结果，需要勤奋的工作确定人力情报的真实性以及信息的有效性和有用性。

作为积极参与社区导向警务的结果，公开的信息、来源以及线索可能得到开发。从邻里守望（Neighborhood Watch）和恐怖主义联络官的社区外展计划（Terrorism Liaison Officer's Community Outreach Programs），或者通过无论是直接由情报搜集人员，还是运行该计划的警务人员主持的对公共服务和商业团体的教育讲演，这些途径可以挖掘无限的线人及相关信息。

情报人员与社区的公开接触会带来一定的风险，危及调查的暴露。对真正的恐怖主义和有组织犯罪集团的调查很可能导致搜集业务目标和情报人员个人信息的暴露。情报人员遭到有针对性报复的例子还很少见，这表明情报人员应接受反侦察技术的培训。

通过人力情报秘密搜集信息，采用物理监视和卧底行动等形式，其中，情报搜集人员要掩盖其目的和（或）身份。

无论有还是没有电子监控设备的帮助，物理监视都是人员密集型的，需要有数量充足、训练有素的特工，正确配备或使用以下装备：

- 飞机和直升机；
- 隐蔽车辆；
- 望远镜；
- 对目标车辆的全球定位系统（GPS）跟踪装置；
- 车载 GPS 设备；
- 相机；
- 收音机；
- 手机；
- 磁带录音机；
- 隐蔽视频和音频记录仪；
- 夜视装置；
- 其他配套设备和服装。

人力信息搜集的公开和隐蔽方法存在共同问题，即确保搜集的信息是否是有效或虚假的，并且人力情报源和活动是否暴露了对目标调查的存在。

用于数据搜集的来源和技术包括：

- 对社会团体进行通报和介绍；
- 隐蔽物理监视；
- 与商界及社区领袖建立专业关系；
- 与执法巡逻警察和侦探建立关系；
- 全球定位系统追踪、电话收费、笔式记录器以及窃听等电子监控；
- 采访举报人、公民和政府官员；
- 挖掘公共和私人的硬拷贝以及电子存储的数据库和记录；
- 监控互联网社交网络；
- 与执法机构及执法特定主题小组建立联系；
- 参加联合任务部队；
- 照相监视；
- 邮件外观信息登记；
- 从垃圾收集箱获取丢弃的文档，有时被称为“垃圾抓取”（Trash Grab）。

数据可以从以下来源获取：

公共记录：

- 破产记录；
- 离婚和合法分居记录；
- 财产评估办公室；
- 工资收入报表。
- 县书记员办公室；
- 执照管理局；
- 房地产记录；

金融机构和报告：

- 银行；
- 赌场现金交易报告；
- 信用报告机构；
- 现金交易报告；
- 外国银行账户报告；
- 证券及期货可疑活动报告；
- 可疑活动报告；
- 担保公司；
- 赌场可疑活动报告；
- 汇率和货币交易报告；
- 豁免人报告；
- 货币服务业务可疑活动报告；
- 股票经纪人；
- 西联汇款。

业务记录：

- 存货清单；
- 总账；
- 私人邮箱用户账；
- 分类账；
- 法律文档；
- 销售票据。

市、县厅：

- 陪审员；
- 建筑部门；
- 书记员；
- 验尸官；
- 地方检察官；
- 福利部门；
- 警察局；
- 公共图书馆；
- 康体部门；
- 审计师；
- 民防局；
- 法规执行科；
- 法院、市和上级部门；
- 消防队长；
- 垃圾处理部门；
- 公设辩护律师；
- 记录员；
- 环境卫生部门；

· 街道部门；
· 税务员；
· 选民户籍管理员。

公用事业：

· 电力和天然气公司；
· 水务公司；
· 电话公司；
· 西联汇款。

快递与交通：

· 汽车租赁公司；
· 快递公司；
· 搬家公司；
· 出租车和豪华轿车公司；
· 旅游公司。

6.4 数字世界

现实世界正在日益拥抱数字世界，特别是在这种环境中长大的年轻人。执法当局，特别是情报界，必须认识并利用数字媒体，以保持专业相关性。

《纽约时报》最近一篇题为《让我们的手指来说话》的文章，详细介绍了年轻人接受和利用数字世界的一个例子。该报告指出，13 至 17 岁青少年的手机每月平均接收 1742 条短信。

在互联网上，年轻人对社交网络现象同样起到了推动作用。

6.5 互联网

互联网是新的世界图书馆，使提供近乎瞬时的信息资源成为可能。数字信息源正在将印刷媒介丢弃到古老的垃圾桶里。仅仅敲击几下键盘就会产生大量的信息。

在互联网上，个人、企业、私营组织与政府机构都正在建立自己的官网，以展现其存在。

提醒一句：仅仅因为以印刷或数字格式建立的信息源，并不能保证新闻报道的平衡性、准确性和可靠性。以错误信息或未披露信息形式存在的宣传是十分猖獗的，仅仅依据单个来源信息所做的分析可能是靠不住的。

在一些国家，主流媒体经常被民族国家控制，其媒体机构以物理方式存在。没有出版的内容可能比已经出版的更重要。

访问互联网信息本身是一门艺术，并且需要搜集者不断质疑其真实性和可靠性。

互联网网址的出现、消失，或在毫无预兆的情况下，地址已经发生变更。在没有特定网址的情况下，互联网搜索引擎是查找网络资源的有效机制。

无论是公共开放还是受限访问的互联网地址，可以提供原始数据、分析、其他信息源的链接或感兴趣的领域专家的联系信息。

个人或团体维护的网站发布的帖子，被称为网络日志（Weblog）或者博客（Blog），是从初始的商业和政府导向的互联网网站中发展出来的。那些发表博客的人被称为博主。博主可以是专业或业余的撰稿人，并且可以撰写每一个可以想象的主题。有一些提供原始信息和分析的、非常棒的博客，但是，这需要一些努力来寻找它们。

皮尤民众与新闻研究中心（PEW Research Center for the People and the Press）一项关于青少年使用互联网的调查的作者阿曼达·伦哈特（Amanda Lenhart）指出："社交网站是一个在线的位置，一个用户可以创建一个配置文档，并且也可以建立个人网络，将他（她）与其他用户联结起来。在过去5年里，这样的网站已经从一个小众的活动，飙升为吸引数以千万计的互联网用户参与的现象。"

皮尤研究中心2007年1月的调查发现：年龄从12到17岁的所有在线的美国青少年有55%使用在线社交网站。互联网社交网站聚友网（MySpace）和脸书网（Facebook）一度是青年人和青少年的天下，非常受欢迎。

企业、政府、政党和其他实体承认，加入互联网的最新迭代中，允许一个更大和不断增长的人群进行访问。例如，加利福尼亚州车辆管理部门既有一个聚友网址 *http://www.myspace.com/californiadmv*，也有一个传统的网址 *http://dmv.ca.gov/*。

最新的社交现象是推特（Twitter），一种介于博客和即时通讯或短信的工具。在 *http://twitter.com/* 上，推特网允许任何人发布互联网上的信息，每次限定在 140 个字符，并且在互联网世界的其他地方，允许选择任何推特发帖人，并随意跟帖。

参见附录 C“资源”。

6.6　小结

无论是用作机构知识的预期用途，还是用作情报或非情报产品，数据的搜集和保存都应遵守特定规则。通过非法获取和（或）滥用数据，给一个自由国度的自由（Freedom）和自主（Liberty）带来的危险是无法估量的。只有最严格地遵守保护隐私的法律，才能在与掠夺社会福祉的势力做斗争的同时，确保执法情报界服务社会的更高需求。

参考文献

1. *Basic Elements of Criminal Intelligence*. (1990). Advanced Training Center, California Department of Justice.
2. Buccino, Bob. (1998). “The Collection of Information.” *Issues of Interest to Law Enforcement: Intelligence-Criminal Intelligence A Vital Police Function*. Sacramento, CA Association of Law Enforcement Intelligence Units, February.
3. Carter, David L. (2004). *Law Enforcement Intelligence: A Guide for State, Local, and Tribal Law Enforcement Agencies*. Michigan State University.
4. *Criminal Intelligence Program for the Smaller Agency.* (1998). Organized Crime Committee, California Peace Officers’ Association.
5. “Instructor Guide.” Foundations of Intelligence Analysis Training (FIAT). National White Collar Crime Center. Jan 2004.
6. *Intelligence 2000: Revising the Basic Elements.* Law Enforcement Intelligence Unit and

International Association of Law Enforcement Intelligence Analysts.

7. Krattenmaker, Jeffrey L. (1999). "A Model of Open Source Information." *Intelligence Models and Best Practices*. International Association of Law Enforcement Intelligence Analysis.

8. "LEIU Criminal Intelligence Unit Management Guidelines."Association of Law Enforcement Intelligence Units. Sacramento. July 2005.

9. Lenhart, Amanda. (2007). "Social Networking Websites and Teens: An Overview." PEW Internet & American Life Project. *<http://www.pewinternet.org/pdfs/PIP_SNS_Data_Memo_Jan_2007.pdf>*

10. Mindlin, Alex. (2008). "Letting Our Fingers Do the Talking" *New York Times <http://www.nytimes.com/2008/09/29/technology/29drill.html>*

11. Peterson, Marilyn B. (2003). "Strategic Analysis Workshop." Attorney General's Conference on Organized Crime.

12. "Protecting America's Freedom in the Information Age." Markle Foundation Task Force. October 2002.

13. Ray, Don. (1989). *A Public Records Primer and Investigator's Handbook*.

14. Stanley, Jay and Steinhardt, Barry. (2003). "Bigger Monster, Weaker Chains: The Growth of an American Surveillance Society." Information Awareness Office. American Civil Liberties Union. New York. January.

15. *Sources of Information: Post Criminal Investigation*. Chapman University. Orange CA.

16. Taplin, B. Clinton. (1995). "Sources of Information in Developing Intelligence Assessments." *Issues of Interest to Law Enforcement: Intelligence-Into the 21st Century*. Sacramento, CA Association of Law Enforcement Intelligence Units, November.

17. Weinberg, Steven. (1996). *The Reporter's Handbook: An Investigator's Guide To Documents and Techniques*. St. Martins Press.

18. Wright, Dick. (1998). "Guidelines for the Criminal Intelligence Function." Simi Valley Police Department.

[第 7 章]

数据整理和评估

玛丽莲·彼得森

7.1 引言

20 世纪 70 和 80 年代早期，警察部门的犯罪情报档案被认为是罪犯名字的仓库（Harris 1976: 16）。档案柜里叠放着一个接一个显示着姓名和案件编码的索引卡片——可能是交叉引用别名和（或）犯罪活动的类型。索引卡片是情报官和分析师的主要工具，它们被反复翻阅，试图找到调查中的模式和线索。

即使在那些日子里，出色的情报单位也有许多方法，用以衡量和评估那些卡片上的数据的可靠性和有效性。1976 年，唐·R. 哈里斯指出："没有易检索的信息的**高质量**（特别强调）存储，就不能发生有意义的分析（1976: 16）。"

对输入情报流程的信息的整理和评估是关键职能。本章内容提供了有关这些领域的使用标准的最新观点。

7.2 整理排序

唐·R. 哈里斯将整理定义为信息的审查、索引和归档（1976: 16）。在较早的《情报的基本要素》一书中，关于数据整理的大多数讨论涵盖了具有一个姓名主索引和交叉索引数据的必要性（姓名到地址、车辆、电话号码、犯罪活动类型等）。今天，那样的讨论几乎是毫无意义的，因为大多数机构将其数据计算机化了，不仅能够检索这些数据，还能以多种方式交叉索引。

在情报流程的所有部分中，数据的整理取得了最大的进步。20 年前，几百条档案记录会困扰除最大机构之外的任何机构；而现在，机构的计算机通常一次扫描成千上万条记录。这意味着，机构能够解决比以往更大、更复杂的案件。

今天，对隐私权的关切使之更加迫切，即搜集、存储和用于生产情报的信息必须达到相关性的最高标准。最基本的法则是，已经搜集但无法验证（或至少被另外一个信息源支持）的信息，不应被保存在档案里超过 1 年的时间。这同样也适用于已经达到档案录入标准的不明主体。这些档案有时被称为“临时档案”。

搜集的信息没有达到档案录入标准（不是上游犯罪），可以保留较短的一段时间，以确认主体是否涉嫌犯罪。随机构的不同，这种档案的保存期限将有所不同，但一般是 90 天到 1 年。这种档案通常被称为“工作档案”（Working File），它们之中的信息不能传递给外面的机构。这些档案应积极地运转。

整理被视为对无用、无关和不正确信息进行的筛选，以及对剩余信息的有序安排，以建立表面上毫不相关的元素之间的关系（California DOJ 1993: 8）。这一陈述中的关键点是“有序安排”和“关系”。尽管数据已经计算机化了，但计算机化使用的格式仍然需要仔细地计划，以便信息的检索和分析“处理”，从而实现整理数据的最有效方式。然而，在新世纪，什么是相关的和什么不是相关的界限却变得模糊了。例如，可能在上个世纪，一个人去上学，或者一个人获得某类职业证书，被视为是不相关的。但是，我们现在看到的是，在与其他人的广泛接触中，人们获得了联系，并建立了犯罪关系。因此，我们不能对可能是无害的联系（或者不是）置之不理，更不能失去控制。

整理排序也可以找出信息缺口，指导进一步搜集和分析，并提供了选择和组织附加信息的框架（Mathams 1995: 85-86）。在如今的环境下，分析师经常被要求为搜集人员提供关于应该搜集什么的持续指导。分析师生成对信息的请求，并发送给搜集人员，以便他们填补情报缺口。

情报信息的组织是极其重要的。可以围绕特定类别组织数据，诸如犯罪集团或网络关系（例如，传统的有组织犯罪或摩托帮）、犯罪特点（例如，贩毒或高利贷）、惯用伎俩或地理位置等（Schneider 1995: 5）。通过对数据的这种分类，罪案模式和趋势可能更加明显。然后，针对上述类别可能会提出的、值得进一步调查的一系列新问题，这些模式或趋势应会被用于激发更广泛的数据搜集工作（Martens 1987: 133）。

整理的例子包括"归档文件，按类别压缩信息（即摘要），建立关系，以及利用电子数据库存储、排序和安排大量信息……（Krizan 1999: 26）"。在某些情况下，事情是如何被整理的是同等重要的，因为这为分析师和其他可能希望使用它的人，提供了或多或少的随时可以访问的数据。

7.3 信息需求

唐·R. 哈里斯指出："信息流转是情报流程的生命线"（Harris 1976: 9）。为了确定如何以最佳方式整理进入情报单位的数据，必须做出关于机构的犯罪优先事项和使用数据的目的的决定。

如果该机构是面向街道的，那么大部分的日常需求是将信息用于战术行动（Harris 1976: 19）。分析单位应把大部分战术信息按名称和其他标识符等对数据进行简单检索。但是，如果机构负责复杂的犯罪调查，那么查询可能需要剔除和分析来自不同来源的数据，如机构档案、集中的政府来源（如金融犯罪执法网络）、互联网、区域数据库（如区域信息共享系统）、私人来源（如执法情报单位协会）等。这个"简单"的请求变成了一定体积和重量的报告，作为联系和链接被追踪和强调。

在一个更高的水平上，情报单位档案系统的要求源自部门执行单位、其他使用机构以及首长战略分析对信息的请求（Harris 1976: 19）。

情报单位分析师的信息需求要求更高（Harris 1976: 19）。为了取得有效进展，分析师不仅必须要访问机构档案，而且要广泛地访问研究材料、商业数据库、互联网、前期分析评估以及其他材料。分析师也需要可对材料进行整理的合适计算机硬件和软件。这意味着，分析师自身变成了搜集人员。所以，他们必须能应用评估标准，对其在互联网和其他公共记录中检索的数据进行评估。在这样做时，他们应知道在各种媒体中隐藏的偏见的可能性。例如，如果一篇文章的一张照片对该文的主题是贬损的，那么很可能这是一篇负面的文章，而不是一篇客观的文章。

7.4 构建档案

选择最佳的档案结构取决于单位的需要。档案系统是对数据的存储，缺少它，情报职能就毫无意义可言（Harris 1976: 20）。

加利福尼亚州司法部将犯罪情报档案界定如下：

一份犯罪情报档案包括关于已知或涉嫌参与犯罪的行为，或威胁、策划、组织、资助犯罪行为的个人或团体的活动及联系的相关信息。更具体而言，这些信息涉及：

A. 个人：

- 目前已经参与或涉嫌参与策划、组织、资助或实施犯罪活动，或涉嫌威胁、企图、策划或实施犯罪行为；或者
- 与已知或涉嫌犯罪的人物已建立联系。

B. 组织和企业：

- 目前已经参与或涉嫌参与策划、组织、资助或实施犯罪活动，或已经威胁、企图、策划或实施犯罪行为；或者
- 被犯罪人物操纵、控制、资助、渗透或非法利用。

（National Committee on Criminal Justice Standards and Goals 1976: 130）

7.5 永久档案、临时档案和工作档案

在已被明确确认具有一个或多个显著特征，并且参与犯罪，或犯罪与

任务相关的情况下，永久档案可以包括个人、团体、企业和组织的信息。档案保留期为 5 年，之后，对信息的档案适用性进行评估（Arizona DPS 1995: 57-4）。

临时档案也可能在个人、团体、企业和组织没有被明确确认具有一个或多个显著特征，或者其疑似参与犯罪的情况下包含其信息。当主体不明时，其被定为临时档案状态，因为没有可用的识别号码或描述符，其参与犯罪集团也是可疑的，并且来源的可靠性和信息的有效性不能被确定，但信息似乎是重要的，以保证存储。所以，即使在没有佐证的情况下，此信息仍被保存 1 年，然后再被清理和销毁（Arizona DPS 1995: 57-4 &5）。

《执法情报单位犯罪情报档案指南》[1] 将“临时档案”描述为不符合永久存储标准的信息，但可能与涉及下列类别的某项调查相关，应定为“临时”状态。建议临时信息的保留时间不要超过 1 年，除非有令人信服的理由才能延长时间。举个例子，令人信服的理由可能会是，如果几条信息表明犯罪已发生了，但需要 1 年多的时间才能确定犯罪嫌疑人。在这段时间内，必须努力确认主体 / 实体或验证信息，以便确定其最终状态。1 年期限之后，如果信息仍然被定为临时状态，并且令人信服的理由不明显，那么该信息应该被清理。在下列情况下，个人、组织、企业或团体可能处于临时状态。

- **主体 / 实体难以确认**——主体 / 实体（尽管涉嫌从事犯罪活动）没有已知的身体特征、身份数字信息或显著特征。
- **是否参与并不确定**——当存在下述两种情况之一时，主体 / 实体参与犯罪活动与否并不能被确定。
  - ◇ **可能的犯罪联系**——个人、组织、企业或团体（目前没有报告显示其在参加犯罪活动）和一个已知的罪犯有来往，并且似乎共同参与非法活动。
  - ◇ **犯罪前科**——个人、组织、企业或团体（目前没有报告显示其在参加

[1] 译注：*LEIU File Guidelines*，是《执法情报单位犯罪情报档案指南》的英文简写方式。参见第 2 章和附录 A.1、D.2 等相关内容。

犯罪活动）有犯罪历史，并且目前报告的情况（即在企业中具有新职务或所有权）表明，其可能再次犯罪。

- **可靠性 / 有效性未知**——在接收信息时，信息源的可靠性和（或）信息的有效性是无法确定的，然而，在尝试验证时，信息似乎是重要的，值得临时存储。

（LEIU File Guidelines Revised November 2008: 4）

工作档案包括报告副本、附件副本、说明和其他文档，在调查 / 犯罪情报调查期间，这些被用作调查工具。虽然它们被认为是官方文件，但是这些档案不应被传递给外面的机构或个人，除非可能建立一个上游犯罪。工作档案是新获得的原始数据的接收点。随机构的不同，保留期限也有所不同，但一般将从 90 天到 1 年。我们应该注意到，例外的情况可能包括笔式记录器操作、无线监听和电话费分析数据。

7.6 档案室程序和运行

对归档程序常常漫不经心的态度会导致组织不力，带来档案的安全隐患以及设施的不完备和人员的不足。另一方面，如果归档程序控制太严格，那么档案室就成了一个比休息室稍好，用来仔细保管，但很少利用档案的地方。（Harris 1976: 16）

对于一个成功的犯罪情报单位档案系统而言，某些元素是必要的：

- 指南和具体的责任分配用来确定：应保存在档案中的信息的种类，审查材料持续的有用性和相关性的方法，以及从被认为不再有用或相关文档中清理出来的材料的处理方法；
- 相关和可靠信息的系统流动；
- 一个用来评估、交叉索引和存储信息的统一程序；
- 一个能够快速并有效检索所有信息的系统；
- 从档案中传递信息的明确指南；
- 安全程序。

（Harris 1976: 16）

唐·R. 哈里斯进一步指出，犯罪情报单位，甚至比其他警察部门更严格，必须一丝不苟地搜集、存储并传递信息，以避免违反隐私权（Harris 1976: 16）。执法机构认证委员会（Commission on Accreditation for Law Enforcement Agencies，CALEA）也提出了一个相对于保管情报数据的标准：

“一个书面指令控制程序，用来维护情报信息，以及与其他所有档案隔离的情报档案的安全存储。”（CALEA 1999: 51-2）

录入的信息必须由部门主管审查，以确保其与情报单位的目标犯罪领域相关。如果文档与犯罪领域不相关，并且不是来自一个区域办事处，那么该信息要么被销毁，要么被转发到一个合适的单位。在主管批准后，犯罪情报专家负责为文档编制索引、存储和检索。（California DOJ 1993: 22）

根据特定指南，用于档案常规清理的系统将进一步确保可靠的数据搜集和保留。审查和清理档案应按照系统的时间表完成，并根据既定原则，在情报单位指挥官或指定的高级人员的监督下完成（Harris1976: 16）。

犯罪情报系统运行政策（《联邦规章典集》第 28 篇第 23 部第 20 节运行原则）为审查和清理情报信息提供了如下指南：

“第 23 部分第 20 节运行原则第 (h) 段，所有项目应采用程序……（这样的程序）应为信息和任何误导、过时或不可靠信息的销毁提供定期审查，并应要求任何接收机构被告知这些涉及错误或更正的变化。作为这次审查结果保留下来的所有信息，必须反映出审查者姓名、审查日期以及保留决定的说明。在保留期期满之前，绝不能超过 5 年，保留在系统里的信息必须接受审查和验证，以继续遵守系统提交标准。”（*www.iir.com/Publications/28cfr23.htm*）

犯罪情报系统最后一个需要考虑的是审计跟踪。关键是要自动或人工生成日志，即关于谁访问了哪条数据，何时访问的日志。审计线索将允许系统所有者不仅要检查安全的原因，而且，如果数据发生了变化，那么还要为那些访问数据的人提供建议。

犯罪情报系统运行政策提到：“一个维护犯罪情报信息的项目应确保采

用行政、技术和物理的防护措施（包括审计跟踪），防范未经授权的访问和有意或无意的破坏。”（28 CFR 23.20 (h)）

7.7 信息评估

在犯罪情报世界，数据评估的原因是，并非所有数据都是平等创造的。从一个线人那里收到的信息与从另外一个机构的警察档案中收到的信息相比，应该不具有相同权重或可靠性。宣誓证词通常被认为比随意的面试口语更可靠。“官方”记录可能被认为比口头信息更可靠。

执法机构认证委员会在其犯罪情报标准中提到：

“如果一个机构实施情报职能，必须建立程序，确保其运行的合法性和完整性，包括：

· 确保信息搜集的程序仅限于犯罪行为并与对社区构成威胁的活动相关；

· 对信息类型和质量的描述可以包含在系统之内；

· 清理过时或不正确信息的方法；

· 利用情报人员和技术的程序。”

（CALEA 1999: 51-1）

在犯罪情报领域的那些人理解评估数据的需求，然而，必须在这里向那些可能进入该领域，但没有认识其重要性的人重申：以下是数据评估和可靠性的一些关键要素。本评估要求的纲要摘自标准情报系统政策，诸如《执法情报单位犯罪情报档案指南》以及《联邦规章典集》第 28 篇第 23 部，两个政策参见附录 A。

7.8 数据评估的 7 大准则

人们已经开发了用来评估数据的 7 大准则，它们中的每一个连同它们的编纂依据及一些解释，都可以在下面看到。

1. **数据必须是相关的**——在信息进入犯罪情报系统之前，应对其进行审查，看看它与要处理的涉嫌犯罪活动有何具体关联（28 CFR 23.20 [a]）。例如，一个已知参与犯罪活动的人能实施一些非犯罪行为，或者有一些非犯罪联系。与那些活动或联系相关的信息不应被包含在犯罪情报系统内。应该指出，在某些情况下，表面上看起来是非犯罪的联系，实际上可能助长犯罪。这些潜在的犯罪联系不应被忽略，需要进一步研究，来确定联系的确切性质。
2. **数据必须是可靠的**——对于保护个人的隐私，理解信息的可靠性也是至关重要的。犯罪情报单位必须警惕有效性可疑的信息的流通。然而，如果材料必须要流通，那么犯罪情报单位必须在报告中清楚地说明保留意见。在处理这样的材料时，需要小心的一种情况是已收到的关于政客或公务人员犯罪行为的指控。必须特别小心地处理这些报告，因为它们可能是出于政治原因（Harris 1976: 23）。

通常，使用 4 级可靠性系统对信息的来源进行评级。1976 年，唐 · R. 哈里斯对 4 级制进行了说明，如表 7–1 所示：

表 7–1　唐 · R. 哈里斯信息源可靠性评价系统表

来　源	评级
1. 执法官	A
2. 来源已知，并且在过去是可靠的	B
3. 来源已知，但是并不总是可靠	C
4. 来源可靠性不明	D

资料来源：Harris 1976: 23

执法情报单位协会和加利福尼亚州司法部也使用 4 级制对信息进行评估，但在释义中存在一些差异，如表 7–2 所示：

表 7–2 加利福尼亚州司法部信息源评价表

可靠（Reliable）——来源的可靠性毋庸置疑，或过去一直是行之有效的。	A
通常可靠（Usually Reliable）——来源的可靠性通常是以事实为依据的，大多数过去的信息被证明是可靠的。	B
不可靠（Unreliable）——来源的可靠性是零星的。	C
未知（Unknown）——来源的可靠性无法判断。任何经验或调查均未能确定其真实性或可信度。	D

资源来源：California DOJ 1993: 9

3. 数据必须是有效的——系统里包含的信息必须尽可能有效。因此，报告必须对有效性及可靠性进行分级。和前面的可靠性评估级别相似，有 4 个公认的有效性等级，如表 7–3 所示：

表 7–3 内容有效性评价表

报告内容	有效性
真实的（Factual）	1
很可能为真（Probably True）	2
或许为真（Possibly True）	3
真实性未知（Factuality Unknown）	4

在这种情况下，1976 年，唐 · R. 哈里斯仅仅使用了 3 个级别；目前，执法情报机构使用 4 个级别。唐 · R. 哈里斯未包括在内的那个级别是“或许为真”（Harris 1976: 23）。加利福尼亚州司法部的内容有效性评价类别，如表 7–4 所示：

表 7–4 加利福尼亚州司法部内容有效性评价表

被证实（Confirmed）——信息已经被证实。	1
很可能（Probable）——信息与过去的记述是一致的。	2
可疑（Doubtful）——信息与过去的记述是不一致的。	3
不能判断（Cannot be Judged）——无法评估信息。	4

资料来源：California DOJ 1993: 10

4. **数据不必包括团体成员的信息，除非其与犯罪活动相关**——不应搜集或维护“关于任何个人或任何团体、协会、公司、企业、合作伙伴或其他组织的政治、宗教、社会等观点、联系或活动的犯罪情报信息，除非这些信息与犯罪行为或活动直接相关，或者对信息的主体是或可能涉嫌犯罪行为或活动有合理的怀疑”。（28 CFR 23.20 [b]）因此，只有当团体从事犯罪活动，或者被用作犯罪活动的幌子时，才能被包括在犯罪情报信息的搜集和维护范围之内。
5. **数据必须只包括那些被合理怀疑的参与犯罪活动的人**——联邦情报指南指出，只有“合理怀疑一个人参与犯罪行为或活动（28 CFR 23.20 [a]）”时，才能搜集或维护该人的数据。“已经存在的信息建立了足够的事实，并给一个训练有素的执法或犯罪调查机构官员、调查人员或雇员一个基础，使其相信存在一个合理的可能性，一个人或组织参与了一个确定的犯罪活动或企业式有组织犯罪集团（28 CFR 23.20 [c]）。”当这种情况成立时，合理怀疑才能成立。

   在以下情况时，《执法情报单位犯罪情报档案指南》应把个人、组织、企业和团体列入限制范围，它们涉嫌正在或曾经参与实际或企图策划、组织、资助或实施犯罪活动；它们涉嫌正在或曾经参与到已知或嫌疑犯罪人的犯罪活动中；或者它们涉嫌正在或曾经由已知或嫌疑犯罪人非法经营、控制、资助或渗透。（LEIU 1999: 1）
6. **数据必须是合法搜集的**——所获得的信息不能违反任何适用的联邦、州或地方法律或条例，这样才可以被维护（28CFR 23.20 [d]）。在大多数情况下，这是情报系统所有者的责任，以确保提交的数据并不违反这项规定。通过让提交者确认数据是合法的，和（或）通过定期审查和审计提交者的文档，情报系统所有者可以做到这些。
7. **数据敏感度水平应被划分等级**——在情报系统中，标记信息以表明其敏感度的要求往往被忽略。虽然大多数情报单位往往谨小慎微，“紧紧握住”来自敏感来源的资料，但是该报告没有必要以任何方式被标记，以告知未来的读者。再者，信息的敏感度涉及其来源和内容。例如，只有可能来自接近一个犯罪集团内部圈子的线人的信息，才会是敏感的。因为任何集团成员得知了警方掌握的信息，线人都会被揪出来。与此同时，关于犯罪集团的信息可能表明，它们在从事某些活动，一旦初始信息被泄露，那么很可能取消对这群罪犯的未来的执法行动（Harris 1976: 22）。

界定信息的敏感度有时是困难的。在很大程度上，这一困难是由于，进入情报系统的所有信息都被视为秘密信息。因此，系统内排序信息可划分为“秘密”（Confidential）或“敏感”（Sensitive）密级，二者择一。这意味着它必须由单位指挥官控制，并且不能通过正常渠道流通。为了保护系统的完整性，这种保密是必要的（Harris 1976: 22-23）。

哈里斯建议，数据敏感度分为两个等级：敏感（SS）和秘密（SC）。必须要紧紧保管敏感信息，以避免线人遭遇危险，或需要启动一个重要的调查。在单位指挥官或其指定的人的直接控制下，材料应加盖敏感戳记，并保存在锁定的档案中（Harris 1976: 23）。在符合需知原则和知情权原则的情况下，秘密信息可以在部门内外传阅给执法官（参见第10章“报告写作原则”）。处理这类其他数据的标准程序应由单位指挥官制定，并由部门负责人批准（Harris 1976: 23）。

国际警察首长协会的情报政策包括3个级别的敏感度：限制（Restricted）、秘密（Confidential）和公开（Unclassified）。“限制”级情报档案是那些对正在进行的调查可能会产生不利影响，对警员、线人或其他人员造成安全隐患，和（或）泄露他们身份的档案材料。“秘密”级情报是不太敏感的，而“公开”级情报包括从公共信息源获取的信息。（IACP 1998: 3）

7.9 数据库

数据库是犯罪情报系统的主要构件。德雷克塞尔·E.戈弗雷和唐·R.哈里斯（1971 年和 1976 年）用了几个段落，描述了可以保留的各种索引（姓名、别名、犯罪活动、车辆、地点等）。但在今天的环境中，数据库和计算机程序反而被讨论了。在第 16 章，有一节内容是关于计算机化数据库的。

本章的目的是论述数据的整理和评估，它足以说明，适当构建数据库是维护一个犯罪情报系统的关键。犯罪情报系统遵守规章和指南，允许轻松地检索数据，支持分析，并且允许自动审核跟踪档案的访问和传递。

同样重要的是，当构建一个数据库时，要记住其好坏取决于录入的数据。必须确定数据录入的某些程序包括标准化词条（名称变化的使用和位置等），以便准确检索数据。此外，对于已被录入的数据，检查其准确性的“质量控制”机制也是需要鼓励的。

参考文献

1. Arizona Department of Public Safety. (1995). *Policy Fifty-Seven – Criminal Intelligence.* Phoenix, AZ: Arizona Department of Public Safety.
2. Bureau of Justice Assistance. (1993). “Criminal Intelligence Systems Operating Policies.” *28 Code of Federal Regulations*. Part 23.20. www.iir.com/Publications/23cfr.htm
3. California Department of Justice. (1993). *The Bureau of Intelligence Operations Manual.* Sacramento, CA: California Department of Justice.
4. Commission on Accreditation for Law Enforcement Agencies, Inc. *Standards for Law Enforcement Agencies, Fourth Edition.* Fairfax, VA: Commission on Accreditation for Law Enforcement Agencies, Inc.
5. Harris, Don R. (1976). *Basic Elements of Intelligence.* Washington, DC: Law Enforcement Assistance Administration.
6. International Association of Chiefs of Police. (1998). *Criminal Intelligence Model Policy.* Alexandria, VA: International Association of Chiefs of Police.
7. International Association of Chiefs of Police. (1985). *Law Enforcement Policy on the Management of Criminal Intelligence.* Gaithersburg, VA: International Association of Chiefs of Police.
8. Krizan, Lisa. (1999). *Intelligence Essentials for Everyone.* Washington, DC: Joint Military

Intelligence College.

9. Mathams, R.H. (1995). "The Intelligence Analysts' Notebook." *Strategic Intelligence: Theory and Applications.* Douglas H. Dearth and Thomas Goodden. 2nd ed. Washington, DC: Joint Military Intelligence Training Center.

10. Martens, Frederick T. (1987). "The Intelligence Function." *Major Issues in Organized Crime Control.* Herbert Edelhertz. ed. Washington, DC: U.S. Department of Justice.

11. National Committee on Criminal Justice Standards and Goals. (1976). *Report of the Task Force on Organized Crime.* Washington, DC: Government Printing Office.

12. Schneider, Stephen. (1995). "The Criminal Intelligence Function: Toward a Comprehensive and Normative Model." IALEIA. *Journal*, Vol. 9, No. 2. June.

[第 8 章]

情报分析和综合

玛丽莲 · 彼得森

8.1 引言

德雷克塞尔 · E. 戈弗雷和唐 · R. 哈里斯把分析称为“情报流程的核心”（1971: 4）。他们说，没有分析，情报职能仅仅是一组档案。他们的意思是说，信息就是信息，但经过分析的信息（Analyzed Information）才是情报（Intelligence）。而在国家安全方面，“情报”被定义为通过秘密手段搜集的信息。马克 · 洛文塔尔（Mark Lowenthal）纠正了情报界的这一误解，认为情报事实上是处理过的信息，而不是原始数据（2006: 1-2。亦可参阅中文版《情报：从秘密到政策》，金城出版社 2015 年出版——编者），且并非必须是秘密的才是情报。

情报流程的“分析”部分由 4 个小节组成：问题陈述或议题开发、分析、综合以及结论 / 建议。分析的问题陈述或议题开发部分往往都假定为自动发生的，但还是需要一些思考的。这是最关键的状态，因为没有它，错误的议题可能会被处理（Directorate of Intelligence 2008: 5）。在分析部分，数据被单个审查，并在数据之间进行比较或对比，以便更深入地理解它们的涵义。在综合部分，数据被改写成一个可以使读者理解的连贯整体。结论源于事实的综合，并建议是建立在结论和事实的基础之上。在上述每个领域，技术已都被改造或研发，用来处理数据。

小理查兹 · 霍耶尔（Richards Heuer, Jr.）指出：“分析师有时将其工作程序描述为，在没有把数据拟合到任何先入为主的模式的前提下，使自己沉迷于数据。”（1999: 40。亦可参阅其中文版《情报分析心理学》，金城出版社 2015 年出版——编者）其他人可能会说，他们让数据与自己“交谈”，并告诉他们必须如何安排它。无论哪种方式，分析都是一个发现之旅。

本章着眼于分析：分析的作用、基本分析能力和特点、分析师的职责、批判性思维、分析的类型以及分析和分析师的标准。这并不意味着引导读者完成具体的分析，而是让读者意识到分析是什么，以及它能做什么。

8.2 分析的作用

分析被用于执法调查和情报部门。调查期间，执法调查和情报部门搜集和审查证据（信息），以重构犯罪。分析是应用到数据的逻辑思维过程（Harris 1976: 27）。在情报部门内，情报被用于完成对各种犯罪行为或活动所构成的威胁的战略和战术评估。它也可以被用来开发目标套件，以展开调查。

一个案件应首先确认所需信息，以及规划如何获得它。例如，可以通过提问或执行搜查令等方式。与此同时，应不断提出关于谁犯了罪及如何实施犯罪的想法或假设。这样的假设同样是情报流程的基本工具（Harris 1976: 27）。调查的搜集计划和分析方法将分析师置于信息或案件管理者的角色。事实上，犯罪情报会优先搜集关于构成威胁的犯罪组织的信息，并开发一种预防性的方法来抵消其影响。

1976 年，分析是“一种活动，以此活动通过组织或系统检查不同信息，推导出实际或暗示的意义”（Harris 1976: 30）。完成分析的 3 个步骤表现为：总结相关信息，将总结和源于初始假设的预期进行比较，并解释这一比较的结果（Anderson and Zeldidch, quoted in Harris 1976: 30）。

今天，我们将分析视为一个流程，该流程始于确定一个问题或侵害，建立关于可能发生或将要发生什么的备择假设，总结和分析持有什么信息，并且详细说明需要哪些额外数据（证据）；重复这些步骤，直到假设被证明（或证否），问题得到解决，或调查得出结论。

分析是为信息提供方向和意义，或揭示其意义的关键。这并不总是一件容易的事。例如，新的罪犯或犯罪活动可能不符合已知、正常的模式（Harris 1976: 30）。事实上，如果我们将当前的犯罪环境与20年或30年前的犯罪环境进行对比，会发现一个主要的区别，即出现了许多犯下了诸多罪行的犯罪集团。

分析和情报流程其他阶段的区别并不是绝对的。例如，一份情报报告是分析一组特定信息的直接结果。然而，同一份报告也可以表示（或说明）一个产生搜集活动的信息需求。因此，它似乎是规划过程的一部分。同样，分析和整理之间的区别并不总是明显的。整理（即将数据转换成协助他们分析的格式）和分析通常是同时进行的。

在不同部门间，分析的作用是不同的。在一些机构，案件是开放的，并马上分配给分析师，去查询数据库，总结已知事实，制订使调查人员遵循的调查计划。这些可以称为“分析驱动的调查”（Analysis-driven Investigation）。在其他机构，分析师提供显露的和（或）预期的问题的战略评估，为政策和管理提供方向。这些可以称为“分析 / 情报驱动的机构”（Analysis/Intelligence-driven Agency）。还有一些机构，分析仅用于在调查人员已搜集大量数据之后，而且分析师是用来审查数据，并传递线索返回调查。这些可以称之为“分析支持的调查”（Analysis-supported Investigation）。一些机构仅将分析师用于制作图表和图形，尽管人们普遍认为，由于没有相应的假设和结论，这种做法并不是真正的分析。其他机构将所做分析用于支持法庭“专家证词”。也许由于分析所代表的这种多样性和基本技能，它已成为大多数执法机构的一个重要职能，不只是在美国，而且在欧洲、加拿大、澳大利亚以及其他司法管辖区。有一点是很清楚的，使用分析最多的机构，从中得到的回报也最大。

整体分析任务的一个模型见表 8–1。

表 8–1 整体分析任务模型

分析部门的可能任务

支持决策——该部门应生产情报产品和简报，支持中层和高层管理人员以及决策层的决策。这些将包括良好支持的和及时的替代性结果和建议。

战略目标——该部门应确定犯罪活动和犯罪能力的指标，建议针对特定个人和犯罪集团进行调查和起诉。这将包括改进威胁评估和征兆分析。

调查计划——在展开调查时，该部门应和律师及调查人员合作，制订调查计划。部门对这一过程的参与将包括所有已知数据的一个初步总结（包括从公众、政府和商业数据库搜集到的材料），可能会是富有成效的跟踪线索清单，以及调查可行性的初步评价。

支持调查——该部门应为每个优先调查指派一个合适的分析师，这些优先调查包括：

a) 开发协助汇编案件数据的计算机数据库；

b) 联系分析；

c) 电话记录分析；

d) 金融分析；

e) 流向分析；

f) 业务记录分析；

g) 专门记录分析；

h) 总结和专家证词。

按照需求，分析师也可能被指派与其他州、县或联邦机构进行联合调查。

培训——按照要求，通过学院和其他地点，该部门应提供分析及相关培训。为了支持在机构内使用分析，每个专业雇员都应有至少为期一天的分析研讨会。

联络——通过正式或非正式的团体、会议和外部培训课程，该部门应寻找机会与其他执法组织的分析师协作和协调。与学术界的联络应该也会受到影响。

特别项目——该部门将帮助确定数据挖掘的需求和参数，以提供早期检测和预防犯罪系统。根据需要，分析支持软件测试也可以由部门来完成。其他特别项目可以包括为部门编制资源手册。

8.3 基本分析技能

虽然有反映分析的众多分析技术和产品，但这些都以一定的基本技能为基础。有少数支持分析过程的技能，它们包括逻辑思维过程与研究、写作技能、计算机素养和可视化能力（IALEIA 1997: 6）以及批判性思维。分析特征包括锲而不舍、独立的工作习惯、灵活性和做出判断的意愿（IALEIA 1997: 6）。已提出的其他智力特点包括完整、准确、清晰、精度、深度、广度、逻辑、意义以及关联度（Paul and Elder 2006: 7）。美国国家情报总监办公室（Office of the Director for National Intelligence，ODNI）已开发的分析能力包括：

· 客观性；
· 政治考量的独立性；
· 时效性；
· 恰当表明分析产品的全源情报基本知识技能标准：
◇ 描述潜在信息源的质量和可靠性；
◇ 告诫并表达分析判断的不确定性或信心；
◇ 区分潜在情报与分析师的假设和判断；
◇ 在适当时采用替代分析；
◇ 论证产品与美国国家安全的相关性；
◇ 使用逻辑论证；
◇ 展示随时间推移分析的一致性，或者突出显示变化，并说明理由；
◇ 做出准确的判断和评估。
（ODNI 2007）

逻辑思维过程

对一位分析师而言，逻辑思维、看清趋势以及预测可能的未来的能力是至关重要的。相反，那些不能组织数据，并从中“学习”的人，将不会擅长分析。对一些人而言，逻辑思维可能比其他人来得更容易一些，但是它可以被教会。通过钻研文学或益智书籍中的线索以及更多的智力嗜好，可以提高一个人的逻辑技能。逻辑论证不仅是分析，而且是良好的书面和口头表达的一个关键因素（Govier 2005）。

批判性思维

批判性思维是关于所读、所写、所想的思维（Paul and Elder 2006）。在许多情况下，人们不假思索地完成他们的工作——采用同样的方法，解决不同的问题——然后，不知道为什么问题并未得到解决。

德雷克塞尔 · E. 戈弗雷和唐 · R. 哈里斯说，情报流程“有时是体力的，但总是智力的”。（1971: 2）他们的意思是说，思维过程总是需要被应用到数据中，不管它已被替代或被恢复，还是它一直就在手边。当人们提及“批判性思维”时，正被谈论的就是这种思维过程。

批判性思维有多种不同的方法。批判性思维基金会（*www.criticalthinking.org*）的方法建议，对手头的数据要提出 8 个问题：

1. 作者的观点是什么？
2. 作者的目的是什么？
3. 作者提出了什么关键问题？
4. 作者隐含的基本假设是什么？
5. 什么概念构成作者写作的基础？
6. 作者提供什么证据来支持推论？
7. 作者得出的推论是什么？
8. 按推理得出的结论意味着什么？

（Paul & Elder 2006: 28）

另外，布朗和基利提出的方法建议，我们应问以下问题：

1. 问题和结论是什么？
2. 原因是什么？
3. 哪些词或短语是模棱两可的？
4. 价值冲突和假设各是什么？

5. 描述性假设是什么？
6. 推理中有谬论吗？
7. 证据的可信度有多大？
8. 是否有对手的原因？
9. 这些统计数据是否具有欺骗成分？
10. 什么重要信息被忽略了？
11. 合理的结论可能是什么？
（Browne and Keeley 2007: 13）

将批判性思维应用到一种情况，会让人从其他角度审视它。其他可能的解释也可以存在。不看所有的可能性解释数据，就可能会导致不准确的分析；对一种情况的不准确分析可能会是一个致命的错误。

交流技能

书面或口头交流的能力是生产可理解的分析产品的关键。如果不与他人分享，情报是毫无价值的。对相当了解情况的人解释一个复杂情况可能很容易，但分析师必须能给那些对它一无所知的人简单地进行解释。

好的写作是 65% 的良好组织和 35% 的简洁明了的写作。分析师需要阅读和吸收各种来源的数据，根据需要进行总结。这是每个分析师每天工作的一部分。虽然演讲技巧也被添加进去了，但这同样适用于口头介绍。（参见第 10 章“报告写作原则”）

计算机素养

在今天的环境中，不使用计算机很难进行分析。不管分析师是否正在通过互联网查找公共信息，还是使用文字处理程序准备一份书面报告，或使用现成的软件电子表格或数据库整编数据，抑或使用数据挖掘、可视化或制图程序，总而言之，计算机是执法分析的第四个最重要的技能。

今天，虽然大多数学院和大学的学生毕业时都需要计算机知识，但是对关系数据库、地理编码以及其他重要的计算机活动缺乏理解的申请者，依然能够进入执法机构。对于分析师而言，计算机素养应该是一个“必须”具备的能力。

可视化技能

把数据变成视觉资料，是让人们理解数据的组成部分。对于一些人而言，分析被视为一组视觉描述，尽管分析师知道，这只是分析过程的一个产品。视觉资料使我们获得对数据的新的见解，并且可视化分析可以进一步寻求具有良好支持的推论。

图表可以直观反映出一个团伙、交易或其整个过程。图表的简明性往往是分析师彻底理解数据的一个产物，因此，它可以简化到只包括解释数据所必需的视觉元素。这不仅涉及创建视觉效果的能力，而且还被用于分析，从而确定什么是重要的，什么可以被省略。在分析领域，虽然可视化软件已成为普遍现象，并且是一个很好的工具，但是分析师仍然需要使用图表工具来构建可视化判断。

分析品质

分析师还应具备一些关键品质，才能成为最佳分析师。在这里，我对每一品质的更多细节做出如下说明：

- **独立的工作习惯**——在没有持续监督的情况下，分析师必须能独立工作。他们必须自我激励和自我决定，也就是说，他们需要看到问题，并弄清楚如何解决它。在较小的部门，主管没有分析经验，情况尤其如此。在这些情况下，分析师必须使其工作和自身对于主管而言不可或缺。
- **灵活性**——分析师必须做到随变化而调整。分析师通常在执法“最前沿”发挥作用。所以，虽然也是自我变革的催化剂，但他们必须能适应周围环境的变化。
- **持之以恒**——分析师必须锲而不舍地努力追求领先，并作为变革代理人工作。在犯罪世界，肇事者往往指望调查人员在抓住他们之前就放弃案件。当目标看起来遥不可及时，坚持就是让我们达成目标的手段。

· **做决断的意愿**——作为对数据已做研究和分析的“专家”，分析师必须对其结论表明立场。虽然以前限制分析师对事实报告进行评论，但今天管理人员需要来自分析师的有见识的建议，以支持他们的决策。无力（或不愿）对数据做出结论，就不能为分析流程或执法机构提供服务。

保罗（Paul）与埃尔德（Elder）的智力特征（2006 年）也可用于分析师：

· **公正**——分析师必须能坚持其信念，并在同事和主管面前，捍卫自己的判断。他们应充分意识到影响决策者的其他因素，但不应允许自己受到影响。

· **准确**——重要的是，分析产品必须准确，并且分析师必须尽一切可能确保其准确。

· **清晰**——分析师必须努力使自己的产品尽可能明确。

· **精度**——在其产品和交流中，分析师应该是精确的。这涉及除准确之外的特异性程度。

· **深度**——对他们正在分析的问题，分析师应该有一个深层次的看法。这体现在对他们面前的问题要考虑到所有方面。

· **广度**——分析师必须正视问题背景，考虑问题发生环境，而不仅仅是问题本身。

· **逻辑**——分析师应以逻辑顺序提出他们的观点，让接受那些观点的人从开始到结论都能跟随论证。

· **意义**——分析师应解决对其受众有重要意义的问题，这样受众就能理解问题的意义和分析的价值。

· **关联**——分析师应该查看手头与问题相关的所有数据，注意查看与问题相关的赞成和反对的数据。

FBI 为分析师准备了一个更长的“核心竞争力”清单，参见第 3 章“情报单位人员配备”。

8.4 情报分析师的职责

唐·R. 哈里斯说，审查报告、日报和其他期刊是分析师的责任，以表明如何为报告编制索引，并准备较长报告的摘要（1976: 28）。他还说，分析师应建立并维护姓名清单、信息源、关联图表、尝试性假设以及操作性推测，帮助他（她）跟上其责任范围内的最新趋势和发展。分析师也负责确定信息需求，进行研究和分析，并准备情报报告（Harris 1976: 29）。

总的来说，和使用他们的机构的数量和类型一样，一个情报分析师的活动是多种多样的。分析师为情报、调查和监督机构工作，他们也在律师事务所的私营部门、咨询公司的调查部门以及反欺诈、安全或政治风险职位工作。

在过去，调查人员为分析师提供原始信息，而分析师处理原始信息，并为调查人员制定建议的方法。分析师的目光要超越具体案件，以确定许多不同案件中的相似点和不同点（Harris 1976: 30）。今天，通过在线商业数据库和其他互联网资源，分析师动动手指便可掌握海量信息。分析师自己就可以做大量的研究，而无需离开他们的办公桌。

今天的分析师负责执行各种各样的、有关新的和现有的信息处理任务。这些任务可能包括战术、战役和战略分析产品、数据库设计、信息请求响应、互联网和数据库研究以及其他对调查和政策制定的支持。

重要的是要记住，分析师的作用不同于室内绘画艺术家。分析图表和图形不是绘画艺术家可能画出来的那样的图景。根据普遍接受的分析标准，分析图表和图形是对一组数据进行深入分析的产品，并且代表一个对数据准确而清晰的分析描绘。因此，在他（她）没有彻底审查事实的前提下，要求分析师将图表放在一起是不明智的。

一个情报单位的分析师的关键职责是：

- 制订搜集计划；
- 开展研究；
- 完成战略分析；
- 在其专业领域跟上趋势；
- 准备报告；
- 建议立法改革。

更高级的分析师可能会更多地参与战略分析、培训和调查计划，而新入职的分析师可能更多地参与战术产品和报告。具有更深计算机背景的专业分析师可能更多地参与创建用以支持分析的数据库。

8.5 分析技术

在执行上面讨论的情报流程中分析的一般职责时，分析师需要具有一些解决专业问题的技能。（Harris 1976: 30）

数据的比较是分析的关键步骤，因为通过这项活动可以推导出数据本身的意义。分析师将已组织和总结的数据与源于初始假设的一组期望进行比较。除了将一般结构强加于分析以外，假设也是确定被观测数据意义的标准之源。在这个阶段，可以使用统计数据，也可能观察到地理分布的相似性或规律。在此步骤中，分析师应时刻注意正在审查的数据间的差异。（Harris 1976: 30）

在比较步骤，分析师会问什么是有意义的。分析师应确定：

· 数据是否表现出显著的关系；

· 就分析的目的而言，有或者没有这种关系各有什么意义；

· 就情报单位而言，这些发现的更大意义；

· 该发现的更大意义；

· 额外信息或进一步分析的要求。

（Harris 1976: 31）

在过去，我们详细介绍过 3 种常规类型的分析，但它们之间的区别被一些人视为是武断的。然而，分析产品的受众可能是对执法中已做分析进行区别的最简单方法。这几种类型的分析是：罪案分析、调查分析和战略分析（Sommers 1986: 26）。罪案分析（Crime Analysis）最常用于一个地方或县警察机构，并且着眼于刑事案件或罪案统计数据，以确定预防或制止未来犯罪的方法，或识别和逮捕肇事者。因此，其产品受众往往是巡逻管理者。

调查分析（Investigative Analysis）用于各级政府并将重点放在一个特定的侵害或罪案，寻求提供将有助于逮捕侵害者以及成功检控的产品。因此，这类分析产品的受众是侦探主管和律师。战略分析（Strategic Analysis）着眼于对犯罪集团或犯罪活动的总的看法，并寻求衡量那些集团和活动给司法管辖区带来的当前和未来的威胁。往往是通过变革政策，提出建议，以减轻这一威胁。其产品受众是警察管理人员。这并不是说，罪案分析数据可能无法用来建议变革政策，或者调查分析产品可能无助于减少犯罪。所有这些皆有可能。不管是何种“类型”的分析，在许多小的机构，分析师是全套服务的分析师，并且承担着任何必要分析的重担。

同样重要的是区分分析方法和分析产品。例如，联系分析（Link Analysis）可能包括一个联系图、一组关于数据图表主题的传记式数据、已知数据的总结、结论和建议。联系图仅仅是联系分析过程的一个产品，但其本身并不是目的。

通过设计分析类型的分类体系，小理查兹·霍耶尔为我们所了解的情报分析提供了进一步的洞察力。他说，有 4 大类方法可用于情报分析：

1. 使用实证数据的定量方法（在执法中，分析电话通话数据可能是个例子）；
2. 采用专家生成的数据的定量方法（用别人研究产生的模型进行分析）；
3. 独立判断（个人分析的直觉）；
4. 结构化分析（用于分析数据的、逐步接受的过程）。

（Heuer 2008: 4）

下面是已用于执法中的 31 种分析的基本类型清单。应指出的是，有几十个其他的分析产品类型没有被包括在内。小理查兹·霍耶尔的最新作品可能包括 50 多种分析技术与方法（Heuer 2008: 6）。

活动流分析

活动流分析（Activity Flow Analysis）是对一系列犯罪行为或作案手法提出一般看法，以确定关键行为是什么，并且得出罪案概述的一种方法。该方法着眼于一个活动的过程，然后可以组合为犯罪的必要构成部分，以用简单的方式解释复杂的罪案。活动流分析的这一过程也可以用于比较其他罪案，看看它们之间是否存在关联。

竞争性假设分析

该分析技术由小理查兹·霍耶尔在 20 世纪 80 年代开发出来。竞争性假设分析（Analysis of Competing Hypotheses，ACH）允许分析师考虑不同的潜在假设，并与搜集的证据进行比较，以确定最不可能发生的假设。该方法提供了一个手段，通过它分析师可以与已知证据进行对比验证（Heuer 1999）。

关联分析

关联 / 联系 / 网络分析（Association, or Link, or Network Analysis）是一种着眼于涉及犯罪的个人、企业、地点、团体或其他实体间的关系，并且这些关系如何影响犯罪活动或受犯罪活动影响的分析方法。该方法也被称为网络或联系分析。关联分析的产品可以包括图表、传记性简介、图表摘要以及进一步行动的结论和建议（IALEIA 1996: 3）。

银行记录分析

银行记录分析（Bank Record Analysis）包括为了任何目的而对银行记录进行的任何审查或分析（Peterson 1998: 8）。它不仅提供一个或一套账户活动的审查，而且着眼于为什么支付或接收款项，以及可能存在何种非法活动的指标。

银行保密法数据分析

银行保密法数据（Bank Secrecy Act Data）包括在遵守国家规定的反洗钱和反威胁金融法规中产生的货币交易（CTR）和可疑活动报告（SAR）。分析这些数据，允许分析师跟踪从源头到最终目的地的用于支持犯罪的非法收入或资金（Peterson 2002）。

业务记录分析

业务记录分析（Business Record Analysis）是对不同业务记录进行的审查，以比较和对比这些记录，并寻找记录中的不一致或犯罪活动的其他迹象。业务记录可以是通用的（如分账、总账、发票、订单、税收申报等），或者是特定的（病人记录、存货单、旅行记录等）。

案件分析（英国）

有时也被称为“决策树分析”（Decision Tree Analysis）。案件分析（Case Analysis [UK]）检查“数据—决策—行动—新数据—新决策”这一任何调查管理本质的循环。不同于旨在绘出整个调查“地图”的可视化调查分析，案件分析侧重于所做决定及其依据的数据。许多调查会受到严格审查，包括组织内部以及法庭质证。该技术提供了一个有用的资源，用于详细介绍“何事、何时以及何因”的管理决策，从而证明过程的每一个阶段和调查的政策。

案件分析（美国）

案件分析（Case Analysis [US]）是一种用于管理各种数据的分析以支持当前或历史调查的方法。该方法包括分析决策，以确定要使用的、适当的分析技术（Peterson 1990: 22-27）。

内容分析

内容分析（Content Analysis）是对口头或书面交流的分析，以确定交流的意义。拉本（Rabon）使用了另外一个术语：“调查性话语分析”（Investigative Discourse Analysis），将其界定为“对口头或书面交流的基本关联要素进行密切和系统研究，目的是确定过程……发生……描述……参与人员……评价……关系……特定词汇选择的原因……真实与欺骗”（Rabon 1999: 11-12）。

商品流分析

商品流分析（Commodity Flow Analysis）是一种着重分析商品或服务在人、企业和地点之间的流向，以确定该活动意义的方法。它可以洞察阴谋的性质、犯罪集团的组织层级结构或分销网络的运作（Peterson 1994: 37），还可以找出犯罪行为的最终受益人或代表他（她）购买的资产的最终位置。

罪案模式分析（事件/肇事者/罪案）

罪案模式分析（Crime Pattern Analysis）是一种着眼于罪案构成要素，辨别它们之间相似性的分析方法。当系列罪案发生时，该方法用在地方、州和联邦等层级。涉及的罪案模式可基于时间、地理、肇事者、受害者、作案手法、犯罪签名特征、刑事悬赏或其他因素。时间因素要细化到几月几日和星期几，以及事件之间的天数和事件发生当天的具体时间。地理因素可能包括位置，所在位置（住宅、商业、工业）的活动类型，城市、郊区、或农村，高地，邻近的其他居住（或非居住）建筑，等等。它也可用来得出罪案的被害人学结论。也可参见"地理分布分析"（Geographic Distribution Analysis）。

描述性分析

描述性分析（Descriptive Analysis）是对一个事件、活动、团体或个人的书面总结。它可以使数据具有评价的性质，并且从中得出结论和建议（Peterson 1994: 44），经常用于通过监控、盘问、书面或口头陈述等途径搜集的信息。

估算

作为过去或当前活动的结果，估算（Estimate）告诉我们该期待些什么。例如，基于目前非法作物生产，推断出可用毒品的数量。估算可以用来预测一个犯罪集团未来的地盘、规模或影响。该方法通常涉及具体数字或其他数据。

事件流分析

事件流分析（Event Flow Analysis）包括事件流向和时间表，并关注随时间推移的活动。虽然流向分析传统上将重点放在流向图绘制，但这些图表是过渡产品，帮助分析师确定什么是已知的，以及活动或交易中缺少了什么。

预测

基于对过去和当前趋势的分析，预测（Forecast）是对未来的预估。它可以依据数值和描述性数据进行预测。预测不同于估算，因为前者可以是概括性的，而不是定量的。

地理分布分析

地理分布分析着眼于在一个特定地理区域内发生的事情，以确定可以得出关于活动或区域的结论（Peterson 1994: 46）。在罪案分析中，通过地理分布分析确定犯罪分子的身份之后，“热点”区域被列为目标。

犯罪地理画像

“犯罪地理画像（Geographic Profiling）是一种调查方法，是通过一系列关联罪案的位置确定罪犯最可能的居住地区。该方法适用于连环谋杀、强奸、纵火、抢劫和爆炸案……”（Rossmo 1999: 1）

指标分析

指标分析（Indicator Analysis）包括收集、审查和分析围绕一种特定活动而出现的活动，以建立一个事件模型，可用来预测这种活动是否在其他地方出现。（Peterson 1994: 47）

市场概况分析（英国）

市场概况分析（Market Profiles[UK]）是关于一种商品或服务的犯罪市场的状况评估，例如毒品、被盗车辆、卖淫等。（Atkin 1999: 31）

矩阵分析

矩阵为排列数据提供了一个有用的格式，以便更容易地分析数据。矩阵分析（Matrix Analysis）的一个作用是发现恐怖袭击的潜在目标，并借此分析恐怖组织发动袭击的动机。

净值分析 / 资金来源与应用分析

净值分析和资金来源与应用分析（Net Worth Analysis and Source and Application of Funds Analysis）都包括个人或企业的财务状况，并将这些财务状况（它是基于对数据略有不同的看法）与个人或企业申报的合法收入做比较。数字之间的差值被视为可能的非法收入。该方法的最初目的是“确定纳税人的所得税负债，主要是在那些情况下，纳税人没有维护从中可以确定纳税义务的账簿或收支记录”（Nossen & Norvelle 1993: 1）。该方法后来被推广至非税收金融犯罪领域。

多维分析

多维分析（Multi-Dimensional Analysis）是使用时间的、地理的、关联的和（或）其他方面的数据分析一组数据，并且将结果彼此分层，以便对信息有更多相关的看法。（参见 Bodnar, 2003）

模式分析

模式分析（Pattern Analysis）是指通常随时间推移而对数据进行的分析，以发现活动的重现或参与活动的其他因素。例如，如果罪案发生在上午 10 点到下午 2 点之间，那么它极有可能发生在住户离开后的住宅。

征兆分析

征兆（Premonitor）是短期的，着眼于犯罪集团或犯罪活动，目的是准备着手调查该犯罪集团或活动。

结果分析

结果分析（Results Analysis）是评估巡逻策略、反应式调查、先发式调查、降低罪案的方法以及技术和政策的影响（Atkin 1999: 30）。

社交网络分析

社交网络分析（Social Network Analysis）是一种更复杂的联系分析（LINK ANALYSIS）形式，可用于分析一组目标的全部关系，以确定其关系强度、持久性和连通性。该方法也可以识别发挥互联角色和（或）中心作用的关键人物。正如目前所应用的那样，由于它们是传统的网络分析，所以，网络不限于犯罪网络，而包括目标人物的一切关系。

统计分析

统计分析（Statistical Analysis）是审查数值数据，以进行汇总，并得出有关其意义的结论。它合并了许多不同的技术，包括频率分布。（Peterson 1994: 53）

电话记录分析

电话记录（也称电话收费）分析（Telephone Record Analysis）可查看通话数据，分析其包含的社会关系和活动。它被认为是分析的“主要来源”之一，可作为进行电子拦截的依据。它也可以显示阴谋的地域范围，并发现犯罪活动的其他参与者（IALEIA 1996: 4）。使用手机记录，包括位置连同拨打时间及号码的数据，已经加强了这些分析的深度。

时间线分析

构建时间线（Timeline）很有用，常常是分析的第一步，因为它有助于“讲述发生了什么故事”。通过分析时间线，发现差距、模式、异常、因果关系等，可以进一步帮助进行分析。

可视化调查分析

可视化调查分析（Visual Investigative Analysis）是分析在调查过程中或在犯罪行为过程中所采取或必须采取的步骤。运用可视化调查分析，案件管理人员可以跟踪人员部署，查看线索状态，并确定调查的下一步需要做什么

（Peterson 1994: 38）。

预警 / 漏洞和威胁评估

预警（Warning）可能描述一些会对社会构成威胁的、即将来临的活动。威胁评估（Threat Assessment）用来评估一个犯罪活动及其对社会的影响。漏洞评估（Vulnerability Assessment）针对某一区域、个人或事件，就其相对于犯罪活动的弱点是什么进行分析。涉及这类处理方法的典型事例就是奥运会。

8.6　分析标准

执法高层人员、管理人员和监督人员对分析的理解是执法工作接受分析的一个关键因素。这种理解通常来自执法人员的经验，其中包括他们非常清楚自己期望从分析小组得到什么。

自 2000 年以来，为了确定分析的标准，已经进行了多次尝试。在文档中能够看到的执法分析师的主要标准是由国际执法情报分析师协会和全球情报工作组（Global Intelligence Working Group，GIWG）共同制定的《执法分析标准》（*Law Enforcement Analytic Standards*）。下面罗列的就是这些分析标准。

· **规划**——分析师应了解其任务的目标，界定问题，并为必需的资源制订计划。这应通过使用搜集和调查计划或者情报需求来完成。它应该包括完成任务需要采取的具体步骤，包括潜在的信息源和预计的时间表。用户的需要（需求）应该在规划中反映出来。（IALEIA 2004: 15）

· **指导**——分析师应参与规划和指导。执法机构应使用分析专长制订长期和短期的调查优先事项和计划。分析专长也可以被用于开发情报需求，作为确定调查优先事项的驱动力，并且纳入调查计划以驱动行动（IALEIA 2004: 16）。然而，应该指出的是，虽然分析师参与了规划和指导阶段，但高层和管理人员也应该一样参与其中，否则情报循环不支持已确定的行政优先事项。

- **搜集**——分析研究应该是全面彻底的，并使用所有可用的信息源。一个分析产品应包含通过信息源和手段向分析师提供的所有可用的相关数据。（IALEIA 2004: 17）
- **搜集后续标准**——在调查人员和其他人员的搜集过程中，分析师应评估搜集的进展，确定是否达到了搜集计划 / 需求，并且应确定额外的信息源，同时，确定可能对其他案件或活动有用的信息。在可能的情况下，分析师应将该信息传递给一个合适的机构进行跟进。（IALEIA 2004: 18）
- **法律约束**——已获得的违背任何适用的地方、州或联邦法律或条例的原始数据，不应并入任何分析产品。（IALEIA 2004: 19）
- **评估**——从所有来源搜集的信息应接受评估，并指定其来源的可靠性、内容的有效性和相关性。有效的评估不仅对情报产品的有效性，而且对官员的安全、调查成效以及起诉证据的确凿性都很重要。（IALEIA 2004: 19）
- **整理**——原始数据应进行组织并格式化处理，这样分析师就可以检索，分类，识别模式、异常和信息缺口，并存储这些数据。在可能的情况下，分析师使用可用的最合适的软件，以计算机格式完成这些工作。（IALEIA 2004: 20）
- **分析准确性**——一个分析产品应该是数据的准确再现。在一些案件中，免责数据连同证据同时被发现，两者都应包含在分析产品中。（IALEIA 2004: 21）
- **计算机分析**——分析应该利用对分析师可用的、最好和最新的计算机可视化和分析工具。（IALEIA 2004: 22）
- **分析产品内容**——分析产品应该总是包括分析、评估、集成数据、判断、结论和建议。在适当的时候，应开发预测、评估和模型。（IALEIA 2004: 23）
- **分析结果**——在适当的时候，特别是当结果可能会产生严重后果时，分析应包括替代方案，并避免单一解决方案的结果。分析应指出最有

可能的假设，但是应通过竞争性假设分析得出这一假设。没有被选择的假设也应被提到。（IALEIA 2004: 24）

· **传递计划**——分析师应制订一个传递计划，鼓励与合适的机构共享产品。该计划应该指出文档的安全等级，应该由监督人员审查和批准。（IALEIA 2004: 25）

· **分析报告**——分析师应清楚书写报告，仔细记录事实；应提供一个确切的分析底线；应通过逻辑严谨的语言来描述事实，从而表明分析师是如何得出结论的；应使用客观和冷静的语言，强调简洁和清晰的表达。（IALEIA 2004: 25）

· **分析产品格式标准**——分析产品格式应根据用户的需求量身定制。产品应包括但不限于：

◇ 战略和战术评估；
◇ 问题与目标概况分析；
◇ 罪案模式分析；
◇ 犯罪业务概况分析；
◇ 网络分析；
◇ 人口 / 社会趋势分析；
◇ 风险分析；
◇ 市场概况分析；
◇ 结果分析；
◇ 通信分析；
◇ 流向分析；
◇ 金融分析；
◇ 指标分析；
◇ 地理分析。

（IALEIA 2004: 26）

· **分析证词**——分析师应能够作为事实 / 总结和专家证人作证。他们应能够提出并捍卫其作为证人的资格，并能对他们提供的材料进行阐释和辩护。（IALEIA 2004: 27）

· **数据源属性**——每一份情报产品应明确区分哪些内容是公共领域或一般的非机密性信息，什么信息是限制级的或机密级的，以及分析师和（或）其他专业人士的判断或意见的内容是什么。（IALEIA 2004: 28）

· **分析反馈**——如果适当的话，分析产品应由同行审查并由用户评估。同行审查（Peer Review）可能仅限于事实内容的准确性，或者可能包

括关于内容和建议的协同意见。（IALEIA 2004: 28）

- **分析产品评估**——分析产品应基于上文所列的标准进行评估。（IALEIA 2004: 29）

8.7 分析师通用标准

分析师已制定了标准和规范，以便可以通过其专业组织对他们进行评判。德雷克塞尔·E. 戈弗雷建议，将分析师划分为两种类型：非专家型和专家型。前者常常以应届文科毕业生的身份进入这个领域。这些分析师聪明认真，渴望探索新的领域，并会“很快对犯罪分析做出重要贡献”（Harris 1976: 42）。另一方面，专家型分析师可能是聘用的学者或来自其他机构的人，他们可以协助一项特定的调查。

这些年来，执法已经表明，通过执法框架内的教育和经验相结合，专家型分析师是可以培养和训练出来的。例如，如果适当的话，那么具有商业或会计学位的人可被录用从事金融分析，然后直接通过会计（或法务会计）培训分析的细节。具有计算机学位或学过大学毕业后课程的分析师也许最适合需要大量数据库开发的工作，而语言专业的分析师则在毒品部门和国际情报界受欢迎。

下文将概述分析师的通用标准。

教育

现在一些机构要求 4 年本科毕业才能从事分析师工作，一些机构要求 4 年本科毕业才能从事警察职业。国际执法情报分析师协会需要 2 或 4 年学位认证，取决于认证水平（定期或终身）。人们希望，在申请终身认证前，具有 2 年学位的定期认证的分析师将继续获得 4 年学位。

2000 年 2 月，美国毒品控制中心发布的缉毒情报总体规划指出，分析师应具有 4 年大学学位（Harris 1976: 42）。在一些国家，正在开发情报和分析的本科和研究生学位项目。一些研究生项目不需要入学前具有 4 年制学位，但要以在该领域中的经验代替学历资格。

文职 vs. 非文职

虽然基本共识似乎是，未经事先的执法官培训，文职会成为最好的分析师，但宣过誓的情报官可以在美国国内外执行许多任务。例如，直到最近，所有澳大利亚分析师都是宣誓就职的情报官。在加拿大，皇家骑警混合使用宣誓和非宣誓的分析师。

在美国，有一些宣誓就职官员正在为他们的部门充当犯罪分析师的角色，特别是在很难雇佣到记事员辅助职位以上的非宣誓职员的地区。一般而言，虽然美国的大多数机构雇佣文职作为分析师，但也有一些机构雇佣退休的警察填补这一角色，认为他们之前的执法经验将帮助他们履行分析职能。其他机构会不赞同这种假设，认为警察以前的培训不会为他们提供解决每个不同情报问题的灵活性和创造性。

2004 年，国际执法情报分析师协会与全球情报工作组合作，创建了一套分析标准。分析师的各种标准详见 8.8 节。

8.8 国际执法情报分析师协会与全球情报工作组共同制定的分析师标准（2004 年）

教育

受雇的分析师应具有 4 年大学学位或者同等条件。同等条件是指 2 年学位加上至少 5 年的先前研究 / 分析 / 面向情报的经验，或者不到 2 年学位加上至少 10 年的先前研究 / 分析 / 面向情报的经验。这些经验可以来自于私营、公共或者军事部门。经验可以通过工作描述或者工作成绩来证明。适当的大学学位领域包括研究和写作方面，具体可指社会科学、英语、新闻以及刑事司法等专业。如果获得的知识有助于需要完成的分析的类型，那么这些领域也可以包括商业或者科学学位。（IALEIA 2004: 5）

培训

初步的分析培训应该至少 40 小时，并且应由具备执法分析经验的教官提供。培训应包含但不必限于以下主题：

- 情报循环 / 流程；
- 情报主导警务；
- 国家犯罪情报共享计划；
- 档案管理；
- 信息评估；
- 批判性思维；
- 逻辑；
- 阐释推理和建议；
- 搜集计划；
- 研究方法及来源；
- 罪案模式分析；
- 关联 / 网络分析；
- 电话记录分析 / 通信分析；
- 流向分析；
- 空间 / 地理分析；
- 金融分析；
- 战略分析；
- 分析写作；
- 演示技巧；
- 统计；
- 图形技术；
- 计算机辅助分析；
- 职业道德；
- 职业精神；
- 法庭证词。

（IALEIA 2004: 6-7）

继续教育

从事分析职能的人每年应接受至少 8 小时的继续分析教育，通过正式教育、培训课程、远程学习或自主学习相结合的方式完成。培训提供者应参加该主题的专业协会或具有学历证书。继续教育可以包括先前的标准中列出的主题。（IALEIA 2004: 10）

职业发展

在整个职业生涯期间，分析师应保持职业发展计划，并且在这个过程中，受到雇主的支持。通过为其分析人员（履行情报职责的分析师或宣誓官员）实施职业发展项目，雇主应确保分析师为行动提供最大利益。（IALEIA 2004: 11）

认证

分析师应由专门为情报分析师开发的机构或者组织（政府、职业协会或高等教育机构）认证。这些分析认证项目应反映经验、教育、培训和能力测试。（IALEIA 2004: 12）

职业联络

分析师及其组织应被鼓励与公认的职业机构和协会保持联络，并寻求它们的可用支持。（IALEIA 2004: 13）

分析品质

应基于其工作和品质对分析师进行雇佣和评估，包括以下多个品质：

- 知识专长；
- 分析方法；
- 用户服务伦理；
- 信息处理和加工技能；
- 沟通技巧；
- 批判性思维技能；
- 计算机素养；
- 客观性和学术诚信。

（IALEIA 2004: 14）

8.9　致情报分析师的 12 条格言

1. **相信您自己的专业判断**——您是专家，如果情报支持您的立场，那么就要相信您的工作，坚持您的信念。
2. **成为冒险家**——不要害怕预测趋势或事件，不要害怕犯错误。
3. **最好是错误的**——当您不正确时，向自己和他人承认错误，并且当事实需要的时候，能够换位思考。
4. **不惜一切代价避免镜像思维**——将您的思维过程或价值系统投射给其他人的镜像思维可能是危险的。您的目标不像您那样思考问题。他们的思维是不同的，所以您必须像他们一样思考。

5. **如果不传递，情报就没有任何价值**——您必须及时、清晰而有效地和用户交流情报和您的评估。

6. **当每个人都同意一个问题时，一些事情可能是错误的**——当情报界的每个人都同意一个分析判断时，这是罕见的。当这些情况确实已发生，我们就应感到担忧了。

7. **用户不在乎您知道多少，只告诉他们什么是重要的**——多余的细节只是用来掩盖重要的事实。

8. **内容比形式更重要**——虽然专业的外观和正确的格式很重要，但它们不能超越内容。用户想知道情报意味着什么，当他们需要它时，他们想得到它。

9. **积极地从事搜集您所需要的信息**——如果您正在检查一个问题，并且没有可用的情报，或可用的情报不足，积极地从事搜集并激励搜集者。

10. **不要亲自参与编辑过程**——如果编辑上的修改没有改变您想说的意思，接受它们。如果它们改变了意思，大声提出来。

11. **了解您的情报界同行并与他们交谈**——了解您的同行正在做什么，并告诉他们您正在做什么。当您需要什么东西的时候，不要仅仅和他们谈谈。

12. **不要对您的工作或您自己太认真了**——正确地看待事情；爱护您自己和您的家人。

（Wantanabe 2000）

参考文献

1. Andrews, Jr., Paul P. and Marilyn B. Peterson. (1990). *Criminal Intelligence Analysis*. Loomis, CA: Palmer Press.

2. Atkin, Howard N. (1999). "A New National Intelligence Model for the UK." *Intelligence Models and Best Practices*. Lawrenceville, NJ: International Association of Law Enforcement

Intelligence Analysts.

3. Bodnar, John. (2003). *Warning Analysis for the Information Age.* Washington DC: Joint Military Intelligence College.
4. Browne, M. Neil and Stuart M. Keeley. (2007). *Asking the Right Questions A Guide to Critical Thinking Eighth Edition*. Upper Saddle River, NJ: Pearson/Prentice Hall.
5. Directorate of Analysis. (2008). *A Tradecraft Primer: Basic Structured Analytic Techniques.* Washington, DC: Defense Intelligence Agency.
6. Godfrey, E. Drexel and Don R. Harris. (1976). *The Basic Elements of Intelligence*. Washington, DC: Law Enforcement Assistance Administration.
7. Govier, Trudy (2005). *A Practical Study of Argument Sixth Edition.* Belmont, CA: Thompson Wadsworth.
8. Harris, Don R. (1976). *The Basic Elements of Intelligence, 2nd Edition.* Washington, DC: Law Enforcement Assistance Administration.
9. Heuer, Jr., Richards. (1999). *The Psychology of Intelligence Analysis*. Washington, DC: Center for the Study of Intelligence.
10. Heuer, Jr., Richards. (2008). *Taxonomy of Structured Analytic Techniques*. Paper presented at IAFIE 2008 Annual Convention, Monterey, CA.
11. International Association of Law Enforcement Intelligence Analysts. (1996). *Successful Law Enforcement Using Analytic Methods*. Lawrenceville, NJ: IALEIA.
12. International Association of Law Enforcement Intelligence Analysts. (1997). *Guidelines for Starting an Analytic Unit*. Lawrenceville, NJ: IALEIA
13. International Association of Law Enforcement Intelligence Analysts. (2004). *Law Enforcement Analytic Standards*. Richmond, VA: International Association of Law Enforcement Intelligence Analysts and Global Justice Information Sharing Initiative.
14. Lowenthal, Mark. (2006). *Intelligence: From Secrets to Policy*. Washington, DC: CQ Press.
15. Nossen, Richard and Joan Norvelle. (1993). *The Detection, Investigation and Prosecution of Financial Crimes, 2nd edition*. Richmond, VA: Thoth Publications.
16. Office of the Director of National Intelligence. (2007). *Intelligence Community Directive 203.* Washington, DC: Office of the Director of National Intelligence.(June 21)
17. Paul, Richard and Linda Elder. (2006). *A Miniature Guide to Analytic Thinking.* Berkeley, CA: The Critical Thinking Foundation.
18. Peterson, Marilyn B. (1994). *Applications in Criminal Analysis: A Sourcebook*. Westport, CT:

Greenwood Press.

19. Peterson, Marilyn B. (1999). "Critical Thinking." *Intersec* magazine, pp.
20. Peterson, Marilyn B. (1998). *A Guide to the Financial Analysis of Personal and Corporate Bank Records.* Richmond, VA: National White Collar Crime Center.
21. Peterson, Marilyn B. (2002). *A Guide to Understanding and Analyzing Bank Secrecy Act Data.* Electronically published on "Big Money" CD Rom; Federal Bureau of Investigation and National White Collar Crime Center.
22. Peterson, Marilyn B. (1990). "The Context of Analysis – From Analysis to Synthesis Exploring the Context of Law Enforcement Analysis." *Criminal Intelligence Analysis,* Paul P. Andrews, Jr. and Marilyn B. Peterson, editors. Loomis, CA: Palmer Enterprises.
23. Rabon, Don. (1999). *Discourse Analysis.* University North Carolina.
24. Regali, Joseph. (1999). "Visual Investigative Analysis: An Underutilized Case Management Tool." *IALEIA Journal*, Vol. 12, No. 1, February.
25. Sommers, Marilyn (Peterson). (1986). "Criminal Intelligence: A New Look." *International Journal of Intelligence and Counterintelligence*, Vol. No.
26. Wantanabe, Frank. (undated) *Fifteen Axioms for Intelligence Analysts*, <*www.cia.gov/csi/studies/97unclass/axioms.html*>, CIA Website, (7/12/2000).

[第9章]

情报传递

罗伯特 · D. 福勒

9.1 引言

自从《情报的基本要素》第一版于1971年出版发行以来，总有一章要讨论执法情报产品的传递问题。

然而，2001年9月11日发生的悲惨事件凸显了情报过程中情报传递的重要性。在“9 · 11事件”调查委员会面前，前中央情报局局长乔治 · 特尼特（George Tenet）在证词中指出：“……2001年夏天，系统一直在报警……但没有人按照预警去做，所以，是延迟导致他（她）收件箱里关联的情况成了威胁报告。”尽管人们会争论，在那天的攻击之前，在多大程度上掌握了情报信息，但是，每个人似乎都同意，所掌握的信息未必像其应该是的那样，容易地被传递。

虽然有些人将情报信息视为需要严格控制和保护以防发布的东西，但新的见解似乎是，只要有可能，信息就应被公布，并且尽可能发布到情报“链”最低层级。大部分情报人员不想成为一个抓着有可能避免悲剧的“馆藏”信息不放的人。2002年6月6日，在向全国发表的演说中，时任总统乔治 · W. 布什说：“信息必须充分共享，这样我们可以按照每一条线索，找到最可能阻止悲剧的那一个。”

今天，虽然这种方法显然是最合适的，但是它仍然是重要的，情报传递应遵循某些标准和规则。所以，以这种方式处理情报产品，以便使正确的情报传递给正确的人，同时，还应确保敏感信息的安全。

9.2 知情权原则

犯罪情报信息被搜集、整理和分析之后，它通常是要准备传递的。可是，它应该传递给谁？虽然这在很大程度上取决于拥有情报的主体和敏感性，但在情报界有一些需要遵守的共同标准规则。

第一就是知情权（Right-to-Know）原则。换句话说，当拥有犯罪情报信息时，我们必须确定将要收到犯罪情报的个人或机构是否有知情权。即，他们拥有适当的授权或法律许可吗？

虽然这些看起来像是简单问题，但当从一个国家甚至国际范围看待的话，它们可能变得无比混乱。是谁界定的审查许可？并且审查许可允许您给拥有许可的一个人发布什么？从州到州，从州到联邦，甚至从国家到国家，“宣誓”这一术语可能有不同的定义。例如，在不同机构履行相同职能的情报分析师，可能在一个机构是宣誓的，在另外一个机构则是非宣誓的。此外，一些非政府组织与政府机构直接合作，并搜集和处理情报数据。

知情权原则的底线是，将要接收信息的个人必须具有接收该信息的有效权利。这应是基于预定的政策和程序——情报发布实体要受信用约束，或遵守信用。

9.3 需知原则

通常依附于并多次被视为离不开知情权的是需知（Need-to-Know）原则。该原则的基础是，接收信息的个人或机构必须具备有效且正式的理由去接收它。

许多人都有知道信息的权利。例如，成千上万的人有可接收国家安全相关信息的绝密许可。然而，这些人中的每一个都需要每一份可用的绝密信息吗？这样做不仅是不切实际的，而且会危害信息的完整性。

值得注意的是，情报信息不同于从最常见的公开信息源搜集的信息。这并不意味着，重要的信息不是从这些公开信息源搜集来的。很多时候，公开信息源仍是最基本的信息来源所在。然而，一旦它和其他信息一起被整理和分析（一个关键的组成部分）——情报就产生了。

这个新产生的情报信息需要传递给个人或小组，可以用它来采取一些防止和制止犯罪活动的合法行动。当试图确定是否情报信息应该发布给特定的个人时，应该提问诸如此类的问题："他们用这些信息做什么？这些信息怎样帮助他们执行公务？"

9.4 授权发布

涉及情报信息传递还有另外一个往往不被讨论的组成部分。尽管大多数人把知情权原则和需知原则视为情报传递过程的组成部分，但授权发布信息常常被遗忘。

有很多原因可以解释，为什么一个组织内的个人将得到情报信息。他们可能有绝对的权利和需要掌握信息，但很多时候，他们未必有把信息发布给其他人的权利。

一般而言，不管是个人，还是组织，情报信息的作者将传递带有特定标记的情报信息，告诉读者或接受者，该信息是如何被"处理的"。下一节将讨论没有特定标记的情况。人们普遍认为，除非在文档中另有说明，情报产品的创建者保留对其进行分发的权利。在这种情况下，为了获得批准，供其进一步分发（有时称为第三方规则），信息持有者需要和创建者联系。有疑问的时候，信息持有者应打电话查明。

在个别组织，政策和程序通常会界定谁分发什么情报信息，以及在什么情况下分发。然而，这些政策和程序需要被所有员工理解，目的是避免对情报信息的未经授权的发布。

9.5 标记

之前，我们讨论了多条情报信息被"标记"了具体的传递说明。这些说明是想告诉信息持有者，他们如何处理一条特定信息。表面上看，这似乎是一个用来控制情报信息传递的完美过程。然而，问题出现了，当您意识到，仅在美国，在只有 20 个联邦机构中，目前有超过 100 个独特的标志在使用，并有超过 130 个处理和（或）贴标签的过程。如上所述，这只是为这 20 个联邦机构。对于超过 18000 个州、地方和部落执法机构而言，这一数字有可能成为压倒性的。这里之所以讨论联邦系统，是因为在该系统中有一些可供参考的法定准则。目前，没有州、地方和部落机构可以操作的“一刀切”标准。

今天，当有人接收到情报信息时，他们很有可能会看到，在该信息上有一个或多个以下标记：

· 出口管制信息（ECI）；
· 仅供官方使用（FOUO）；
· 执法敏感（LES）；
· 敏感非密（SBU）；
· 敏感安全信息（SSI）。

这些只是 5 个存在的标记示例。对于看到它们的个人，这些标记实际上指的是什么呢？谁能收到信息？又会发给谁？这些都只是一些问题，坦率地说，并不一定容易回答。

再说，在联邦系统下，这些标记的每一个都能出现在分发给其他联邦或州、地方和部落机构的文档上。因为每一个机构都有自己处理信息的规则和条例，所以，接收者负责按照那些准则处理信息。但是关于它们的信息如何被他人处理，许多机构并没有明确的准则，因此，这一事实加剧了这个问题。遗憾的是，将被标记的很多文档上并没有原始机构的信息，这使情况变得更糟。因此，即使有人了解每个联邦机构有关某一标记的处理和传递政策，但他们也无法妥善处理，因为他们无法确定情报的来源。

根据《2004 年情报改革和预防恐怖主义法》（Intelligence Reform and Terrorism Prevention Act of 2004），总统需要采取行动，以促进恐怖主义信息的共享。因此，在 2005 年 12 月，乔治 · W. 布什总统对行政部门和机构的负责人签署了一份备忘录。在备忘录中，他指示信息共享环境的项目经理，开始规范敏感非密信息的处理过程。

2008 年 5 月，乔治 · W. 布什总统对行政部门和机构的负责人签署了另一份备忘录。在该备忘录中，他规定受控非密信息（CUI）作为敏感非密信息的唯一名称。在总统的备忘录中，受控非密信息是这样被界定的：

> 受控非密信息是非密信息的一个保密级别名称。该类信息不符合国家安全保密级别标准，但与美国国家利益相关或对联邦政府之外的实体的利益很重要，并根据法律或政策，需要防止未经授权的披露、特殊处理保护或者交流传递的规定限制。

在大多数情况下，这是大部分情报人员每天都要处理的信息。简言之，这些情报信息还没有上升到需要设置密级的水平，但是需要控制其发布。

联邦政府努力规范情报信息共享，一直致力于改进系统并使其更容易被所有人访问。2009 年 5 月，巴拉克・奥巴马（Barack Obama）总统对行政部门和机构的负责人签署了一份备忘录。在备忘录中，他进一步扩展了受控非密信息的实施流程。

虽然这是一项联邦项目，但州、地方和部落机构正在寻求参与并投入到整个过程中。我们的目标是，一旦建立，州、地方和部落机构将接受并执行同样的原则。就像大多数州、地方和部落机构已经采用的犯罪信息共享规定一样，这些规定在美国《联邦规章典集》第 28 篇第 23 部中有所描述。

9.6 传递方法

如前所述，2001 年“9・11 事件”之前，情报信息的传递方法是有限的和专门的。一般而言，在地方一级，信息传递的方式是从人到人，或者通过一般经由传真传递的公告，或者通过诸如区域信息共享系统等电子手段。

另外，当人们认为，联邦政府并没有像被认为是必要的那样共享更多的信息时，为了共享信息的特定目的，在州和地方级别成立了特别小组。执法情报单位协会就是这样一个小组，为了交换关于有组织犯罪活动情报信息的特定目的，该协会成立于 1956 年。

“9·11事件”之后，对情报流程的扩展及正式化的强烈需求开始出现。其结果是，无数的州、地方和部落情报组开始在地方、地区、州、甚至国家层面交换信息。其他联邦机构开始或扩大类似方案，所以，虽然仍然存在问题，但是情报信息开始更加自由地流动了。

今天，交换情报信息的重要来源之一就是融合中心。融合中心被界定为：

> 两个或更多机构合作努力，把资源、专业技能和（或）信息提供给中心。其目标是使检测、防止、调查、逮捕以及对犯罪和恐怖主义活动做出反应等能力最大化。

在运行上，一个融合中心是一个物理的位置，为来自不同机构的人员提供住所，并且为了促进情报职能的共同目标而运行。人员可能来自联邦、州、地区和当地的机构，通常包括专业情报分析师和其他支持人员。融合中心也可以为来自主要的私营部门组织的代表提供住所。整体业务责任可由一个机构（通常是最大的成员机构）承担，或者可以建立一个共同管理的关系。

融合中心的主要作用是为成员机构和其他融合中心搜集、分析和传递情报信息。现在，虽然州、地方和部落实体仍然保持对这些业务的完全控制，但是很多联邦机构参与了融合中心的运行。

利用今天的技术进步，情报人员可以从一些官方资源中检索人员信息，包括融合中心公告牌。情报人员也可以利用电子情报资源，诸如执法在线（Law Enforcement Online，LEO）、区域信息共享系统以及国土安全信息网络（Homeland Security Information Network，HSIN）等。这些以计算机为基础的倡议，为情报人员提供了一个接收其他情报人员信息并与其交流的资源。

9.7 传递问题

自2001年“9·11事件”以来，虽然美国在改善情报信息交换方面取得了重大进展，但今天仍然存在着障碍。多年来，许多联邦机构利用国家安全信息完成工作，这些信息被划分为：秘密（Confidential）、机密（Secret）和绝密（Top Secret）3 级。相反，州、地方和部落执法机构并没有按照这种方式划分信息，而是按照传统的知情权原则和需知原则运作。其结果是，在许多情况下，州、地方和部落机构可能想传递与国家安全保密级别标准不相关的信息。上面讨论的受控非密信息倡议正在努力促进在更广层面上发布更多信息，但实施起来仍是一个遥远的目标，且成功的前景尚不明朗。

情报单位及其工作人员面对的另外一个问题是，侵犯“隐私权”索赔的潜在可能性。已经出现过针对《宪法第一修正案》保护言论的执法历史错误。培训有助于缓解这个问题，但是关于搜集和传递什么的挑战依然存在。虽然这个话题更适合在情报搜集领域被讨论，但值得注意的是，不应搜集情报，也不应传递情报。尽管这似乎是显而易见的，但重要的是要理解，对不当搜集的情报进行传递，不仅会对搜集它的机构带来损害，而且可能危及用此信息为基础进行进一步的、可能无关的调查。

虽然融合中心的增长已经帮助制定了关于情报信息正确传递的政策，但仍然存在使情报人员感到困惑的相互沟通问题。例如，当一个地方机构的代表收到了需要共享的信息后，该代表将与谁共享这条信息，并且传递信息的最佳方式是什么？这条信息应传递给当地 FBI 联合恐怖主义特别工作组（FBI-Joint Terrorism Task Force），还是传递给最近的融合中心？该代表的责任是把信息传递给这些小组，还是由他（她）通过其机构的恐怖主义联络官来传递信息？

所有这些都是需要讨论的问题以及事先确定的程序。每个机构必须制定靠各个机构可用资源支撑的政策和程序。现在很多机构都有与融合中心相连接的情报联络官计划。一些机构认为，所有的情报信息将通过这些联络官流动起来，而其他机构则希望传递是由一个情报单位来处理。许多机构都没有这两种功能，因此，任何人都可以联系当地的融合中心、联合恐怖主义特别工作组或其他搜集情报的实体。可疑活动报告计划已经在很多地区出现，而且每天都在扩大。无论如何，这些程序需要提前确定下来。

最后，重要的是要明白，如果情报没有共享给需要拥有他的人，那么情报就不是有效的或不再有任何价值。关键是要提前制定情报传递规则和程序。因此，当开始传递一个产品时，会通过正确的方法，以正确的理由，将其传递给正确的人。

虽然仍有传递问题需要解决，但是在全国范围内，在联邦、州和地方等层级，正在采取措施改进系统，并在将来简化信息的流动。现在重要的是，处理情报信息的每一个人都要了解，基于当地已经到位的标准，如何正确地传递它。

参考文献

1. Bureau of Justice Assistance. (2009). <*www.riss.net*>.
2. Bush, George W. (2002). *Address to the Nation*. Washington, DC. June 6, 2002.
3. Bush, George W. (2005). *Presidential Memorandum: Guidelines and Requirements in Support of the Information Sharing Environment*. Washington, DC. December 16, 2005.
4. Bush, George W. (2008). *Presidential Memorandum: Designation and Sharing of Controlled Unclassified Information (CUI)*. Washington, DC. May 9, 2008.
5. Federal Bureau of Investigations. (2009). <*www.leo.gov*>.
6. German, Michael. (2007). *What's Wrong with Fusion Centers.* Washington, DC: American Civil Liberties Union.
7. House of Representatives. (2004). *Terrorism Prevention Act of 2004.* Washington, DC: U.S. Government Printing Office.
8. LEIU. (2002). *Criminal Intelligence File Guidelines*. Sacramento, CA: Association of Law Enforcement Intelligence Units.
9. McNamara, Thomas E. (2007). *Statement for the Record before House Committee on Homeland Security.* Washington, DC. April 26, 2007.
10. McNamara, Thomas E. (2008). *Information Sharing Environment Administrative Memorandum.* Washington, DC. September 5, 2008.
11. National Commission on Terrorist Attacks. (2004). *The 9/11 Commission Report.* New York, NY: W.W. Norton & Company.
12. Obama, Barack H. (2009). *Presidential Memorandum: Classified Information and Controlled Unclassified Information*. Washington, DC. May 27, 2009.

13. Office of Justice Programs. (2003). *National Criminal Intelligence Sharing Plan*. Washington, DC: U.S. Government Printing Office.

14. Office of Justice Programs. (2006). *Fusion Center Guidelines*. Washington, DC: U.S. Government Printing Office.

15. U.S. Department of Homeland Security. (2009). <*www.dhs.gov*>

[第 10 章]

报告写作原则

小戴维·加里恩斯

10.1 引言

鉴于本章之目的，笔者把警察各方面和层次的写作都定义为情报写作，因为情报写作使用的基本原则——如语言精密、思路清晰、句子结构正确——对人们交给高级管理者的是一份原始罪案现场报告，还是一份最终情报成品都适用。此外，在整个执法 / 情报职业的各个方面有几个共同问题：首先，您可能永远不会拥有您需要的所有证据，去 100% 肯定您的判断；其次，犯错的几率是可能的；最后，您迟早可能是错误的。这些问题不仅强调了仔细思考和分析的紧急性，而且也强调了观察、分析和写作的精确需求，这贯穿于任何时候，从初步调查到最终报告的每个步骤。

当一名警官写下对罪案现场的观察，他（她）是在做情报判断——解决罪案的第一步就发生了。写作的每一步都需要特别注意准确性。所有警察都应记住，他（她）不会在房间里解释一个句子、词或短语意味着什么。根据墨菲定律（Murphy's Law），如果在一份书面产品有模棱两可的词，那么无论作者想说什么，都很难与读者从文字中读出的意思一致。

10.2 情报写作的本质

情报写作是最严格和苛刻的写作形式之一，需要高超的技巧和精确的语言运用。各级宣誓就职人员和分析师，必须处理麻烦的问题和从事复杂的调查，并把它们变成文字，才能容易地被专家和通才理解。决策取决于调查的每一个阶段写的是什么。

无论是对罪案现场的观察，还是完成的产品，情报报告都是基于支离破碎的证据。如果您写出了所有证据和信息，那么您是在写历史，而不是情报。情报官 / 分析师的任务是把表面上可能违反逻辑和理解的问题及情况赋予某种意义与规则。

无论威胁来自基地组织、有组织犯罪、街头黑帮、外国情报机构，还是贩毒集团，敷衍了事的情报写作都将带来很大的风险。

从 2001 年 9 月 11 日的悲剧之后，情报和执法界的所有成员在沟通时，需要使用相同的写作原则，这是至关重要的。情报 / 执法界（在联邦和州级）不同成员使用了不同模板，但在大多数情况下，这些模板基于相同的写作原则。一旦理解了一些差异确实存在，工作人员便可以很容易地调整自己的写作。

未能理解写作的基本原则以及这些原则的变化，也会导致误解和混乱。基本变化之一在于使用主动语态还是被动语态。大多数非执法界的成员坚持主动语态。然而，在美国 FBI 及州和地方警察部队，一些写作模板强调被动语态的句子。

被动语态允许更大的解释，从执法角度看，这些句子有很大意义。谁是 FBI 和警察报告的主要用户——律师。律师喜欢被动语态，因为在法庭论证时被动语态的句子允许更大的灵活性。情报界的其他成员更喜欢主动语态。主动语态是一个更清晰、更直接的书面交流形式。以纯粹形式存在的主动语态几乎毋庸置疑。整个情报界的分析师必须深谙主动和被动语态的句子，他们必须知道何时以及如何使用它们。

本章的读者可以了解这两类句子之间的区别，但让我们花一点时间来回顾一下。

这是一个被动语态的句子：“今天，在阅兵期间，总理施密特（Schmidt）受到了伤害，但政变似乎没有进展。”这句话是被动语态，提出了这样一个问题：谁伤害了总理？您可以重写这句话：“今天总理施密特被一个激进的右翼团体成员击伤，但政变似乎没有进展。”问题是您仍然有一个被动结构，因为您识别出动词后的行动者。把这个句子变成主动语态结构，您需要把行动者放在动词之前：“今天，一个激进的右翼团体成员击伤了总理施密特，但政变似乎没有进展。”

使用主动或被动语态的决定很可能取决于您的受众——即使在同一组织内。FBI 局长希望他的情报以简洁、主动语态的句子表述。然而，想使用情报报告作为起诉一部分的司法部律师可能喜欢被动句。

在某些情况下，FBI 和执法官员可能不得不对同一个主题写两份单独的报告，其主要区别是主动或被动语态。情报官可能必须起草一个或两个主动语态的段落呈给高级管理人员。例如，情报官可能必须以主动语态写一个较长报告（罪案调查）的大纲，指出主要结论和事实，而报告本身是用被动语态来写。

在主动语态的报告中，要记住的关键一点是，要以一个强烈的主题句开头，告诉读者主要观点或者“会怎样”（So-what）。不妨这样想想，如果主要接收者只读取主题句，您需要告诉他（她）您想让他（她）知道的最重要的事情。

无论写作是什么格式，您想用一句话表达的概念化这个原则，应该是所有情报官 / 分析师写作的基础。您应该能以口头或书面形式（一句话），告诉受众或读者您想让他（她）理解的主要观点。无论您是写 1 段，还是 100 页，这都适用。这个概念化是困难的，但它会使您的写作更容易和更清晰。

当执法官正在使用被动语句写一份更传统的执法报告，并构建调查案件（使读者逐点遍历调查）时，概念化的需要是适用的。只是将想法和事实抛出来是不够的，在敲击键盘或落笔之前，花时间来概念化将帮助起草者构建一个合乎逻辑的情况。

主动语态的句子是大多数高级情报官和管理者的不二选择。在这里，“是什么”和“会怎样”的主题句是必须有的。对您做出判断至关重要的大部分细节和少量证据将躺在编辑的地板上。顺便说一句，这种直接、主动语态、简洁的写作方式是国家情报总监办公室的首选样式。

你们当中有些人阅读本章后，可能惊恐地举起手并说道，“我花了我的整个职业生涯，只是把事实用被动语态的句子写在纸上，您告诉我这是错的吗？”不，这没有错。您将会继续这样做。然而，如果您需要写一系列的事实或意见，您应该在头脑中花时间思考（概念化），所有这些意味着什么——即使您不把它放在报告里。在您的写作中，应该有一定的顺序和思考。此外，对于你们这些依恋于被动语态的人，让我们看一看使用被动语态的原因，以明确何时、何地以及为什么我们应该使用这些句子：

- 当您不知道谁是行动者时，应使用被动语态的句子，这只是常识。
- 当您想强调行动者以外的其他东西时，应使用被动语态的句子。例如：丰收的小麦是由俄罗斯人种植的。
- 当您的主要受众是律师时，应使用被动语态的句子。被动语态使他们有更多的论证和解释。
- 当您想故意掩盖行动者时，应使用被动语态的句子。这种类型的被动结构是政治家的生命线。在选举中，他们想留下与选民坦诚相待的印象。例如：“犯错了！”是的！谁犯的？告诉我们，我们可以投票，将罪魁祸首赶下台。在执法中，情报官和分析师总是需要清晰和准确。情报职业——全面一致地——高度重视对语言的正确使用。

在情报官 / 分析师写作中发现的大多数错误，集中在语言的 4 个方面：

1. **动词**——作者需要考虑他们使用的动词的各个方面，从时态到动词的选择，以及主谓一致。
2. **介词**——您必须小心使用介词。因为不像其他语言，英语可以使用介词来改变句子的含义。此外，英语使问题复杂化，因为介词是 100% 惯用的——**没有什么规则**。
3. **代词**——在情报写作中，我们应尽量减少使用代词。其他写作形式鼓励使用代词作为增加多样化的手段，但这种多样化会带来歧义的危险。代词指代什么或谁？如果您使用代词，确保代词的先行词是清楚的。在情报写作中，是不赞成使用代词“这、那、这些、那些”的。它们是指示代词，是用于支撑句子结构的。例如，如果您以一个主题句“这意味着……”开头，这里“这”指代什么或谁？如果您使用指示代词，确保您指代的东西是明确的："这个决定……"或者"那条规则改变了……"。

4. **句子结构和语法**——作者应该记住，情报写作高度重视有很少或没有标点符号的短陈述句。如果您文字不好，那么您找到了正确的职业。小心逗号！一个句子正确与否可能取决于一个逗号。例如：

- "在这里，我把我所有的财产留给我第一个过上美好生活的孩子。"

  讯息：我 11 个子孙后代中第一个发展起来并过上美好生活的孩子会得到战利品。

- "在这里，我把我所有的财产留给我的第一个孩子，他过上了美好的生活。"

  讯息：我把家产留给我第一个出生的孩子，作为他过上美好生活的奖励。

还有一个逗号的规则，与其他写作形式背道而驰。在情报写作中，英文在接连 3 个或更多并列词之间，以及在"和"之前，您必须使用逗号。例如：

"在这里，我把我所有的财产留给萨莉，保罗和格蕾丝。"萨莉的反应是什么？"我知道父亲是最爱我的，我得到了 50% 的遗产。"在州和联邦一级的情报界采用了法律标准——保罗的名字后面没有逗号，意味着他和格蕾丝两人一起的共同权利与萨利是相等的（即他和格蕾丝两人只占 50% 份额）。为了正确无误，如果您想要这 3 个人平分遗产，这句话必须这样写："在这里，我把我所有的财产留给萨莉，保罗，和格蕾丝。"

10.3 书面语句

关于使用正确的句子，技术革命已经付出了代价——在使用正确的句子中，没有什么比这更明显。我们所有的人，所有的情报官 / 分析师，需要定期提醒自己句子是什么。我们每天说的都是句子片段，但在口语中，大部分的交流是通过语音、语调、肢体语言、手势和面部表情。在写作中，您没有这些“拐杖”，来帮助填写丢失的片段，您有的仅仅是书面句子。

当谈到书面句子时，阅读本节的每个人已陷入了坏习惯。如果您在发短信或删除电子邮件，那么您在走捷径。当您给一位朋友写电子邮件时，您可能会缩写或写句子片段。这些坏习惯正在蚕食您对正确使用书面句子的认识和能力。您需要正确使用冠词（the，a 和 an）。如果您邀请读者填充您句子中遗漏的一些东西，那么在情报写作中，这种邀请会带来可怕后果。在法庭上，一位辩护律师可能会因报告写得很差或晦涩的句子而大做文章。因此，使用完整的句子是情报写作的关键。让我们花点时间回顾一下这 3 种类型的句子，它们应占据您书面产品的大部分。

每个书面句子都有 3 个基本要素：**主语、动词和完整的思想**。如果有主语和动词，但这些词语不能表达完整的思想，那么句子就不会存在。如果没有完整的思想，您有的仅仅是句子片段。

至于情报句子自身而言，请保持其简短。较短的句子更容易让读者直观地消化。如果您使用短句子，那么您也会减少误解的几率，并且给您的写作增加了精准度和清晰度。大部分的情报写作应注意以下几点：

- 简单句使用主动语态：“在罪案现场附近，两个目击者看到了犯罪嫌疑人。”
- 复合句（一个带有从句的简单句）：“情报源表明，‘恐怖分子计划炸毁布鲁克林大桥’。”
- 并列复合句（用连词连接两个简单句，不要忘记在连词前添加逗号）：“我们尾随犯罪嫌疑人到了火车站，然后我们又跟着他到了汽车站。”

10.4 概念化

我们需要返回概念化思维这一主题，因为它是非常重要的。无论涉及何种写作形式，概念化是必要的第一步。情报官 / 分析师需要了解格式、目的和她（他）的写作目标。这份报告的目的是什么，观察和分析罪案现场？分析可能的威胁？指明哪里或什么可能会成为恐怖分子袭击的下一个目标？

在一项调查的每一步骤，花时间进行概念化还将增加意外收获。概念化过程可以帮助识别您的知识缺口。这是一个不错的主意，在调查的每一个阶段列出知识缺口的清单，并伴随您完成写作。知识缺口清单将会对信息源的指导和引导起到不可估量的作用。

在情报写作中，清晰度和准确性胜过一切。如果所有最好的想法、罪案现场分析和情报判断是不清晰和不易理解的，那么它们还不如写着它们的那张纸值钱。情报官/分析师的报告必须符合逻辑、准确和完整。警察和执法写作也必须符合逻辑，并且情报官/分析师需要思考怎样才能帮助读者理解他们的书面产品。情报专业人员的工作就是清晰地呈现他（她）的结论，这样在第一次阅读时，读者就能理解，而不必左思右想。

请记住，文字是思想的书面形式，如果一个人的言语是混乱、困惑的，或充斥着糟糕的文字，那么他（她）的可信度就会受到影响。如果书面文字是一种沟通的主要工具，并且您不能使用该工具，那么您会给人留下何种印象？作为一名执法/情报官/分析师，您怎样介绍自己？此外，国家的警察部队、国土安全部、国防情报局、中央情报局、联邦调查局以及情报界的所有成员必须通过书面产品与对方进行沟通。

在我们继续之前，有必要先澄清在情报写作中不同场合都会发生的一个问题。有人会问："分析和观点之间的区别是什么？当您要求我们用'会怎样'起草一个主题句时，难道您不是要求我们发表意见吗？"

不是，我们不是要求您发表意见。重要的是要记住意见（Opinion）和分析判断（Analytical Judgment）的区别：

· **意见**——意见是关于偏好的声明，这种偏好的理由是完全基于个人的。

· **分析判断**——分析判断所支持的理由不是取决于持有这种判断的个人。

既然我们已经明确了意见和分析判断之间的区别，那么这是一个好时机，让我们看看美国国家情报总监办公室规定的情报界分析标准。

10.5　国家情报总监办公室：情报界分析标准

（欲了解更多信息，请访问官方网站 *www.ais.dni.ic.gov*）

· 客观性；
· 独立于政治考量；
· 时效性；
· 基于所有可用的情报源；
· 展示分析技能的适当标准：
  ◇ 正确地描述质量、来源的可靠性、适当的警告，以及表达对分析判断的不确定性或信心；
  ◇ 正确区分潜在的情报与分析师的假设 / 判断；
  ◇ 在适当情况下，采用替代分析；
  ◇ 与美国国家安全有关联；
  ◇ 逻辑论证；
  ◇ 一致性，或突出变化；
  ◇ 准确的判断 / 评估。

并非上述所有标准会适用于您将使用的所有写作模板，但是记住其中的几点是有好处的，即使您不把它们放在您的书面产品中。例如，当您是在做出一个判断而不是假设时，您应该（如果没有其他地方，在心中）做出明确区分。请记住，当您提出一个假设时，您没有该假设所依据的事实或证据。当您做一个判断时，您可以指明您拥有的证据和事实作为判断的依据。

想想您在知识方面的缺口，以及您需要怎样做才能填补这些缺口——您可以征集什么样的要求？在汇报时，这种对“缺口”的理解特别有用。您可能会被问及缺乏何种证据，并且您或您的组织如何填补这些缺口。

仔细学习一些好的书面文字的基本原则，这些原则构成了所有撰写情报报告的人（特别是警察和情报官 / 分析师）的写作工具的一部分。

10.6 组织语法和标点符号

文字是思想的书面形式。按照定义，警察 / 情报官 / 分析师是靠使用大脑拿薪水——雇佣他们，是让他们来思考的。当您写作时，您让读者领悟您的思考能力——您是在介绍您自己。不管喜欢与否，人们基于您如何写作形成对您的印象。如果有大量的拼写或语法错误，那么对您自己应该说些什么呢——粗心、未受过良好教育、缺乏自豪感？对于你们这些警察 / 情报官 / 分析师来说，草率的书写内容又说明了什么呢？如果您记住以下几个简单规则，那么写作就可以变得很容易：

规则一：下笔前，先思考。在您落笔或敲击键盘之前，明确您想要阐述什么。

规则二：尽可能用主动语态的简单句。

规则三：谨慎选择用词。基于盎格鲁—撒克逊语的词根，使用较短的单词。这些单词的含义通常是清晰的，没有细微差别和影射。

规则四：语言经济性原则。让每个文字有价值，并且使用熟悉的术语。

规则五：让您的大部分句子简明扼要。

规则六：组织您的思路。如果您正在写一篇较长的文章或备忘录，需要花时间来组织您的思路，这样您就可以提出一个合乎逻辑的观点。

规则七：自己编辑和校对。如果您有时间，找专人来校对您的终稿。

如果您正在寻找一个标题或名字来称呼我们的写作类型，那么用说明文来形容它最为合适。说明文是开诚布公的交谈，是直截了当和实事求是的交流。说明文是表达思想的有效方式，需要精确的写作，并强调清晰。说明文的一个主要目标是，**永远不会**让读者琢磨文章或段落的要点是什么。

现在，让我们来仔细看看，您可能要编写的报告的具体类型。

原始报告

原始数据或原始情报的搜集是情报流程中至关重要的第一步。我们可以通过多种方式搜集原始数据，最常见的是观察罪案现场，记录现场目击者的言词，以及通过其他信息源或特工了解情况。

在罪案现场的报告警官（Reporting Officer）有责任和义务记录下他（她）看到的所有细节及观察结果。需要使用描述符或精确测量——要尽可能具体。最好宁多勿漏。与其他证据相比，罪案现场报告的后续审查将帮助调查小组将各部分组合在一起。

记录目击者所说的话的准确性和完整性，可以成就或者毁掉一个案件。当案件在目击者脑海中仍然清晰的时候，让他（她）进行陈述，其重要性不能被低估。在这里，报告警官有义务询问目击者更多细节。如果目击者的母语不是英语，盘问范围可以更广泛，以确保报告警官准确地捕捉（使用标准美式英语）目击者看到了什么。

随着时间的推移，目击者的记忆可能会衰退，他们变得不愿说话，或者他们可能想把事件抛在脑后。因此，报告警官最初的原始报告的清晰度是至关重要的，将有助于减少歧义和误解的几率。

报告警官草写几行对他（她）的印象，是个不错的主意。目击者不愿意说话吗？目击者直视报告警官的脸了吗？肢体语言能否表明那人说的是真话吗？

原始报告是第一个输入系统的。原始情报报告的目的是要做 3 件事：

1. 以一种易读的方式表达要点；
2. 确定每个正在使用的数据来源；
3. 把信息以书面形式记录下来，以提高信息质量，而不是把它留在报告警官的脑海中。

重要的是要保持对原始情报报告的密切关注。当有可用的新信息时，最好是做新的报告，而不是试图更新现有的报告。不要把太多的东西放在一个报告中，草拟单独的报告——这有助于档案的分析、传递、审查和清理。

每次收到信息时，原始情报报告（也被称为“现场报告”或“情报报告”）可以被划分成一个或以下几个部分：

- **档案编号或项目编号**——这是按照每个机构的政策和程序进行分配的。
- **来源标识**——在许多情况下，在同一时间或在一段很短的时间内，关于同一主题、活动或事件的确凿信息的搜集通常来自不同的来源。每个报告应为来自多个来源的信息提供可用空间，并提供尽可能多的信息源。对于执法人士，可使用级别 / 头衔、姓名、机构、城市 / 州和电话号码进行标识。您也可以把自己当作一个来源。

  一定要详细说明从每个来源搜集到了什么，从而可以对不同的描述进行比较。这种比较也有利于识别您拥有的全部信息中的缺口，反过来，这将有助于调动资源，填补这些缺口。

  如果有必要保护某人的身份，那么通常会使用**匿名**。如果有人愿意持续提供信息并希望匿名，那么您也可以保留其**真实姓名**。或者，如果不知道是否会再次让他（她）提供信息，并且您希望让该线人保持匿名，那么您也可以为其分配一个**线人编号**。
- **安全保密级别**——注意安全保密级别非常重要。在整个情报界，高级管理人员会被反复问到：“你们遇到的最常见的错误是什么？”回答总是包括引用不正确的安全保密级别。

  在许多情况下，不仅有必要保护报告中所包含的信息，还要保护来源的标识。在州一级，各机构的保密级别指南有所不同。在联邦层面，有明确的保密级别规则和指南。例如，报告的作者必须证明对特定保密级别的使用是正当的。情报界成员的管理人员或安保人员可以告诉您在哪里可以找到联邦指南。

  一般有 4 个层次的保密级别：

  1. 公共记录或“开源”信息通常是非机密的。然而，在某些情况下，“开源”或公共记录信息可能带有某种限制，如“仅供内部使用”。这种理论的存在，是因为在情报报告中使用了这些信息，所以一些控制或限制是必要的。
  2. 通常可在执法界内传递的信息应尽可能予以最低保密级别。过高的保密级别会阻止信息向某些人群传递，如需要知道它的人，或可能有与调查相关信息的人。

3. 主动或正在进行的调查应予以一个中等保密级别，以防止敏感情报、侦查手段和策略的意外泄露。该保密级别可能会有一个指定的时间框架，对此应有所说明。由于州和联邦机构之间的合作日益加强，如果您在一个州的警察情报单位工作，那么您可能希望有这些中等保密级别，以符合国土安全部或 FBI 或二者兼有的保密级别指南。
4. 使用最高级别的密级是出于多种原因的。最常见的是，用以防止泄露卧底人员的身份；当调查公共官员不当行为的时候；以及当情报成为更广泛国家安全问题（如恐怖活动、贩毒、贩卖人口）一部分的时候。

· **来源评估**——在情报报告中可以使用多个来源。识别每个来源及其提供的信息是非常重要的。通过识别来源信息，您已经在分析过程中迈出了至关重要的第一步。详细说明从每个来源搜集到了什么，从而可以对不同的描述进行比较，还可以提供事实、细节和时间的佐证，并可以使信息缺口显而易见。

对于执法人士，可使用级别 / 头衔、姓名、机构、城市 / 州和电话号码。您也可以把自己当作一个信息源。要明确各种查询和记录的检查，这样如果出现问题，就不会疑惑该去哪里重新检查信息。如果一份报告包含了多个来源的信息，要明确确定哪些来源证实了哪些信息。

记住要留有足够空间，以提供尽可能多的细节，详细说明从每个来源搜集到了哪些信息。在相同或类似的信息来自其他报告的其他来源的情况下，这个细节作为初步分析的重要组成部分，将是一个非常有用的工具。通过仔细注意您的报告的“来源评估”（Source Evaluation），就可以较早地确定信息源的信誉。

· **罪案**——目前使用的电脑文件格式允许对叙事进行文本检索。该检索可以快速提供个人的犯罪活动摘要。因此，为了利于以后进行数据库检索，在您的涉及个人和罪行的报告中，请确保添加了关键词。许多情报报告没有链接到特定的犯罪活动，因此，使用与罪行有关的关键词，将有助于未来对报告检索。

· **摘要**——情报报告的摘要或“大纲”是非常重要的。您报告中的这一部分与统一的情报写作风格密切相关。在这里概念化发挥了作用。通过告诉他（她）“**是什么**”和“**会怎样**”，摘要的主题句需要抓住读者的注意力。这句话（乃至整个摘要段落）勾勒出了整个报告。理论上，读者可以阅读报告的这一部分，从而更详细地了解下文的重要性。

　　摘要不应该是包含在报告正文中的详细叙述的再现，但应包含读者需要知道的要点。您可能听说过摘要段落被称为“大局、底线”或报告的综述。不管您怎么称呼它，需要记住的重要一点是，摘要应能快速简明地告诉读者报告中包含的要点，以及报告警官所掌握的有关信息和来源的任何和所有结论。摘要不宜太长。

　　情报界的一些成员使用这些摘要段落作为早晨简报的基础。因此，确保您的段落清晰而简明，是至关重要的。摘要内容涉及您不知道的以及您所知道的东西。

· **信息日期、搜集日期和报告日期**——信息日期是犯罪活动发生或可能发生的时间或时间段。获取信息时，要包括日期和时间跨度（搜集日期），这些信息可帮助读者确定所报道的时效性。您还应包括您准备和提交报告的日期。

· **情报官/分析师的注释/详细说明（现场报告警官和机构/单位）**——把您搜集到的信息的细节和观察结果放入报告的这一部分。就情报官/分析师而言，这部分需要良好的判断力，因为该部分不能包含非相关细节。在原始报告中，很难确定什么是相关的和非相关的，所以最好遵守这个规则——如果不能肯定，那么就把它写入报告。这部分不应包含关于获取信息的难度的评论，除非这些评论反映了来源（线人）的可靠性。

以下是情报官 / 分析师的注释 / 详细说明中一些主题的例子：

◇ 指出要求保持匿名的人的身份，或者有人可能会或可能不会被分配一个代号或编号，直到确定他们心甘情愿并有能力成为合作者。

◇ 报告线人的动机及其提供信息的意愿。这是至关重要的，并在确定线人是否应被分配一个代号或编号时，起到重要作用。（仅提供一次信息的人很少有代号或编号）

◇ 报告您获取的任何有关线人信誉和背景的信息。该信息对于确认线人的可靠性非常重要。如果已掌握诸如过去或当前药物滥用、情绪稳定性、偏见、报复原因或欺诈等信息，那么就应写入报告。

◇ 注意不同来源的不同描述之间的任何冲突。在这一点上，您对关于哪个版本最可靠及其理由的判断是非常重要的。

◇ 提供任何有关不明显或不被报道的情况或地区的信息或事实。

◇ 请参考其他报告中的重要信息。在犯罪情报档案或报告中，注意不应提供材料的太多链接，以避免无意中被泄露。

◇ 给出来源的详细信息，但起草报告的警官的意见（强调差异）应放入附录中。把这些信息放在一个单独页面上，有助于防止混淆。

要点和评价报告

要点和评价报告是非常常见的，并且有特定格式。格式由两部分组成：

1. 文章、报告或已经发生的活动的要点或摘要；

2. 分析报告重要性的评价部分。

在准备要点和评价报告时，要考虑以下步骤：

· 使用最近的案件、事件或文章为依据；

· 搜集并总结案件、事件或文章中的突出事实；

· 进行背景研究（如果时间允许的话，但往往只能从手边的档案中挑选信息）；

· 保持要点和评价部分彼此独立、相互分开；

· 注意有关来源的案件、事件或文章的任何遗漏；

· 预示在不久的将来会发生的事件。

这些报告可能是情报官 / 分析师日常工作的一部分。在联邦和州层面，他们依靠整个情报界使用的合理的情报写作原则，即将事实与分析分开的原则。这些报告起到了至关重要的作用，它们让警察高管了解相关情况并能做出可靠决策。下一节将展示一个“要点和评价报告”的实例。

表 10–1 犯罪情报报告

加利福尼亚州司法部调查和情报局

项目编号：项目编号　　　　信息日期：信息日期

传递：发布限制—秘密

罪案：　　　　地区：选择一个项目

来源编号　　来源可靠性：选择一个项目　　内容真实性：选择一个项目

来源 1：来源 1

来源 2：来源 2

来源 3：来源 3

主题：主题

概要：

详细信息：

抄送：

撰写：[起草者]　　日期：[日期]　　批准：[批准者]　　日期：[批准日期]

备注：此文件不包含加州司法部调查和情报局的建议和结论。所有权归加州司法部所有，仅借给贵机构官方使用。本文件及其内容严禁在机构之外被复制使用。

10.7 要点和评价

美国 FBI 于某年 12 月 29 日发布了一份信息通报（Information Bulletin），警告在即将到来的新年假期之前美国可能会遭到基地组织（al-Qa'ida）袭击。最近的情报表明，基地组织可能正在策划针对美国大城市人口密集区的袭击。此外，伊拉克人及其他中东地区的国民从墨西哥横跨格兰德河（Rio Grande）进行走私活动，FBI 正在对这一走私现象的增加展开调查。

直到最近，针对约有 200 万逃离伊拉克的难民，美国几乎保持其大门紧闭。据国务院官员透露，到目前为止，美国已为数量不到 800 名的伊拉克难民提供了庇护。然而，政府最近已同意在明年年底前接纳 7000 名难民。

美国合众国际新闻社（United Press International，UPI）报道，FBI 的匿名线人对难民表示了关注。该线人认为，基地组织可能会利用难民的增加，乔装潜入，以便日后实施攻击。然而，FBI 的信息通报并没有提到这种可能性，也没有说明有多少恐怖分子可能已偷渡到美国。

美国合众国际新闻社表明，作案手法是让伊拉克人和中东地区国民在墨西哥一个安全的房子里会合，然后跨越边境。在那里，联系人正等着把他们运到埃尔帕索、得克萨斯州或贝伦、新墨西哥州的火车站或汽车站。新墨西哥州的联邦检察官告诉合众国际社，他们目前没有涉及非法偷运伊拉克人或其他任何人的情况。

评价

尽管 FBI 和国土安全部没有关于走私或恐怖分子的目标、策略或行动位置的进一步的具体信息，但是执法官应高度警惕恐怖活动或计划的潜在指标。监视和探测潜在目标要和基地组织与其他恐怖组织的已知做法相一致，因为这些组织寻求通过精心策划以最大限度地提高行动成功的可能性。

执法人员应留心观察任何可疑活动，特别是以下具有恐怖活动特征的迹象：

- 对入口点和门禁系统或外围障碍（如栅栏和围墙）等安全措施或人员的异常或长期的兴趣；
- 异常行为，如盯着或快速移动远离进出指定设施或停车区域的人员或车辆；
- 观察安全反应演习或程序；
- 匿名电话或电子邮件威胁的增加，这种威胁涉及设施和涉嫌监视事件；
- 涉及两个或两个以上个体合作的徒步跟踪监视（Foot Surveillance）；
- 使用车辆如自行车、滑板车、摩托车、汽车或卡车进行移动跟踪监视（Mobile Surveillance）；
- 行动人员伪装成乞丐、擦鞋匠、食物或鲜花供应商、新闻人员或街道清洁工，进行长时间的静态监控（Static Surveillance）；
- 在非旅游景点谨慎使用照相机、录像机或笔录。

工作情报报告

为了确保情报报告是有用的，必须保证它们是最新和及时的。因此，情报官或分析师应使一份“工作情报报告”（Working Intelligence Report）或“工作档案”处于搜集或接收信息和报告被提交批准为正式文件的时间之间。一份最新的“工作报告”将比最终的官方报告包含更多内容。

这些文件的管理是非常重要的。“工作档案”里的非犯罪信息不应被包括在官方报告中。在创建文件时，情报官或分析师应考虑标记出非犯罪和其他外围信息。这样在准备最终报告时，工作人员会更容易地确定哪些信息应被清理。

档案摘要

- **案件分析报告**——在案件刚开始时，分析师编写关于主题的所有可用信息，提炼和重组来自不同个体的材料。在案件开始后，使用互联网、商业数据库、其他机构的档案以及任何其他可用的信息源进行额外研究，这是一个好主意。案件起始阶段的深入研究给情报流程提供了坚实的起点。

这种案件分析报告应尽可能完整，因为它可以为在何处必须搜集额外信息提供宝贵见解。案件分析报告还应包括一些建议，即在考虑到已知信息的情况下，何种调查步骤可能会被证明是富有成效的。

- **违法者档案摘要（目标标识报告）**——单个违法者或嫌疑违法者所有可用数据的摘要应与其他类型的分析报告共存，如案件分析报告。违法者档案摘要应包括尽可能多的以下内容：
    - ◇ 违法者或嫌疑违法者的姓名或已知的别名或其他名字；
    - ◇ 违法者或嫌疑违法者的外貌描述；
    - ◇ 违法者或嫌疑违法者的出生日期 / 出生地；
    - ◇ 违法者或嫌疑违法者的社会保障号码（Social Security Number）；
    - ◇ 分配给违法者或嫌疑违法者的 FBI 号码和州及地方的识别号码；
    - ◇ 违法者或嫌疑违法者的任何车辆注册信息；
    - ◇ 违法者或嫌疑违法者的电话号码；
    - ◇ 违法者或嫌疑违法者拥有的任何房地产信息；
    - ◇ 违法者或嫌疑违法者的任何已知同伙的姓名；
    - ◇ 违法者或嫌疑违法者的任何历史信息；
    - ◇ 与违法者或嫌疑违法者有关的任何行动模式或方法；
    - ◇ 违法者或嫌疑违法者工作、生活或经营过的、已知的任何地理区域；
    - ◇ 参考对违法者或嫌疑违法者有兴趣的任何其他机构；
    - ◇ 支持文档；
    - ◇ 违法者或嫌疑违法者的驾驶执照号码；
    - ◇ 违法者或嫌疑违法者的已知的最后地址；
    - ◇ 违法者或嫌疑违法者的雇主或企业；

◇ 违法者或嫌疑违法者支付的水电费；

◇ 违法者或嫌疑违法者的照片；

◇ 涉及违法者或嫌疑违法者的任何过去犯罪活动；

◇ 与违法者或嫌疑违法者相关的潜在暴力行为。

活动报告（安全警报公告、安全情报报告、预警）

· **安全警报公告**——指向有必要知道或能对警报做出响应的机构或组织传达安全性质的信息。

· **安全情报报告**——在潜在暴力对抗的情况下，应向战术部队和高级指挥官提供安全情报报告。

· **预警**——分为战术预警或战略预警：战术预警反映了迫在眉睫的危险；战略预警反映出决策者和政策制定者需要解决的长远问题。在这两种预警情况下，分析师 / 情报官可以使用“要点和评价”格式描述威胁，并提出应对威胁的方法。预警以及威胁或漏洞评估是紧密相关的。预警实际上是漏洞或威胁评估的结果。

分析报告（调查年表、征兆分析、案件摘要）

· **调查年表**——调查年表是一份报告，该报告记录了每个事件的日期和时间，以便更好地了解活动是如何展开的。把调查年表看作是一个详细的时间表，其中，对每个事件进行了总结，并引用了获取到的源文档。其他相关信息，如个人作为证人的可能性，也应包含在调查年表中。

· **征兆分析**——既是针对一个特定犯罪集团或犯罪活动的短期评估，也是着眼于侦查和起诉犯罪集团的最有效方法。征兆分析的数据应包括监视信息、目标背景记录检查、类似团伙或活动的信息以及线人数据。应涵盖以下 4 个关键领域：

1. 目标涉嫌哪些非法活动？
2. 该集团的优势和劣势是什么？

3. 调查活动的建议是什么？

4. 调查活动成功的概率是多少？

以下是建议的征兆分析格式：

I. 引言：

· 定义、描述和背景；
· 报告目的和目标受众；
· 信息源；
· 工作定义；
· 研究局限性；
· 调查范围。

II. 已搜集的数据：

· 调查的第一个主题
  ◇ 定义；
  ◇ 调查结果；
  ◇ 对结果的解释。
· 调查的第二个主题
  ◇ 定义；
  ◇ 调查结果；
  ◇ 对结果的解释。

III. 结论：

· 总结调查结果；
· 对调查结果的总体解释；
· 建议。

（改编自联邦报告格式）

· **案件摘要**——在案件最后阶段，情报官/分析师通常通过提供来自情报分析的编制数据和图表来协助检察官，以帮助呈现案件。这些案件摘要可以是，而且经常是，对一批违法者调查和起诉的重要桥梁。此外，分析师可以把这些摘要（往往以图或表的形式）带到大陪审团或法院，作为总结见证。可以效法这一做法，将分析证词作为一个特定类型犯罪活动的专家证据。

分析评估（犯罪情报评估、威胁评估、评估、漏洞评估、百科全书式报告、预测）

· **犯罪情报评估**——在生成犯罪情报评估时，遵循的是加利福尼亚州司法部使用的一个出色的模型。根据加州当局，以下 8 个方面应被包括在所有犯罪情报评估中：

1. **执行摘要**——摘要应确切地告诉忙碌的读者，他（她）应知道报告中的哪些内容。如果读者没有进一步阅读，那么他（她）也会知道您关于犯罪集团的主要结论。摘要应简明扼要。
2. **能力**——评估的这一部分应包括犯罪集团的才能、能力和技能，以及在未来这些是如何成长和发展的。集团或集团活动的以往任何报告应包括在这里。
3. **意图**——在这里，应覆盖犯罪集团、网络以及从事犯罪活动的主体和团伙的犯罪目的。
4. **组织**——应尽可能详细检查组织结构。这部分应包括领导层的指挥系统，关键人物的姓名及其持有的立场，组织规模或领导的任何显著变化，可察觉的“薄弱环节”、线人、有关系的集团外成员，以及该集团与其他集团的关系等。如果可以的话，这部分可以对犯罪集团的稳定或不稳定情况发表评论。
5. **趋势**——有关犯罪集团或组织发展和趋势的历史概述是非常有用的。该概述可以涉及集团规模、犯罪活动、暴力倾向及以往领导层的变更等变化或发展。
6. **预测**——基于过去发生的事情，您如何预见犯罪集团的未来走向？现在正在发生什么和将来会发生什么？
7. **图表**——在强调关键点时，使用表格、图形、图表、地图和其他图形是卓有成效的。这些图表还有附加优势，不仅可以删除文本中烦琐细节，而且在视觉上是易消化的，容易被您产品的忙碌用户所理解。
8. **结论**——结论通常是一个比执行摘要更长的总结。结论可以帮助读者理解您想要他（她）从刚刚读过的信息中带走的要点。结论也强化和稍稍扩展了执行摘要，并且重新提及了您所做的预测。请注意——永远不要过度泛化或得出不被支持的结论。

犯罪情报评估的另一种格式是：

◇ **执行摘要**——执行摘要陈述了评估目的，给出了主要调查结果，并提供了政策建议。

◇ **问题声明**——这部分旨在说明要探讨的意义和基本问题。

◇ **以前评估的回顾**——如果有的话，搜集以前的评估和研究的结果。

◇ **评估的局限性**——识别评估局限性和知识缺口是评估的重要组成部分。这部分帮助读者以适当的角度看待评估。通过识别局限性，您也可以帮助管理者分配资源。

◇ **方法**——这部分应讨论您在搜集数据时使用的方法。关于您在分析证据时使用的任何方法的解释，应放在评估的这一部分。通过强调您在分析和起草评估时采用的细致和全面的方法，方法的使用可以支持您的信誉。

◇ **调查结果**——实验（经验和观察）数据可以并入本部分。这些数据可以以图表、表格、图形和摘要的形式呈现。

◇ **分析与政策启示**——除了执行摘要，这部分是评估的最重要的内容之一，因为它包含了分析及对政策的启示。其中的一些内容可以在执行摘要中看到，但这里您需要给出更详细的证据，来证实您的结论。

◇ **参考文献**——列出您在起草评估时所有咨询过的来源。

· **威胁评估**——威胁评估是一种正式的评估，在这个过程中情报单位对新的或持续威胁的相关信息进行分析。如果威胁评估产生了，那它几乎总是很严重的。换句话说，原始情报已经达到了让用户的注意力转到威胁上来所需的阈值。然而，每年都会有威胁评估，来审查和更新持续威胁的状态，基地组织的情况就是这样。

威胁评估应包含犯罪或恐怖活动发生的可能性程度（概率）。根据定义，这种可能性很可能比较高，或者您可能不会决定写下这种可能性。评估应指出威胁的时间框架，并确定可能的目标。评估必须包含威胁会突然出现的这种可能性结论，同时提供对策的建议。要更详细地了解威胁评估模型，请参见第11章11.3“情报和反恐怖主义”。

· **估算**——在整个情报界，估算（Estimate）被认为是首要的情报产品之一（有时亦被译作“评估”，可参见第8章和附录B4及B6有关解释——编者）。如在联邦一级，美国国家情报评估（National Intelligence Estimate，NIE）或特别国家情报评估（Special National Intelligence Estimate，SNIE）将情报界最优秀的人才汇集在一起，诊察国家安全问题并做出预测，为决策者提供有关情况或问题的情报界最佳分析，并指出预期会发生什么，或问题将如何发展。

联邦层面的估算过程与州层面的估算过程有着显著的相似性。实际上，州警察情报单位的战略估算是一个情报产品。该产品需要对大量关键情报难题或问题进行深思熟虑的判断，从而为不久的将来所做出的预测提供背景信息。这与联邦层面所做的事是极为相似的。

每年可以进行1次估算，比如国家毒品情报用户委员会（National Narcotics Intelligence Consumers Committee）的毒品情报评估和加拿大皇家骑警（Royal Canadian Mounted Police，RCMP）的国家毒品情报评估。

· **漏洞评估**——漏洞评估是确定由犯罪活动引起的，对个人、事件或地点有潜在危害的研究。漏洞评估的传统用途是用于行政保护和特别活动策划。然而，它们也可能被用来确定一个新的犯罪产品或服务的可能的市场，或者管辖权受到犯罪集团或活动影响的可能性。漏洞评估包含了估计过程的很多方面，大多数漏洞评估的座右铭是“凡事预则立”。

· **百科全书式报告**——百科全书式报告是对一个主题的概述，如地理区域。这些都是由毒品管制局（Drug Enforcement Administration）这样的机构完成的，并论述毒品生产地区和贩卖毒品的过境路线。一份百科全书式报告应包括这些信息：国家的人口、政治局势、经济、地形、主要的出口和进口以及与其他国家的关系。在研究特定国家时，百科全书式报告提供了参考和依据。

· **预测**——顾名思义，预测是关于将来会发生什么的预报。相比于一个全面的评估来说，预测的适用范围是有限的。然而，两者有许多共同之处。它们都基于有限的证据做出判断；它们都承担着风险，因为它们产生于零碎的事实和信息；它们往往基于不久的将来与最近的过去是类似的这样一种推测。一些情报分析师害怕写评估或预测，但牢记这样的箴言："当现有证据表明应该发布警告、估计或预测时，情报官 / 分析师最严重的过失就是保持缄默。"

在起草预测报告时，需要考虑以下一些准则：

◇ 预期的未来发展趋势是新的或可持续发展的吗？
◇ 如果在犯罪手法、领导层、战略或犯罪集团的任何方面有某种变化，那么说明它是什么及这种变化的意义。
◇ 区分中期和长期的变化。
◇ 讨论变化的原因。
◇ 指出可能对变化产生影响的限制因素。
◇ 在适当情况下，识别重要的突发事件或提出质疑。
◇ 承认不确定性的领域。
◇ 承认对做出预测起关键作用的假设。

情报出版物（现场消息、每周报告）

· **现场消息**——现场消息（Spot Item）往往为情报期刊而准备，也就是说，由执法或安全机构发布的定期出版和传递的情报简报。现场消息类似于"要点和评价"出版物的"要点"部分。您的目标是利用一个或多个来源，抽出要点，而不提供更多的解释或分析。表 10–2 是一篇有关日本银行业危机的 125 字现场消息。

· **每周报告**——在一些机构，情报单位负责生产每周报告，内容是关于罪案趋势、发展、新兴模式以及处于发展初期的犯罪集团，以提醒管理当局和街头巡警可能出现的问题。这些出版物通常是“要点和评价”和“现场消息”的混合出版物。

表 10–2 现场消息示例

现场消息
（日期）日本：大藏大臣辞职 在经济危机中，大藏大臣三家博（Hiroshi Mitsuzuka）和其副手的辞职可能会打开急需改革的大门。三家博的离开是对首相桥本龙太郎（Ryutaro Hashimoto）政府的一个打击，但为可能更强大的新财政领导层扫清了道路。危机集中在受到严重监管的银行。大藏省承认，银行不良贷款总额为 6100 亿美元，是先前认为的数额的 3 倍。两名高级政府部门官员被逮捕，并被指控收受贿赂，以换取提醒银行要突击检查。日本金融市场保持平静，部分原因是，日本政客们暗示，他们可能会花更多的钱或减税来刺激经济。

10.8 情报报告的审查和批准

质量控制官（Quality Control Officer）的职责是对归入犯罪情报档案中的材料进行最终审批。把所有收到的信息全部归档是不可能的，所以，在很多机构中，质量控制官会履行不受欢迎的任务，即确保这项规则得到执行。

质量控制官的主要职责包括，确保原始情报报告是与犯罪相关的，并且这些犯罪活动是在当前的任务说明里。该官员还要进行检查，以确保所有合适来源的交叉引用是随后的信息检索的关键。轻视语法和标点错误可能会造成严重问题。请记住，一个书面语句用或不用逗号可能都是正确的，但其含义是明显不同的。因此，质量控制官应关注句子结构、标点和拼写。然后，经过对信息源、来源评估和初步分类的反复检查之后，情报单位的人员会分配一个相继的档案编号。

审批程序的最后步骤之一是确定材料将被保留多久，而不是应将其归档在哪里。这个问题的答案往往取决于核实信息的能力。最初，这个问题的答案可能是未知的，所以，在1年内对标记出的档案进行审查，是一个好的主意。不是把它放在一个单独的档案中，而是可以在封面和（或）索引卡上做特殊标记，表明保留长达1年的时间——一些机构把这些为期1年的档案归并到“临时档案”类别中。保存5年或5年以上的档案通常被称为永久档案。如果临时档案在第一年内得到核实，质量控制官应把这些档案移到5年的永久类别中。

10.9　口头报告

口头简报是非常重要的。与书面报告相比，一些情报管理者和用户更喜欢口头简报。一般来说，口头简报要简明扼要——它是情境或分析的呈现。口头简报常常给受众提供需要的信息，以指导行动或决定资源分配。传统意义上，最常见的受众包括调查人员、专案组人员、调查管理人员和检察官。但是，紧跟在2001年“9·11事件”之后，由于情报界靠得更拢，所以警察情报官和分析师正在被要求向州级官员和联邦情报界成员汇报情况。

准备口头简报应经过仔细考虑。需要考虑的事情包括：

· 查明多少时间分配给了简报。

· 确定受众都有哪些人，他们的背景及其“需要知道的事”。如果您的简报涉密，那么您必须确保在场的每一个人都有相应的许可。

· 精心组织您的简报。以在您心中确定的、您想要受众聆听的要点开始。组织简报应遵循的一个良好规则如下：

◇ 前言——您报告中的这个部分可以占用10%的时间。您应该把您的主要结论放在这个部分中。如果您还没有被介绍，您应该对您自己和您的资历做一个简短介绍。

◇ **主体**——分配大约 70% 的时间用于您的支持性证据和分论点。您可能要考虑沿着三条思路之一来进行组织，即严谨的分析、直接的报告和更新、或者翔实的信息和背景。

◇ **结论**——保留大概 20% 的时间给您的结论。在这里，您重述前言里的主要观点，并且把它们和一些关键证据联系起来。您也可能想要告诉受众（如果您可以并且合适的话），您对这个问题发展方向的看法，并以这种方式作为结尾。

· 用图形来支持简报，并为受众准备好副本。要小心 PPT！不要躲在幻灯片后面！应用可视化辅助工具来支持您的简报，而不是削弱它。可视化辅助工具最常见的形式是地图、图表、图形和照片。如果您可以很好地利用可视化辅助工具，它们可以：

◇ 使您的演讲更具有说服力；

◇ 帮助受众快速地理解信息；

◇ 让您的演讲内容丰富且重点突出；

◇ 强化您的口头点评；

◇ 使您的报告有组织性；

◇ 通过去除烦琐的统计数据和详细信息，从而让您的口头陈述变得简明扼要；

◇ 可以帮助您激发问题。

使用可视化辅助工具时，要记住以下关键点：

· 不要使用混乱或复杂的图表，以免分散了您要传达的信息；

· 不要把可视化辅助工具用作充数的东西——受众会马上注意到它；

· 不要用过时的可视化辅助工具；

· 不要用不适合您的受众的可视化辅助工具；

· 不要用有趣却与您的话题无关的可视化辅助工具。

最后，要牢记 3 条有关口头简报很好的规则：第一，透彻了解您的材料；第二，简洁并且重点突出；第三，回答所有问题，或者如果您不能回答，日后要回复提问者，并给出答案。

10.10 出色情报原则的总结

无论您是在撰写情报，还是在汇报情报，谨记以下 3 点：

1. **准确**——区分观察结果、引用、谣言、传闻和意见之间的差异。如果读者或听众有任何不理解的顾虑，那么请拼出所有缩写。给出完整和准确的姓名、地址、日期、时间以及所涉及的金钱数额。
2. **简洁**——在情报生产中，简洁仅次于圣洁。您的书面和口语句子应避免出现不必要的词和短语，它们会分散您要传达的信息。避免出现无助于读者或听众理解您要表达的要点的信息和细节。避免重复。
3. **完整**——您的书面或口头情报应包含对您阐述观点有必要的所有相关信息。

有效的情报写作和简报取决于良好的组织，反过来，这又有助于清晰和理解。如果给论文或简报列提纲对您有帮助，那么请务必那么做，牢记这一点，并将其概念化。弄清您想要说什么，弄清为什么读者或听众会关心，并花时间确保情报报告是容易理解的。记住！作为情报官 / 分析师，我们通过脑力劳动获得薪酬。我们凭借处理复杂情况或问题，并赋予它们某种意义或规则的能力获得薪酬。如果您的想法杂乱无章，如果您的文章令人困惑，如果您的简报含糊不清，那么您的信誉会受到严重损害。

参考文献

1. Associated Press. (2000). “Drug seizures suggest use of ‘ecstasy’ on a steep rise.” *Trenton Times.* April 2, A 15.
2. Buccino, Robert J. (1998). “The Collection of Information.” *Issues of Interest to Law*

Enforcement—Criminal Intelligence: A Vital Police Function. Sacramento, CA: Law Enforcement Intelligence Unit.

3. California Department of Justice. (1993). *The Bureau of Investigation Intelligence Operations Manual.* Sacramento, CA: Division of Law Enforcement, California Department of Justice.
4. Cariens, David S. Excerpts from the draft text book. *A Guide to Intelligence Analysis and Writing.* Slated for publication in late 2009 or 2010.
5. Department of the Army. (1967). *Irvestigative Reports Handbook.* Fort Holabird, MD: US Army Intelligence School. July.
6. Federal Bureau of Investigation. (1984). *National Crime Information Center (NCIC) Code Manual, Third Edition.* Washington, DC: U.S. Department of Justice. July.
7. Frost, Charles C. and Jack Morris. (1983). *Police Intelligence Reports.* Orangevale, CA: Palmer Enterprises.
8. Garbo, Cynthia M. (1987). *Warning Intelligence.* Association of Former Intelligence Officers.
9. Harris, Don R. (1976). *The Basic Elements of Intelligence-Revised.* Washington, DC: Law Enforcement Assistance Administration.
10. International Association of Chiefs of Police. (1985). *Law Enforcement Policy on Management of Criminal Intelligence.* Gaithersburg, MD: International Association of Chiefs of Police.
11. Law Enforcement Intelligence Unit. (1994-1995). *Criminal Intelligence File Guidelines.* Sacramento, CA: Law Enforcement Intelligence Unit.
12. Martens, Frederick T. (1983). “The Essence of the Intelligence Process: Analysis.” *Issues of Interest to Law Enforcement—Intelligence—The Ultimate Managerial Tool.* Sacramento, CA: Law Enforcement Intelligence Unit.
13. Morehouse, Bob. (1998). “Criminal Intelligence Files.” *Issues of Interest to Law Enforcement-Criminal Intelligence: A Vital Police Function.* Sacramento, CA: Law Enforcement Intelligence Unit.
14. Morris, Jack. (1983). *The Criminal Intelligence File.* Loomis, CA: Palmer Press.
15. Morris, Jack. (1993). “Criminal Intelligence: Gearing for the Year 2000.” *IALEIA Journal.* Vol. 7, No. 2, Winter.
16. Petersen, Martin. Retired Deputy Executive Officer, CIA. “Making the Analytic Process Work.” *Studies in Intelligence.* Vol. 44, No. 1, 2005. The Central Intelligence Agency. McLean, VA.
17. Peterson, Marilyn B. (1994). *Applications in Criminal Analysis: A Sourcebook.* Westport, CT: Greenwood Press.
18. Peterson, Marilyn B. (1998). “Oral Briefings.” Advanced Analytic Training given in Waltham, MA. June.

19. Roger, Paul. (1998). "The Security of Criminal Intelligence Units." *Issues of Interest to Law Enforcement—Intelligence: A Vital Police Function.* Sacramento, CA: Law Enforcement Unit.
20. Schneider, Stephen R. (1995). "The Criminal Intelligence Function: Toward a Comprehensive and Normative Model." *IALEIA Journal.* Vol. 9, No. 2. June.
21. Wright, Richard. (1998). "Criminal Intelligence and Investigations." *Issues of Interest to Law Enforcement Criminal Intelligence: A Vital Police Function.* Sacramento, CA: Law Enforcement Intelligence Unit.

[第 11 章]

情报应用

11.1 有组织犯罪情报

罗伯特 · C. 法尔曼

知己知彼，百战不殆；不知彼而知己，一胜一负；不知彼，不知己，每战必殆。

——孙子，《孙子兵法》(公元前 500 年)

引言

罪案和罪犯无非是其赖以生存的一种全球社会镜像。正像两极地缘政治世界的瓦解让位于一个全新、动态和动荡的国际环境一样，有组织犯罪的本质也在不断地演变。有组织犯罪本身，或与恐怖主义相关联，向执法和更广泛的公共安全界提出了一系列新的挑战。有组织犯罪每年在全球的非法利润约为 1 万亿美元，使其业务成为一项名副其实的“大生意”（United Nations, 1996）。有人会说，世界新秩序会由此变得混乱，并描绘了一幅极具挑战性的画面——一个性质和范围在不断变化的犯罪图景：有组织犯罪带来的威胁越来越国际化，并以相同的方式危害到城市和农村地区。

虽然有组织犯罪有许多定义，但更为人们广泛接受的是，其典型特征——腐败的能力、暴力与恫吓的使用、财富的积累以及跨企业式有组织犯罪集团的范围——使这种形式的罪案成为执法部门以及政府和国际组织工作议程的重点。仅举几例，诸如，联合国毒品和犯罪办公室、国际刑警组织和欧洲刑警组织等。当今，腐败与恫吓、武器贩运、身份信息窃取、环境犯罪、洗钱、文化财产盗窃、贩运毒品、针对妇女和儿童的犯罪、互联网犯罪以及贩运人体器官等犯罪，向社会发起了广泛的挑战。面对这种令人生畏的挑战，执法部门、政府和国际组织该如何有效控制和防止有组织犯罪在全球各地的文明社会蔓延流行呢？

情报主导警务的出现以及更加系统性地使用战略情报和战术情报，为执法部门提供了可以用来创造公平竞争环境，并更有效控制和防止有组织犯罪在社会中获得一个更强大立足点的工具。本节的重点是如何应用战略情报和战术情报，将其作为控制减少和防止有组织犯罪发生的有效工具。

战略情报和战术情报：技术与应用

超过之前任何时代，21 世纪的犯罪可以描述为两个基本要素：全球化和不断演化。因此，无论是在地方、区域、国家层面，还是在跨国层面，执法机构或政府的能力将很大程度上取决于其对变化莫测的环境的持续适应能力。为了更有效地应对有组织犯罪对社会造成的威胁和危害，执法机构需要采用更先进的情报系统和方法，来优化配置资源，从而摧毁犯罪网络、使犯罪市场瘫痪。战略情报和战术情报可以为执法领导者和政府决策者提供必要的支持，使其认清新兴的犯罪威胁以及机遇，并以及时和主动的方式进行回应。

战略情报和战术情报是两种广泛的、相互重叠且互补的情报形式（请参阅表 11–1“战略情报和战术情报形式”中的定义）。虽然它们的主要目标不同，但不应将它们视为完全不同的情报。战术情报通常充当战略情报的主要基础信息，反之，战略情报又经常处于指导战术情报的服务位置。这种相互依存、相辅相成的关系有助于加强情报流程的 7 个阶段（指导和规划、搜集、整理、评估、分析、报告 / 传递以及应用），从而更好地满足执法机构的行动（战术）和管理（战略）的需求。然而，无论是战略，还是战术，犯罪情报侧重于以下 5 个与有组织犯罪或犯罪市场控制和预防相关的不同领域：

（1）能力；　　（2）意图；
（3）局限性；　（4）漏洞；　（5）机会。

表 11–1　战略情报和战术情报比较

战略情报

战略情报主要是一个管理工具。通过概览犯罪活动的范围和维度，协助政策制定，旨在提供有效策略，解决整体成本和犯罪对社会的影响。战略情报允许启动长期行动计划来预防新兴犯罪，而不是针对个体犯罪行为的案后被动反应。此外，战略情报远远超越了战术情报可以提供的范畴，它通常具有更长远和广阔的视野来研究是什么、有什么，并预测可能会发生什么。战略情报并不与战术情报相竞争，相反，虽然两者分别属于综合执法组织的不同层面，但这两种情报形式是相互补充的。

战术情报

战术情报主要是一种调查工具。在调查过程中，分析师和情报官通过战术情报为业务部门或调查人员提供支持。它通常针对短期目标，专注于可以产生直接影响的实际应用，例如逮捕、扣押和财产没收。战术情报直接应用于一项积极的行动，可以使案件更好地优先处理。在打击犯罪组织和犯罪活动中，达到执法效率最大化，并有效利用调查资源。

犯罪情报的必备知识和技能使用了越来越多的技术，大多数技术有战术和战略的应用（参见表 11–2“情报分析技术”用于抽样的若干常用技术）。在其开创性著作《犯罪分析应用》（*Applications in Criminal Analysis*）中，玛丽莲·彼得森着重介绍了大约 65 种犯罪分析技术（Peterson, 1994）。另一个有价值的参考文献是国际执法情报分析师协会出版的《成功执法实用分析方法》（*Successful Law Enforcement Using Analystical Methods*，Peterson, Fahlman, Ridgeway, Erwin and Kuzniar-Editors, 1996）。

通过进行有组织犯罪威胁 / 风险评估，可以全面了解有组织犯罪和与之伴随的犯罪市场。威胁和风险评估的主要目的是，为决策者提供一个包括主要不良事件（当前的和潜在的）、这些事件发生的概率、可能产生的反响，以及减少或解决特定风险和威胁的建议在内的清晰画面（Tusikov and Fahlman, 2008）。

表 11–2 情报分析技术

关联分析	净值分析
银行记录分析	商品流分析
活动流分析	组织分析
统计分析	地理空间分析
业务记录分析	漏洞分析
电话记录分析	罪案模式分析
案件分析	案件比较分析
时间序列分析	趋势分析
威胁分析	风险分析
犯罪市场分析	预警分析

加拿大皇家骑警（RCMP）分析威胁的测量技术被称为斯雷普尼亚（Sleipnir）[1]。该技术开发于 20 世纪 90 年代后期，采用一种包含 19 个具有犯罪基因属性（如腐败、暴力、专长、流动性、范围等）的数值排序集，来评估有组织犯罪集团构成的相对威胁（参见图 11–1“斯雷普尼亚属性分数和灰度值”）。在这种技术中，不同色彩值代表不同的威胁程度，具体分配给每个属性的颜色为：高（红色）、中等（橙色）、低（黄色）、零（绿色）和未知（蓝色）。为了帮助理解，图 11–1 中的色彩值被进一步转化成灰度图，每个犯罪集团所有属性的总分数就是对应的斯雷普尼亚得分。可以用这些犯罪集团的威胁等级在同一个矩阵中进行排序，进而进行两两比较。斯雷普尼亚是加拿大执法情报界采用的一种国家分析技术，可用来评估犯罪集团的相对威胁。在世界各地都在展开针对有组织犯罪的威胁评估（Organized Crime Threat Assessment，OCTA）的背景下，这项技术已被大量的执法机构以及公共安全

[1] 原注：在古老的北欧神话中，Sleipnir 是一种长得像马的生物，是奥丁神（北欧神话中的神）的坐骑，穿梭于精神和物质领域之间，是时间的象征。Sleipnir 也被称为八脚神骏，它有八条腿，代表八个方向和八个维度，可以在陆地、海上或空中纵横驰骋。

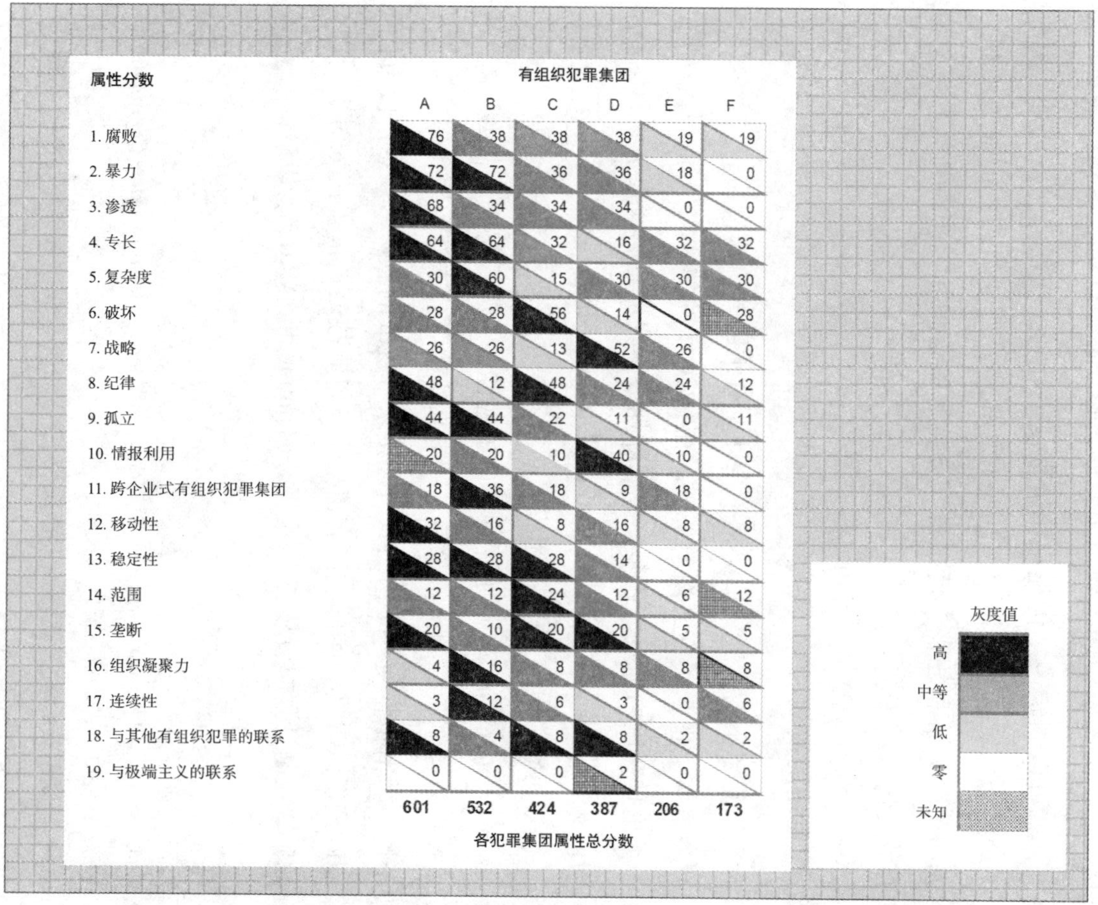

图 11–1　斯雷普尼亚属性分数和灰度值

机构采用。

诸如斯雷普尼亚这样的分析威胁测量技术，其额外收益在于对情报搜集计划的制订。无论是个体罪犯、有组织犯罪集团和网络，还是犯罪市场领域，通过确定关键知识缺口（在斯雷普尼亚矩阵中，类别标记为“未知”），就可以制定一个优先犯罪情报搜集计划。在任何给定的地理管辖区，无论是地方、区域、国家，还是跨国范围，基于有组织犯罪集团和市场构成的关键威胁和危害，情报官和分析师的这种知识图谱训练允许更直接和有效的情报搜集。

迎接 21 世纪的挑战

有组织犯罪不断发展的形势，给全球所有地区的执法机构、政府部门和文明社会整体上带来了许多新的挑战。在我 30 年的加拿大皇家骑警工作生涯中，无论是在国内前线，还是完成国际任务，我从犯罪情报领域两位最具影响的前辈贾斯廷·J. 丁蒂诺（Justin J. Dintino）和弗雷德里克·T. 马腾斯（Frederick T. Martens）的《控制犯罪的警察情报系统》（*Police Intelligence Systems in Crime Control*）手册中所学到的经验，今天理解起来，也许大大超出了以往有效控制犯罪的情报价值。“未来执法者打击有组织犯罪的职责要依赖于情报。情报将使一个组织具有迎接未来挑战的意识，该意识使可行犯罪控制政策得以发展和实施。没有情报，就没有战略。情报流程对于制订一项有效犯罪控制计划起着核心作用。”（Dintino and Martens, 1983）

参考文献

1. Dintino, Justin J. and Martens, Frederick T. *Police Intelligence Systems in Crime Control*. Charles C. Thomas, Springfield, Illinois, USA, 1983.
2. Peterson, Marilyn B. *Applications in Criminal Analysis: A Sourcebook*. Greenwood Press, Westport, Connecticut, USA, 1994.
3. Peterson, Marilyn, B.; Fahlman, Robert C.; Ridgeway, R. Glen; Erwin, Phil; and, Kuzniar, Michael T. *Successful Law Enforcement Using Analytic Methods*. International Association of Law Enforcement Intelligence Analysts (IALEIA), South Florida, Florida, USA, 1996.

4. Strang, Steven. *Sleipnir: An Analytical Technique for Determining Relative Levels of Threat Posed by Organized Crime Groups*. Royal Canadian Mounted Police - Criminal Intelligence Directorate, Canada, 2000.
5. Sun-tzu. *The Art of War* (translation by Sawyer, Ralph D.). Barnes and Noble, Inc., USA, 1994.
6. Tusikov, Natasha and Fahlman, Robert C. "Threat and Risk Assessments: A Common Framework", 2008 - to be published in Ratcliffe, Jerry H., Editor; *Strategic Thinking in Criminal Intelligence*, updated in 2009.
7. United Nations. *Crime Prevention: Seeking Security and Justice for All*. The United Nations, New York, New York, USA, 1996.

11.2 禁毒情报

詹姆斯·刘易斯

禁毒情报已经被提出几十年了，在可预见的未来，仍将不可或缺。20 世纪 80 年代，对吸毒的“零容忍”政策导致逮捕和扣押案件数量一路飙升。但在当时发展情报并不是当务之急，因为逮捕吸毒者就像“瓮中捉鳖”一样，易如反掌。因此，人们几乎没有动力处理复杂案件（Pagano and Martens 1986: 4）。然而，随着时间的推移，源于地区、国家和国际中心连同改进的跨机构合作的高效数据分析的价值，将情报及其有效使用带到了禁毒工作最前沿。

20 世纪 80 和 90 年代，数次努力创建了一个禁毒情报被列为优先事项的环境，其中一个就是区域信息共享系统计划的运行。作为区域信息共享系统计划之一，西部各州信息网络（Western States Information Network，WSIN）开始在美国西部的 5 个州（阿拉斯加、加利福尼亚、夏威夷、俄勒冈和华盛顿）用于搜集、分析和传递毒品情报信息。西部各州信息网络为缉毒人员提供了一个可将其案件信息进行分析的平台，包括电话记录分析、联系分析以及传递关于毒品和贩毒者的大量出版物。然而，今天西部各州信息网络已扩展为针对“所有犯罪”的情报分析和援助方法。

20世纪90年代，特别是随着宾夕法尼亚州约翰斯顿市国家毒品情报中心（National Drug Intelligence Center，NDIC）等机构的创建以及高强度贩毒地区（High Intensity Drug Trafficking Areas，HIDTAs）计划情报中心的成长，禁毒工作更多地转向了情报模式。高强度贩毒地区的数量开始只有不到12个，但到了2009年，数量增长到了27个地区及5个边境高强度贩毒地区。高强度贩毒地区的其中一个职责就是，每年对所在地区的毒品活动进行区域评估。以这些报告和其他来源信息的汇总为基础，国家毒品情报中心生产国家毒品威胁评估（National Drug Threat Assessment）。

高强度贩毒地区情报中心的任务是提供各自所在地区的“综合和协调的跨机构年度毒品威胁评估”（ONDCP 2000a: 35），参见第17章的高强度贩毒地区清单。亚利桑那州高强度贩毒地区中心情报部（Intelligence Division）就是一个典型例子。它的员工由来自10个不同机构的情报分析师组成，其目标就是利用关于特定毒品犯罪嫌疑人或组织的所有可用和可获得的信息来协调情报（Martinez 1998: 14）。

另一个机构是美国国家毒品控制政策办公室（U.S. Office of National Drug Control Policy，ONDCP）。该机构通过合作努力，制订了一个通用缉毒情报计划（General Counterdrug Intelligence Plan，GCIP）。该计划“可以为行动和调查提供及时、相关、可行的毒品信息和情报，其对于破坏和瓦解非法毒品贩运的基础设施、组织机构和资源是必不可少的”（ONDCP 2000a: 5）。通用缉毒情报计划包括一个行动计划，该行动计划要求：（1）加强联邦、州和地方机构以及区域信息共享系统、高强度贩毒地区、有组织犯罪缉毒特别工作组（Organized Crime Drug Enforcement Task Forces，OCDETF）等计划的合作；（2）协调国家毒品情报中心、埃尔帕索情报中心（El Paso Intelligence Center，EPIC）和金融犯罪执法网络（Financial Crimes Enforcement Network，FinCEN）等国家中心的任务；（3）毒品情报和分析培训的标准化（ONDCP 2000a: 7-9）。到现在为止，虽然通用缉毒情报计划已创建了近20年，但它仍然是美国政府协调缉毒的标准。2002年，缉毒情报协调组（Counterdrug Intelligence Coordinating Group）使该标准重新生效。

通用缉毒情报计划强调的一个毒品情报方法是文档开发（Document Exploitation，DOCEX）。这项技术已被国家毒品情报中心大量使用。在那里，文档开发分析师团队被派到现场，审查案件信息，搜集任何可能线索，并以标准格式进行组织（通常是电子格式）。文档开发阶段包括准备、聚集所有材料和人员，完成文档开发任务、即时（现场）材料审查以及详细的开发与分析。为了提高时效性和节约成本，许多案件被直接转发到国家毒品情报中心，在其内部完成分析。

举例来说，文档开发可能包括：审查毒贩文档与记录，分析这些文档所能确定的毒品经营规模和影响，并且寻找可能成为目标的其他个人和集团的线索。这些文档和记录可能是手写或电脑处理的，可能被编码了，并且 / 或使用了不同语言。因为文档开发分析通常是在急需产品的战术态势下使用，所以，这种分析的影响也应该是及时和有效的（Sampson, Layton and Pohl 1999: 34）。

2008 年，国家毒品情报中心更名并重构了文档开发团队概念，以更准确地处理其执行的业务。开发团队现在被称为文档和媒体开发（DOMEX）。国家毒品情报中心的文档和媒体开发部门提出了一种独特的有效方法，使分析师能快速组织和透彻理解大量查获的纪录片和电子证据。通过整合计算机取证技术和人才，并使用实时分析情报数据库（Real-time Analysis Intelligence Database，RAID），任务团队拥有所需全部工具，以成功分析最复杂毒品组织的行动。获取更多分析情报数据库信息，请参见网址：*www.justice.gov/ndic/domex/raid.htm#Top*。软件和相关培训无偿提供给所有执法机构。

20 世纪 90 年代以来，在国家毒品控制政策办公室公布的美国毒品战略报告中，可以发现一些对毒品趋势的分析，并且可通过国家刑事司法文献处（National Criminal Justice Reference Service，*www.ncjrs.gov*）获得。这些出版物中包括毒品的供应、使用、价格、纯度及相关趋势等内容。这些报告的目标和目的就是减少毒品在美国的使用，并制定进度，实现这些目标。

这些报告还描述了在禁毒工作中所付出的不断努力。例如，2009 年美国国家毒品战略（National Drug Strategy）指出：“本届政府建立的国内和国际伙伴关系，正在创造更加灵活和有效的反应，以瓦解威胁美国公民健康、安全以及安宁的非法毒品市场。”（ONCDP 2009: 23）

一些禁毒工作已发展成为国际合作的努力。在阿富汗，美国毒品管制局是阿富汗威胁金融组织（Afghan Threat Finance Cell，ATFC）的领导机构，其副手是来自国防部和财政部的代表。在英国，联合毒品分析中心（Joint Narcotics Analysis Centre，JNAC）是英美专家合作开展禁毒工作的平台。

《国际毒品控制战略报告》（*International Narcotics Control Strategy Report*）是由美国国务院发布的，是世界各地毒品活动的年度总结。这份几百页的报告逐一揭露了各国的毒品活动以及对毒品利润进行洗钱的细节。该报告按国别总结与毒品走私和洗钱相关的法律法规。每个国家按“首要关注”“关注”或“监控”三个类别被一一列出。详情可在线访问网址：*www.state.gov/p/inl/rls/nrcrpt/2009/vol1/116523.htm.*

在英国，禁毒战略所涉及的情报也在不断地发展。“使用情报识别个人和地区等特定目标，目的是集中警力资源，产生最大影响，从而减少伤害……由于界定毒品相关的犯罪非常困难，因此，关于毒品滥用和持久性犯罪的情报往往是远远不够的，并且开发新的情报搜集方法需要大量工作。”（Newburn and Elliott 1998: 39）

1999 年，联合国毒品与犯罪办公室（United Nations Office on Drugs and Crime）开始发布题为“世界毒品报告”的年度报告。该报告包括对毒品种植和使用的统计，并提供毒品犯罪活动的趋势分析。详情可访问网站：*http://www.unodc.org/unodc/en/data-and-analysis/WDR-2009.html.*

在毒品调查过程中，会使用各种形式的分析方法支持调查，但最常见的是联系分析。这一分析可以显示毒品的种植、加工以及所涉及的配送网络。这些图表的例子可以在外国资产管制办公室的网站（*www.treas.gov/ofac*）上看到。通过这种方法可以锁定毒品头目和他们的相关业务。社交网络分析现在也被越来越多地使用，因为通过社交网络可以着眼于目标个体所接触的更广阔范围。

另一种禁毒情报方法是扣押后分析（Post-seizure Analysis），该方法围绕查获的毒品或毒资审查相关物证和辅助文档。所涉及的文档类型可以是出货记录、旅行证件、轶事信息和询问结果。该方法也可以提供一个扣押事件发生前后的概况。此外，扣押后分析可能需要准备好涉嫌公司或个人的传记简介。通过扣押后分析可以发现一些与走私技术相关的指标，进而有助于探知和阻止将来可能发生的毒品走私。

在战术层面上，毒品市场分析（Drug-market Analysis）用来开发地理位置和市场扩散方面的知识。它通过对毒品位置和情报、逮捕、犯罪报告以及电话服务等其他相关数据进行地图标图加以实现（Jacobson 1999: 5）。

隶属于美国中央情报局的罪案和毒品中心（Crime and Narcotics Center，CNC），准备了一份报告，对全球毒品生产国的古柯（热带灌木，叶子用于制作可卡因）、罂粟和大麻的种植进行年度评估。决策者使用这些评估决定美国对这些毒品生产国的支持程度（General Accounting Office 2003）。该报告还分析了毒品交易和有组织犯罪对美国国家安全的影响，了解贩毒的方法和路线，并监视有组织犯罪集团、毒贩和恐怖分子之间的合作。利用目标定向分析（Targeting Analysis），罪案和毒品中心识别犯罪组织中的关键人物、组织、趋势和组成。报告详情请查看中央情报局官网：CIA.gov（搜索 Crime and Narcotics Center）。

2009 年，兰德公司（Rand Corporation）为欧盟完成了另外一种形式的评估。兰德试图评估在消费国滥用毒品的经济成本（RAND 2009）。该文档可以在 *http://www.rand.org/pubs/technical_reports/TR709/* 上找到。毒品情报产品的最后一个例子是国家毒品情报中心的国家毒品威胁评估。这个评估分析了不同的毒品和贩毒组织（Drug Trafficking Organization，DTO）对美国产生的影响。在 2009 年，该项评估表明，墨西哥贩毒组织是美国的最大威胁，并且可卡因是最具威胁的毒品类型。该报告可以在 *www.justice.gov/ndic/pubs31/31379/31379p.pdf* 上查看。

在美国乃至全世界，对毒品情报的使用持续优先于其他业务。随着对毒品和恐怖主义 / 叛乱之间联系的了解越来越多，美国执法机构和国际安全机构已经建立了合作工作关系，举“整个政府”之力，解决这个问题。

参考文献

1. Jacobson, Jessica. (1999). *Policing Drug Hot Spots*. London, UK: Home Office, March.
2. Martinez, Ritchie A. (1998). “Arizona HIDTA Intelligence Program,” *Intelligence Led Policing*, Angus Smith, ed., Lawrenceville, NJ: IALEIA.
3. Newburn, Tim and Joe Elliott (1998). *Police Anti-Drug Strategies Tackling Drugs Together Three Years On*. London, UK: Police Research Group.
4. Office of Narcotic Drug Control Policy (2000). *National Drug Control Strategy 2000*. At <*www.whitehousedrugpolicy.gov/policy/ndcs00/chap3_3.html*>
5. Office of National Drug Control Policy (2000a). *General Counterdrug Intelligence Plan*. At <*www.whitehousedrugpolicy.gov/gcip*>
6. Pagano, Clinton L. and Frederick T. Martens. (1986). “An Enforcement Paradox: The Intelligence Dilemma in Narcotic Enforcement” *Law Enforcement Intelligence Analysis Digest*, Vol. 1, No. 2. (July).
7. Sampson, Stuart A., Daniel Layton and Susan Pohl. “Basic Document Exploitation” *IALEIA Journal*, Vol. 12, No. 2.

11.3 情报和反恐怖主义

玛丽莲·彼得森

引言

自 2001 年“9·11 事件”之后，反恐怖主义情报已成为美国各级政府以及国际社会关注的焦点。反恐怖主义（anti-terrorism）是指设法阻止恐怖主义行为实施的那些活动。其不同于反制恐怖主义（counter-terrorism），后者指一旦恐怖行为发生，就对恐怖行为做出反应的活动（Riley and Hoffman 1995: 2）。

对“恐怖主义”的界定众说纷纭，没有一个普遍接受的说法。美国国务院每年需要向公众报告恐怖活动的相关情况，其对恐怖主义的界定是：“由次国家组织或隐蔽人员针对非战斗性目标实施的有预谋的、带有政治动机的暴力活动”（U.S. Department of State 2007: 311）。然而，有些人会辩称，人的动机也可能是出于社会或宗教目的，而不只是政治目的。一些人可能也认为，恐怖行动可以针对战斗人员；另一些人会说，恐怖行动反映的是不对称或不规则的战争状态。

为了达到一定影响，任何恐怖行动的关键是可以被看到或传播到很大一部分民众。虽然在一个购物中心的自杀性爆炸只会伤害十几位购物者，但它将使成千上万或数百万人远离商场。

在 2001 年之前，没有单独的美国联邦法律明确将恐怖主义归为犯罪，只能依照针对恐怖威胁、敲诈、爆炸、纵火、绑架、谋杀等特定犯罪的现有法规起诉恐怖行为。然而，《2001 年美国爱国者法案》（The USA PATRIOT Act of 2001）设立了禁止恐怖袭击公共交通工具等新的联邦罪行，并对恐怖主义法案设置了更长的法定诉讼时效（Congressional Research Service 2002: 2）。

在 20 世纪 60 和 70 年代的美国，具有左翼和右翼政治倾向的恐怖集团实施的恐怖行为非常泛滥。活跃的左翼集团包括黑色游击队家族（Black Guerilla Family）、犹太防卫联盟（Jewish Defense League）和地下气象员组织（Weather Underground Organization）。右翼集团包括三 K 党（Ku Klux Klan）、地方民团（Posse Comitatus）和民兵队（Minutemen）。[1]

早在 1976 年，应对骚乱和恐怖主义特别工作组（Task Force on Disorders and Terrorism）就向刑事司法标准和目标国家咨询委员会（National Advisory Committee on Criminal Justice Standards and Goals）提交了报告。该报告提供了关于如何建立和运行一个重点放在严重暴乱和恐怖主义的情报行动的详细指南。该报告还讨论了几个分析产品的使用，这些分析产品包括威胁评估、战略情报评估，以及反恐怖主义措施和应对恐怖行为的威胁评估（Task Force

[1] 原注：这一时期，恐怖集团和恐怖行为的详细列表参见应对骚乱和恐怖主义特别工作组 1976 年报告的附件 6（Appendix 6: “Chronology of Incidents of Terroristic, Quasi-Terroristic, and Political Violence in the United States: January 1965 to March 1976,” by Marcia McKnight Trick）。

on Disorders and Terrorism 1976: 145）。

执法界对 2001 年恐怖袭击事件迅速做出反应。2002 年 3 月，国际警察首长协会主持召开情报共享论坛，与会的 100 位专家讨论如何以更广泛和更综合的方式整合美国各地的情报。国际警察首长协会论坛导致了国家犯罪情报共享计划的诞生。[1]2001 年恐怖袭击之后的几年里，联邦、州和地方机构开始联合在一起，形成了一个个覆盖整个州或大都市圈的“融合中心”。虽然设立这些融合中心的初衷是基于恐怖主义，但其中的一些发展成了针对“所有犯罪”的中心，因为它们相信，大多数犯罪不应该是孤立存在于真空中，而是会伴随着其他犯罪。全球司法信息共享倡议发布了融合中心的模式指南。[2]

“9・11”委员会的报告强调了情报和信息共享的缺失。该报告指出，现存问题包括：“有限的情报搜集和战略分析能力、有限的内部和外部信息共享能力、培训不足、感知到的信息共享法律障碍以及资源不足等。”（9/11 Commission nd: 13）

反恐怖主义分析方法

针对一个目标威胁集团的反恐怖主义分析，可以分解为 3 个步骤：

1. **盘点阶段**——盘点阶段将原始数据的搜集与对这些数据的组织和评估结合在一起。作为该阶段的一部分，必须考虑威胁的潜在来源——既包括国内的，也包括国际的——依赖于司法管辖区的性质而定。单一行动者（如，邮包炸弹客）的可能性也不可以忽略。潜在目标也需要盘点。

   对一个威胁集团的盘点可能需要该组织的所有已知数据，包括它的意识形态、历史、招募方式、地理基地、资金来源、重要日期、暴力倾向、会员规模、组织结构、复杂程度、犯罪行为以及与其他集团

[1] 原注：See the Global Justice Information Sharing Initiative for a complete version of the Plan at：<*www.iir.com/global/ncisp.htm*>.

[2] 原注：Guidelines can be seen at <*www.iir.com/global/fusion_center_guidelines_law_enforcement.pdf*>.

的关系。

对潜在目标的盘点应包括管辖区内的关键资产、个体、地点或行动。机会目标也不容忽视，比如特殊的场合、纪念日、访问等等。对于每一个目标，应留意它们的安全级别、弱点和环境。

另一种盘点可能是事发前指标。例如，之前收到过威胁吗？是否发生过可能导致升级的、相对较小的类似事故？是否有关于威胁或可能目标即将到来的任何重大日期？

2. 评估阶段——《2009 年国家基础设施保护计划》（National Infrastructure Protection Plan 2009，NIPP 2009）将风险定义为一个包含后果（Consequence）、漏洞（Vulnerability）和威胁（Threat）3 个参数的函数，即，R= f（C,V,T）。

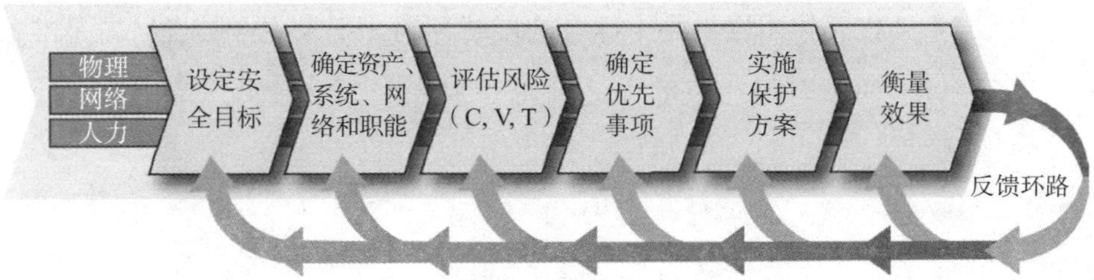

图 11–2　NIPP 风险管理框架

资料来源：Department of Homeland Security 2009 : 33

图 11–2 中的每个部分都可以看作一个单独循环。当在反恐怖主义工作中应用分析时，提供威胁评估技术是关键。彼得森提供了下述威胁评估的定义："威胁评估是一个战略性文档，其着眼于一个犯罪组织的暴力或犯罪倾向，或在某一时间或地点可能发生的犯罪活动。"（1994: 56-57）通过搜集各个指标的信息，可以估计一个特定集团的潜在威胁级别。威胁评估可以提供一个恐怖集团意图和能力的理智判断。威胁评估可用于重点对那些具有暴力行为最大倾向的集团进行调查。作为威胁评估一部分的建议允许管理配置资源，并在必要

时采取行动。

在加利福尼亚州司法部，反黑组利用威胁评估评价和分析极端主义犯罪集团。“用威胁评估评价犯罪特征，分析其中的风险，并衡量与极端主义犯罪集团有关的暴力潜力。执法当局将这些评估结果用于战术和战略制定，期望在它们实施暴力犯罪之前，锁定并消灭极端主义犯罪集团。”（Marynik 1999: 1）

加州司法部威胁评估指南评价了几个特征，以确定极端主义犯罪集团的存在和类型。这些特征是：（1）意识形态；（2）行动领域；（3）策略；（4）成员。威胁评估的另一部分是分析犯罪集团所构成的风险或预警信号，这部分评估通过处理 3 个因素来完成：（1）与犯罪集团相关的上游犯罪；（2）指向潜在危险的预警信号；（3）犯罪集团的目标。这份指南将特征和因素放入一张表格，该表为每个极端主义犯罪集团提供一个综合的威胁评估。记录这样的表格就是准备一份书面的威胁评估报告。表 11–3 就是在威胁评估指南中所对应的表格。

表 11–3　综合威胁评估表

	集团特征评估		上游犯罪分析		目标分析		干预的后果
威胁等级	意识形态与行动	策略与成员	犯罪与能力	可能性与暴力	目标与漏洞	可能性与损失	
低							
中							
高							

下面描述了低、中、高 3 种等级的任务：

- **低**——有很少或根本没有威胁。这类犯罪集团是激进暴躁的，但不参与非暴力抗议以外的集中行动。需要强调的是，在美国，许多有暴力征兆或煽动暴力的行动，事实上受美国《宪法第一修正案》保护。当考虑是否对一个可能被认为是威胁公共安全的犯罪集团进行监视时，要确保情报人员熟知法律以及部门或机构的政策。当关于这些犯罪集团的任何和所有报告用以评估它们是否构成这种威胁时，进行任何类型的搜集和监视活动都应该有非常明确的理由。
- **中**——威胁存在，但不是迫在眉睫。此类犯罪集团有自己的关注焦点，并可能从事暴力活动。执法当局必须要在战略上认识到该类集团的犯罪，并准备战术响应。
- **高**——威胁是可见的和与众不同的。此类犯罪集团具有巨大的破坏性，需要使用所有执法预防措施，并启动战术应对方案。

1999 年，美国审计局（U.S. General Accounting Office，GAO）发布的一份题为《打击恐怖主义：需要对化学和生物袭击的威胁和风险进行综合评估》的报告中，提到了使用威胁评估打击恐怖主义的另一个例子。该报告建议，FBI“准备一个正式、权威的情报威胁评估，对更有可能被国内出身的恐怖分子（在一个国有实验室基础设施以外工作的非国家行为者）利用的化学和生物制剂进行具体评估”。（1999: 22）根据该报告，威胁分析是“基于不同因素对每个威胁进行识别和评估。例如，恐怖分子袭击资产的能力和意图，以及成功袭击后果的可能性和严重性”。（1999: 6）这份报告是美国审计局在检查恐怖分子获得化学和生物制剂技术的难易程度之后发布的。

漏洞评估（Vulnerability Assessment）是另一种有用的反恐怖主义工具。漏洞评估侧重于测量某一个有针对性的个体、地点或事件的潜在漏洞。现在，地点、建筑物或设施需要接受它们对于恐怖袭击的漏洞进行评估。此外，计算机系统、公共事业和金融网络也需要进行漏洞评估。《2009 年国家基础设施保护计划》将漏洞评估定义为：“通过对正在审查的资产、系统或网络进行特定危险的评估，以发现薄弱环节，并引起人们的注意。”（Department of Homeland Security, 2009: 36）

后果评估（Consequence Assessment）需要潜在袭击的短期和长期结果的知识。例如，本节开头提到的自杀性爆炸造成不超过 12 人受伤，但导致的长期影响可能会波及公众（恐慌）和经济（商业损失）。因为恐怖分子谋求的是社会的广泛影响，所以他们可能会实施后果更为严重的恐怖袭击。后果评估可能是科学的（比如，依据放射性炸弹爆炸所在区域的大小、环境等因素估测其后果）或推测性的（比如，衡量人们面对攻击时可能的反应）。

当一件事情成功以后，与之相呼应的另外一件事情最终也会发生。比如，当带有投机性质的恐怖分子成功地找到了可以带来最大影响或后果的目标漏洞后，就会随之发生具有最大影响的恐怖袭击事件。

3. **传递**（Peterson 2002 : 1）——仅仅依靠反恐怖主义分析的盘点和评估阶段并不能防止恐怖袭击。从这些评估中获得的知识必须要与决策者共享，以反击恐怖行为的计划、准备或实施。这可能包括非传统领域的合作伙伴，例如公共卫生、消防和应急服务以及负责关键基础设施的私营部门的保安人员等。美国的州和地方融合中心正在创建加强反恐能力的信息和情报分享伙伴关系制度。为防止在美国本土发生恐怖袭击，这些评估中获得的知识必须实现共享。

小结

在 21 世纪的最初 10 年，恐怖主义被视为最严重的国际问题。恐怖分子利用核、生物和化学武器的威胁使这一问题更加复杂化。在恐怖集团有机会犯下暴力行为之前，执法当局必须认清并阻止它们。情报流程是执法机构反恐怖主义措施中不可或缺的一个组成部分，而各种情报分析技术和产品又是这些措施的一部分。在对恐怖集团积极主动的调查中，本节所述的评估工具尤其适用。

参考文献

1. 9/11 Commission (nd). *The 9/11 Commission Report Executive Summary*. Washington, DC: The 9/11 Commission.
2. Congressional Research Service. (2002). *The USA PATRIOT Act: A Legal Analysis*. <*www.fas.org/irp/crs/RL31377.pdf* >.
3. Department of Homeland Security. (2009). *National Infrastructure Protection Plan*. <*www.dhs.gov/xlibrary/assets/NIP_Plan.pdf* >.
4. Global Justice Information Sharing Initiative. (2003). *National Criminal Intelligence Sharing Plan*. <*www.iir.com/global/ncisp.htm* >.
5. Global Justice Information Sharing Initiative. (2005). *Fusion Center Guidelines*. <*www.iir.com/global/fusion_center_guidelines_law_enforcement.pdf* >.
6. Marynik, Jerry. (1999, August). *Threat Assessment Guide*. Sacramento, CA: California Department of Justice.
7. Peterson, Marilyn B. (1994). *Applications in Criminal Analysis: A Sourcebook*. Westport, CT: Greenwood Press.
8. Peterson, Marilyn B. (2002). "State and Local Anti-Terrorism Analysis." *Illinois Law Enforcement Executive Forum*. (March).
9. Riley, Kevin Jack and Bruce Hoffman. (1995). *Domestic Terrorism: A National Assessment of State and Local Preparedness*. Santa Monica. CA: RAND.
10. Task Force on Disorders and Terrorism. (1976, December). *Disorders and Terrorism*. Washington, DC: National Advisory Committee on Criminal Justice Standards and Goals.
11. United States Department of State. (2007, April). *Country Reports on Terrorism 2006*. Washington, DC: Department of State.
12. United States General Accounting Office. (1999, September). *Combating Terrorism: Need for Comprehensive Threat and Risk Assessments of Chemical and Biological Attacks*. Washington, DC: U.S. General Accounting Office.

11.4 赌博情报

理查德·赫林顿

引言：理解使命

犯罪情报单位的一个主要使命，是为机构的首席执行官提供战略情报。为提高效率，该单位必须了解，并能够使用机构内部各部门的所有资源。这样允许更好地概览该机构及其各部门的需求。即使非法赌博不是一个特定机构或情报组的主要任务，但也应该包括在情报搜集的范围内，因为它可能会导致其他相关犯罪。

赌博是渗透到社会各阶层的恶习，包括执法机构。即使在一个受严格管制的地域，赌博情报也可以帮助分析师 / 调查人员了解洗钱、有组织犯罪和商业渗透等其他犯罪活动。在当今的互联网时代，特别是合法和非法的网络赌博、有组织犯罪分子和恐怖组织，都可以利用这一途径，协助作为一种资金来源（身份盗用与信用卡诈骗）或被动的情报搜集。

战略评估

机构首席执行官在战略评估或计划的恰当地方应包含赌博情报的内容。这种评估应该审查在一段时间内任何犯罪分子的影响和风险。这可以让政府对犯罪分子的能力、实力、弱点以及可能的发展趋势有一个大致的了解。赌博威胁 / 风险评估应该包括以下内容：

· 有组织犯罪——传统、跨国或新出现的集团；
· 相关犯罪——毒品、公共腐败、卖淫；
· 相关白领犯罪——在监管许可的地方赌博；
· 网络赌博；
· 立法、经济、教育和执法的影响；
· 全球性影响；
· 社会影响。

调查的挑战

在人员可给性的公认主要优先事项和资源问题之外，机构会发现，经验丰富的人员不仅有助于在犯罪情报方面培训一线警官，而且也有利于识别赌博情报的要素。人力情报信息来自秘密卧底行动、线人、市民资源和一线警官。识别非法赌博行动语言、文档和方法的培训对于从上述信息源开发犯罪情报是必不可少的。

电子截获情报（Electronic Intercept Intelligence）总是依赖您所工作的管辖区的法律。在美国，在联邦一级适用的法律不一定也适用于州或地方一级的调查人员。当一个上游犯罪行为，如非法赌博（外围投注、猜数字赌博、彩票、赛马），准许您有权获取电子证据时，电子拦截是非常有用的。

仅凭对可用海量信息进行审查，原始开源信息就已成为一种痛苦的挣扎。互联网提供了大量广泛并可访问的数据，并随之带来了信息管理问题。从地方、州和联邦在线服务得到的信息可能是过时的，因此，如果可能的话，应独立核实信息的准确性。

搜集所有上述信息的关键，是需要对情报单位可用的最重要的资源之一进行培训。分析师搜集的信息通常是无用的，除非训练有素的分析师能把信息整合在一起，创建一个有意义的评估。

认识赌博情报

在世界范围内，每年赌博的总收入估计在 3500 亿美元到 5000 亿美元之间。在 2006 年，美国合法的赌博收入估算大约为 910 亿美元，这对犯罪分子有着极大诱惑。有组织犯罪逐渐渗入到合法的赌博业，操控比赛、非法收受赌注、掺杂毒品以及公共腐败都是非法赌博的副产品。犯罪情报开发来自对多个情报源的培养——从街头线人，到公司董事会。

外围投注

不需要培训，当您第一次走进一家运动酒吧，无意中听到有人说“我赌费城，加 3”，您可能听不懂话里的含义。接触得更深入一点，您可能甚至无意中听到“赢利或抽头”（Juice/Vig）[1]是什么（输家的成本，通常是10%），也就是赌100美元，要掏110美元。下注四分之一可能意味着赌250美元。行话、盘口表、兜售夹带非法彩票的书籍、有名字或数字的纸片（比如：费城，加3220）、需求表（每场比赛的投注总额不完全抵消）、连本带利下注等都是必须识别、组织和分析的情报数据。除了识别信息的能力之外，必须有一个适当的系统，用来传递获取的信息。

职业赌徒有记账的习惯，用来显示每天或每周的进项。这些赌博记录包括盘口、日期和下的赌注。盘口是在某一比赛中当前的得分价差，其中每项运动有着不同的格式。找到盘口的最佳位置是当地报纸的体育版。每天的进项及备注通常是带有名称或号码（一些博彩公司生成的个人识别码）、比赛场次（芝加哥VS洛杉矶）、盘口（芝加哥，加9）、赌注（100）和通常的结果（赢或输，100或–110）的碎纸条。几乎任何类型的赛事都会被非法和合法的庄家用来赌博。借助互联网这一现成的资源，您可以找到所有您需要纳入搜查令供词的外围投注术语。

斗兽

斗兽是一种血腥运动，通常涉及赌博，并且最近在美国，已经牵涉到黑帮。从您所属的动物保护协会（The Humane Society）当地分会、兽医和动物管理官员中发展一个情报源，可以帮助您了解当地斗鸡或斗狗的信息。该信息可能包括具有明显打斗创伤的动物尸体或带来治疗的动物。通过鸡冠和远离的摇摆步态识别斗鸡，帐篷中拴着属于他人的公鸡，或者在进行比赛的竞技场，这些都是非常重要的情报，可以使您采取一次执法行动。在美国，斗兽要么是一项重罪，要么涉嫌违反动物虐待法规。根据《2007年禁斗动物管制条例》（Animal Fighting Prohibition Enforcement Act of 2007）修订的《联邦动物福利法案》（Federal Animal Welfare Act）提供了重罪监禁或罚款。

[1] 译注：Vigorish（抽头），博彩公司对一个输掉的投注抽取的佣金，也叫作“Juice（赢利）”。

赌场

受政府管制的赌场可以提供监控录像、玩家跟踪及大量潜在情报源，即棋牌室庄家、赌场老板、棋牌室经理和监视人员。多年来，赌场已经开发了分布在世界各地的、那些试图欺骗和偷窃赌场自己的信息。其中一些信息是通过私人调查服务得到的，如国际赌场监控网络。本土或部落的赌场与主权国家发展关系，可能需要与赌场所在国家 / 州签订正式的契约或协议。如果它们有一个公认的执法机构，那么在正确准则内建立正式交换情报信息的联系是极其重要的。

在最规范的赌场，员工需经注册，并通过某种类型的背景调查。在许可文档中，有大量可用的背景信息，当对勾结、欺骗或与已知罪犯结盟进行调查时，这些信息是有用的。一个常规的背景调查并不总是提供犯罪历史。

如果您所在辖区允许赌场赌博合法化，那么跟踪货币交易是必不可少的。在美国，有一个金融犯罪执法网络（参见第 17 章“网络、组织和资源”）。您的机构应从国税局（IRS）获取货币交易报告或可疑活动报告。加拿大有一个金融交易报告分析中心（Financial Transactions Reports Analysis Centre of Canada）。在国内和国际，有打击洗钱的金融行动特别工作组。分析师应从中获取信息，解释可能会表明洗钱的犯罪活动。

其他

非法的赛马机或视频扑克机是犯罪分子（其中有些是黑帮）摄取赌博收入的另外一个来源。这些机器遍布在当地的小杂货店、咖啡店和台球厅中。只靠监控就可以识破谁是参与者，特别是在收款和派彩日。

泰国彩票源于泰国，它是一个每日的数字游戏。基于你前天晚上做的梦（符号书可以给出下注的号码），你会在小杂货店买一注彩票。支付所选的号码后，你可能或将收到一张那天下注金额数字的收据。网站为 *http://www.thailotteryresults.com*。

交易的几个工具

有一种情报源是通过垃圾搜寻（有时被称为“垃圾寻宝”）来协助找到“线索”。这可能促使投注记录、记录投注的盒式磁带（以防有人在赌博中作弊）以及在店门外工作的人的姓名和地址的复原。监视和耐心将为您提供同谋者、车辆、资产、电话室和其他目标。这些目标或许也证明，更容易让调查工作专注于可能为指挥链提供线索的较低级别的嫌疑人。

电话记录分析是确定参与庄家并显示其通信模式的最佳工具之一。庄家的电话号码一旦被确定下来，必须得到用以获取电话收费信息的传票或搜查证。电话记录分析应在一段时间之内（至少 1 年），不仅要确定明显的参与者，而且还要创建关于呼叫模式的频率、通话时段、高流量日以及同谋的细节。目前，有很多执法计算机应用程序，使这一工作变得更加轻松。其他优秀的分析工具包括联系分析、事件流分析和可视化调查分析。然而，请记住，这些只是工具而已，并不能代替分析过程。

此外，还可以利用互联网搜集犯罪嫌疑人及其业务的信息。而且，年轻嫌疑人的信息可以在社交网络上找到，如聚友网、脸书网、友人网、YouTube 视频网站和贝博网等。同样，一些企业式有组织犯罪集团也在使用互联网招募成员，并传递其组织信息。在这些情况下，最好使用一台陌生电脑，查看任何已知企业式有组织犯罪集团的网站。

非法网络赌博

在过去 20 年，关于庄家是什么，或到哪里去下注的传统观念已经改变了。这一变化的最重要原因是非法网络赌博的兴起。下面提供了关于非法网络赌博问题的一些细节。

管辖权问题

借助互联网，了解一个国家和赌博变得相当简单。在一个国家，关于赌博是如何开始或当前是如何运作的知识，可以为渗透到那些非法经营赌博的可能方法提供信息。请牢记，在互联网上，这些都是时间快照，并且在一夜之间，这一市场可能会发生变化。

调查非法网络赌博所面临的最大问题就是管辖权问题——它可以是州和州之间、省境内或国与国之间的。美国并不是唯一禁止网络赌博的国家。在欧盟，大多数赌博是由政府严格管制的。这不仅适用于实体店铺经营，也适用于互联网虚拟经营。在欧盟法院听取了众多关于处理涉及互联网收受赌注的案件，包括普拉卡尼卡案（Placanica，2007 年 3 月）、甘贝利案（Gambelli，2003 年 11 月）、莱雷案（Laara，芬兰）、申德勒案（Schindler，英国）和泽纳蒂案（Zenatti，意大利）等。世界贸易组织所做的决定也已经对互联网赌博业务产生了影响。

全球互联网赌博始于 20 世纪 90 年代初期，并拥有大量的避风港。一些国家已经对这些网站进行了管制，并在当地证券交易所上市交易。另一些国家的监管被认为是缺乏的，因为仅仅以广告策略就能吸引赌徒去它们的网站赌博。

2005 年，互联网赌博特别工作组（Internet Gambling Task Force，IGTF）成立。该工作组主要关注教育、立法和执法 3 个领域。美国 15 个州、4 个联邦机构以及加拿大代表都加入了该组织。在其内部，信息和情报交换遵循执法情报单位协会的各种指南。其成员机构的调查人员成功地完成了地方、州、联邦和国际层面上的合作调查。

非法互联网赌博调查

与大多数犯罪调查一样，最好是由经验丰富、熟悉从事秘密互联网调查工作的调查人员，参与或培训那些即将执行调查任务的人员。并且，还需要 1 台可上非政府互联网的全新电脑、1 个卧底身份、1 个秘密银行账户（最好有 1 张信用卡、借记卡或储值卡）和 1 个陌生邮箱。在完成这些初始步骤之后，调查人员再去网上，直接或间接通过第三方支付服务建立一个账户。网站通常会引导您完成整个过程。

调查的难点在于，确定某个网站是否在您的调查管辖权范围内。通常会发现，在美国境内的一个物理位置是通过超链接链接到境外网站的虚拟服务供应商。维护网站的技术支持和域名管理员都是犯罪的推动者。广告商和提供付费服务器的场所都可以纳入调查范围。

一旦非法网站收取款项，这种调查就成了金融调查。大部分支付是直接通过电子货币转账到秘密信用卡、第三方支付服务，或用支票支付直接给卧底官员。自动票据交换所促成了支票支付，这是一个薄弱环节，使用搜索令将会缉获意想不到的收益。

犯罪情报来自真实网站本身以及报纸、电视、博客和聊天室。犯罪情报将为您提供建立网址必需的技术背景信息以及任何公司或个人的背景信息。一些网址对来自美国的用户不提供访问权限。

国家赌博情报共享小组

犯罪情报和赌博信息的大量资源，可以通过由执法情报单位协会赞助的国家赌博情报共享小组（National Gambling Intelligence Sharing Group）获得。不仅关于非法赌博行动的信息需要共享，而且也需要共享关于遍布北美、亚洲和欧洲的成群赌博骗子的信息。这些人包括摇骰子、轮盘赌伪造者、托儿、老虎机操纵者和小型百家乐与 21 点的骗子。此外，洗钱和有组织犯罪等主题也是情报交换的一部分。

参考文献

1. Amending Animal Welfare Act <*http://thomas.loc.gov/cgi-bin/bdquery/z?d110:HR00137:@@@D&summ2=m&*>.
2. Directory of casinos and resorts around the world <*http://www.worldcasinodirectory.com/africa-casinos.asp* >.
3. Gambling, Law Enforcement System Issues Conference – Ontario Provincial Police <*http://gaming.uleth.ca/agri_downloads/480/moodie.pdf*>.
4. *Illegal Internet Gambling Investigations: A How to Manual Washington State Gambling Commission* authored by SAS Rick Herrington and SA Jim Dibble.
5. US legal wagering <*http://www.americangaming.org/Industry/factsheets/statistics_detail.cfv?id=7*>.

11.5 金融情报

贝萨妮·舒斯勒

引言

伊拉克威胁金融小组（Iraq Threat Finance Cell）有一句格言："没有钱，就什么都没有。"同理，没有分析，就没有金融情报，有的只是一份货币交易账单。分析金融数据必需辨别交易意味着什么。

在刑事司法界中，金融情报的一个定义是："通过分析金融数据发现调查线索，支持制定建议或指标，并协助侦查和预防罪案的一种知识或信息。"（Peterson 2000: 53）

金融数据来源

传统的金融数据来源是由金融机构生成的交易记录，包括：

- 银行对账单；
- 支票；
- 电汇；
- 银行保密法报告；
- 业务分账与总账；
- 发票与收据；
- 货币兑换记录；
- 税收记录（个人与企业收入、销售额、工资单）；
- 信用卡记录；
- 电汇汇款人记录；
- 邮政汇票与旅行支票卖家记录；
- 财务报表。

在今天的环境下，电子记录成为常规，不仅包括上述交易记录，而且包括通过在线支付公司进行的交易，如贝宝（PayPal）、欧陆卡（Bank Europay）、电子黄金（eGold）、电子货币（eCurrency）等。公共记录是分析师 / 调查人员可用的第二个金融信息的主要来源。由于法律、法院、联邦机构、州、县和市政府等运行过程会产生公共记录和诉讼，可能对分析师 / 调查人员具有相当大的价值。其中的一些记录包括：

- **房地产交易 / 抵押贷款**
- **纳税评估记录**——县法院的记录通常会包含所有者姓名、不动产估价值（包括土地和建筑物）、税率及总纳税评估等信息。
- **土地权属登记地图**——土地权属登记地图会概述拥有地段的大小及其与社区内其他产权的关系。这对测算小块土地分摊成本的分析师而言，可能具有重大价值。
- **建筑许可登记**——建造房屋和建筑物通常会需要市或县政府批准。这些记录是可以获得的，并会标明承包商、拟建房产的一般描述和预算建造成本。
- **动产抵押**——动产抵押书将有助于确定设备、家具、汽车等的贷款。
- **遗嘱认证记录**——这些记录会包括死亡、出生、婚姻、监护人等信息。通过使用遗嘱认证记录，分析师可以访问遗嘱、遗产、死亡日期的鉴定、根据遗嘱设立的信托财产以及类似数据，所有这些数据可能都是有用的金融情报。
- **经纪事务所**——像任何其他业务一样，经纪事务所必须保存各项采购和销售、成本和销售价格以及应得和拖欠的客户金额的记录。以他（她）从其他业务那里获取信息的方式一样，分析师可以从经纪事务所获得信息。

（Taylor 2001）

“9・11”恐怖袭击的余波对金融数据的搜集和保留及美国执法的可用性产生了重大影响。5 年来，银行一直被要求保管好记录，以便在需要时可重构其金融活动。“9・11 事件”之后，在美国，由金融犯罪执法网络监督的可疑活动报告扩展至包括货币服务企业、赌场以及证券与大宗商品经纪人的强制性报告。银行“了解客户”的要求（被称为“客户识别计划”）也变成了强制性的。在国际上，已有 100 多个国家采用了可疑交易报告要求，并同意通过搜集、分析和共享金融数据打击犯罪活动。

虽然最好的金融数据是直接的交易证据，但这并不总是可用的。并不是每个金融活动都会产生可以查找的轨迹。例如，在美国，现金交易只有超过

1 万美元，才能生成一条记录。而且，资金可以通过快递流动，而不是金融机构。同样，价值可以移动，而不是金钱。基于贸易的洗钱和代替金融交易的以物易物在 21 世纪开始盛行。一个基于贸易洗钱的例子是：运输价值 50 万美元的豪华轿车到哥伦比亚，将毒品利润调回本国。在这种情况下，其他文档（如外贸单证、航运记录或非官方数据）可能是所有可用的。为了形成金融情报，并发现或防止犯罪活动，分析师必须能解释反映所有正在发生的金融活动的各种信息。

用于开发金融情报的技术

本书介绍分析技术的第 8 章涵盖了一般的分析技术，但并没有把重点放在将金融数据转化为情报的分析技术上。然而，有几个基本的分析技术，可以很容易地应用到金融记录中，比如模式分析、指标分析和推理阐释等。这些方法通过分析格式得以增强，已经开发的这些分析格式用来处理特定类型的金融数据，如银行记录、银行保密法数据、业务记录和净值信息。

银行记录分析（Bank Record Analysis）使用存在于支票、银行对账单、开户信息和账户相关交易（电汇、借记卡活动等）的数据，得到有关账户用途和可能存在的非法活动的结论（Peterson 2002）。现今，银行对账单包含自动借贷、ATM 机活动、销售点购买、电子资金转账、网上银行以及其他活动等数据，对先前可能使用现金进行的很多交易提供电子轨迹。销售点和 ATM 交易的一个附加功能是提供交易的地理和年代信息，这样分析师就可以依据增加的因素（时间和位置）进行分析。

在业务记录分析（Business Record Analysis）中，对业务分类账目、纳税记录、法律协议、发票、收据、库存等进行比对，寻找是否存在可能表明业务中非法活动的不一致的地方（Peterson 2002: 74-78）。比如，通过比较发生在业务中的交易频率、数量、金额和类型，可以发现是否存在洗钱行为。

净值分析（Net Worth Aanalysis）是将个人拥有的资产和他（她）的花费与其申报的合法收入进行比较。如果净资产加上支出大于申报的收入，那么这是隐瞒收入，并可能是非法所得（Nossen and Norvelle 1994）。同样，分析几年来基金的来源和用途，可以使分析师发现隐瞒的和可能的非法收入。在任何一种情况下，都可以得出关于个人从犯罪活动中获利概率的结论。

银行保密法报告分析（Bank Secrecy Act Report Analysis）可能会有很多领域有待探索。由银行和非银行金融机构——包括支票兑现机构和赌场——归档的货币交易报告（Currency Transaction Report，CTR）可能显示出给个人或公司开具的大量支票被转换为现金。所以，可以对来自支票的信息以及报告中的信息进行彻底分析。

可疑活动报告（Suspicious Activity Report，不要与更普遍的、当前由美国司法部倡议推动的“Suspicious Activity Reporting”相混淆）由银行、货币服务企业、赌场和证券 / 期货经纪公司等归档。就其本质而言，该报告表明一些潜在的犯罪活动，此外，可能还包含可用于分析的备份信息。在某些情况下，金融交易数据可以批量访问，并且可以使用一种“反求工程”（Reverse Engineering）的技术，通过审查很多金融记录，发现来历不明的金钱。“当发现巨额、原因不明的利润正流经离岸金融中心、货币服务企业或金融机构时，那么，这就强烈表明罪犯很活跃……通过追踪钱的轨迹来倒查犯罪源头是极具挑战性的……”（Peterson 1999: 238）。

当通过美国边境携带或交付金额超过 1 万美元时，需要主动归档货币和货币工具报告（Currency and Monetary Instrument Report）。许多其他国家也有类似法律要求提交报告。这些数据也可用于审查模式、地点、行为人等。

类似的技术可用于分析信用卡活动。信用卡数据也可以提供地理信息，与日期、金额、购买类型等一起进行分析。如果个人使用这些手段，信用卡和借记卡的数据可以提供该人的生活财务总体概况。

为发现现实中的贸易型洗钱，可以分析并相互比较提货单、信用证、制造许可证、海关申报单等贸易单据。例如，一家美国公司可能向一家巴西公司运送价值 200 万美金的汽车配件。然而，提货单可能记录只装运了价值 100 万美元的汽车零部件，并且巴西公司支付给美国公司的费用可能仅显示 100 万美元。通过这种方式，额外价值 100 万美元的货物已经从美国运到了巴西。

一个并不常见的转移资金的方式已进入公众视线，该方式已经在世界各国存在了几个世纪。在南亚和中东地区，使用这种方式的人被称为哈瓦拉经纪人（Hawaladar）[1]、塞拉菲（Serafi）或亨迪瓦拉（Hundiwallas）。这些非正式交易商安排在很远的地点存取金钱，实际上这些钱未被转移。虽然钱并没有马上从 A 点电汇到 B 点，但当这些非正式的货币经纪商相互之间结算账户时，资金就会随后在物理层面上转移过来。然而，在没有政府干预或报道下，非正式转移资金要确保接收者以快速、可靠的方式接收资金。哈瓦拉的交易记录被认为是非正式，并且可能掺杂着哈瓦拉经纪人的购物或业务记录。尽管如此，如果出现资金的国际流动，至少在总体上可以找到其记录（Peterson 2009）。

金融情报的应用

在调查或战略评估的整个过程中，金融情报是非常有价值的。在一项调查中，对一个潜在目标所做的初始检查应包含通过金融犯罪执法网络对活动进行的检查。由于其他名称和身份出现在调查过程中，所以，也应对其进行核查（Taylor 2001）。

随着调查的继续，应尽一切努力查明犯罪的利润，以及使用这些利润获取的任何资产。这包括查明与每个参与犯罪活动的个人关联的银行账户、投资账户、业务以及其他实体。如果罪案发生在一个给定的时间，那么应在犯罪活动之前获取记录，以显示“正常”的金额和交易，并可以将其与犯罪影响的行动进行比对。同样重要的是，要记住，有可能存在犯罪活动的幕后推动者或组织者，也应该查明他们，并将其记录调取到案。

在任何涉及利润的案件中，分析师应与律师密切合作，该律师可能对罪犯持有的资产提起刑事或民事没收诉讼。政府查获这些资产的能力可以为受

---

[1] 译注：在阿拉伯语中，“Hawala”（哈瓦拉）的涵义是汇款。哈瓦拉系统是金融体系之外遣返资金的重要途径，是一种更加隐蔽、更易于被非法资金利用的非正规汇款方式。哈瓦拉系统存在于传统银行渠道之外，通过由非正式交易商（被称为 Hawaladar）组成的网络进行转账。2002 年 5 月，阿拉伯联合酋长国中央银行主持了一次国际会议，有近 40 个国家第一次认识到对哈瓦拉网络实施监管的必要性。

到犯罪伤害的那些人提供赔偿，也可以为未来的执法活动提供基金。

金融情报也可以用来评估有组织犯罪集团的成功，甚至用于预测其未来。彼得森建议，利用“资金管理成熟度统一体”来衡量一个企业式有组织犯罪集团的成功（1998: 10）。该统一体从“用于获取犯罪产品自身的犯罪利润（1）”延伸到“用于影响主要政府政策的犯罪利润（13）”（Peterson 1998: 10-11）。许多研究者认为，有组织犯罪是一种“经济活动”，因而应作为一体进行研究（Schelling 1967; Anderson 1979; Albanese 1994, etc.）。格雷科（Greco）指出：“几个特征将支配关于有组织犯罪集团业务和人员的行为模式。在任何业务中，必须有一个获取巨大经济利润的潜力。有时看来，有组织犯罪集团更容易受到一个出色经济学家的攻击，而不是良好的执法。”（1992: 8-9）着眼于这类信息允许全面处理有组织犯罪集团的调查，这将有助于执法机构瓦解犯罪活动（Peterson 1998: 14）。

此外，金融数据分析对于洗钱的成功调查是至关重要的（U.S. Department of the Treasury and U.S. Department of Justice 2000: 35）。对那些也被指控具有基本犯罪行为的人提起洗钱控告，可能经常导致那些已经定罪的人更长的量刑。现在，一些州有可以使用的关于洗钱的法规以及联邦法律。

金融情报单位及其他共同努力

1989 年巴黎七国集团经济峰会（G-7 Economic Summit）建立的金融行动特别工作组（Financial Action Task Force，FATF）是关于反洗钱和反金融舞弊行动的国际合作模式（Savona 1998: 39）。此外，遵循此模式的区域性组织包括加勒比地区金融行动特别工作组（Caribbean Financial Action Task Force）和欧洲理事会所属的反洗钱评估专家委员会（Moneyval）。后者于 1997 年成立，是一种评价和互评的压力机制，该机制审查非金融行动特别工作组（FATF）成员国的欧洲理事会成员国（以及申请加入欧洲理事会职权范围的申请者）的反洗钱措施和打击资助恐怖主义措施（Moneyval 2009）。

1995 年，金融犯罪执法网络与其在比利时的对应机构召开了金融情报单位协调会议，成立了埃格蒙特集团[1]。依据埃格蒙特集团的定义，金融情报单位（Financial Intelligence Unit）是“一个居于中心地位、全国性的机构，负责向主管部门接收（以及经允许后，请求）、分析、传递情报信息，披露以下金融信息：（i）关注可疑犯罪收益信息；或者（ii）需要由国家法律或法规来打击洗钱活动的信息”（FATF 2009）。现在，有 100 多个国家成立了行动性的金融情报单位（完整清单参见网址：*www.egmontgroup.org/list_of_fius.pdf*）。其中，一些金融情报单位作为政府机构存在，其他的金融情报单位作为该国央行的一个部门存在。

小结

据我们了解，犯罪集团的动机和行动在不断地增长，金融情报已成为情报分析领域的一个核心实践。同时，金融情报是一个不断成长的领域，也是一个我们必须努力工作才可能与之并驾齐驱的领域。犯罪和其他活动（如恐怖主义）的全球化迫使我们不仅必须要致力于金融情报，而且必须赋予其优先权。

参考文献

1. Financial Action Task Force 2009. Accessed 3 July, 2009 at: <*www.fatf-gafi.org*>.
2. Greco, Joseph. (1992). “Organized Criminal Groups: A Study in Patterns of Behavior,” *Criminal Organizations*, Vol. 7, No. 4, pp. 209, Winter.
3. Moneyval, accessed 3 July, 2009 at: <*www.coe.int/t/dghl/monitoring/moneyval*>.
4. Nossen, Richard and Joan Norvelle (1994). *The Detection and Investigation of Financial Crime*. Richmond, VA: Thoth Publishing.
5. Peterson, Marilyn B. (1998). “Assessing Criminal Organizations through Their Management of Profits” paper for the American Criminology Society Annual Conference, Washington, DC, November.
6. Peterson, Marilyn B. (1999). “Follow the Money: How to Track Criminal Profits by Using Bank

[1] 译注：埃格蒙特集团（Egmont Group）是一个专业反洗钱国际组织。1995 年，一些国家的金融情报单位（FIU）在比利时布鲁塞尔的埃格蒙特—阿森伯格宫召开会议，成立了这个非正式组织。其自身定位为一个各国金融情报单位的联合体，旨在加强各国反洗钱相关信息的交流与合作。

and Business Records," *Intersec,* Volume 9, Issue 7/8, July August.

7. Peterson, Marilyn B. (2000). "Financial Intelligence and FIUs," *Intersec,* V. 10, Issue 2, February.
8. Peterson, Marilyn B. (2002). *Guide to Analyzing Business and Personal Bank Records.* Richmond, VA: National White Collar Crime Center.
9. Peterson, Marilyn B. (2002b). *Guide to Understanding and Analyzing Bank Secrecy Act Data.* Quantico, VA: Federal Bureau of Investigation and National White Collar Crime Center (electronic).
10. Peterson, Marilyn B. (2009). *Guide to Counter Threat Finance Intelligence.* Washington, DC: Joint Military Intelligence Training Center.
11. Savona, Ernesto. (1997). *Responding to Money Laundering.* Netherlands: Harwood Academic Publishers.
12. Taylor, Danny L. (2001). "Financial Intelligence," in *Intelligence 2000: Revising the Basic Elements of Intelligence.* Peterson, Morehouse and Wright, editors. Sacramento, CA: LEIU.

11.6 黑帮和情报

迪安·巴拉塔　梅利莎·R. 约翰逊

引言

有组织犯罪网络是一个全球性现象，即使是经验丰富的执法官也深受其困扰。它们超越了州、省和国家的边界，并以传统的有组织犯罪和街头黑帮的形式，像瘟疫一样在各地区和各大洲蔓延。有鉴于此，开发情报并优化行动的分析方法，变得比以往更加重要。美洲国家正在努力地监测和镇压暴力的马拉萨尔瓦杜恰（Mara Salvatrucha）街头黑帮的扩张；西班牙发起了一个针对与前苏联和俄罗斯有关联的坦波夫黑帮（Tambov gang）的调查；而摩托车黑帮继续成为一个国际问题。像许多其他犯罪集团一样，这些黑帮从事洗钱、贩运武器并实施谋杀等活动。

许多国家被有组织犯罪、极端主义和黑帮的暴力和无政府状态弄得不堪重负。肯尼亚、洪都拉斯、危地马拉、墨西哥和萨尔瓦多等国家已通过立法，建立特别工作组，开展情报行动，在它们的地区减少黑帮活动。20 世纪

90 年代，英国实施了严格的情报主导警务战略，通过识别目标、能力和环境的变化，优先行动，打击有组织犯罪。2008 年，警方报告指出，超过 169 个黑帮活跃在伦敦。虽然这篇文章的大部分内容集中讨论利用各级情报分析打击街头黑帮活动，但是，它也可适用于打击传统的有组织犯罪、贩卖人口或贩毒组织以及极端组织。

自建国伊始，美国就已经存在街头黑帮。然而，随着它们与毒品交易的交融超过了上一代，这些黑帮才开始获得执法机构和公众的极大关注。十几年来，在全美，地方和州当局已实施具体的反黑帮倡议。在那段时期里，虽然这些计划花费了数以百万计的财力和不计其数的人力资源，但仅有肤浅的衡量标准用来确定，投入的这些资源是否对黑帮给我们的公民带来的威胁产生任何显著影响。我们对衡量标准不满意的原因之一是：对黑帮成员或活动的定义五花八门。没有明确定义，如何来衡量呢？之所以很少有人，如果有的话，能用可证实的方式说，是否现今的黑帮比 10 年或 20 年前对公众造成的威胁更大，部分原因是因为情报分析在执法行动中已沦为相对次要的角色，并且未被适当地纳入业务工作。在美国，虽然情报分析这一概念已被引入到对黑帮的调查和行动中，但其应用仍处于初级阶段，而且全面整合面临重大挑战。这在美国似乎有悖常理，特别是 2001 年以后，伴随州和城市区域融合中心的发展，雇佣分析师的增加，以及“信息共享”和“情报主导警务”的箴言被广泛采用。然而，大部分努力已经被消耗殆尽，却没有太多的深思熟虑，也没有对其有效性进行任何检查。

我们总是会说，在解决黑帮问题时，不能禁锢自身思维，这是个老生常谈的问题。然而，人们不相称地要求执法机构把黑帮问题简单地作为一个执法问题处理。执法反应往往是短期的、反应式的镇压。假定街头黑帮对公共安全构成了一个长期的、有组织的威胁，如果按照这一假定去行动，那么我们有理由相信，应对这一威胁的方案应该同样是有组织的，并且是超越短期的解决办法。因此，当务之急是，通过超越传统调查支持，并提供需要制定长期和全面反黑帮策略的机构记忆和战略预测，利用情报资产的全部潜力。

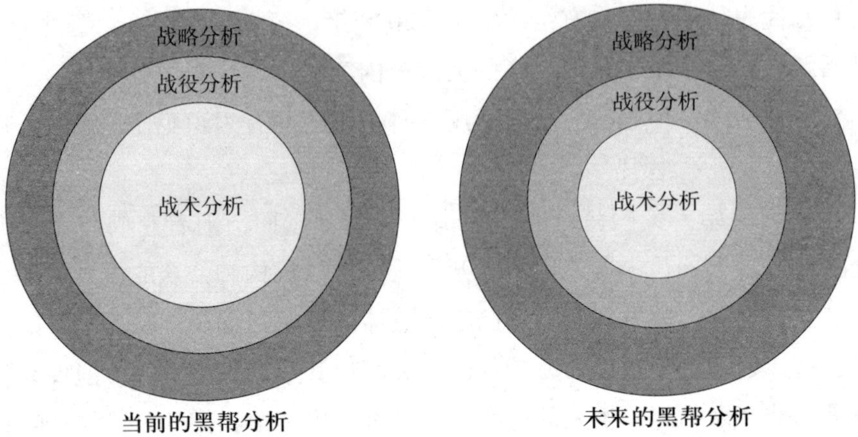

图 11–3　当前黑帮调查相关的分析责任比例及未来的黑帮分析方向

一般而言，在反黑帮工作中，情报分析已沦为了一个辅助角色。进行黑帮调查更经常的是因为线人的可用性，或部分调查员对特定犯罪组织的熟悉程度，而不是任何系统评估和对公众造成威胁的优先次序。在使用分析师时，一般都将其降级为“辅助调查”，这往往转变为从事行政任务，如检索犯罪记录，进行数据录入，或制作用于起诉的组织结构图，所有这些在本质上都是反应性的。这些任务不太需要进行深入分析，这就意味着这个伪情报成为一种“一劳永逸”（射后不理[1]）的心态，很少能从更广视角分析特定黑帮的活动，并从其得到解释性或预测性价值。如果决策者希望阻止并防止未来黑帮的犯罪活动，那么这正是决策者需要分配稀缺资源的信息类型。为了受益于情报分析能够打击黑帮活动带来的真正价值，需要运用战略、战役和战术 3 个层面的情报分析。

[1]　译注：射后不理（Fire-and-Forget），军事用语，指武器在发射之后，就不再接受任何外界指挥、管制或射控系统资料更新自己的坐标或目标的信息。发射武器的载具能够进行其他的作业，包括搜索标定下一个目标，或者是离开发射地点。这里意译为“一劳永逸”。

战略情报分析

当思考旨在对黑帮犯罪活动产生持久影响的倡议时，需要有高级领导明确、具体的指导和规划，其重要性再怎么强调都不为过。为了使其发生，领导必须对大局或工作环境有一个全面了解。比如，在镇压黑帮活动中，对于执法指挥官而言，了解街头黑帮的行动环境及其实施罪案的意图和能力是同等重要的。为了达到足够程度的了解，需要生产数个战略产品，概述组织网络、能力和意图范围。战略分析不仅要包括常见的分析，如犯罪组织的意图和能力（见图 11–4），而且也应包括其他因素影响的分析，如人口变化或经济、社会以及法律环境。这样宏观地评价一个地区和黑帮，有利于执法指挥官识别和区分公众面临的无数威胁。

组织特征能力

后勤	财务	运营	环境
仓储、住宿和交通	捐赠	供应链关系	成员亲近度
通信	会费	团队凝聚力	监狱
获得武器或毒品	非法企业	强制力	城市、郊区和农村
技能、资源	商业企业	社会与人口	
近期警务的影响		政府影响	

组织特征意图

显性	隐性
誓言和章程	犯罪活动
规章、等级制度	非犯罪活动
网络	行为（有偿 vs. 无偿）
群族民俗	

图 11–4 组织特征样例

例如，从 2004 年到 2006 年，美国联邦的镇压黑帮工作主要集中对马拉萨尔瓦杜恰集团（MS13）的打击。经过几此大规模行动，许多非法 MS13 移民被驱逐出美国。新泽西州惩教局（New Jersey State Department of Corrections）针对 MS13 对本州囚犯数量存在及潜在的影响进行了一次内部评估。评估结果表明，虽然州监狱系统当时并没有实质性的 MS13 存在，但是如果预期黑帮资格或交往传递给后代，那么其成员人数会随时间不断增加。此外，对确定的 MS13 成员的人口统计评估显示，虽然目前大部分成员是非法移民，但大多数成员可以在美国生孩子。在一些黑帮中，几代同堂加入黑帮的传统提高了这种可能性：随着公民在成员中占大多数，MS13 可能越来越对驱除出境和移民相关的黑帮遏制策略具有抵抗力。因此，这些成员将在美国的矫正制度中构成安全威胁。这个战略计划强调，尽管一个犯罪网络的能力和意图可能保持不变，但由于人口或其他环境因素的改变，威胁仍然可能会增加。在这种情况下，该州监狱的领导层选择监视被监禁的 MS13 成员的变化，并将管理重点放在不同的黑帮上。

一旦执法领导层确定了特定优先事项，情报分析就可以在制定衡量标准时提供帮助，以便确定任何特定行动方案的成功或失败。虽然逮捕数、查获违禁品数量等标准是最常见的执法成功的指标，但是目前尚不清楚是否这些统计数据总是甚至经常是翔实的。正如前面所提到的，对黑帮及其成员和相关活动没有清晰的界定，这些指标很难衡量涉及反黑帮的控制工作。

由于在战略、战役和战术 3 个层面设定了优先事项，所以，分析师可以协助制定衡量标准，确定为实现这些目标所采取的行动成功与否。虽然有时衡量标准很简单，但是可能很难找到对陈述的意图产生直接影响的衡量标准。比如，如何衡量一个黑帮公开恐吓左邻右舍的程度？某一措施预防了多少犯罪？对此，分析师将需要推荐创新的并且可能是迂回的方式来决定成败。为提高这些衡量标准的置信度，应重视冗余性（尝试用几种方式衡量每一个因素）和可靠性（能够真正地搜集准确数据的可信度）。

衡量标准样例——判定当地居民恐惧或被恐吓的程度：

◇居民增加 / 减少公共空间（特指之前是黑帮成员的专属领地）的使用；

◇关于目标区域发生的犯罪活动，向当局提出的建议数量增加 / 减少；

◇本地居民流入 / 流出的数量；

◇恐吓证人的事件的数量增加 / 减少。

案例研究

以下是一个关于犯罪 / 黑帮情况的例子。这一案例研究将概述如何利用分析的每个层面（战略、战役和战术）。

为应对不断上升的犯罪率和公众的高度关切，执法部门主管委托分析师对近期暴力犯罪进行了分析。具体而言，分析师负责确定是否存在什么原因，使得手枪枪击事件在过去的 6 个月中频频发生。分析师要确定此类犯罪是否会集中爆发，并且如果真的会发生的话，那么在接下来的 6 个月中，在没有执法干预的情况下，这些事件的数量将会如何发生变化。

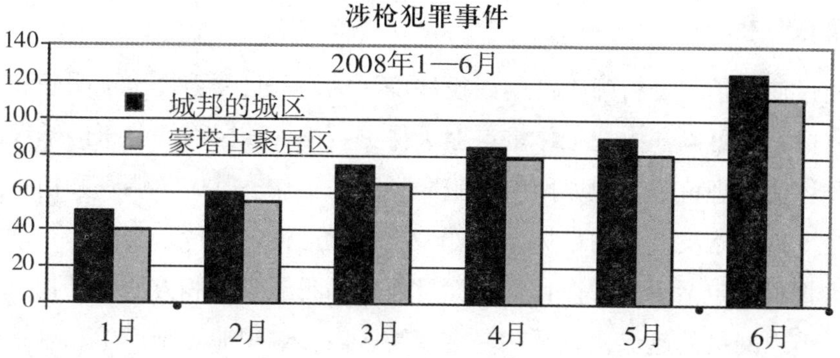

图 11–5　频率分布图：犯罪活动与时间的变化关系

该评估显示，很大一部分增多的暴力事件可以解释为一个黑帮（凯普莱特家族 [Capulets]）扩张到另一个黑帮（蒙塔古家族 [Montagues]）的地盘。近期，蒙塔古家族是广泛的执法活动的对象，并且其许多领导层成员被监禁起来了。凯普莱特家族断定时机已经成熟，利用蒙塔古家族这一明显弱点，采取行动，入侵其地盘，挑起犯罪行动。

增加的大部分暴力事件发生在城邦的城区及其邻近郊区。此外，蒙塔古家族创始人被安排从监狱中释放出来，并已开始组织追随者反击凯普莱特家族。据估计，在未来 6 到 12 个月，两个家族之间的暴力冲突可能预期会升级或保持现有规模。

在此分析的基础上，执法机构主管可以集中城邦内及周围的执法资源，目标是在 3 个月内涉及蒙塔古和凯普莱特家族的枪击事件减少 20%。

战略重点样例

◇从 2008 年第四季度直到 2009 年第一季度末止，涉及蒙塔古和凯普莱特黑帮成员枪击事件的数量减少了 20%。

战略分析可以是情报分析过程的初始阶段和最后阶段，其中，初始阶段在总体上评估黑帮事件以配置资源，在成功地实施战术和战役计划后，最后阶段评估行为趋势的变化。

战役情报分析

通过使用情报分析师生产的战役环境评估，一旦领导提出了明确和可衡量的目标，就可以开始把工作重点缩小得更具体。该层面的分析应继续改进识别和评估物理位置与犯罪网络或犯罪类型的工作。其中，调查和情报搜集将直接支持战略决策者的目标。此外，要继续进行将支持未来战术行动的分析。这将不仅包括识别潜在目标，而且还包括犯罪类型和方法、结构、人际关系、组织网络的趋势，以及在一个管辖区内影响犯罪黑帮产生和维持的更狭窄环境因素等动态。

案例研究：战役分析

根据执法部门主管所制定的战略方向，城邦的警察局局长指挥其下属确定蒙塔古和凯普莱特两个家族发生冲突的关键区域。结合罪案数据进行的分析显示，暴力事件集中在热那亚安居工程小区和迪斯科街（一条有数个夜总会和酒吧的街道）。前者是因为两个家族要争夺在毒品市场更大的份额，后者是因为这条街是两个家族成员经常光顾的地方。最近，一名蒙塔古的成员轻蔑地挑衅了一名凯普莱特的女性成员，导致了一场大规模街头斗殴，并造成了大量人员伤亡和财产损失。

凯普莱特家族积极地在当地公立学校和惩教机构招募较小黑帮的成员。人们相信，一旦凯普莱特家族的成员数量确定占据一定优势后，他们就会加大攻击蒙塔古家族的频率和猛烈程度。

虽然凯普莱特和蒙塔古家族成员遍布整个地区，但仍然主要集中在他们发迹的历史街区。两个家族的领导层也都是来自那些地方，从早期开始就在那里建立了自己的社会网络。

局长命令其指挥官把重点放在继续镇压迪斯科街的行动，同时，努力瓦解两个家族的活动。这些镇压行动可能会导致更多的冲突，尤其是在热那亚安居工程小区以及凯普莱特家族新的招募领域。

战役重点样例

◇减少凯普莱特 / 蒙塔古家族在迪斯科街暴力事件的机会；

◇在热那亚安居工程小区集中禁毒行动；

◇破坏凯普莱特家族在学校和惩教机构招募新人的行动。

战术情报分析

对在执法环境中工作的许多分析师而言，这可能是最熟悉的行动层面。战术行动包括许多辅助调查功能，从传统上讲，这些功能占据了分析师的大部分时间和精力。然而，这一层面也提供了一个机会，极大地拓展了分析师的作用，并对调查带来重大价值。在战术层面，分析师应能够将具体问题分派给调查人员，当这些具体问题与其他信息源和已完成的分析相结合后，就能够为潜在的利益目标提供洞察力，并对黑帮行动的微环境有更大的理解力。

战术分析通常受限于时间和物理空间，而且更加敏感，如果不迅速采取行动，那么会变得无关紧要。为了取得成功，当务之急是战术分析师要有一个用于请求和接收情报的、时间敏感的可靠机制。由于战术情报价值的易逝性和信息的巨大缺口，所以将使战术分析师备受煎熬。与战役分析师和战略分析师相比，该层面的行动将经常要求分析师与更多的不确定性一起工作。这种情况要求机构在使用战术情报分析师时，必须具备一个用于创造和优化情报搜集需求的明确流程。

案例研究：战术分析

通过使用从秘密线人到审查聚友网网页等各种信息源，侦探和分析师进一步确定一个叫约瑟夫 · 班伏里奥（Joseph Benvolio）的蒙塔古成员，一直积极地煽动其黑帮实施更多的暴力活动。他主张在迪斯科街刺杀凯普莱特首领的方案，以公开展示其黑帮的实力。虽然他的立场在黑帮领导层并没有获得太多支持，但是惩教局的报告显示：一部分班伏里奥的支持者近期刚从监狱释放，并且在有或没有黑帮领导层的许可下，他们都可以实施班伏里奥的计划。这一分析导致调查人员直接将班伏里奥定为目标，对其近期释放的同伙加大假释监督力度，并加强对热那亚安居工程小区和迪斯科街的巡逻。

凯普莱特家族的两个小团伙被认定负责在学校和惩教机构招募同伙。选中这两个团伙是因为它们有机会接近特定场所。据确认，虽然负责在惩教机构招募的人员比较容易被取代，但凯普莱特很可能很难确定哪些是可信赖的黑帮成员，以替代那些已经不能再进行校园招募的现有成员。

因此，建议在目标学校开展宣传方案；告知学校管理人员凯普莱特家族的活动；协助学校管理者制定新的反黑帮政策；制定共享信息协议，并派遣驻校警察。以上所有行动都要以凯普莱特为重点，而非常规的反黑帮主题。目的是提醒潜在成员加入凯普莱特会有很大风险。

战术重点样例

◇加强对热那亚安居工程小区和迪斯科街道的巡逻；

◇调查约瑟夫·班伏里奥与蒙塔古黑帮有关犯罪活动；

◇对热那亚安居工程小区内的经销商启动毒品调查；

◇对当地学校开展宣传活动。

小结

指导警察行动、资源和调查的一项成功的战略计划是贯穿情报流程始终最突出的事情。对黑帮战术性和战役性调查产品的分析可以融入战略计划。关于初步的黑帮事件信息要求有调查结果服务，犯罪手法和区域变化往往可以揭示可能影响总体战略的组织、地理和时间的趋势。此外，一项战略计划可能会强调环境的变化以及街头黑帮的意图和能力。网络关系、具体犯罪行为和方式可以在战役产品中得以实现，而目标概况、频率分布和电话记录分析被适当地应用于针对街头黑帮目标的战术层面。

街头黑帮和有组织犯罪集团，对公共安全和我们社会制度的稳定构成了重大挑战。虽然已证明这些集团对早期遏制其影响力的工作具有高度抵抗力，但我们仍有理由相信，执法机构拥有更为成功地捣毁其犯罪活动所需的工具。对每个层面计划和调查的分析资源的整合，将允许执法领导者不仅了解他们的环境，并更有效地部署资源，而且也可以提高量化那些以前从未经历过的成功或失败的可能性。

参考文献

1. Baratta, D. (2007). *Gangs in New Jersey: Motivating Factors and Policy Implications*. New Jersey State Police Strategic Intelligence Group. Unpublished assessment.
2. BBC News. (2005). "Mexico Seals Off Drug Gang Jail." BBC News. January 15, 2005.
3. Mandalit del Barco. (2005). "The International Reach of the Mara Salvatrucha." NPR. March 2005.
4. New Jersey State Commission of Investigation. (2008) Gangs in Prison Public Hearing. November 2008.
5. NJSP (2006). "NJSP Practical Guide to Intelligence-Led Policing." New Jersey State Police, Trenton, NJ. *http://www.state.nj.us/njsp/divorg/invest/pdf/njsp_ilpguide_010907.pdf*
6. Papachristos, A. (2005). "Talk of the Nation: More Gangs Going Global." NPR. February 23, 2005.
7. Papchristos, A. (2005). Gang World Foreign Policy. April 2005.
8. Reuters. (2008) "Inmates beheaded in Gauatemala prison gang brawl." CBC News. November 22, 2008.
9. Sheptycki, James. (2004). "Organizational Pathologies in Police Intelligence Systems." *European Journal of Criminology*, 1(3), 307-332.
10. Thompson, G. (2004). "Tattooed Warriors: The Next Generation: Shuttling Between Nations, Latino Gangs Confound the Law." *New York Times*. September 26, 2004.
11. Travis, A. (2008). "Seeking Solitary: Prison gang wars force fearful inmates to plead for segregation." The United Kingdom: *The Guardian*. February 18, 2008.

11.7 可疑活动报告：分析范式的转移

拉斐尔·布林纳

引言

在美国，有关恐怖主义威胁的情报是难以捉摸的。因为国土安全战略试图弥补这一现实，所以，侦测威胁的工作对利用可疑活动报告（SAR）[1] 的

[1] 原注：本节使用的 SAR 缩写是一系列广泛的可疑活动报告（Suspicious Activity Reporting）

依赖日益增强。由于缺乏更好的威胁情报，联邦、州和地方机构正在分配越来越多的资源，以搜集、分析和共享可疑活动报告[1]。我们的目标是创造一种环境，确保执法、情报和国土安全界有办法“看图连点”，并及时发现和预防恐怖活动。

通过为在各种机构工作的分析师们提供广泛的可疑活动报告，我们期望，模式分析和交叉引用将使分析师们摸清更多调查线索，并最终获得可以预防未来袭击的威胁情报。当然，更加注重搜集、追踪和调查可疑活动报告可以对打击犯罪的水平产生积极影响。但在恐怖主义前线，活动较为零星，并且可疑活动报告并不太可靠，那么可疑活动报告可以传递吗？并且我们如何确保关键数据不被日益增长的大量的可疑活动报告数据所掩盖呢？

利用可疑活动报告提高分析技能的关键在于，对可疑活动报告进行有效筛选和评估，让我们把资源集中在最有希望的线索上，并优化我们认识到早期威胁的警告迹象的机会。本节将解释可疑活动报告与传统威胁情报的显著差异，描述将可疑活动报告与威胁情报合并的危害，并提供对可疑活动报告自身进行分析的方法论。

可疑活动报告并非威胁情报

理解可疑活动报告的本质，以及我们如何与其联系起来，是处理分析可疑活动报告数据带来的挑战的关键。在不同程度上，可疑活动报告被认为是威胁活动的潜在指标。因此，分析师倾向于将可疑活动报告作为一种威胁情报来看待。将可疑活动报告指定为不同的东西，可能看起来像是吹毛求疵，但如果不这样做，可能导致很多困难，正如后面的示例将证明的那样。

的缩写，而非银行安全法案（Bank Security Act）中界定的狭义的可疑金融交易。

[1] 原注：随着 2008 年 12 月发布的全国可疑活动报告倡议（Nationwide Suspicious Activities Reporting Initiative），现在各级政府机构都在推行“利用并整合所有可疑活动报告相关活动的协调工作。全国可疑活动报告倡议战略是制定、评估和实施一般性流程和政策，以搜集、记录、处理、分析和共享与恐怖主义相关的可疑活动信息。该倡议将确保各级政府的全国可疑活动报告倡议参与者采取一致的政策和程序，促进更广泛地共享与恐怖主义相关的可疑活动报告……”，参见：<*http://www.ise.gov/pages/sar-initiative.html*>。

一般而言，威胁情报是关于威胁行为者的计划、意图、动机、能力和惯技的一种信息。例如，如果我们关心的是如何侦测恐怖主义威胁，那么我们所寻找的情报将揭示：一些已知或潜在的恐怖分子打算做什么，打算怎样做，以及为什么打算做。并且，在最好的情况下，详细阐述关于袭击的时间和目标。通常，威胁情报采取叙事形式，不仅要详细说明活动，还要说明其基本原因。例如，一个窃听装置可以探知恐怖分子已拥有武器，并且他们企图在即将到来的袭击中使用武器。关键的信息要素不可避免地会丢失——这就是所谓的情报缺口，需要分析师搜集更多的信息将其填补，或者进行合理的评估对其弥合。将足够的威胁情报的碎片拼接起来，可以让调查人员和分析师开始勾勒一个阴谋的大致轮廓。

分析师很少有拼图的所有碎片信息。在恐怖主义领域，可靠的威胁信息可能会非常难于获取。恐怖组织小心翼翼地守护着自己的秘密，这就意味着，只有直接参与或与恐怖活动很接近的人才能获得威胁情报。虽然一些恐怖组织可能会散布自己的战略意图，并沉迷于威胁性言论，但由于担心危及其预定计划的成功，他们几乎很少透露任何行动细节[1]。因为没有其他方式获取威胁情报，并了解会在其他方面隐藏什么，所以获得真正的威胁情报需要秘密或暗地的手段——人力或技术情报源。借助可靠情报源，威胁行为者可能会无意中泄露关于其行动或意图的线索或行动性细节，却没有意识到他们可能破坏了自己的计划。随着这些情报源获得了拒绝访问的信息，一幅画面开始出现。

与威胁情报相比，可疑活动报告源于原始观察[2]。它们是目击者的实录：来自保安人员或执法人员在执行职务期间注意到的一些不寻常的东西，或是来自警惕性高的公众成员关注到的、他们认为不正常的东西。因此，一份典型的

---

[1] 原注：有个例外是恐怖组织在袭击之前发出明确警告，以尽量减少伤亡，但同时造成最大破坏，正如临时爱尔兰共和军经常在英国做的那样。

[2] 原注：国家情报总监办公室颁布的共同标准将可疑活动报告界定为："观察到的行为合理地表明与恐怖主义或其他犯罪活动相关的行动前的计划。"该定义于 2009 年 5 月 21 日进行了修订。参见：Common Terrorism Information Sharing Standards at<*http://www.ise.gov/pages/ctiss.html*>。

可疑活动报告是观察者认为在某种程度上可疑的活动或行为的一个轶闻实录。

虽然可疑活动报告不同程度地包含客观细节，但它们往往充满了主观解释。可疑活动报告与威胁情报的区别在于：在大多数情况下，事实是缄默无言的；正是观察者阐明活动意味着什么，以及为什么它是可疑的。观察者，尤其是经验丰富的执法人员，非常熟悉自己的节奏，对不寻常的事物可能有特别敏锐的直觉[1]；但是，在描述一份报告里观察到的活动时，归于可疑活动报告的意图和动机是推断出来的，并没有明确表示。

仅仅主观叙述是远远不够的。可疑活动报告常常会提供给我们几个继续跟进的途径，促使侦查人员和分析师研究一个并不完整的图景。通常很有必要将猜想和个别的可疑活动报告分析结合在一起，或在当前对威胁和弱点评估范围内，对可疑活动报告数据进行评估。正是在这个地方，正确地应用情报分析技能，可能意味着准确预警和“狼来了”之间的差别。

打空拳[2]

有一个案例体现了可疑活动报告对威胁分析和响应造成的一系列挑战，那就是 2007 年 8 月华盛顿州轮渡系统的高度警报。警报中有 FBI 发布的正在设法确认的两名男子的照片（如图 11–6 所示），因为在 7 月乘坐轮渡时，他们的行为让人费解。虽然 FBI 西雅图办公室搜集了在过去 5 年涉及轮渡系统、数以百计的可疑活动报告，但是这些照片看似与 2007 年夏天的几份可疑活动报告有联系，提供了一些分析师认为是迄今最强烈的迹象，恐怖分子正在观察国内最大的轮渡系统，以发起恐怖袭击[3][4]。虽然缺少任何实质性的威胁情报，

---

[1] 原注：通过一个很小的、混乱的迹象，一个领域专家可以分辨出异常。参见：Malcolm Gladwell, *Blink: The Power of Thinking without Thinking* (Little, Brown and Company, 2005)。

[2] 译注：shadow boxing：太极拳、影子拳；boxing at shadows：打空拳，引申为小心翼翼地避免采取直接的或断然的行动，或佯装的冲突、装模作样的斗争。

[3] 原注：NPR, *All Things Considered*, 23 August 2007 <*http://www.npr.org/templates/story/story.php?storyId=13903584*>.

[4] 译注：*All Things Considered*，汉译为《漫谈古今》，是美国全国公共广播电台（NPR）网上旗舰新闻节目。

但由多个联邦和地方机构发布的这个警报却激起了巨浪。威胁得以评估并随后得到解决的这一方式，诠释了用可疑活动报告代替威胁情报的危险。

FOXNEWS.COM HOME > U.S.

FBI Seeks Identity of Two Men Seen Aboard Washington State Ferries

Wednesday, August 22, 2007

E-Mail | Print

FOX NEWS

Share:

The FBI released photographs of two men Monday who have been seen on Washington state ferries "exhibiting unusual behavior" and asked the public for help identifying them.

The agency's Seattle field office, along with the Washington Joint Analytical Center, was still seeking the men's identities and whereabouts Wednesday as ferry service was temporarily shutdown when a suspicious package was found in a ferry bathroom and taken away by authorities.

"We had various independent

图 11–6　FBI 发布有关华盛顿州轮渡系统的高度警报（2007 年 7 月 22 日福克斯新闻）

像大多数可疑活动报告一样，这个故事始于足够与众不同的模棱两可的活动，该活动引起了那些目击者对它的怀疑。2007 年 7 月下旬，从西雅图到瓦逊岛的轮渡上，当两名像外国人的年轻男子从事的活动，从乘客角度看，不符合典型的旅游或通勤行为时，乘客便开始担心起来。据报道该事件的一位记者讲，这两名男子“把注意力更多地放在了船舶操作，而非美丽景色”[1]。据称，他们拍摄停车甲板，并过度关注轮渡进入码头的过程。[2]FBI 在报告中说，他们似乎“对轮渡的工作和布局过于感兴趣”[3]。当警觉到他

[1]　原注：Seattle Times staff reporter Mike Carter quoted on National Public Radio, *All Things Considered*, 23 August 2007 <*http://www.npr.org/templates/story/story.php?storyId=13903584*>.

[2]　原注：ABC News, *FBI Taps Public to ID Suspicious Ferry Riders*, August 22, 2007 <*http://abcnews.go.com/US/story?id=3510174&page=1*>.

[3]　原注：Seattle Post-Intelligencer, *FBI seeks help identifying 2 men seen aboard ferries*,

们的活动时，轮渡船长立刻离开了船桥，并抓拍了两人的照片，为可疑活动报告提供了可视化证据。

虽然关于这两个人几乎一无所知，但这张照片却提供了评估可疑活动报告重要性的最切实的方式。华盛顿联合分析中心，即该州恐怖主义相关信息融合中心，审查了来自轮渡乘客的近期其他可疑活动报告，发现好几份可疑活动报告。基于其他轮渡乘客目击者的陈述，目击者似乎认出这两名男子，在被拍照的前几周，在轮渡系统出现了 4 到 6 次。[1]

虽然与其他可疑活动报告的尝试性联系缺乏确定性，但是当确定这两名男子的初步尝试没有成功，也未出现化解不安的进一步信息时，最初的威胁感知更加坚定了。美国海岸警卫队、美国运输安全管理局联合 FBI 和华盛顿州巡逻警察共同寻找这两名男子，并加强彼此协调。[2] 在华盛顿州轮渡系统对行动前的恐怖分子进行监视的预期，被认为足以保障增加安全措施。为了得到这两名男子的信息，8 月下旬，FBI 在当地报纸和有线新闻网公布了照片。这一简要地报道引起了媒体和当地政治的争论。

可疑活动报告的弊端

一个单一的报告怎么会产生这样的轰动？大部分错误要归结于可疑活动报告的可塑性。在一份典型的可疑活动报告中，缺乏详述或可核实的信息使我们装备不足，难以形成一个到底发生了什么，为什么会发生的精确图景。将情报分析与解决智力拼图游戏进行比较，需要假设每块拼图都有精确的轮廓，允许只有一个正确的匹配，并且任何错配都显而易见。就可疑活动报告而言，轶闻趣事信息的不完整性质意味着它们往往缺乏可验证的细节，留下非常模糊的轮廓，因此，很容易将它们与其他一系列不相关的报告相结合。

从这个意义上讲，可疑活动报告的功能更像是乐高积木，而非智力拼

August 21, 2007 <*http://www.seattlepi.com/local/328396_ferries21.html*>.

[1] 原注：ABC News, *FBI Taps Public to ID Suspicious Ferry Riders*, August 22, 2007 <*http://abcnews.go.com/US/story?id=3510174&page=1*>.

[2] 原注：Seattle Times, *FBI asks: Who are the men in this photo from ferry?*, August 22, 2007 <*http://seattletimes.nwsource.com/html/localnews/2003847538_ferries22m.html*>.

图。乐高积木固有的设计理念就是能够用多种方法连接任意两块积木。对外行人而言，可疑活动报告也表现出类似的通用性。分析师可以轻松地利用表面的相似之处，如相似颜色的车辆、相似的难以描述的黑发男子等，建立机会主义联系。但是，除非做出真诚的努力以验证假设，否则可疑活动报告的联系往往被证明是虚假的。其危险在于，一旦开始关联可疑活动报告，就会有一种倾向，认为威胁比任何会客观说明的组合报告都更为真实。就像乐高积木一样，可疑活动报告需要运用您的想象力。

因此，重要的是，不要把可疑活动报告的叙述——即观察者对事件的解读——误认为从传统情报源搜集的叙事要素（何人、何事、何时、何地、何因以及如何）。一位观察者的判断也许是正确的，但直到调查和分析经过深入挖掘，或额外的信息出现之前，将动机归于可疑活动，无异于推测。值得称道的是，在发布瓦逊岛轮渡照片时，FBI 也承认这一动态变化："有些人所认为的可疑或不寻常的行为，实际上可能是完全无害的东西。"[1]

和其最初活动看起来异常一样，对这两个人的深入调查会引出来自对象自身的叙事，并且让调查人员更好地理解，对恐怖分子行动前进行监视的推测是否有正当理由。事实上，当两人最终站出来之后，调查人员就能够盘问他们，并解开这个谜团。一位 FBI 官员告诉《西雅图时报》："他们的故事是说得通的；他们的故事也是真实的……一旦我们了解到发生了什么事，这是完全正常的。"[2]

可疑活动报告这一难题的核心是：当想象超越了客观分析，过度反应的潜力就会显著增加。在华盛顿州轮渡案例中，缺少得出分析结论的足够信息。在缺少关于照片中的两名男子更多信息的情况下，理解这个报告的随后的努力，完全依赖于曾报告过在轮渡上其他可疑活动的目击者的视觉回忆，并以为他们能够认出照片中的一名或另外一名男子。虽然没有人可以肯定在其他报告中这两个嫌疑人要干什么，但这些初步辨认使当地分析师断言，这两个人很可能正

---

[1] 原注：Seattle Post-Intelligencer, *FBI seeks help identifying 2 men seen aboard ferries*, August 21, 2007 <*http://www.seattlepi.com/local/328396_ferries21.html*>.

[2] 原注：Seattle Times, *Two ferry riders sought by FBI last summer were just tourists*, May 6, 2008 <*http://seattletimes.nwsource.com/html/localnews/2004394642_fbi06m.html*>.

从事一个细致的侦察行动，以便未来对轮渡系统发动恐怖袭击。

虽然没有明确指标，但是在近期恐怖主义趋势的背景下，这一结论似乎是有道理的。到2007年夏天，其他地区的事件加剧了围绕华盛顿州轮渡系统威胁的看法。2005年7月，在伦敦公共交通系统的通勤族中，4名年轻男子进行了自杀式爆炸袭击。2004年3月，恐怖分子将装有手机引爆装置的背包放在马德里的通勤列车上，导致近200名乘客罹难。更多相关的恐怖袭击事件还有，2004年2月，仅在马德里爆炸案两周前，在菲律宾，一名偷带延迟炸药的恐怖分子乘坐满载乘客的轮渡。虽然爆炸涉及范围不大，但随后的大火烧毁了该船，造成逾100人死亡。通过展示公共交通系统的易受攻击性，这些海外的恐怖袭击事件有助于灌输一种威胁类推的看法。华盛顿州轮渡的内在漏洞向人们暗示，其他地方的公共交通系统可能会面临同样的威胁。

将瓦逊岛轮渡事件与那年夏天早些时候的其他可疑活动报告结合起来的工作，是合乎逻辑的，但鉴于可疑活动报告信息固有的模糊性，数据可以合理地提出假设，而非最坏的情况。直到第二年4月，在广为流传的照片中的两名男子出面澄清了他们的名声，这个故事才画上一个句号。这两名男子均为欧洲人，都是软件咨询顾问，他们出现在美国驻其国家的大使馆，并证明了他们的诚意。在这次事件中，真实的故事是相对简单的。他们证实，在2007年7月，曾前往西雅图地区参加商务会议（排除他们牵涉早期的可疑活动报告），并且承认只乘坐过一次轮渡，也就是他们被抓拍的那次。为什么他们拍下了轮渡的汽车甲板？因为皮吉特湾轮渡承载汽车的能力给他们留下了深刻印象。援引FBI官员在《西雅图时报》的话："这些先生们居住的地方没有汽车轮渡。他们被一艘轮渡可以载这么多辆汽车的情景所吸引，想把它拍成照片，带回家让人看看。"[1]

但2007年夏天其他轮渡事件报告的情况怎样呢？每年向FBI西雅图办公室报告的数以百计的可疑活动报告又是怎样呢？正如华盛顿州轮渡事件帮助说明的那样，可疑活动报告描述的偷拍、异常查询、安全漏洞等模棱两可

---

[1] 原注：Seattle Times, *Two ferry riders sought by FBI last summer were just tourists*, May 6, 2008 <*http://seattletimes.nwsource.com/html/localnews/2004394642_fbi06m.html*>.

的事件，可能并不是有意的怀疑或内在地与恐怖主义相关。除非有可靠、明确的信息可用，否则仅根据初步解释，就将一个可疑活动报告视为一个威胁情报，这实属言之过早。现在缺少的是一个模型，该模型不仅可以解决由可疑活动报告导出的信息的独特性质，还可以建立一个中立环境，按照各自情况，分析可疑活动报告。

让可疑活动报告适得其所

本节提出的可疑活动报告模型，建立在如何剖析与恐怖主义相关报告的现有观念之上。情报界历来根据信息是否反映了威胁（意图、能力及恐怖组织计划）或漏洞（恐怖分子的潜在目标和可利用的安全漏洞）的看法，来评估这类信息。分析师和决策者通常面对与恐怖主义相关的很多数据，要么可归入威胁范畴，要么可归入漏洞（见图 11–7）。但挑战是，要从迥然不同的、残缺不全的报告中，准确地识别出威胁指标与漏洞重叠的那一部分，这样就呈现出一种高风险的关系。

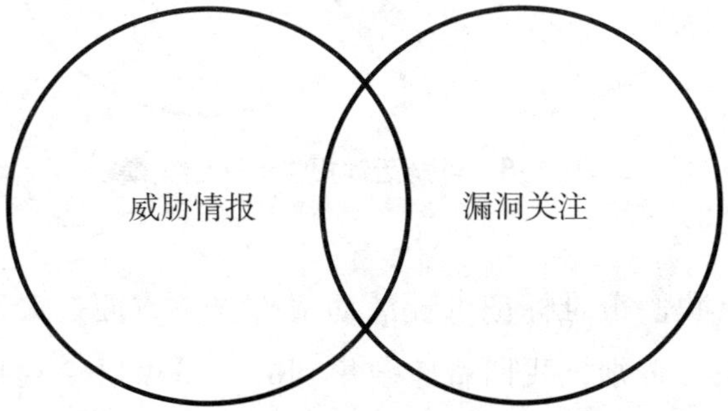

图 11–7　威胁与漏洞

图 11–7 中非重叠区域代表什么呢？并不是所有计划和意图都会被转化为行动，也并不是所有关于恐怖组织的情报都与它们的恐怖活动有关。威胁情报圆圈的左半部分就是搜集的这类信息。同样，恐怖分子无法评估脱离现实的漏洞（但安全评估小组可能被要求这样做）。他们对理想目标有自己判断的标准，以及在

其能力范围内可以实现什么目标的标准。这意味着，我们认为是漏洞的许多事情，可能根本就没有达到恐怖分子列入袭击目标名单的最低门槛，或者已被考虑但又被从名单中剔除了。图的右侧部分代表了大片与漏洞相关的信息。

那么，可疑活动报告的因素在哪里呢？为了确定袭击的目标，恐怖分子的间谍通常要对目标进行现场监视，先评估其是否适合，然后为他们的袭击计划提供支持。在威胁与漏洞模型中，人们很容易利用可疑活动报告，作为识别恐怖分子打算利用哪个漏洞的关键（图 11–8）。正如前文所讨论的，当我们几乎没有具体情报线索时，可疑活动报告就让这一切更加诱人。因此，我们默认可疑活动报告是存在于这个威胁与漏洞方程中某处的数据点。

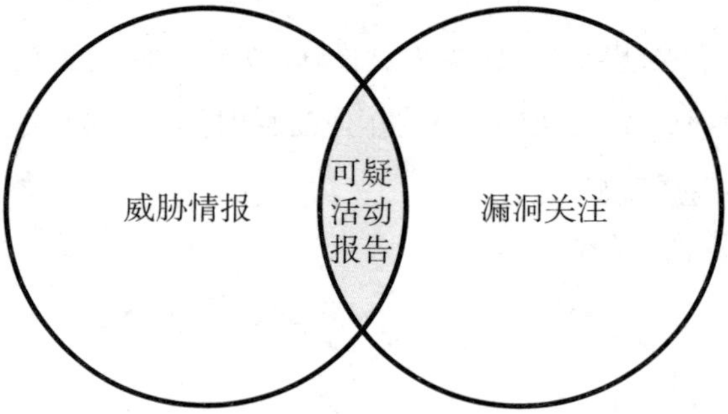

图 11–8　可疑活动报告的假定范畴

遗憾的是，我们很难标记可疑活动报告。一方面，大量可疑活动报告与恐怖活动无关，否则，我们希望搜集到的大量可疑活动报告应与相应高水平的恐怖活动相匹配。另一方面，如在图 11–9 中添加另一个圆，就给了可疑活动报告一个属于自己、更符合其作用的范畴。灰色圆圈的位置说明：大部分可疑活动报告与威胁范畴或漏洞范畴都没有关系。这些可疑活动报告代表了证明与恐怖主义无关甚至与犯罪也无关的可疑行为，因此，它们位于威胁情报范畴之外。[1] 这些报告是误报（False Positive），不管初

[1]　原注：在某个特定位置或在一个工业部门，在评估活动趋势——而不是威胁趋势时，这些报告可能仍然是有用的，即使作为威胁指标，它们最终没有任何价值。

衷有多好，观察员会曲解无害的活动。

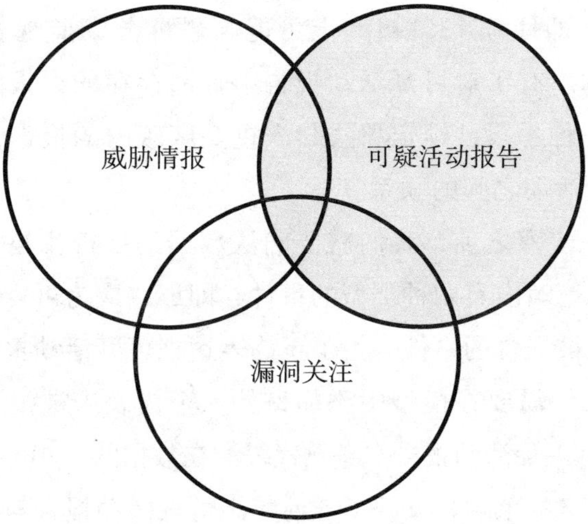

图 11–9　自身范畴的可疑活动报告

然而，当不承认可疑活动报告的模糊性时，我们就会冒赋予它们太大意义的风险。理论上，像华盛顿州轮渡事件一样，在一个易受攻击的潜在目标附近的可疑活动会给我们带来威胁。然而，在实践中，我们在关键设施周围看到了大量可疑活动，只是因为那是我们已经投入资源查寻的地方。

图 11–9 表达了虚假的可疑活动报告和那些值得关注的可疑活动报告间的不平衡。在美国，行动前的活动是零星的，指标是少之又少，并且通常看上去酷似拍摄之类的合法活动。从统计学的角度来说，我们有理由期待，大多数可疑活动报告最终被证明是误报的。[1] 我们倾向于维持“何为可疑”的低门槛，加剧了这一趋势。例如，2004 年，FBI 的一个评估审查了与华盛顿州轮渡系统有关的 157 份可疑活动报告。其中，19 份可疑活动报告，或者大约 12%，被判定为“可能”或“极有可能”涉及恐怖分子监

[1]　原注：Jeff Jonas and Jim Harper, *Effective Counterterrorism and the Limited Role of Predictive Data Mining*, Policy Analysis No. 584, December 11, 2006, Cato Institute <*http://www.cato.org/pubs/pas/pa584.pdf*>.

视。[1] 不管这 19 份可疑活动报告中的任何一份是否确实与恐怖主义相关，这个评估默认，其余的 88% 可能是误报的。在随后的 5 年里没有任何确认，现在看来，即使那 12% 被判定可能与恐怖分子监视相关的指标，很可能也是误报的。有了对可疑活动报告中普遍存在的误报的理解，显而易见，我们需要一种手段，锁定那些归入重叠区域内的报告，该区域构成了威胁情报和可疑活动之间的联系。

在采取这一步骤之前，我们需要确认数据集是否相当完整。实际上，在可疑活动报告范畴内有两种类型的事件，即那些成为可疑活动报告的事件和更大数量的未被报告的事件。为了正确表达把可疑活动报告作为恐怖主义指标的难度，我们需要在模型中添加另外一个代表未被报告事件的圆（图 11–10）。因此，可疑活动报告本身只代表潜在数据的一小部分。以这种方式重绘可疑活动报告的范畴，反映了任何特定可疑活动报告与实际威胁相关的活动重叠的可能性越来越小。

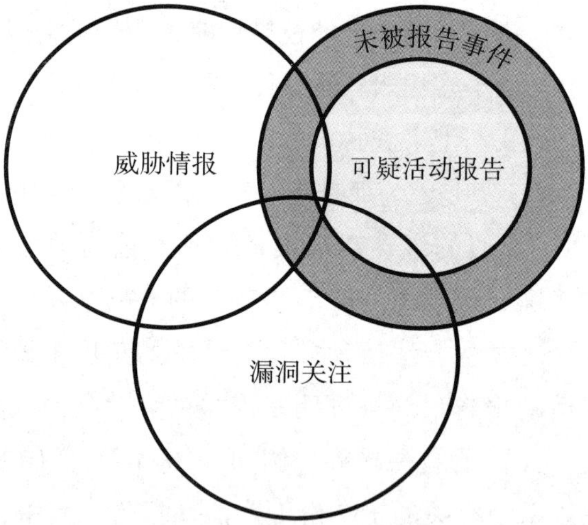

图 11–10　可疑活动报告只占数据集的一小部分

---

[1]　原注：Seattle Times, *Why feds believe terrorists are probing ferry system*, October 10, 2004 <*http://seattletimes.nwsource.com/html/localnews/2002058959_ferry10m.html*>._

一些可疑活动报告想必确实与威胁范畴重叠。在这种情况下，我们可以积极地在可疑活动报告与恐怖主义威胁信息间建立联系，这一现象的确值得作为一个潜在的威胁指标。该模型的目的并不是在恐怖分子发动袭击前粉碎抓获他们的希望，相反，它是确保我们意识到可疑活动报告分析需要的细微程度。直到那时，我们才能恰当地将大量输入的可疑活动报告进行分流，为避免误报而转移调查和搜集资源，并为那些我们评估为潜在威胁指标的可疑活动报告维持分析和调查能力。这个模型让我们集中精力于真正的潜在威胁目标。

分析可疑活动报告的反直觉方法

可疑活动报告的不完整数据集和高误报率这两个因素，需要情报分析技术的认知转变。有效地分析可疑活动报告，意味着更少地依赖情报的指标范式，采用更多的执法方法——“提示和线索”。将可疑活动报告默认为指标，会招致双重危险：“狼来了”和产生警报疲劳。相反，当把可疑活动报告作为线索处理时，在威胁的看法形成前，调查人员和分析师就有更多的空间，行使审慎调查并采取初步调查步骤。只有当在进一步调查与恐怖主义建立了一个潜在的联系时，可疑活动报告才会值得作为一个指标来考虑。

趋势陷阱：将可疑活动报告看作线索而非指标，对可疑活动报告分析有重大影响。这对由于更可靠的数据而运动良好的分析技术强加了限制。趋势分析可用于追踪其他威胁，比如犯罪或传染性疾病的传播，但并不适用于恐怖主义相关的可疑活动报告：衡量标准就在那里，我们可以很清楚地追踪报道中可疑活动的增加或减少，但这些波动实际上极少揭示威胁的水平，更别说真正的可疑活动的水平了。一方面，不完整的数据集加上高误报率削弱了有意义的趋势分析。另一方面，许多（如果不是大多数的话）可疑活动报告线索往往以世俗的或无法解决的活动结束，这使结论远离趋势，更加模糊，而非明晰。令人困惑的是，记录的可疑活动报告的增加可能只表明报道的增加，并不一定是活动的增加。

当数据区分出事件和非事件时，恐怖主义相关活动有意义的趋势才有效。可疑活动报告很少适合于快速识别出一个恐怖主义相关的事件。与之相反的是，诸如伊拉克或阿富汗这样活跃的恐怖主义行动的舞台，叛乱分子的袭击提供了一个比模棱两可的可疑活动报告更实际的衡量标准。[1] 一个简易爆炸装置引爆了，子弹发射了：这类事件显示了敌对活动的明确指标。由于缺乏逼真度，所以，可疑活动报告为测量威胁提供一个定量解决方案的可能性微乎其微。

单个事件能抓住关键：一个单一的、高度可疑的事件本身，可能比可疑活动报告整体数量的上升或下降，更能成为有效的威胁指标。在国土安全领域，与恐怖主义相关的可疑活动报告相对少见，这会提升关于趋势的单独报告的重要性。返回图 11–10，外面圆圈中未报告的事件反映出，在可疑活动报告范围内，数据集有太多的数据缺失，以至于无法相信总体性评估。经验表明，深度挖掘单个异常事件，是一个制止恐怖分子阴谋的更可靠途径。

下面这些例子可以证实这一点。在南卡罗来纳州鹅溪市（Goose Creek, S.C.）的一次停车检查期间，州警在车的后备箱里发现了异常的火箭部件模型。该车的一位乘客被查证曾在线发布了一个教学视频，在视频中，他演示了如何引爆一个简易爆炸装置。[2]“迪克斯堡六人组”（Fort Dix Six）试图将一个圣战训练活动的视频转录为 DVD，电器城的技术人员认为，应将视频的内容报告给警察，警察又将调查转交给 FBI。[3] 甚至在“9·11 事件”之前，1999 年 12 月，阿尔及利亚基地组织成员艾哈迈德·雷萨姆（Ahmed Ressam）乘坐轮渡从不列颠哥伦比亚省维多利亚抵达华盛顿安吉利斯港，虽然他没有更直接地通过陆地边境从温哥华到西雅图，但还是引

---

[1] 原注："30 Days, 2,368 Attacks", William McNulty and James Glanz, New York Times, September 28, 2004 <*http://www.nytimes.com/imagepages/2004/09/28/international/29ATTACK-GRAPH.html*>.

[2] 原注：Fred Burton and Scott Stewart, *Traffic Stops and Thwarted Plots*, STRATFOR, August 8, 2007 <*http://www.stratfor.com/traffic_stops_and_thwarted_plots*>; *The Goose Creek, South Carolina Traffic Stop*, NEFA Foundation, April 30, 2009 <*http://www.nefafoundation.org/miscellaneous/FeaturedDocs/nefagoosecreek0409.pdf*>.

[3] 原注：MSNBC, *Electronics store worker gave Fort Dix tipoff*, May 9, 2007 <*http://www.msnbc.msn.com/id/18573255*>.

起了怀疑。[1] 美国海关工作人员最初怀疑他走私毒品，但很快发现了一整车炸药和雷管，最终确定他会袭击洛杉矶国际机场。这些实例表明，即使我们缺乏定量检测对可疑活动报告进行评估，我们也可以而且应该努力地对可疑活动报告进行定性评估。

可疑活动报告的定性评级

为了更有效地配置资源，在应对与可疑活动报告一样空泛的问题集时，去芜存精是至关重要的。定性评级可以使我们通过筛选可疑活动报告寻找异常事件，正确地保持日常活动，并在一定程度上客观严谨地应用于另外一个主观过程。

但一个评级系统应该使用什么定性标准呢？FBI 驻西雅图地区情报组（Field Intelligence Group）为其华盛顿州轮渡评估开创了一种方法，该方法评估可疑活动报告代表恐怖分子行动前计划的可能性。这种新方法将视线集中于正确的方向上，而不是评估威胁的程度或可疑活动报告看似表现出的与恐怖主义的联系（上述讨论所争论的东西将难以确定）。这里提出评级系统，旨在衡量可疑活动报告引发的可疑程度。分析标准是为了限制分析偏见的影响，并鼓励识别可能的误报。

鉴于大多数可疑活动报告的内在主观性，为了使评级有意义，我们需要将可疑活动报告评级与客观标准绑定在一起。这里给出的评级（见表 11–3）是笔者在以往的任务中制定的。该评级可以用一个量表体现：在量表左侧，反映的是该活动行动前的已知指标；在量表右侧，反映的是评级标准，即可疑活动的反常情形，特别是在有案发地点的条件下。同时，这些评级形成一个动态范围，根据新信息的可用性，为向上或向下修改等级提供了灵活性。这为分析师根据变化的环境改变评估提供了自由，且当可疑活动报告达到评级量表上端时，可提醒决策者。

---

[1] 原 注：Seattle Times, *The Terrorist Within*, June 23, 2002 <*http://seattletimes.nwsource.com/news/nation-world/terroristwithin/chapter12.html*>.

表 11–3　可疑活动报告的定性评级

可疑评级	分析标准
强烈（STRONG）	与具体、可信的威胁趋同
明显（DEMONSTRABLE）	挑衅性的安全测试，预谋的证据
偏高（ELEVATED）	非典型案发地点的异常行为
最小（MINIMAL）	日常行为或活动
不可疑（NOT SUSPICIOUS）	按非相关威胁解决

回到瓦逊岛轮渡事件，按照这些标准，那份可疑活动报告应得到什么评级呢？两名男子拍摄轮渡上的汽车甲板，而不是甲板之外更秀丽的景色，这会是轮渡乘客的非典型行为。但是，没有足够信息显示该活动是有预谋的或过于激进的，所以，该报告应得到**偏高**的可疑等级。除非得以证明，否则与华盛顿州轮渡系统的其他可疑活动报告的试探性联系，不会有理由被调高评级。

虽然评级方法是一个主观工具，但将评级调高或调低则需要客观数据。如果可疑活动报告描述的似乎不符合怀疑条件，而是相对常规的行为或活动，那么其评级可能会仅是“**最小**”。如果执法官已见过轮渡，证实这两名男子是合法游客，那么评级会降至“**不可疑**”。然而，如果这两名男子持续地试图绕过安全检查，或者拥有有注释的地图或轮渡设计图，或者可能的邪恶意图的其他积极迹象，那么“**明显**”这一可疑评级肯定更为合适。在罕见的事件中，如果可疑活动报告的细节融合了具体、可信的威胁信息（这个人和已知成员的描述相匹配，或可信的情报显示一个针对轮渡系统的积极威胁），那么“**强烈**”这一评级无疑是有正当理由的。

这个评级方法并非旨在提供威胁存在与否的严格证明。与 FBI 在华盛顿州轮渡事件中采取的方法不同，这些评级不是试图评估可疑活动报告是威胁相关的可能性。正如本节所试图建立的观念一样，可疑活动报告是一个不充分的、有问题的信息源。通常，可疑活动报告的综合分析能够传递的最好信息，就是日常活动的基准信息，依据它，我们可以发现异常活动。这里提出的评级系统仅仅是一个用以标记分析师已关联事件的、关注评级的工具而已。

当分析师将一份可疑活动报告评级为“**明显**”或“**强烈**”时，通过发出警报，可以调整该方法，以提高情境感知能力。在量表下端，定性评级允许分析师为可疑活动报告建立一个基准，并监测何种活动似乎是常规的。以常规活动作为背景，评级系统可以凸显重大异常现象，并为分析师和调查人员指出潜在的、有价值线索的方向。最后，最低评级——“**不可疑**”确保了可疑活动报告数据库持有量的洁净度，在日后查询数据库时，以防旧的、已解决的事件反复引起关注。

小结

在美国，日益增多的可疑活动报告与持续缺乏针对恐怖主义威胁的优质情报形成了鲜明对比。这使分析师们左右为难，当缺少太多信息时，就会引导他们将可疑活动报告替换为更可靠的情报。正如本节所述，可疑活动报告与威胁性情报相似，可能导致错误的分析、曲解的威胁认知，并最终使有限资源分配不当。定性评级可提供一种手段，为分析可疑活动报告打下基础，确保分析师根据共同阈值衡量事件的可疑程度。

这里提出的可疑活动报告评级方法依赖于几个基本原则。为了更加有效，定性评级系统必须是简单的，并易于在跨机构和工作组间应用。各评级间必须互相有效区分，以便评级的口径有据可依。最后，鉴别分类的过程必须使分析师对已消除嫌疑的可疑活动报告降级，并防止它们干扰分析和信息传递。

实施一个允许向上或向下调整评级的动态过程，确保可疑活动报告分析仍能满足后续调查，并从随后的报告中发现见解。缺少这样一个方法，虽然我们可以连接起各点，但可能会错过瓦解恐怖主义阴谋的关键点。最后，至关重要的是，我们需要连接正确的点，而不是所有的点。定性评级是一个可将单一指标从大量混乱的可疑活动报告中分离出来的方法，以确保我们不会在信息过载中错过任何重要线索。

11.8 情报的使用、滥用和误用

弗雷德里克·T. 马腾斯

引言

在一个自由和开放的社会，犯罪控制是一个充满了各种固有并经常矛盾的困境的任务。无论是预防犯罪，还是遏制其发展，都没有容易或简单的答案。实际上，简单的事实是，我们不知道犯罪率为什么会增加，同样，也不知道为什么犯罪率会下降。犯罪学家使用所有的计算机模型，勉强地解释了全国谋杀和其他暴力犯罪率下降的最新趋势。反之，实践者则在几乎没有经验数据支持的情况下，武断地用因果关系解释犯罪率。显然，我们对犯罪及其控制的“知识”只是一种“臆测”，而不是“科学启示”（Wilson and Hernstein 1985）。

尽管如此，“知识”的缺乏充斥于我们对犯罪及其控制的理解 / 误解，我们的确知道，某些执法方法可以使我们预测和预防某些犯罪的发生。当然，情报是任何一个可行的犯罪控制计划的关键组成部分，特别是在处理常见、系统、有组织的犯罪时。恐怖主义、连环谋杀、有组织犯罪、黑帮活动都归在“持续的犯罪阴谋”标题之下，并最适合应用情报流程。情报在处理同谋犯罪的价值几乎是没有争论的，然而，对情报在一个自由和开放社会的作用还有很多争论和批评（Donner 1980; Mitgang 1988; Garfinkle 2000）。因为当不使用情报或使用不当时，我们所拥有的是“玩忽职守”，所以，这可能不仅给执法界，更给整个社会只会带来可怕后果。

当我们进入另一个千年之后，我们面临的是不再受地域或时间限制的世界。电子媒体正在改变犯罪和犯罪控制的本质。对于维护可以帮助执法机构遏制犯罪增长的某种“知识”而言，情报系统是必不可少的。如果我们要维持犯罪控制和个人自由与自主之间微妙的平衡，那么我们就必须以更有创意和智慧的方式使用我们的资源。为了实现这一点，我们必须了解并有分寸地限制对那些给国内安宁造成极大伤害的威胁使用情报，同时，允许传统、反应式的执法方法解决常规形式的犯罪。通过了解过去所犯的错误，我们可以避免毁坏情报流程，并在未来维护一个自由与开放的社会时，避免削弱其价值。

隐私和安全是基本权利

这个伟大国家（美国）的诞生基于可能是任何民主社会的、最恶毒的定理之一——在保护其人民的自由和自主方面，政府并不受信任。我们十足的理论基础是：一般而言，政府旨在将其意志强加于人民，并且只有通过警惕和公民监督，镇压和压迫人民的工具才能得到适当地约束。事实上，这是一场持续的战斗，一方面保护人们"憎恨"政府的权利，但又不会对其"憎恨"采取行动（Sullivan 1999: 50; George and Wilcox 1996）。对于那些不习惯这种思维方式的人而言，这肯定听起来相当糟糕（至少可以这样说）。作为一个社会整体，我们保护着诸如三 K 党或美国纳粹党这样的极端组织，却同时谴责它们所代表的价值观。作为一个社会整体，我们一直竭力维护基本权利的平衡，以促进作为一个民族的不受欢迎的观点，也仍然确保这些观点不妨碍"追求幸福的权利"，该权利是我们保证每一个公民都拥有的，无论其种族、宗教或社会经济地位。到目前为止，保护个人自由是根本，所以也是我们对安全的需要，且不因恐惧而被吓倒，这种恐惧经常伴随"不受欢迎的观点"（如种族歧视、宗教偏执、性别歧视、基于生活方式的歧视等）。因此，这种"憎恨"不仅要受到保护，而且在我们的社会，它还要享有特殊地位，因为这个社会庇护那些使用"不受欢迎的观点"的人，以免其观点受到政府的侵犯。事实上，在大多数情况下，"声誉"现在被视为一项基本权利，并且没有适当的理由，不能对一个人进行"搜查"（New York Times 1998a）。[1] 尽管不限制私人持枪会产生不良后果，但仅仅是反对或主张结束枪支管制，并没有充足的理由让政府搜集个人信息。此外，即便这样的人联合起来，并形成促进反对政府或其政策观点的群体，调

[1] 原注：参见加利福尼亚州宪法（第一条第一款）和宾夕法尼亚州宪法。两部法律包括"隐私权"（加州）和"保护财产和声誉"（第一条第一款，宾州）。

用情报流程引发了可以追溯到美国社会黑暗时代的、严重的个人自由问题。当时，共产主义的威胁被视为对我们完全同一的生活方式的威胁：这就是所谓的“麦卡锡时代”。

麦卡锡奠定了滥用情报的基础

二战后，一个潜在的威胁侵袭了美国，从根本上改变了我们思考自主和个人自由的方式。共产主义及其一切可怕的表现导致了美国政府投资于一个能连续十次毁掉整个世界的武器库。数以万亿美元投入了这个试图遏制共产主义的“防御”系统。此外，为了防止共产主义站稳脚跟，在朝鲜、越南、危地马拉、尼加拉瓜和萨尔瓦多这种遥远的国家，牺牲了很多生命。在美国，国会、联邦政府、州和地方执法机构投资于搜集会威胁到我们生活方式的“可疑共产党员”的信息。20世纪50年代所谓的“红色恐怖”致使国会举行了听证会，由已故参议员约瑟夫·麦卡锡（Joseph McCarthy）主持。这次听证会试图确定和公开揭露那些提倡共产主义的人。威胁是真实的，正如已故的尼基塔·赫鲁晓夫（Nikita Khrushchev）的言论所证明的那样，他预言“我们将会埋葬你们”，意指苏联可能拥有核武库，这是共产主义制度的化身。麦卡锡与政府中的其他人一起调动政府资源，应对这个公共威胁。他们举办了听证会，进行了调查，揭露了一些知名人士（其中，一些人是久经考验的、真正的共产党员，其他的则是同情他们事业的人），方法手段无所不用（Cogley 1956; Cook 1971; Weschler 1953; Roverse 1959; Anderson and May 1956; Navasky 1980）。在那个时期，“共产主义同情者”的标签足以否定任何人的声誉，这导致了各种形式的社会歧视。有趣的是，许多被这样打上标签的人是被剥夺了公民权的民族或种族成员，他们已经在其他方面受到了社会的歧视。

这一时期，人们可以看到执法机构对“红色敢死队”、打击“颠覆分子”的单位以及“国内安全”局的巨大投资，集中它们的情报和调查资源，镇压那些选择破坏政府运行的人。当然，存在这个根本矛盾，是因为我们是一个建立在政府不受法律约束的前提之上的民主国家，其本质是腐败、压迫和镇压。现在，我们使用法律理顺情报流程的启用，将其作为确保我们的国家及其人民安全的一种手段。只要我们与被称为“共产主义”的这种外部威胁进行斗争，并且是由其任务是“保护”人们不受这种威胁的人士一直在作战，那么就几乎没有人关心政府如何或使用何种方法防止国内局势动荡。“麦卡锡时代”再次证明，当压制我们获取信息的政府意图使公共话语变得沉默时，受宪法保护的个人自由和自主就会被禁止。因为“麦卡锡时代”所证明的是：原始的、未加评估的、没被良好分析的信息导致了公共政策的颁布，而这些政策对我们民主的真正基础造成的威胁，远远大于被称为“共产主义”的固有的腐败思想。只有当麦卡锡在参议院的同事们最终意识到麦卡锡滥用国会调查过程的方式后，麦卡锡及其方法才名誉扫地。然而，在此之前，很多人失去了生命，很多事业被毁掉了；在此之前，“麦卡锡主义”这一术语质疑了情报流程的合法价值。

尼克松时代重燃争论

约翰·F. 肯尼迪（John F. Kennedy）当选为总统后，其弟罗伯特·F. 肯尼迪（Robert F. Kennedy）宣誓就任美国司法部长。调查常务小组委员会前法律顾问罗伯特彻底追查有组织犯罪和腐败活动（Navasky 1971; Schlessinger 1978; Franco and Hammer 1987），绕过当地的美国检察官，建立直接向司法部报告的打击有组织犯罪的突击部队。肯尼迪发动了一场史无前例的“战争”——征募 FBI 和包括美国国税局在内的其他联邦机构的大量资源。虽然肯尼迪对已故的全美卡车司机工会主席詹姆斯·霍法（James Hoffa）的追查是传奇性的，但是正是肯尼迪对情报的依赖，使其突击部队计划将控制着大城市犯罪和罪恶行为的黑手党家族作为打击目标，并提起公诉。随着他哥哥的遇刺，罗伯特·F. 肯尼迪对有组织犯罪的打击有所削弱，并随着拉姆齐·克拉克（Ramsey Clark）被任命为司法部长，而最终取消。克拉克发现，肯尼迪所采用的许多方法和技术是侵入式的或反公民自由主义者的，所以，他积极反对电子监控（任何“打击有组织犯罪”战争的核心特征）这样的立法。

与此同时，在联邦层面上，正在注重对公民权的建设。已故的马丁·路德·金（Martin Luther King）组织了整个南部的示威活动，部分示威活动导致了与警察的暴力冲突。有人认为马丁·路德·金是共产党的马前卒，因此后者被 FBI 局长埃德加·J. 胡佛（J. Edgar Hoover）锁定为目标，他的电话被安装了“窃听装置”，他的房间被安装了“窃听器”。所有这些旨在获取会抹黑马丁·路德·金领导的运动的信息。（Theoharis and Cos 1990; Gentry 1991; Powers 1987; Garrow 1981）

由于学生抗议越南战争，在美国整个城市地区的黑人好战分子正在增长。随着越战的升级，以及学生的抗议活动演变成暴力冲突，已故总统林登·约翰逊（Lyndon Johnson）看到了他的总统任期濒临崩溃。被认为是破坏越南战争努力的共产主义阴谋的一部分，国家、州和地方层面的执法机构开始搜集民权活动家和越南战争抗议者的信息，企图破坏和瓦解这些团体。将“密探”这一术语引入了执法词典的、现在臭名昭著的**反情报**计划（COINTELPRO[1]），仅仅证明了抗议情报系统会有多么危险（Ungar 1976; O'Reilly 1972）。对政府行为表达自己的观点，是一项基本的宪法权力，该权利再次被转化为共产党组织和资助的叛乱。

当约翰逊被他不正确地处理越南战争的政策所刺痛时，“法律和秩序”候选人理查德·米尔豪斯·尼克松（Richard Milhouse Nixon）的崛起提出了一个压制性议程，达到了迄今为止不为公众所知的水平（但也许是有先例的）。尼克松熬过了他的第 1 个 4 年任期，但他无力结束越南战争，也无法遏制民权运动，因而备受折磨。为了获得民主党对手的秘密信息，尼克松和他的几个顾问订了一个协议。这就是现在所称为的“水门事件”[2]，实

[1] 译注：英文 Counter Intelligence Program 的缩写。FBI 实施的一系列秘密的、有时是非法的计划，目的是调查、渗透，诋毁和破坏国内的政治组织。

[2] 译注：又称“水门丑闻”（Watergate Scandal）。在 1972 年的总统大选中，为了取得民主党竞选策略的情报，1972 年 6 月 17 日，以美国共和党尼克松竞选班子的首席安全顾问詹姆斯·麦科德（James W. McCord, Jr.，20 多年后，专家考证，幕后策划是白宫律师迪安）为首的 5 人闯入位于华盛顿水门大厦的民主党全国委员会办公室，在安装窃听器并偷拍有关文件时，当场被捕。由于此事，尼克松于 1974 年 8 月 8 日宣布将于次日辞职，

际上，该事件是尼克松结束总统任期的开始。其任期见证了办公室被盗，纳税申报被审核，虚假信息系统地泄露给“友好的”记者，私生活的细节遭到曝光，并且开始调查以破坏那些反对尼克松政府的人（Bernstein and Woodward 1987）。这最终导致了尼克松的辞职，并且开始了针对误用政府权力骚扰、恐吓、制裁对手和持不同政见者的无尽调查。虽然“水门事件”及其余波成了误用和滥用政府权力的缩影，但这只是我们国内情报机构弊端的沧海一粟。

例如，在州和地方一级，何种条件下会触动正当的政府“利益”，情报单位并没有可依据的运行指南，却大肆搜集姓名和信息，并以完全站不住脚的理由启动秘密行动。“威胁评估”的概念是不存在的，因为构成威胁的是，对政府政策感到不悦，或是挑战现有政府意识形态的任何一个人。正是如此，政府将“民权人士”和“反战人士”作为调查目标，尽管他们被宪法赋予质疑和挑战政府的权利。对情报流程的误用和滥用是建立在防止犯罪发生的政府需求基础之上的——这充其量是一个可疑的论据。那些滥用职权的行为一个接一个地被曝光，执法被置于捍卫站不住脚的、尴尬的任务中。一些单位选择在法庭上激辩（并败诉）它们有权搜集这样的信息，另一些单位则停止了它们的情报行动，并像鸵鸟一样埋首沙中（也就是说，我们不知道的，不会伤害到我们）。还有一些单位制定了指南和程序，旨在为启动情报流程提供指导和界限。充其量，其结果是好坏参半——很少有执法机构运用既符合专业精神，又符合伦理道德的必要知识，投资于这一必要的执法方法（State of Illinois 1989）。

毒品战争

人们常说，历史使我们确信一件事：它是会重演的。20 世纪 80 和 90 年代无疑表明回到了过去。虽然意图高尚，但所谓的“毒品战争”证明了情报驱动的执法仅是一个陈词滥调（Martens 1986）。大量毒品产生了新的“战争”，在这一“战争”中，零容忍政策会产生一些让人质疑的执法实践。然

从而成为美国历史上首位辞职的总统。

而，更加令人不安的是，执法管理者未以会加强毒品实施战略效率的方式使用情报流程。换句话说，几乎没有管理者理解以评估其影响市场的方式使用情报的价值。相反，他们会依靠逮捕、起诉和没收的统计数据来衡量成功。在很大程度上，这些“死亡人数”让人联想到越南战争时衡量“胜利”的评估方法。当然，现在我们知道，对越南的这些统计数据是多么的荒谬和自私。“毒品战争”并没有太大的区别，因为我们最终承认，“逮捕和起诉”的心态并不起作用，并且更有针对性和选择性地使用资源，才是更合适的实施策略。

尽管我们的战略情报未能解决这个问题，然而在战术层面上，我们已经看到，这场“战争”破坏了公民自由，毁掉了事业，并推翻和破坏了刑事司法体系。例如，在新泽西州，“种族定性”（Racial Profiling，指警察等执法者以肤色或种族而非证据怀疑当事人犯罪的歧视性做法——编者）问题席卷了新泽西州警察系统，导致其领导被解雇，反指控州长和前检察长逆向歧视，最后，以严重的宪法和信誉问题为由，该案件被法院驳回（New York Times 1999b: 1; Trenton Times 1999: 1）。不可否认，这只是一个个例，但在其他辖区，它却引发了一场关于零容忍公共政策后果的国民大讨论，该政策将身体特征归因于犯罪控制策略。

特别是当它涉及毒品买卖的时候，“种族定性”作为一种执法方法论已有数十年历史了。在20世纪30、40和50年代，进行毒品买卖的主要是意大利和法国的贩毒集团以及少数亚洲人。到了60、70和80年代，非洲裔和拉丁裔美国人被视为是致命毒品的主要供应商。经历了这一切之后，在通过民族或种族这条线识别贩毒集团和网络的过程中，情报发挥了关键作用。当然，使用民族/种族变量来“锁定”犯罪集团是有合法理由的。因为历史已经证明，许多（但不是全部）犯罪组织是沿着这条线发展起来的。尽管如此，当此种普遍性成为“拦截和搜查”的“可能原因”时，很显然就太过分了——情报被用来对特定民族/种族群体进行形象定性并诬蔑。尽管如此，用这类方法确定犯罪嫌疑人，“政治正确性”的争论将会而且必定会遭遇到严重的政治后果（New York Times 2000: A-20）。[1]

当然，将情报作为有效的禁毒策略的先导是一种方法论，这在很大程度上，受到了毒品执法者的抵制。从整体来看，这取决于市场的性质。至少在理论上，情报是审慎、理性、注重成本意识的，并寻求可测性。禁毒方式基本上是反应式的——一旦发生毒品买卖，就利用机会清理街上的大量毒品，逮捕那些最显眼的人。这两种不同的思想意识很少融合在一起（Wilson 1978; Reuss-Ianni 1983）。因此，我们也就很少看到情报单位和禁毒单位进行沟通，通常两者是各走各的路。在“毒品战争”中，这是或可能是违背任何即时或长远解决方案的一个悖论。当公众被倡导行动导向警务的媒体所淹没时，是否有任何激励将情报用于“毒品战争”，这种可能性是很小的。事实上，其结果是，无数的执法策略不是改善，而是加剧了这一问题（Nadelman 1998; Kaplan 1998; Reuter 1995 and 1998; Reuter, Falco and MacCoun 1993）。

民兵和恐怖主义

一个最敏感、而且最终使情报失败的可能原因是美国的所谓“极端主义”运动。虽然已故总统候选人巴里·戈德华特（Barry Goldwater）支持极端主义——“捍卫自由的极端主义是一种美德”。如今，这样的极端观点在全国民兵组织中得到了响应。只要枪支管制是一个覆盖许多民兵组织的象征性问题，那么现在很明显，政府侵犯个人自由和自主的更大问题的核心，就是这个问题的关键所在。与 20 世纪 60 和 70 年代的“左派”运动不同，80 和 90 年代的“右派”运动将政府视为一个“暴君”。他们深信，除非他们站出来，并对政府傲慢和暴虐的本性做出回应，否则他们就会被错综复杂的法律所扼杀，这些法律只会增强政府对抗弱者的力量。

[1] 原注：2000 年的总统初选辩论中，在发布行政令禁止“种族定性”的问题上，副总统艾伯特·戈尔（Al Gore）受到了民主党候选人比尔·布拉德利（Bill Bradley）的挑战。其他的例子也表明这一问题已引起了一定的政治震荡。

"红宝石山脊事件"[1]是个开端，"韦科惨案"[2]就是集结号，并且在一些民兵运动的眼中，"俄克拉荷马城爆炸案"[3]是对失控的政府的反应。

实际上，在这两个事件中，只要情报从未被当作一种从挑衅性局面中将执法分离出来的方法，情报的作用就被边缘化了。以"红宝石山脊事件"为例——4名无辜的人丧生，判决政府赔偿310万美元，并且一个联邦探员被起诉——如果正确地使用情报，那么以上悲剧就不必发生。那些"韦弗们"（Weavers）的个人生活方式以及他们对武器交易的嗜好激怒了政府，但他们从来都不是政府争辩的威胁，他们也不值得政府使用"武力"（New York

---

[1] 译注：1992年8月21日，在爱达荷州（Idaho）北部的红宝石山脊（Ruby Ridge），兰迪·韦弗（Randy Weaver）及其家人和朋友凯文·哈里斯（Kevin Harris）与美国法警和FBI探员之间发生了一次致命对抗，导致韦弗的儿子萨米（Sammy）、妻子薇姬（Vicki）和美国法警威廉·F.德根（WilliamFrancis Degan）死亡。在随后的联邦法庭对韦弗和哈里斯的审判中，韦弗的辩护律师格里·斯彭斯（Gerry Spence）向介入该事件的联邦调查局（FBI）、美国法警局（USMS）、美国烟酒枪械管理局（ATF）以及美国联邦检察官办公室（USAO）等政府机构提出了"犯罪性渎职（Criminal Wrongdoing）"的指控。在审判完成之后，美国司法部职业责任办公室组成了"红宝石山脊事件"专案组调查斯彭斯的指控。1994年，专案小组的节录报告被公布在LexisCounsel Connect上，对所有参与在事件中的机构提出了关于其采取的措施和政策的质疑。民众强烈抗议"红宝石山脊事件"以及随后同样牵涉到许多相同政府机构对韦科（Waco）围攻的"韦科惨案"，甚至有人利用机会为扩大民兵运动推波助澜。为了回答公众关于"红宝石山脊事件"的疑问，美国参议院恐怖主义、技术和政府信息小组委员会1995年9月6日到19日共举行了14天的听证会。在随后发布的一份报告中，呼吁联邦政府执法改革，防止"红宝石山脊事件"再次发生，以恢复公众对联邦政府执法的信心。

[2] 译注：1993年2月28日，美国联邦执法人员出动坦克和飞机，对大卫邪教设在韦科的总部进行围剿。在冲突中有6名大卫教徒和4名联邦执法人员丧生。此后，双方进行了长达51天的武装对峙。4月19日，为了结束对峙，联邦执法人员对大卫邪教总部韦科山庄采取行动，山庄被大火烧毁，包括妇女和儿童在内的80名大卫邪教教徒及邪教教主考雷什丧生。此事件引起了美国媒体和民众对政府行为过当的批评。

[3] 译注："俄克拉荷马城爆炸案"（Oklahoma City Bombing）发生在1995年4月19日，是一起针对美国俄克拉荷马城市中心艾尔弗雷德·P.默拉联邦大楼发起的炸弹袭击，是"9·11事件"发生前美国本土所遭受最严重的恐怖主义袭击事件，导致168人死亡、超过680人受伤。麦克维和尼科尔斯以联邦政府在1993年"韦科惨案"中，针对大卫教派的行动失当，并导致多人死亡，作为自己犯下俄克拉何马城爆炸案的理由。"俄克拉荷马城爆炸案"是对美国政府策划和发动"红宝石山脊事件"以及"韦科惨案"的报复。

Times 1997b: A-6）。虽然事后诸葛亮总是好当的，但是情报应该以某种程度的准确性和确定性来预测威胁。在这个特殊的案例中，情报工作失败了，而且败得很惨。

然而，事情并没有就此停止。几个月后，“韦科惨案”证明了我们的情报系统是多么的有缺陷，导致了 4 名联邦特工和许多妇女儿童死亡。此后，一些知名公职官员谴责并批评政府的行动。当“非正常死亡诉讼”几经波折到达联邦法院后，并且当另一个联邦调查旨在确定政府是否掩盖事实时，最终发现：情报（或缺乏）处理不当的问题很严重（New York Times 1998b: A-1）。如果要找一个事件与“韦科惨案”相提并论的话，那就是 1997 年日本驻秘鲁大使馆人质危机事件[1]。在这个事件过程中，正确地使用了情报，也得到了令人满意的结果（仅有一名人质死亡）。与之相比，“韦科惨案”中的情报失误变得更加令人震惊和不安（New York Times 1997a: 1）。

鉴于极端组织也致力于言论自由，并允许表达愤怒，反对“专制政府”或它们认为是“专制”的东西，因此，它们可能对公共秩序构成威胁。在它们表达“愤怒”的过程中，可能会发生“非暴力反抗”及暴力行动。最近在华盛顿西雅图召开的世界贸易组织（WTO）会议（1999 年）非常生动地表明了执法所面临的困境——在允许公民抗议的同时，如何防止内乱的发生？（New York Times 1999c: A-16）问题的答案是情报，当然其前提是要正确地理解、管理和使用情报。一方面，搜集那些偶尔反对政府某项特定政策的守法公民的信息，会形成只提倡反政府言论的“奥威尔式图像”（Orwellian

[1] 译注：1996 年 12 月 17 日晚，在秘鲁首都利马，恐怖组织“图帕克·阿马鲁革命运动”（Túpac Amaru Revolutionary Movement，MRTA）的恐怖分子袭击了日本驻秘鲁大使馆。劫持了包括秘鲁高层领导人和数十名外国高级外交官在内的 540 余人（800 余名来宾中，有 200 余人因公务提前退场）。秘鲁政府和警方坚持不向恐怖分子妥协的原则，巧妙地与恐怖分子周旋，严谨细密地进行各种准备，终于在 1997 年 4 月 22 日，出其不意地实施武力突击，成功地解救了全部人质。一场持续了 126 天的恶劣人质劫持事件，在 38 分钟内得到彻底解决。美国《纽约时报》评价其“几近完美，国际影响之大，恐怖分子与政府对峙时间之长，均为国际反恐怖主义史上所罕见”。在这一行动中，秘鲁政府和警方表现出来的坚定与耐心、勇敢与智谋，为国际反恐怖主义斗争留下了宝贵的经验。

Image）[1]。另一方面，可能发生然后被认为“小题大做”的、准备不足的暴力冲突仅仅是“火上浇油”，并成为助长反政府武装的原因。很明显，在西雅图和世贸组织的案例中，没有正确地使用任何情报。由此，结果没有得到预防或遏制，反而是过度反应（New York Times 1999a; U.S. News and World Report 1999: 13）。

当然，“挑衅”是极端主义和反政府团体所使用的一种技术，该技术完全用来让警方反应过度。事实上，这也加剧了反政府言论——强调政府的压迫本性。警察机构没有完成预防犯罪和预防公共秩序混乱的基本使命，却无耻地将自己视为“挑衅”的受害者。其实，警察必须牢记，“暴徒的义务就是制造骚乱，但警察不是”。

公职人员的腐败

在揭露有组织犯罪和公职人员之间的腐败联盟方面，情报可能发挥了最大也是最重要的作用。迄今为止，只要犯错误或不准确，最敏感地使用情报就能够并将会对机构的情报计划产生长期的影响。现在臭名昭著的阿伯斯坎（ABSCAM [Abdul Scam]）调查行动[2]正是这种情况。其中，某些政府官员

[1] 译注：乔治・奥威尔（George Orwellian）是英国作家、新闻记者和社会评论家，著名的英语文体家。《一九八四》是奥威尔的传世之作，堪称世界文坛著名的反乌托邦、反极权的政治讽喻小说。他在小说中创造的“老大哥”“双重思想”“新话”等词汇都已收入权威的英语词典，甚至由他的姓衍生出“奥威尔式”（Orwellian）、“奥威尔主义”（Orwellism）这样的通用词汇。奥威尔为读者提供了一个现代国家的图像，其中隐私不再被视为公民美德和一项基本人权，也不再被认为是衡量一个民主国家是否健康和繁荣的强有力标准。在奥威尔的反乌托邦中，隐私权受到严重侵犯，但无情的侵犯隐私行为指向比侵犯个人权利更严重和恶劣之事。在奥威尔看来，隐私权主张代表了一种道德和政治原则，就是依靠这种原则来评估新兴极权国家的性质、权力和严重程度。奥威尔的警告旨在揭示20世纪中期极权主义的恐怖、语言的腐败、普遍愚蠢的生产和国家针对公民采取的不停歇的监控活动。

[2] 译注：1978—1980年，FBI在纽约哈帕克和长岛进行的调查行动，原本旨在调查偷窃案的FBI却意外地从案中发现了众多违法的官员腐败行为。为了侦缉国家机关内的渎职犯罪，以虚设的Abdul Enterprises, Ltd.有限公司为掩护，由侦查人员扮成阿拉伯商人，借谋求赌场营业许可、居留签证、产业投资为名，向国会议员及政府官吏行贿。在一系列

被证实为“腐败”，但却没有遭到起诉（Insight 1991: 26-27; New York Times 2000b）。该事件对 FBI 情报计划的影响长达数十年，自那儿之后，再也没有推行这样的倡议。虽然可以讨论情报是否不准确或“不够准确”，但是人们感觉到，守法的立法者是基于 FBI“制造”的信息的毫无根据的调查“目标”。要是没有 FBI 的挑衅？有人争辩说，“犯罪”根本就不存在。当然，“真相”可能介于两者之间。

然而，我们有理由相信，在情报工作正常的情况下，刑事诉讼就会更有效和富有成果。例如，在对宾夕法尼亚州前总检察长小欧内斯特·普里特（Ernest Preate, Jr.）的调查中，现已解散的宾夕法尼亚州犯罪委员会得到可靠信息，普里特向非法视频扑克游戏运营商勒索钱财。这些款项伪装成竞选资金，用来阻止对视频扑克运营商的调查。虽然委员会成功地迫使总检察长接受了联邦起诉，但是宾夕法尼亚州议会动员其部队并成功地废除了犯罪委员会。宾夕法尼亚州议会认为：将一个意大利裔美国人——普里特——作为目标有失公平；这超越了立法意图而扩展授权；普里特陷入的“政治迫害”与已故参议员约瑟夫·麦卡锡没有什么不同；最后，这本身就是个错误。当然，这些理由没有一个被证明是准确的。为了使自己及家人免受起诉，普里特对邮件欺诈认罪，并在联邦监狱服刑（Inquirer 1995: 1）。既然这样，如果说犯罪委员会确实做错了什么事的话，那就是它没有正确地使用其情报，以阻止导致它被撤销的恰当行动。在这个特例里，我们对调查一个充满魅力、很受欢迎的民选政府官员的后果是该机构被废除这一现象心领神会。这也证明了，即使是最好、最准确的情报，也不能阻止滥用或错用其权力带来的腐败利益。

调查之后，最终有 1 名参议院议员、6 名众议院议员、1 名新泽西州议员、1 名费城市议员和 1 名移民局官员被定罪。该案在当时引起巨大轰动，不仅是因为在美国历史上头一次有如此大量的民选官员腐败，而且也因为 FBI 在调查行动中对卧底探员毫无底线的使用和大量的钓鱼执法行为。迫于舆论压力，在该案司法程序完毕之后，时任的美国司法部长本杰明·西维莱蒂（Benjamin Civiletti）专门就此类案件发布了《美国司法部关于 FBI 卧底行动指南》（Attorney General's Guidelines on FBI Undercover Operations, 1981 年 1 月 5 日），该指南明确规定了 FBI 探员在进行卧底调查行为中应当遵循的司法规则和流程。

理所当然地，人们会认为，由于针对政府腐败的情报具有易变性，所以最好“适可而止”，并对付那些“不敏感或更有吸引力”的目标，如“仇恨群体”、毒贩或黑手党成员。事实上，这也是常有的事。令人遗憾的是，当注意力从涉嫌使非法活动继续并最终成长的公职人员转移后，“原因”也就无法识别了。通常，当一桩丑闻出现后，那就为时已晚了。新泽西州就是这种情况，这促使联邦政府对当时被称为“全国最腐败的州”介入调查，并进行清理（Hoffman 1973）。然而，与此同时，该州被视为无能或不能解决它的有组织犯罪问题——添加到不受公众信任的州和地方政府中。犬儒主义（Cynicism）已经来临，其结果是加剧政府无视一项公共政策，宾夕法尼亚州的切斯特（Chester）代表了这一困境。数十年间，宾夕法尼亚州切斯特城饱受一党执政的折磨（Pennsylvania Crime Commission 1991: 309-322）。一党执政带来了腐败和权力的滥用。黑手党成员与政府官员勾结，对城市进行掠夺和搜刮，使这座城市几乎不可能恢复过来。宾夕法尼亚州联邦和县政府官员都深知切斯特的困境，尽管如此，却都装作看不见，没有采取改变现状的任何行动。虽然联邦政府的定期干预导致了一些起诉和定罪，但从来没有带来系统性或持久变化的持续性成就。从本质上讲，过去和现在这都是“美国式种族隔离政策”，一个事实上忽视的例子已经导致了一个棘手问题，即创造了一个主要是非洲裔美国人组成的下层阶级。一个有效的情报机构——同样是宾夕法尼亚州犯罪委员会——发现了切斯特政府的内在问题，却遭到统治了切斯特和特拉华100多年的地方检察官和政党的攻击。很显然，这是一个被执法机构“有意识忽视”的例子，因为最初级的情报机构都会证明破坏了切斯特司法行政的腐败和滥用权力。然而，由于担心结果将会降临到有勇气揭露政府腐败的任何机构，所以，它只能选择不去那样做。

当然，有理由相信，切斯特、宾夕法尼亚州和新泽西州并不是个例。其他司法管辖区——例如（但不限于）纽约、罗得岛州、路易斯安那州、阿肯色州、加利福尼亚州的某些市场和行业——对避免或有意识忽视渗透到政体的政府腐败程度也同样具有负罪感（New York Times 2000c: A-16; New York Times 1999c: A-18; Noedels Seder 1993; Providence Journal 1988: 1; New York

Times 1998c: A-7）。由联邦政府而不是州和地方官员对所有司法管辖区进行腐败调查，这并不奇怪。从例子中得出的唯一结论是：使社会和政府腐败问题明确化的州和地方情报机构出现了系统性失灵。

未来的挑战

虽然忽视和滥用情报系统使执法管理人员陷入了一个严重困境，但不需要将其视为是无法解决的。绝对不能用逃避公众注意力的、精心包装的委婉措辞来伪装“情报”。情报作为一个过程，必须被视为不可替代的、必要的，而不是一个奢侈品。情报工作具有独特的专业性，只能由合格的专业人员来完成，该人员有能力辨别哪些是、哪些不是正确行使警察自由裁量权。对任何一个具有有组织犯罪控制职能的执法机构而言，阐明和使情报职能合法的能力是必不可少的。也许在应对促进情报工作固有的挑战前，我们需要处理过去十几年来杂在情报技艺中的某些误解。

- **误解 1——所有执法机构都可以从事情报工作。**情报工作具有独特的专业性，需要超越传统执法职能的技能。情报工作必须积极主动，但不能滥用或过度侵入。从事情报工作的人必须具有敏锐且严格区分非法、不当、令人不悦和宪法允许等能力。并非所有执法机构都有能力利用其资源以负责的态度履行这个职能。事实上，大多数传统的执法机构缺乏妥善管理情报职能的深度和资源。的确，当一个机构决定投资这一必要、合法的执法职能时，如果情报职能履行不当，那么必须认识到会困扰机构的危险。任务的复杂性要求从业人员具备独特的技能和特质。
- **误解 2——警察部门的任何成员都可以从事情报工作。**传统的警察角色（极少例外）要求被动性的警务技能和技术。这主要是因为，警察被视为人的代理，要在犯罪发生后做出反应，这就限制和限定了对那些犯罪发生的情境进行侵入的警务性质。正是出于这种心态，被动性警务统治了国内大部分警察部门的执法职能。

  尽管如此，不久前，人们认为警察的角色更加具有预防性和主动性，在犯罪发生前进行干预。这是“社区警务”的基本前提。如果犯罪目标在某区域被锁定，那么社区警务需要警察增加到现场的次数，以进行出其不意的打压。通过其比较统计模式计划思考“特定目标执法警务”（Target-specific Enforcement Policing）模型，纽约市警察局汇报了从这一主动警务方法取得的非凡成果（Maple 1999）。然而，并非所有警察部门都有足够的资源或人力开展积极主动的工作，并且，大多数警察机构也不具备调整“思维过程”对犯罪采取前瞻性的思维方式的能力。在他们实施犯罪前，通过识别违法者试图阻止犯罪，被动警务与主动警务间的过渡往往导致混乱和不幸。特别是当提到将情报转化为行动政策时，警察机构必须非常小心地避免基于可疑标准或标记的“目标定位”。这需要非常熟练和有经验的人员，以符合伦理和受宪法保护的方式，来管理和执行情报职能。

· **误解3——情报系统本质上是信息系统。**在寻求避免“情报”（Intelligence）这一术语时，许多执法机构都将他们的情报系统（Intelligence System）更名为“信息系统”（Information System）。情报是一系列可定义的职能，是信息系统不需要也不可能从事的职能。例如，情报系统需要生产有用、及时的情报产品。信息系统只代理信息——未必是有用、及时或经过分析的。情报系统致力于分析——情报的核心。信息系统不需要解读信息，把这个任务交给用户即可。情报系统遵循将信息转换为情报的持续过程，而信息系统本质上是静态的。混淆这两个概念，交换使用这两个术语会给情报职能带来危害。

· **误解4——情报只不过是做好准备。**情报的特质表明：预知是任何可行的情报计划的先决条件。在为一个诸如集会示威这样的事件做准备时，执法管理者要依靠情报判定他们的反应。情报是计划过程的一部分，该过程允许警方管理者预测任何备选方案。“做好准备”远不止有情报。然而，在华盛顿西雅图涉及世界贸易组织的惨败中，这一点得到了明显证实。在这一事件中，警方收到了准确的情报，但做出的反应却相当糟糕。

这些尽可能多的例子强调了与情报职能密切相关的困惑，因此，重温情报的一些基本要素是非常重要的。（Godfrey and Harris 1971; Harris 1976）

◇ **情报具有专业性：** 情报必须被视为一个专业化的执法活动，最好是由那些没有利益冲突的人来执行。它不能也不应该是任何特定公共政策的支持者，而是一个受重复、证实的信息支持的产品。

◇ **情报是至关重要的：** 为了得到准确的情报，就必须持续并理性地挑战广为接受的信念。如果仅仅接收信息，而不挑战这些信息所立足的基础，那么，信息源及据此得出的结论的真实度和可信度，就会破坏这一过程的真实性质。因此，勇敢去挑战吧！

◇ **情报是可以衡量的：** 如果不能通过结果来衡量的话，那么任何执法活动实际上都是无用的。情报也不例外。无论是阻止有组织犯罪的发生，还是控制或减弱其影响，都应有一个阐明和支持其结果的情报计划。

◇ **情报很少寻求公开：** 情报的本质是预防，因此，它几乎没有义务公开透露用于阻止事情发生的策略或技巧。这并不是说，有时候，当情报公开证明其预防价值时，就提高了“乘数效应”。相反，为了避免渗透到执法区域争端的“自我扩张游戏”，公开推进一个特定的预防行动还是会有点好处的。

◇ **情报将目标锁定在经常被其他人忽视的有组织犯罪问题：** 因为情报有义务积极主动而非被动反应，所以，它就有责任明确那些可能被传统警务职能所忽视或忽略的有组织犯罪问题。“不忘初心，方得始终”，这句谚语根本就不适用于情报职能。因为情报是在一个令人艳羡的位置得以推进，其议程超越“处理案件”或在“危机时刻”做出的反应。

◇ **情报需要注意细节**：如果要与一项有组织犯罪倡议相关，那么情报职能必须要对细节敏感，更要避免基于通用标准锁定犯罪组织的笼统概括。换句话说，对一个犯罪组织进行比另一个犯罪组织更高优先级的细节关注，可以使情报得以合法，并提升情报的真正价值。

小结

犯罪情报的价值不能被低估。**它对执法职能的实施是绝对必要的**。我们必须继续提升其“科学的”严谨性——当然，要理解它是一种需要将原始数据转化为最终产品的完全增值的“艺术”——那个产品就是情报。发现上游犯罪对于启动情报流程至关重要。也许更重要的是认识到限定犯罪威胁**比例**的必不可少的能力，确保精确反应，而不是过度反应或反应不足。比例问题似乎导致了历史上对情报的滥用和误用。并不是对所有的犯罪威胁都应做出一样的反应。对哪些是真实的、哪些是短暂的或暂时的进行区分是一门艺术，而这只能通过严谨的分析以及多年的经验和知识才能得以形成。的确，在一定程度上，我们已经从“红宝石山脊事件”“韦科惨案”“水门事件”和“麦卡锡主义”汲取了经验。毫无疑问，我们驱散暴行可能性的能力——比如，1996 年“蒙大拿自由人运动”（Montana Freeman）领袖勒罗伊·施魏策尔（Leroy Schweitzer）的被捕——显示了如何使用情报合理地衡量威胁，并做出相应的反应。也许，源于“麦卡锡时代”的滥用情报已足够让我们明白，在刑事司法行业，基础广泛的一概而论和不负责任的狂热态度是没有立足之地的。

当我们进入一个新千年，可以肯定的是，技术革命将产生新的、深刻的问题。相应地，这些问题将考验并挑战我们的反应能力。作为一门“技艺”，情报可以让我们有能力精确地测量犯罪威胁。为确保我们的观点受到适当限制，了解我们的过去，无论成功，还是失败，会对确保情报职能的生命力大有裨益。然而，无视过去，肯定会导致情报职能的灭亡。到底如何做，选择权在您手中。

参考文献

1. Anderson, Jack and Ronald May. (1956). *McCarthy: The Man, the Senator, the Ism.* Boston: Beacon Press.

2. Andrews, Paul P. and Marilyn B. Peterson, eds. (1990). *Criminal Intelligence Analysis*. Loomis, CA: Palmer Press.

3. Bernstein, Carl and Bob Woodward. (1987). *All the President's Men*. New York: Simon & Schuster.

4. Cogley, John. (1956). *Report on Blacklisting*. New York: Fund for the Republic.

5. Cook, Fred J. (1971). *The Nightmare Decade: The Life and Times of Senator Joseph McCarthy*. New York: Random House.

6. Dintino, Justin J. and Frederick T. Martens. (1983). *Police Intelligence in Crime Control.* Illinois: Charles C. Thomas.

7. Donner, Frank J. (1980). *The Age of Surveillance.* New York: Alfred A. Knopf.

8. Franco, Joseph and Richard Hammer. (1987). *Hoffa's Man*. New York: Prentice Hall.

9. Garfinkle, Simon. (2000). Database *Nation: The Death of Privacy in the 21st Century.* New York: O'Reilly and Associates.

10. Garrow, David J. (1981). *The FBI and Martin Luther King*. New York: Penguin.

11. Gentry, Curt. (1991). *J. Edgar Hoover: The Man and His Secrets*. New York: Plume.

12. George, John and Laird Wilcox. (1996). *American Extremists*. New York: Prometheus Books.

13. Harris, Don and E. Drexel Godfrey. (1971) (1976). *Basic Elements of Intelligence and Revised*. Washington, DC: U.S. Government Printing Office.

14. Hoffman, Paul. (1973). *Tiger in Court.* Chicago: Playboy Press.

15. *Insight* (1991). "An Older, Wiser FBI Hesitates to Sting the Hand that Feeds." February 4.

16. Kaplan, John. (1998). "Taking Drugs Seriously." *The Public Interest*. No. 92. Summer.

17. Knodels Seder, William. (1993). *Stiffed*. New York: Harper.

18. Maple, Jack. (1999). *The Crime Fighter: Putting the Bad Guys Out of Business*. New York: Doubleday.

19. Martens, Frederick T. (1986). "An Enforcement Paradox: The Intelligence Dilemma in Narcotics Enforcement." *Journal of Justice Issues*, Vol. 1, No. 2. Fall.

20. Mitgang, Herbert. (1988). *Dangerous Dossiers*. New York: Donald Fine.

21. Nadelman, Ethan A. (1998). "The Case for Legalization." *The Public Interest*. No. 92. Summer.

22. Navasky, Victor S. (1980). *Naming Names*. New York: Penguin Books.

23. Navasky, Victor S. (1971). *Kennedy Justice*. New York: Atheneum Press.

24. O'Reilly, Kenneth. (1989). *Racial Matters: The FBI's Secret File on Black America 1960-1972*. New York: The Free Press.

25. Pennsylvania Crime Commission. (1991). "Chester Pennsylvania Racketeering at the Local Level." *A Decade of Change: 1990 Report*. Conshohocken, PA: Commonwealth of Pennsylvania.

26. Powers, Richard Gid. (1987). *Secrecy and Power*. New York: The Free Press.

27. *The Providence Journal*. (1998). "Former Gov. Di Prete Pleads Guilty to 18 Charges of Corruption in Office." December 14.

28. Reuss-Ianni, Elizabeth. (1983). *Two Cultures of Policing*. New Brunswick: Transaction Books.

29. Reuter, Peter. (1998). "Can the Borders be Sealed?" *The Public Interest*. No. 92. Summer.

30. Reuter, Peter, Mathea Falco and Robert MacCoun.(1993). *Comparing Western European and North Ameican Drug Policies*. Rand Corporation.

31. Roverse, Richard. (1959). *Senator Joe McCarthy*. New York: Harcourt, Brace.

32. Schlesinger, Arthur M. (1978). *Robert Kennedy and His Times*. New York: Ballentine Books.

33. State of Illinois. Division of Criminal Investigation. (1989). "Intelligence in Major Police Agencies." March 8.

34. Sullivan, Andrew. (1999). "What's So Bad About Hate?" *New York Times Magazine*. September 26.

35. *The New York Times*. (1999a). "John Paton Davies, Diplomat Who Ran Afoul of McCarthy, Dies at 91." December 24.

36. *New York Times*. (1998a). "California Weighs Release of Spying Records." April 4.

37. *New York Times*. (1999b). "Whitman Dismisses State Police Chief for Race Remarks." March 1.

38. *New York Times*. (1998b). "5 Years After Waco Standoff, the Spirit of Kouresh Lingers." April 17.

39. *New York Times*.(1997a). "A Signal, and Peru Hostages Opened Door to Raid; Meticulous Attack Was in the Works from the Outset." April 24.

40. *New York Times*. (1999c). "Seattle Police Chief Resigns in Aftermath of Protests." December 8.

41. *New York Times*.(1999d). "Free Trade Takes on Free Speech." December 5.

42. *New York Times*.(1997b). "U.S. Will Bring No More Criminal Charges against F.B.I. Officials in Ruby Ridge Siege." August 16.

43. *New York Times*. (1998c). "Former Louisiana Governor is Indicted in Extortion Case." November 7.

44. *New York Times*. (1999). "Arkansas Lawmakers Indicted in Vast Corruption Case." April 28.
45. *New York Times*. (1994). "Two Year Corruption Inquiry Finds a Willful Blindness in New York's Police Dept." July 7.
46. *New York Times*. (2000a). "Bradley Challenges Gore." January 18.
47. *New York Times*. (2000b). "FBI cases a Wide Net With Plenty of Tangles Texas Suit May Bring Charges to Stings." February 9.
48. *New York Times*. (2000c). "Police Corruption Expands in Los Angeles." February 11.
49. Theoharis, Athan G. and John Stuart Cox. (1990). *The Boss: J. Edgar Hoover and the Great American Inquisition*. New York: Bantam Books.
50. *Trenton Times*. (1999). "89 State Police Document: Watch Minorities." May 4.
51. Ungar, Sanford. (1976). *FBI*. New York: Little, Brown & Co.
52. *U.S. News and World Report*. "He Wasn't a Cop's Cop." December 28, -.13.
53. Weschler, James. (1953). *The Age of Suspicion*. New York: Random House.
54. Wilson, James Q. (1978). *The Investigators*. New York: Basic Books.
55. Wilson, James Q. and Richard J. Hernstein. (1985). *Crime and Human Nature*. New York: Simon & Schuster.

[第12章]
情报计划

12.1　情报主导警务：预测风险和影响行动

杰里·拉特克利夫

引言

犯罪情报工作，常常被定性为主要是分析职能、秘密行动或者知识性工作。但这些观点没有一个是完全准确的。犯罪情报职能要更广泛得多，且主要关注于预测风险和改善公共安全。英国“国家情报模式”（National Intelligence Model，NIM）的首席设计师最近写道：“我们知道，对整个警务工作而言，这种情报模式实际上是一个理想模式，它可以使警察指挥官理解并预测公共安全领域所面临的风险和威胁。”（Flood and Gaspar 2009）在本节稍后的讨论中，至少在执法领域内，情报具有双重角色：预测公共安全的未来风险和影响决策者，从而可以启动犯罪预防行动。

需要强调的是，本节的主题不是情报，而是情报主导警务。情报主导警务，是一个将情报职能置于警察组织整个使命中的当代模式（Carter 2005）。情报预测风险和影响行动的双重任务既可整合分析与决策，又能为犯罪情报从业者带来更多挑战。为公共安全更直接的职责承担责任，可能会让一些分析师深感不安。然而，它拓展了分析师的作用，使其超越了简单的警务辅助职能，转变为以决策和公共安全规划为中心的核心职能。这是一个应该接受的挑战。

本节以解释管理未来风险的警务需要，以及识别帮助未来犯罪预防行为模式的重要性开篇。这一切都发生在一个情报主导警务的框架内。然后，本节将继续定义并描述两个情报主导警务模型。第一个是简单的概念模型；第二个是一个源自警察部门最佳方法的业务模型，而该部门在情报主导警务的合作伙伴关系模型拥有多年经验。本节会通过总结要点结尾，以便读者能够将情报主导警务理念发展为情报主导警务实践。

需要管理一个不确定的未来

本节引言中，情报的双重角色（预测风险和影响行动）的第一个阶段是预测公共安全所面临的风险。所有罪案情报分析，甚至是对过去犯罪活动的描述性工作，都会对可能的未来犯罪环境做出潜在的推测。为了这种表述的正确性，我们有时不得不排除调查支持这一常常被误标为情报分析的活动领域。对一项不可或缺的警务职能而言，支持现有调查以搜集充足证据进行起诉为目的的工作，既值得赞赏，又非常具有价值。但是，可以将其更准确地描述为调查支持角色，而本身并非情报工作，与涉及的个人的任何工作描述或头衔无关（Sheptycki 2004, Ratcliffe 2008a）。这里需要告诫的是，大多数犯罪和情报分析师的活动都含蓄地尝试用现有知识预测不确定的未来。之所以说含蓄，是因为许多分析师及其管理者对现有的罪案模式和罪案活动的报告是满意的，而这些报告对未来并没有明确陈述。然而，对未来的预测常常是决策者渴望得到的，因为他们作为风险管理者角色的职责是管理资源配置。

警察指挥官经常问一些不可能的事情。虽然常常无法清楚地表达他们想要什么，但他们习惯性地寻求“答案”——对未来犯罪行为具体日期、时间、地点的难以实现的预测。提供的信息少，则被认为是失败。实际上，为了主动预测而非被动反应，旨在预测单个罪案事件将会被预测未来犯罪模式和行为的目标更好地取代。正如我已在其他地方解释过的一样（Ratcliffe 2008a），在一定程度上，向情报主导警务的转变是由对预防犯罪的积极警务的愿望驱动的，而不是一旦犯罪发生后，做出的简单反应所驱动的。为了**预防**活动的发生，需要警察和预防犯罪从业者在他们的活动中积极主动。**积极主动**需要所涉犯罪行为有**可预测性**的成分。如果罪案是极为罕见的，那么我们不可能确定未来的事件，因为我们需要历史模式，建立使事件成为可能的趋势和条件。因此，可预测性需要识别犯罪行为模式。图 12–1 是一个“**预防**需要**积极主动**，积极主动需要**可预测性**，可预测性需要**模式**”的链条。该链条确定了模式识别作为犯罪预防行动的先导，并且是情报主导警务的核心（参见 Ratcliffe 2009）。虽然一些短期的波动有时也存在，但许多罪案趋势和问题都是长期和持续的，直到采取有效的补救行动为止。

图 12–1　从模式到预防

资料来源：Ratcliffe (2009), reproduced with permission of Federation Press (Australia)

例如，20 世纪 40 年代，由研究者们绘制的费城罪案热点图（Shaw and McKay 1942）在今天同样的问题地区依然存在。犯罪问题一旦出现，这些问题将继续存留，直到最终解决；有组织犯罪集团一直都会寻找它们可以利用的弱点，直到强有力的打击手段出现为止；一旦犯罪分子学会了如何盗窃某一特定型号的车辆，那么重新设计车辆常常是必要的；一旦窃贼知道了如何规避安全防范措施，那么他们将会继续偷盗，直到新的安全预防机制被落实。模式的重要性在我的“情报第一定律”（**未来犯罪活动最可靠的指标是当前的犯罪活动**）是内在的。已经识别并利用机会的犯罪分子将继续实施犯罪，直到被打击为止，并且频繁的犯罪行动造成的结果就是事件的模式。相对于单个事件的调查而言，对罪案事件和罪犯行为模式的战略管理将是对执法能力更有效的使用。

所有这些意味着什么呢？这意味着在分析的角色中，模式识别（罪案和犯罪行为）是旨在预防犯罪的积极主动警务工作至关重要的第一步。如上所述，对过去罪案模式的描述性分析会对未来做出解释，因为这里有一个隐含的启示——过去的事件是对未来犯罪的一种预示；除非采取了行动，观察到的模式的连续性将继续。因此，基于当前的一个往往不完整的图景，犯罪情报工作是对不确定未来做出的一种说明，旨在指导未来的警察和犯罪预防行动，以管理风险。所以，情报分析的挑战是显著的。

在情报主导警务中，双重角色（预测风险和影响行动）的第二阶段也至关重要，即影响决策者。在这里，我援引自己的“情报第二定律”：**不能影响决策者思维的情报就不能称为情报**。这并不是贬低调查支持、背景审查或分析师进行的其他宝贵工作，而只是确认“情报是为行动准备的知识”（Grieve 2009: 29）。如果我们用知识驱动行动，那么情报必须以有意义的方式影响决策者，并且这意味着改变和启动行动的路径。作为资源配置的一个关键工具，如果犯罪情报不能对决策者的行动产生影响，那么这是可以接受的，并且几乎是不可避免的。因为很少有足够资源解决所有犯罪。因此，**善意的忽视**也是行动的一种形式，如果故意这样做，那么其他优先事项就要被明确优先考虑。但是，当决策是基于证据的或由情报主导的，**有意义的**行动就会发生，其中，情报驱动的行动路径旨在减少罪案和促进公共安全。正如霍华德·阿特金（Howard Atkin）在本书第 1 版指出的那样：“情报主导警务取决于既有效率又有效果的情报产品和应用。”（Peterson et al. 2000: 13）

让情报分析人员在影响决策者方面起到积极作用，这听起来似乎是“不择手段的阴谋家”（Machiavellian）[1]，但这也未必是贬义的。人们更加注意到，如果分析师通过情报主导警务成功实现了改善公共安全的目标，那么，在警务中，他们必须利用情报驱动领导层。情报管理人员和高级警务人员可能对此的理解是，当聘用和提拔分析师时，表达情报的能力，向管理者快速、清晰、准确汇报的能力，并且准备和传递令人信服的演示文稿和书面文档的能力，这些都是需要考虑的重要技能。他们的这一理解可能是正确的。正如曾任北爱尔兰和新西兰情报管理者的马克·埃文斯（Mark Evans）依据经验指出的那样：“优秀的分析师要有一定气质，从事有效的语言和非语言行为，具备读懂形势并相应调整其贡献的能力。虽然有些品质可能会是无形的，但都具有实用性，且当被成功使用后，将有助于产生强烈影响。”（Evans 2009: 198）

如果分析的任务是使不确定性最小化，以便决策者能够做出关于预防活动和资源配置的明智决定，那么，什么是情报主导警务？该框架如何成功实现预测风险和影响行动的双重作用呢？

什么是情报主导警务

我在以前的著作中，专门用了一整章界定情报主导警务，并从概念上阐述了情报主导警务与比较统计模式、社区警务以及问题导向警务（Problem-oriented Policing）间的区别，使前者更加明朗起来（Ratcliffe 2008a）。然而，由于篇幅限制，这里仅给出如下定义：

> 情报主导警务是一种业务模式和管理思想。其中，对客观的决策机制而言，数据分析和罪案情报是至关重要的。通过针对惯犯和重特大犯罪分子的战略管理和有效的执法策略，该决策机制有助于罪案和问题的减少、遏制和预防（Ratcliffe 2008a : 89）。

[1] 译注：马基雅维利（Machiavelli，1469—1527）是意大利政治家和历史学家，以主张为达目的可以不择手段而著称于世。马基雅维利主义（machiavellianism）是权术和谋略的代名词。

我很清楚，这会被认为是一个有些冗长的定义！我在情报界的同事更喜欢情报主导警务的其他更短、更顺畅的表述；然而，以下的每条表述都是以过去十几年对情报主导警务的研究为基础，并进行了解释（详细内容参见 Chapter 4 of Ratcliffe, 2008a）。

情报主导警务是一种业务模式和管理思想：情报主导警务不是课堂上需要探究和概念化的抽象理念，而是需要组织的全部单位和个人参与的业务实践思想。此外，情报主导警务是一个业务模式。通过英国国家情报模式或大曼彻斯特遏制罪案的伙伴关系业务模式（Greater Manchester Against Crime Partnership Business Model, GMAC PBM，稍后介绍）等机制，该模式可规定信息和罪案情报围绕组织流向决策者的方式。

数据分析和罪案情报至关重要：对一些读者而言，**罪案情报**（Crime Intelligence）也许是一个新的术语。它代表了罪案分析（Crime Analysis）和犯罪情报（Criminal Intelligence）的融合，主张这两股分析的协同。至少在美国，由于组织、文化或技术限制、传统等原因，它们经常被人为地分开。罪案分析可以告诉决策者发生了**什么**（What），由于根植于对犯罪行为模式的理解和解释，犯罪情报可以告诉决策者**为什么**（Why）。

客观的决策机制：定义的这一部分给情报人员带来了真正的挑战。他们工作场所的决策机制是什么？影响犯罪环境改变的真正力量在哪里？当分析师们开始提出这些问题的时候，答案往往是意料之外的。按照惯例，我们去找巡逻警察，但他们没有权力掌控他们自己的很多时间，并且往往缺少行动情报的责任。正如新西兰警方的一位分析师所言："面对责任的缺失，最好的办法是通过上级获取职责。"（Ratcliffe 2005: 444）

有助于罪案和问题的减少、遏制和预防：就像本节开头引用的布赖恩·弗勒德（Brian Flood）和罗杰·加斯帕（Roger Gaspar）所指出的那样，情报主导警务是整个警务业务的一个模式。因此，该定义承认，它可以用于处理包括罪案在内的警察需要处理的更多问题，如超速驾驶、事故管理、公害控制、失踪人员和公共秩序等。公共安全面临的这些风险可以利用数据分析和罪案情报来预防，可以通过客观的决策机制来缓解。当这些情况发生时，精确的反应往往超过单纯的逮捕罪犯，但包括问题的减少、遏制和预防。就像英国重特大有组织犯罪局（Serious Organised Crime Agency）所认为的那样："英国和海外的执法活动往往会导致特定的毒品供应链的**瓦解**和被取代"。（SOCA 2008: 7）

战略管理：越来越多的证据表明，问题导向警务的方法是有效的，该方法可解决警察工作中的根本问题（Scott 2000; Sherman et al. 1998）。在定义中包含**战略管理**是意识到，在寻求预防和减少问题的过程中，更为长期的战略方法发挥着重要的作用。定义中包含战略管理可以使警察：例如，和道路工程师一起工作，改善交通事故黑点；和住房管理部门合作，解决公共住房项目中的罪案和失序问题；与市府机构一起工作，吊销混乱的酒吧的售酒许可证；和立法者一起工作，堵住有组织犯罪集团利用的金融漏洞。

有效的执法打击策略：虽然战略管理为警察与合作伙伴以协作和联产的犯罪预防模式共同工作开辟了机会（Taylor 2006; Wood and Shearing 2007），但在过去 30 年的许多以犯罪学为基础的犯罪控制策略中，警察没有明确的角色：犯罪是通过解决社会的基本问题得以控制。虽然社会学方法解决犯罪问题有某种程度的学术价值，但它们往往缺少对社区和警察的政策相关性。越来越多的事实证明，如果目标有效，那么特定和有针对性的警务策略有助于降低犯罪。这里的关键词是**有效**（本节稍后详述支持定义中这一部分的证据）。

警务策略间的区别常常被混淆。情报主导警务有时与社区警务、比较统计模式以及问题导向警务相关联。如上所述，当我们把定义分解后，这样情报主导警务与其他方法的关系就明朗了。例如，社区警务的首要目的是重建警察在公众心目中的合法性，朝着社会服务道德观方向发展，允许社区在确定警察优先权时发挥主导作用（Skogan 2006; Taylor 2006）。相比而言，情报主导警务的首要目标是预防犯罪和逮捕惯犯，并且它寻求一个更客观的、基于数据和情报分析的决策系统，以确定优先事项。

比较统计模式（Compstat）经常被错误地认为是一个情报主导警务方法（示例参见 Dannels and Smith 2001）。比较统计模式既与纽约警察局维护秩序的做法相关，也和“破窗”（Broken Windows）方法相关（Kelling 1999; Kelling and Bratton 2006; Sousa and Kelling 2006; Wilson and Kelling 1982），其中，维护秩序的做法与 20 世纪 90 年代后期发生在纽约市的犯罪活动减少有关。比较统计模式主要专注于街头和大规模罪案，并对新出现的罪案问题推动短期问责制。而情报主导警务有一个长期的战略组成部分，既适用于跨国组织犯罪，也适用于邻里失序（Ratcliffe 2008a）。正如迈克尔·斯科特（Michael Scott）和他的同事们指出的那样，比较统计模式没有任何理论基础，以取得短期的收益，并且“社区警务和破窗警务似乎是建立在警务的注入可迅速矫正社区功能障碍这一理念基础之上”（Scott et al. 2008: 243）。在比较统计模式关注罪案的地方，情报主导警务专注于识别威胁（Carter and Carter 2009）。

情报主导警务试图采用比在其他任何警务方式中找到的更广泛的数据源，而问题导向警务可能是个例外。问题导向警务与情报主导警务有着自然的协同，因为它们都在寻求更为长期、战略、关注风险以及综合的罪案解决方案。问题导向警务是一种能够解决大量警务问题的概念上的方法，但它需要执法机构更加深入地研究影响公共安全的潜在问题。这就需要在处理问题之前，警察能够审查大量的数据和信息源，识别问题、分析问题，并确定潜在问题（Clarke 2004; Eck 2006; Goldstein 2003; Townsley et al. 2003）。问题导向警务和情报主导警务都在寻求战略上的解决方案，但情报主导警务更多的是明确警察的角色，通过支持长期的战略管理，在将重大犯罪分子和惯犯绳之以法的过程中，发挥明确的作用。这使警察能够积极主动并预防来自有组织犯罪和重特大犯罪分子的风险，以及实现追求的、长期的公共安全收益。总而言之，情报主导警务：

- 是一种管理思想和业务模式；
- 目标是实现罪案的降低和预防，并瓦解罪犯的活动；
- 采用自上而下的管理方法；
- 将罪案分析（Crime Analysis）和犯罪情报（Criminal Intelligence）合并为罪案情报（Crime Intelligence）；
- 利用罪案情报客观地指导警务资源决策；
- 重点关注对惯犯和重特大犯罪分子的执法打击活动。

（Ratcliffe 2008a）

决策和领导

为了使情报主导警务成为现实，情报分析必须纳入警察机构的规划流程（Peterson 2005）。不仅如此，如果警察机构想要预测风险和影响行动（本节的主题），那么有 3 个被考姆比（Quarmby）认同的、对主动工作至关重要的要求："有一个可识别的决策支持系统；在情报系统和决策系统支持下，有一个未雨绸缪的意愿；并且在情报系统和决策系统支持下，有一个应用结果的意愿。"（Quarmby 2009: 165-6）对分析师和决策者而言，这 3 个要求构成一些真正的挑战。

成功采用情报主导警务的核心，取决于决策环境的复杂性和成熟度。在现实中，问题往往是相当深奥的。令我常感困惑的是，许多警察部门缺乏明确的决策流程。市长、警察局局长、中层指挥官和个别警官似乎常常随意地做出关于罪案政策的重大决策，而没有依靠客观情况分析问题，甚至是片面了解和理解问题。当我们对报纸的文章或晚间新闻的故事做出响应时（觉得有时是这样），这常常是一个**媒体主导警务**（Media-led Policing）的例子。在警察机构不能获取其所面对问题的数据、信息和知识时，这种下意识地对问题的反应可能成为一种合适的领导风格，但这与情报主导警务是相对立的。

即使存在沟通和决策的清晰路线，他们也并不能保证决策是战略性的和以证据为基础的（在这里，证据这一术语是指战略效果的证据，而不是指犯罪证据）。例如，许多警察部门继续鼓励滥用毒品抵抗教育（Drug Abuse Resistance Education，DARE）计划、邻里守望相助以及低级的毒品市场拘捕等，尽管人们早已知道，这些计划和策略并没有减少罪案（Sherman et al. 1998）。正如菲利普斯（Phillips）指出的那样："在通常情况下……指挥官有强烈的、有时让人感到遗憾的、依靠其成见的记录，而不是对手头问题的一个通用和精确的评价。就个人而言，强有力的领导人可能是有效的；就战略而言，可能是薄弱的。"（Phillips, 2008: 28）

情报主导警务的业务模型

一旦情报主导警务理念超越了分析师的密闭环境，并开始着眼于警务业务，那么情报循环的局限性就变得显而易见。本书的其他章节将深入剖析情报循环。对新分析师而言，这是一个将情报流程概念化的有用的训练工具，但我认为，这不能解决情报产品获得青睐的问题。实际上，它没有解决我所说的罪案情报第二定律：**不能影响决策者思维的情报就不能称为情报。**

3-i 模型（如图 12–2 所示）明确地阐述了情报主导警务中分析师和决策者之间的关系（Ratcliffe 2003）。在模型中，分析师不仅要积极主动地解读犯罪环境，而且还要影响决策者。这就不仅需要找到合适的人或者小组遏制罪案问题，还需要考虑找到最佳方式影响他们的思维。当正在思考的决策者愿意接受情报主导警务理念并开始投入时，第二个职能（即情报的影响作用）总是更加容易。此外，如图 12–2 所示，在影响决策者时，分析师也应认识到做出关于如何有效驾驭犯罪环境的合适建议的需求。

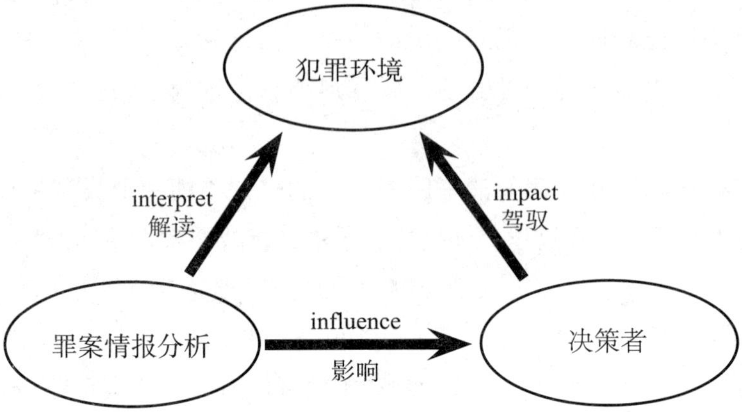

图 12–2 情报主导警务的 3-i 模型

资料来源：Ratcliffe (2003, and see 2008), reproduced with permission

虽然 3-i 模型是情报主导警务概念化的模型，但另一个模型解释了情报主导警务如何在实践中发挥作用。在英国，大曼彻斯特打击罪案组织（GMAC）建立了伙伴关系业务模型（PBM）。该模型不仅为警察，而且为卫生服务、救护车 / 医护人员、假释官、社区安全和缉毒行动小组、青少年犯罪工作小组和当地市政机关的公共安全成效，提供了战略计划与战术行动联系（详情参见 *www.gmac.org.uk*）。大曼彻斯特打击罪案的伙伴关系业务模型（GMAC PBM）旨在腾出时间，分析来自所有伙伴的数据和信息，并向这些机构反馈与它们的规划和预算周期相协调的战略优先事项。该模型已被独立地评为一个最佳实践的例子（John et al. 2006），而理由是显而易见的。它包括相互统一的战略和战术周期，同时，允许高级管理人员专注于长期的罪案优先事项，并允许中层管理人员把注意力集中在战术成果上（如图 12–3 所示）。事实上，战略概要指引了局部的目标（Flitcroft 2006）[1]。

[1] 原注：在 GMAC 中，业务周期实际上在两个层面运行，但是因为篇幅和便利的原因，这里只展示了一层。图 12–3 显示的是局部周期；然而，地区 / 地方当局的业务周期也是相同的，仅需在时间上向前偏移 3 个月。偏移的目的是使局部地区的战略评估在整个区域的战略评估中得到反映（Superintendent Dave Flitcroft, Greater Manchester Police, personal communication, March 2009）。

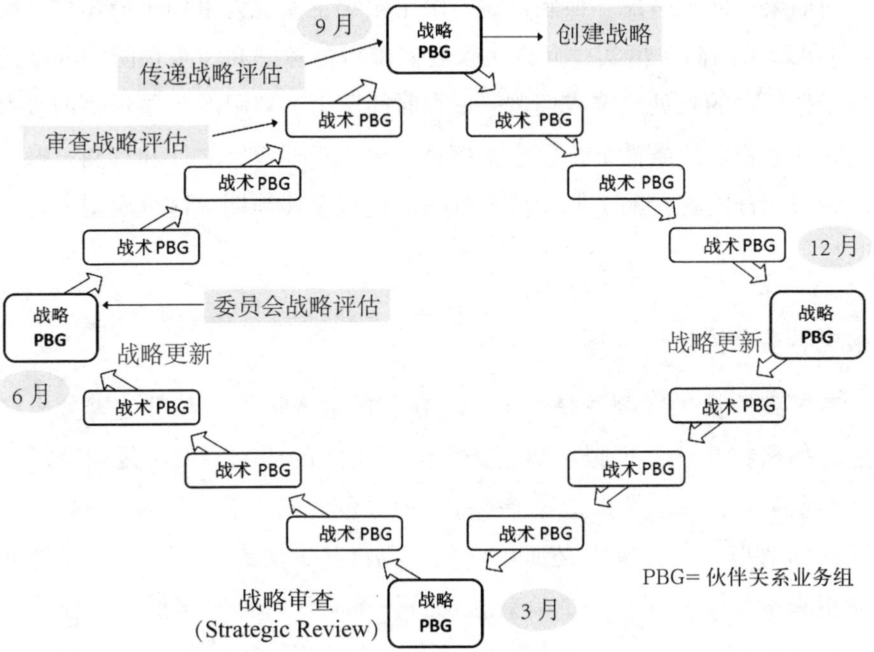

图 12–3　GMAC伙伴关系业务模型

资料来源：改编自 *Flitcroft* (2006)

从分析师的角度来看，GMAC 模型有很多优点。时间框架为提供战略评估带来可预见性的感觉，并使非警方合作伙伴的角色明确化。战术会议（每月或每两周举行）的召开并没有那么频繁，准备会议不至于消耗了所有可用时间（将这一时间框架与警察部门每周 1 次的 Compstat 会议相比）。最后，对战略伙伴关系业务组和战术组区别的认识清楚地表明，战略分析在模型中有一个特定角色。

这个模型对决策者也有帮助。在战略层面，包括非执法机构在内，有相当大的能力创造机会吸收其他政府和非政府机构，帮助预防和瓦解犯罪。在战略层面不太重视个别罪犯，几乎没有隐私担忧，并且情报产品可以更广泛地传递给潜在的减少罪案的合作伙伴。对每年 1 次的战略安排的关注（在 GMAC 模型显示的 9 月期间），使长期解决方案与关于方案实施的更现实的时间框架一同被考虑。换句话说，决定全年主要优先事项（每 3 个月或者 6 个月更新）的简单事实，允许决策者实施审慎考虑和注重预防的战略，而不是无处不在的到处或定点巡逻——在时间压力、有限的犯罪预防创造力以及缺乏其他资源的条件下，警察指挥官做出的短期权宜之计和有利策略。最后，为了配合能够有助于罪案减少方案的组织预算周期，这个模型进行了时间调整。

情报主导警务方法的证据

考虑到情报主导警务是一个相对较新的警务词汇，与其他警务风格已经进行的研究相比，情报主导警务很少有正式的研究，就不足为奇了。但这并不意味着，关于情报主导警务的有效性，我们不能做任何论述。

回到情报主导警务定义那一部分，我将其定义为，通过战略管理和针对惯犯和重特大犯罪分子的有效执法打击策略，降低罪案的一个模式。至此，问题出现了——这个方法有效的证据在哪里？经过彻底评估的结果有两个：**战略管理**（这里使用一个更宽泛的术语，作为表示问题导向警务的替代物）和**针对惯犯和重特大犯罪分子的执法打击策略**。

有确凿的证据，支持问题导向警务减少罪案的效果（Scott et al. 2008）。话虽如此，但问题导向警务确实很难被评估，因为与其说它是一个具体战术，不如说它是一种可以确定一个适当的罪案减少策略的方法。在这一点上，它与情报主导警务没有什么不同。在将重点放在地理上的"热点区域"后，舍曼（Sherman）和埃克（Eck）对问题导向警务进行的元分析（Meta-analysis）发现（有一个例外），目标区域的罪案在实质上和统计上都有显著的减少（Sherman and Eck 2002; Sherman et al. 1998）。此外，减少枪支暴力和枪支携带实例的集中策略也被评估是成功的。舍曼和埃克在总结他们的发现时说："有大量基于强理由的证据表明，问题导向警务是减少罪案的有效途径。"（Sherman and Eck 2002: 321）

情报主导警务定义中的第二个结果是**针对惯犯和重特大犯罪分子的执法打击策略**。再说一遍，舍曼和埃克的元分析是对现有研究的有用总结，这是再一次对集中警务行动的支持。不仅有一致的科学证据表明，在犯罪活动高发时间，集中警力对罪案高发区进行巡逻是有效的；而且“关于集中主动逮捕的假设的证据得到了广泛的调查研究设计的普遍支持”。（Sherman and Eck 2002: 312）

例如，通过在入室盗窃案热点区域的集中巡逻活动，并通过情报主导锁定惯犯，澳大利亚警方能够大大降低堪培拉的入室盗窃案。在采用情报主导警务方法之前，城区每周平均约 146 起盗窃案，之后，警方可以使盗窃案总数每周减少超过 50 起。另外，由于对惯犯的监禁，所以，在警务行动已经结束后，其效益长达数月（Makkai et al. 2004; Ratcliffe and Makkai 2004）。

因此，对罪案和警务问题的战略管理以及针对惯犯和重特大犯罪分子的执法打击策略的战略成果是有效的。可是，实现这些成果的业务模式怎么样呢？虽然可能有许多不同的方法，但前面提到的大曼彻斯特打击罪案的伙伴关系业务模型就是已经被评估的一种。2006 年，约翰・蒂姆（John Tim）和他的同事采用 5 个标准对 GMAC PBM 进行了独立评估。这 5 个标准包括它们的数据仓库、信息技术的有效使用、战略分析伙伴关系协调员的作用、核心决策文档以及 GMAC PBM 自身。他们不仅发现每个核心元素均符合目标，而且其评估结论是：战略评估文档是该领域最佳实践的典范。

大曼彻斯特打击罪案的伙伴关系业务模型有许多关键要素。首先，有一个明确的战略规划职能。这很重要，因为它将警察指挥官吸引到一个提供给该领域其他关键利益攸关者的、协作和联产的罪案控制模式中。在情报主导警务中，长期目标的枚举为优先事项设置了目标。战略功能还可以防止对追逐不可持续的短期收益的过度依赖（比较统计模式流程中提出的批评，参见 Scott et al. 2008）。

其次，该模型明显将罪案和情报分析师开发的分析产品的作用和一个清晰的决策结构捆绑在一起。将决策者纳入情报主导警务概念模型是 3-i 模型和 GMAC PBM 模型的核心。这很重要，因为大曼彻斯特打击罪案的伙伴关系业务模型透露：在 GMAC 合作伙伴业务组中，超过 90% 的参与者称，通过 GMAC PBM，罪案和社会失序的解决方案的传送已经有所改善（John et al. 2006: 49）。最后，战略和战术方法的结合表明，警察可以成功地与合作机构在一个框架内协同工作，该框架仍然允许将重点放在罪案和失序的热点区域，并以惯犯和重特大犯罪分子为目标。

全面的罪案管理

本节已经表明，情报主导警务是关于预测风险和影响行动的。风险越来越多地被概念化为**社会危害**，而不仅仅是犯罪案件（Hillyard and Tombs 2007）。这不仅表明，社区所面临的包括生活质量、交通问题、经济拮据等在内的威胁在不断地扩大，而且还表明，能够和警察一起工作，以预防危害的潜在解决方案和合作伙伴也在扩大。在整体环境中，罪案分析和犯罪情报的组合是至关重要的。前者告诉决策者正在发生**什么**（What），而后者可以解释**为什么**（Why）（Ratcliffe 2007）。如果决策者想要了解犯罪环境的完整画面，那么犯罪情报与罪案分析的组合是必不可少的（Ratcliffe 2008b）。遗憾的是，在执法中，对合并这两个重要信息源的抵制是根深蒂固的。

随着罪案分析和犯罪情报相结合，决策者可以着手解决长期的罪案问题。该模式的重要性在本节开头和罪案情报第一定律（**未来犯罪活动最可靠的指标是当前的犯罪活动**）中都有所阐述。只是要重申前面的观点：这并不是说，我们应该忽略新兴和波动的问题；然而，情报主导警务的核心作用是对警察和情报资源的**有效**利用。效能将来自对长期存在的问题和热点的解决，以及对重特大犯罪分子和惯犯的打击。

在业务上将情报主导警务整合到警察组织，也仍然是一个重大挑战（Carter 2004）。对短期战术成果的固恋也仍然普遍存在，这使警察部门陷入一个试图催促警察从数据驱动的一热点到另一热点的无尽循环中。不管这些自反策略是如何成为受数据启示的（data-informed）和实时的（real-time），如果缺少战略管理计划，那么它们仍然只代表保守的被动式警务。这似乎与上一段我的罪案情报第一定律相反，但该定律的目的是关注战略罪案管理活动，而不是短期的被动式警务。

该解决方案需要双方（分析师和决策者）都来参加讨论。情报主导警务的终极目的是为了更好的警务，而不仅仅是为了更好的情报，有时这被分析界的一些人遗忘了。同样，决策者必须让他们的目光超越直接、短期的成果——经常是转瞬即逝、得不偿失的胜利，并认识到目标是情报主导**警务**，而不只是情报主导**调查**（Intelligence-led Investigation）。对于决策者而言，将罪案情报视为超越调查案件支持的、有价值的工作，同时，视为力争对罪案问题进行战略管理的客观决策机制的关键助手，是现实的需要。正如肯特警察局前局长最近所指出的那样："战略是关于对资源、时间和空间的最佳利用。它也是关于识别更大背景下的偶然事件，以及确定当前语境中一个成功的公式；失败的公式里的成功行动是无所助益的……为了追求短期优势，战略目标都太容易被搁置。因此，战略监督是一个持续的责任。"（Phillips 2008: 29）

戴维 · 卡特（David L. Carter）和杰里米 · 卡特（Jeremy G. Carter）（2009 年）指出，关于采用情报主导警务，美国执法机构可能存在一些问题。没有广泛使用情报的传统，一个含糊不清的情报职能，缺乏培训和专门知识，以及警察部门规模的普遍不足，这些可能都会妨碍情报能力的发展。他们的分析恰到好处，但是他们的批评也可以作为机构争创成为情报主导挑战的路线图。情报主导警务不仅仅是关于情报，更是关于警务。将情报职能更大程度地整合进警务决策流程，将允许分析师对罪案减少需求的贡献产生影响，将允许警察领导摆脱短期危机的有害引力，并朝着一个更具全面的、战略的、终极的和成功的罪案减少策略前进。

参考文献

1. Carter, D. L. (2004). *Law Enforcement Intelligence: A Guide for State, Local, and Tribal Enforcement Agencies*. Report, Office of Community Oriented Policing Services, Washington DC.
2. Carter, D. L. (2005). "The law enforcement intelligence function: State, local, and tribal agencies." *FBI Law Enforcement Bulletin*, 74(6), 1-9.

3. Carter, D. L., and Carter, J. G. (2009). "Intelligence-Led Policing: Conceptual and functional considerations for public policy." Criminal Justice Policy Review. Forthcoming.

4. Clarke, R. V. (2004). "Technology, criminology and crime science." *European Journal on Criminal Policy and Research*, 10(1), 55-63.

5. Dannels, D., and Smith, H. (2001). "Implementation challenges of intelligence led policing in a quasi- rural county." *Journal of Crime and Justice*, 24(2), 103-112.

6. Eck, J. E. (2006). "Science, values, and problem-oriented policing: Why problem-oriented policing?" in D. Weisburd and A. A. Braga, (eds.), *Police Innovation: Contrasting Perspectives*. New York: Cambridge University Press, pp. 117-132.

7. Evans, R. M. (2009). "Influencing decision-makers with intelligence and analytical products", in J. H. Ratcliffe, (ed.), *Strategic Thinking in Criminal Intelligence*. Second edition. Sydney: Federation Press.

8. Flitcroft, D. (2006). "GMAC delivers: Our most complete understanding of drugs and drug markets yet." Presentation at the *4th UK National Crime Mapping Conference*. UCL Jill Dando Institute for Crime Science: London.

9. Flood, B., and Gaspar, R. (2009). "Strategic aspects of the UK National Intelligence Model", in J. H. Ratcliffe, (ed.), *Strategic Thinking in Criminal Intelligence*. Second edition. Sydney: Federation Press.

10. GMPA/GMP. (nd). *Policing Strategy 2005/8*. Greater Manchester Police Authority and Greater Manchester Police, Manchester, UK. No date.

11. Goldstein, H. (2003). "On further developing problem-oriented policing: The most critical need, the major impediments, and a proposal", in J. Knutsson, (ed.), *Problem-Oriented Policing: From Innovation to Mainstream*. Monsey, NJ: Criminal Justice Press, pp. 13-47.

12. Grieve, J. (2009). "Developments in UK criminal intelligence", in J. H. Ratcliffe, (ed.), *Strategic Thinking in Criminal Intelligence*. Second edition. Sydney: Federation Press.

13. Hillyard, P., and Tombs, S. (2007). "From 'crime' to social harm?" *Crime, Law & Social Change*, 48 (1- 2), 9-25.

14. John, T., Morgan, C., and Rogers, C. (2006). *The Greater Manchester Against Crime Partnership Business Model: An independent evaluation*. Evaluation report, Centre for Criminology, University of Glamorgan, Glamorgan.

15. Kelling, G. L. (1999). *"Broken Windows" and Police Discretion*. Research Report, National Institute of Justice, Washington DC.

16. Kelling, G. L., and Bratton, W. J. (2006). "Policing terrorism." *Civic Bulletin*, 43, 12 pages.

17. Makkai, T., Ratcliffe, J. H., Veraar, K., and Collins, L. (2004). "ACT Recidivist Offenders." *Research and Public Policy Series, Australian Institute of Criminology*, No. 54, 83 pages.
18. Peterson, M. B. (2005). *Intelligence-Led Policing: The New Intelligence Architecture*. Bureau of Justice Assistance, Washington DC.
19. Peterson, M. B., Morehouse, B., and Wright, R. (2000). *Intelligence 2000: Revising the basic elements*. Sacramento, CA: LEIU and IALEIA, pp. 245.
20. Phillips, D. (2008). "Police intelligence systems as a strategic response", in C. Harfield, A. MacVean, J.
21. G. D. Grieve, and D. Phillips, (eds.), *The Handbook of Intelligent Policing: Consilience, Crime Control, and Community Safety*. Oxford: Oxford University Press, pp. 29-35.
22. Quarmby, N. (2009). "Futures work in strategic criminal intelligence", in J. H. Ratcliffe, (ed.), *Strategic Thinking in Criminal Intelligence*. Second edition. Sydney: Federation Press.
23. Ratcliffe, J. H. (2003). "Intelligence-led policing." *Trends and Issues in Crime and Criminal Justice*, Australian Institute of Criminology, No. 248, 6.
24. Ratcliffe, J. H. (2005). "The effectiveness of police intelligence management: A New Zealand case study." *Police Practice and Research*, 6(5), 435-451.
25. Ratcliffe, J. H. (2007). *Integrated intelligence and crime analysis: Enhanced information management for law enforcement leaders*. Police Foundation, Washington DC.
26. Ratcliffe, J. H. (2008a). *Intelligence-Led Policing*, Cullompton, Devon: Willan Publishing.
27. Ratcliffe, J. H. (2008b). "Knowledge management challenges in the development of intelligence-led policing", in T. Williamson, (ed.), *The Handbook of Knowledge-Based Policing: Current Conceptions and Future Directions*. Chichester: John Wiley and Sons, pp. 205-220.
28. Ratcliffe, J. H. (2009). "The structure of strategic thinking", in J. H. Ratcliffe, (ed.), *Strategic Thinking in Criminal Intelligence*. Second edition. Sydney: Federation Press.
29. Ratcliffe, J. H., and Makkai, T. (2004). "Diffusion of benefits: Evaluating a policing operation." *Trends and Issues in Crime and Criminal Justice*, Australian Institute of Criminology, No. 278, 1-6.
30. Scott, M. S. (2000). *Problem-Oriented Policing: Reflections on the First 20 Years*. COPS Office, Washington DC.
31. Scott, M. S., Eck, J., Knutsson, J., and Goldstein, H. (2008). "Problem-oriented policing and environmental criminology", in R. Wortley and L. Mazerolle, (eds.), *Environmental Criminology and Crime Analysis*. Cullompton, Devon: Willan Publishing, pp. 221-246.
32. Shaw, C. R., and McKay, H. D. (1942). *Juvenile Delinquency and Urban Areas*, Chicago: Chicago University Press.

33. Sheptycki, J. (2004). *Review of the influence of strategic intelligence on organised crime policy and practice*. Special Interest Series Paper, Home Office Research and Statistics Directorate, London.
34. Sherman, L. W., and Eck, J. E. (2002). "Policing for crime prevention", in L. W. Sherman, D. Farrington, B. Welsh, and D. L. MacKenzie, (eds.), *Evidence-Based Crime Prevention*. New York: Routledge, pp. 295-329.
35. Sherman, L. W., Gottfredson, D., MacKenzie, D., Eck, J., Reuter, P., and Bushway, S. (1998). *Preventing Crime: What works, what doesn't, what's promising*. National Institute of Justice, Washington DC.
36. Skogan, W. G. (2006). "The promise of community policing", in D. Weisburd and A. A. Braga, (eds.), *Police Innovation: Contrasting Perspectives*. Chicago: Cambridge University Press, pp. 27-43.
37. SOCA. (2008). *UK Threat Assessment of Serious Organised Crime 2008/9*. Serious Organised Crime Agency, London.
38. Sousa, W. H., and Kelling, G. L. (2006). "'Broken windows' criminology, and criminal justice", in D. Weisburd and A. A. Braga, (eds.), *Police Innovation: Contrasting Perspectives*. New York: Cambridge University Press, pp. 77-97.
39. Taylor, R. B. (2006). "Incivilities reduction policing, zero tolerance, and the retreat from coproduction: weak foundations and strong pressures", in D. Weisburd and A. A. Braga, (eds.), *Police Innovation: Contrasting Perspectives*. Chicago: Cambridge University Press, pp. 98-114.
40. Townsley, M., Johnson, S., and Pease, K. (2003). "Problem orientation, problem solving and organizational change", in J. Knuttson, (ed.), *Problem-Oriented Policing: From Innovation to Mainstream*. Monsey, NY: Criminal Justice Press, pp. 183-212.
41. Wilson, J. Q., and Kelling, G. L. (1982). "Broken Windows: The police and neighborhood safety", *The Atlantic Monthly*. March 1982, pp. 29-38.
42. Wood, J., and Shearing, C. (2007). *Imagining Security*. Cullompton, Devon: Willan Publishing.

12.2 融合中心

范·戈德西　道格·弗兰克

引言

当笔者同意对这个被称作“融合中心”的新现象写一篇文章时，我们并非没有一点顾虑。这种顾虑并不是由于缺乏自信或是知识，而是由于缺少一种可以参考的历史视角以及这一主题不断变化的动力。因此，当您写作时，您需要真实描述，写下可能变化的事物。尽管如此，我们会讨论融合中心的当前视角、到目前为止的发展以及我们认为融合中心未来的发展方向。融合中心这一理念是 2001 年“9·11 事件”之后提出的众多倡议之一，目的是应对联邦政府所面临的信息和情报共享挑战。在大多数情况下，州和地方机构在这些中心已经取得领先和发展，使其不仅协助缩小国家信息共享工作的差距，而且处理其所在地理区域的独有问题。对这些中心已成为国家和地方情报共享的焦点，及被用于国家情报工作的原因，本节将进行简单论述。

历史

在 2001 年 9 月 11 日的悲剧之后，人们不仅认识到，在理念和行动方面应做出巨大改变以确保“国土安全”，并且强烈地期望和要求看到这些改变付诸实践。毫无疑问，这场悲剧促进了美国公民以及执法界的团结，并且引发了一些事件和行动，这些事件和行动便造就了今天我们所看到的融合中心的发展。

第一批事件之一就是在 2002 年春天国际警察首长协会会议期间召开的一次峰会。执法主管和情报专家参加了此次峰会。在这次峰会上，大家认识到，地方、州、部落和联邦执法机构都应致力于共同目标，特别是信息搜集、情报开发以及与其他执法机构和公共安全部门的情报共享。

此次峰会的结果就是成立了美国司法部“全球司法信息共享倡议（全球）情报工作组”。全球情报工作组拟定的核心文档之一和此次峰会的直接成果便是《国家犯罪情报共享计划》[1]。国家犯罪情报共享计划被认为是在打击犯罪、维护公共安全和反恐怖主义工作中协助执法人员的蓝图。众所周知，在全国各地工作的警官、调查人员和分析师始终处在预防与防范恐怖主义和犯罪的第一线。明确地说，国家犯罪情报共享计划认识到了，地方、州以及部落执法机构在国家情报流程中充当关键角色的重要性。

全球情报工作组认为，目前必须解决的关键问题之一，就是需要克服长期并大量存在的阻止情报共享的各种障碍。国家犯罪情报共享计划提供了28项建议，用来帮助各机构建立犯罪情报共享政策、程序、标准、技术和培训。最初的文档提供了一些行动项目，来自各种规模部门的执法主管都可以利用这些项目去解决部分问题。

2003年2月，在一次演讲中，时任总统乔治·W.布什谈到信息共享将会成为国家反恐怖战争的重要工具，并承认地方信息对于真正的国土安全是必不可少的。许多人会认为，这些话可能听起来太过普通，并且坦白地说，这些话太过显而易见。然而，这种对于地方参与到国土安全信息和情报流程中的重要性的认识，彰显了一个变化的时代。目前，国家不仅要让这些变化的“种子”根植于土壤，还要让它们逐渐成熟。

国家犯罪情报共享计划中的一项重大建议就是要建立一个小组，能够提供长期监督和帮助，确保国家犯罪情报共享计划的贯彻和改进。犯罪情报协调委员会于2004年5月正式成立，其目的在于，建议美国国会、美国司法部部长和美国国土安全部部长充分利用犯罪情报以确保国家安全。为了和地方参与的思想保持一致，犯罪情报协调委员会应该包括来自地方、州、部落和联邦机构的代表以及国家执法组织的代表。

随着各机构开始理解和执行国家犯罪情报共享计划，很多人明显地意识到，共同努力不仅要考虑到快速的信息共享，而且还要考虑包括场地、人力和财力在内的资源的利用。随着这些联合倡议不断地成熟与发展，“**融合中心**”这一词语被采用。在2004年和2005年，一些州和大城市开始着

[1] 原注：*<http://it.ojp.gov/documents/National_Criminal_Intelligence_Sharing_Plan.pdf>*.

手融合中心的发展。在很多方面，这些融合中心都是由恐怖主义预警中心（Terrorism Early Warning Center）这一理念进一步发展而来，其中，洛杉矶设立了最早的中心之一[1]。随着融合中心越来越多地在国内创立，它们显然需要一些有利于协助持续且高效行动的指导。

正是在这一时期，地方、州和部落机构开始看到这些融合中心带来的积极影响，并真正明白，这些共同努力是如何允许即便是最小的机构也要参与情报和信息的共享。这些努力向所有规模的机构提供了一个机制，用来实施国家犯罪情报共享计划中的诸多方面。对犯罪情报协调委员会来说，通过履行在实施监督和贯彻国家犯罪情报共享计划方面的职责，以实现其在融合中心发展和未来中的领导地位，这是一个绝佳的机会。融合中心指南的建立是司法援助局、司法计划办公室、美国司法部、美国司法部全球司法信息共享倡议、美国国土安全部和来自地方、州、部落和联邦机构的众多执法专家之间真正共同努力的一部分成果。在 2006 年 8 月，《融合中心指南：在新时代开发共享信息和情报》（*Fusion Center Guidelines: Developing and Sharing Information and Intelligence in a New Era*）出版[2]。显而易见，已有大量工作投入到了这些初步指南的制定中。如果对这些初步指南没有付出辛勤劳动，毫无疑问，融合中心目前和未来的目标就不可能也不会实现。

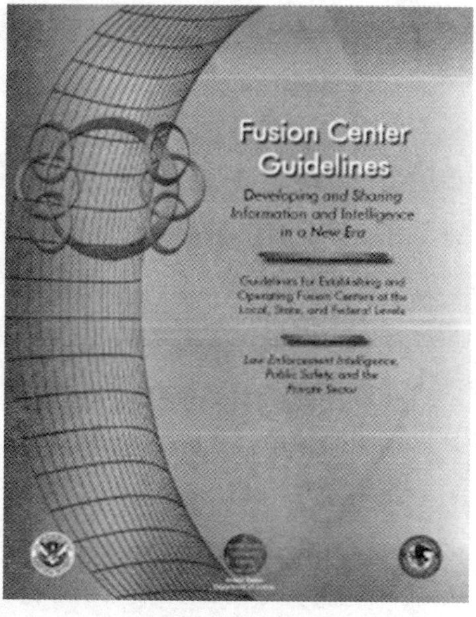

和任何方案一样，在发布时，这些指南也受到了批评。一些人认为，这些指南太过宽泛，硬性规定不够；而另一些人却认为，其规定有些过度，太过严厉。然而，对于参与融合中心实际开发和运行的大多数人来

[1] 原注：*<http://www.lasd.org/tew/TEW2009.pdf>*.

[2] 原注：*<http://it.ojp.gov/documents/fusion_center_guidelines_law_enforcement.pdf>*.

说，这些指南正是开发者的本意，并且也是开发者想要为那些已参与和未来将要参与融合中心的人，提供的一种坚实的理解基础。当设计这些指南时，一些工作人员发现，最简单的事情有时却是最难的。在这众多问题中，需要解答的问题之一便是，融合中心是由什么构成的？对融合中心这一名词定下一个明确的概念，本身就是一种成就：

> 用于交换信息和情报，最大化资源，精简运作，并且通过分析各种来源的数据，以提高打击犯罪和恐怖主义能力的一个快速有效的机制。[1]

那些参与开发这些指南的工作人员从一开始就明白，虽然融合中心将会有独特且独立的运行方式，但是在个体中心和国家理念方面，必须保持一致的框架。这些指南不仅阐述了融合中心的定义，而且为融合中心的建立及有效运行，提供了 18 个非常重要的关键要素。

现状

融合中心创建的“黄金时期”始于 2004 年，这一时期持续到了 2009 年以后。重要的是要明白，在这一时期以前，一些中心就已经建立起来，有些甚至在 2004 年之前就已经拥有相当成熟的运行方式。其中一些是从早先就已存在的执法情报单位发展而来的，因为来自其他机构的专家和代表都被聚集在一起，以提供更好的情报，并且致力于更广泛的国土安全目标。它们可能不能被称为融合中心，但实际上，它们执行着与融合中心相同的任务。同样需要明白的是，在一些地区，融合中心才刚刚开始发展。

毫无疑问，融合中心的扩大与发展可以归因于几个因素或几个小组。然而在 2007 年，不仅要建立融合中心，而且其未来持续发展的重大标志性事件也发生了。2007 年 10 月，布什政府发布了《信息共享国家战略》

[1] 原注：<*http://it.ojp.gov/documents/fusion_center_guidelines_law_enforcement.pdf*>, 2.

（*National Strategy for Information Sharing*）[1]。该报告不仅列举了自“9·11 事件”以来 6 年内吸取的教训，而且对在国家反恐怖工作中如何进行信息交流制订了具体计划。这项全面战略的基本要素之一就在于，联邦政府要与州、地方和部落实体开展信息共享。报告中的一项主要战略则详细地说明了，州和主要城市地区的融合中心是如何“代表一种有价值的信息共享资源，并应纳入国家信息共享框架之内的”。[2]

可以理解的是，融合中心是独特的，并且为了最佳匹配其特定区域的需求和能力，还进行了专门的开发；然而，同样需要理解的是，为了使我们国家的安全真正受益，对于这些中心正在做的，以及如何做的，必须有一些基本的一致性。这一战略清晰地阐述了联邦政府以及地方、州和部落政府为贯彻融合中心这一战略所做的努力，但却没有为融合中心规定最低标准。

2008 年 9 月，美国司法部全球司法信息共享倡议出版了《州和主要城市地区融合中心的基准能力》（*Baseline Capabilities for State and Major Urban Area Fusion Centers*）[3]。大多数融合中心目前都正在运行中，并且遵循着国家战略，在这一条件下，对这些中心的运行提供更多具体的指导才有意义。正如最初的融合中心指南能为中心的建立提供蓝图一样，基准能力会为中心的运行提供框架。

[1] 原注：Original version available at <*http://www.surfacetransportationisac.org/SupDocs/NSIS_book.pdf*>.

[2] 原注：<*http://www.surfacetransportationisac.org/SupDocs/NSIS_book.pdf*>, 3.

[3] 原注：<*http://it.ojp.gov/documents/baselinecapabilitiesa.pdf*>.

对融合中心的现状提供一个精确的概貌是一项有难度的任务。由于这些中心的独特性质、个体特征和不同观点，所以，以高度的自信心提供融合中心的确切数量是极端困难的。然而，在 2009 年 8 月，国家融合中心协调组（National Fusion Center Coordination Group，NFCCG）报道有 72 个融合中心。这些数字包括 50 个主要指定融合中心（由每个州的州长指定为主要州中心）和国家融合中心协调组规划的 22 个满足某些标准的指定融合中心。我们必须牢记，随着融合中心得以发展，除了融合中心的指南之外，关于融合中心的指定并没有硬性规定，并且也没有认证机构来确定一项活动是否能够理直气壮地称自己为融合中心。为将情报人员委派到州和地方的融合中心，国土安全部开发了一个评估系统。在我们撰写本节时，委派的人员数达到了 58 位，预计这一数字在明年还将有所增加。

即使是在基准能力的大纲下运行，融合中心的运行方式也像组成它们的机构那样多种多样。在具体的结构、任务或是管理方面，虽然成功没有统一的公式，但每个机构都要决定，分析师和工具如何组合才能最适应所面临的挑战。正如国家战略中特别提到的那样，必须铭记州和地方政府的独立自主性，并明确界定联邦政府、州和地方当局的角色和责任的需求。人们要明白，融合中心是为州和地方政府所拥有和管理的，而且也应明白，这些中心的目的是为了满足其所支持实体的常规公共安全需要，同时将自己的角色融入国家信息共享的工作中。

随着这些中心的发展和成熟，人们发现一个共同的优势是，当来自各领域的代表为了一个共同目标聚集在一起时，便会产生一种协同效应。情报分析师和情报官带入融合中心的经验，产生了大量有利于分析的观点。在融合中心的设置中没有初级合作伙伴，因为当一件需要独特专业知识的事件可能发生时，那么其不可能被天天告知。

牢记这些益处，如果融合中心没有经历早期成长中的困难，那么它便不会发展。每一领域的先驱者都面临着反对和误解，融合中心也不例外。工作人员的不断增多有利于增进专业化，但也会造成信息卡壳——融合中心的创立是用来缓解这一负面影响的。沟通和情境感知不仅对处理重特大事件管理是一种挑战，而且对日常运行也是如此。经过每一次尝试，都会吸取教训，适应常规程序，并且实施了旨在教育决策者和公众，融合中心是什么和不是什么的扩展计划。

不管中心的任务是什么，是如何运行的，是否成功，他们都会提出批评。大多数人都有理由担忧，这些中心用个人信息做什么，怎样做？对融合中心这一倡议幸运的是，参与中心最初开发和实施的许多个人和机构，也关注到了个人权利和公民自由的保护。当处理敏感信息时，就像融合中心每天做的那样，需要并且必须将个人权利和公民自由的维护置于运行的首要位置。通过浏览以上基础文档的完整目录，可以看出，从最初的《融合中心指南》文档开始，隐私和公民自由是并一直是被讨论的重点问题之一。

挑战

任何项目都会受到挑战，融合中心的发展也不例外。虽然上文提到了一些事项，但以下内容强调了融合中心所面临的一些关键挑战。

- 据统计，从 2004 年至 2009 年，为了支持融合中心，国土安全部向州和地方政府投资了近 3.27 亿美元。这则消息十分令人困惑并且容易被误解。国土安全部能够并且确实向融合中心提供了资金，然而，这些资金是由各州和地方政府随后决定其中有多少，如果有的话，资金将用于运行融合中心。在这方面存在着一个巨大的挑战。这种挑战一直存在并会持续。试问，当这些中心没有获得类似且持续数量的资金，而又被要求具备一套基准能力时，它们又如何开发一致的指南、培训以及业务呢？在过去数年里，关于融合中心受到联邦直接资助问题开展了许多讨论，然而，到现在这一问题还是没有得到解决。联邦政府的踌躇已从原来规定州和地方政府如何使用资金，变成了如何调节融合中心的不同范围的预算，因为有些融合中心得不到 1 美元，而有些却能得到 100 万美元的资助。由于许多州的财政状况以及联邦资金的不确定性，相比于一些中心不能保证自身实际且持续的运行，满足基础标准的能力有时是一个融合中心最不担心的事情。

· 充分实施作为融合中心运行支柱的情报循环，则是需要解决的另一障碍。许多融合中心的主管并没有以往的情报经验，情报循环对他们来说带有一种陌生的新奇，但这并不是他们的错。教育以及融合中心主管的长期“任职”有助于缓解这一问题。

· 随着委派到融合中心的情报分析师数量的急剧增加，培训（并保留训练有素的人员）需要持续成为融合中心的一个优先事项。虽然他们利用各系统的专业知识和能力让其在协助持续的调查中变得有价值，但有时情报分析师需要特别致力于积极主动的情报工作，以阻止融合中心预测能力的削弱，并帮助防止未来事件。

· 获取合作伙伴和受援机构对援助的反馈，是融合中心持续成功的关键。正是通过反馈分析，融合中心的成员单位才能发现哪些产品对它们的用户最有用。这些反馈能够使成员单位优化它们的程序、产品甚至员工培训。通过日益重视它们最关注的领域，融合中心与其用户的日常运行变得越来越相关，并增进了执法界的认同。融合中心始终灵活地应对其用户们不断变化的需求和不断变化的世界局势，以保证在未来它们仍是相关和必要的。

· 处理大量信息，以试图“看图连点”，并保持流程完整性带来的挑战，则是另一个问题。成功的唯一选择在于，通过公众去理解融合中心的积极角色，同时保证对其权利的保护，是融合中心运行的一个主要支柱。积极的培训、稳健的运行程序和持续的审查，将使这一微妙的平衡发生。

· 这些中心面临的持续运行的技术挑战是大量的。融合中心不断搜集需要以便于获取、检索并符合指南和规定的方式组织的情报。已存在数十种帮助情报分析师们工作的产品，包括公共记录数据库、案件管理系统、数据库索引、地理信息系统、面部识别、组织和时间线图表、罪案模式分析软件，这里就不一一列举了。持续的发展将不仅带来信息的其他类型，而且将许多类型的数据库整合进用户界面更加友好且更具时效性的系统中。

未来

融合中心正处于发展的关键时期。2001 年 9 月 11 日恐怖袭击之后，快速发展的融合中心已经放缓建设步伐。在美国领土没有受到进一步成功袭击的情况下，很多人的安全观念开始麻木，导致了对许多融合中心持续存在的质疑，因为这些融合中心最初是为反恐而成立的。一些民权组织将这些中心描述为无视个人权利的流氓机构的持续努力，仍然是个问题，并且紧缩的政府预算已经阻碍了许多管辖区发展或扩大它们的分析能力。

要取得成功并继续持久运行，融合中心必须应对上述挑战。为了使来自国土安全部的持续资助合法化，必须强调融合中心可量化且可衡量的结果。与那些容易被衡量结果的拨款不同，比如，使用“社区警务署”（Office of Community Oriented Policing Services）[1] 津贴布置在大街上的警察人数，来自情报的结果并不是那么简单。融合中心需要有效衡量其向外部机构提供分析支持的能力，以及它们带给执法和情报界的附加值。另外，融合中心需要继续向外发展，并与其他融合中心、其运行区域内的执法机构，以及认为有兴趣且需要参与的公共和私营组织（尤其是重要的基础设施组织）形成伙伴关系。

为努力扩大其能力、支撑基础以及资金，许多融合中心已将其任务扩展至包括有组织犯罪或“所有犯罪”类型。这些中心发现，它们获得的打击恐怖主义的许多工具和技能，也可用于打击有组织犯罪、毒品犯罪以及街头黑帮。另外，一些融合中心已经往前更推进了一步，以便涵盖与所有危害相关的情报。在那些经常遭受自然灾难的部分地区，诸如墨西哥湾沿岸各州的飓风和西部地区的森林野火，这些措施已经取得了成果。

---

[1] 译注：社区警务署成立于 1994 年，是美国司法部下设机构，其官网为 http://www.cops.usdoj.gov/。1994 年，参议院和众议院通过了《暴力罪案控制和执法法案》（Violent Crime Control and Law Enforcement Act），并授权 6 年 88 亿美元经费开支。社区警务署的成立就是分配和监督这些资金。

这些中心发展壮大的方式一开始可能会也可能不会被预想到。然而，不同伙伴之间的关系却从未像现在这样友好。在执法领域，对预防的测量是一个存在多年的老问题。如果某个人没有做某些事情或是某些事情并未发生，那么，您又如何知道您的努力是否帮助阻止了这一行动呢？另一方面，能够被测量的往往是合作伙伴之间共享的信息量和信息类型。正如一开始所提到的，融合中心的发展是以解决联邦问题之需为真正的基础。朝着这一目标，融合中心已经取得了重要进展，并且一个额外的好处是，在地方与州机构之间、州与州机构之间已经建立了巨大关系。最后，正是这些成功的关系将会继续驱动融合中心的发展，并且促进国土安全所需关键信息的交换。融合中心确实面临来自许多方面的挑战。然而，它们也同样展示出适应环境和不断变化需求的不可思议的能力。持续的灵活性、英明的领导、明确的目标以及情报分析人员的努力工作，会使融合中心不断适应、成长并蓬勃发展。

参考文献

1. Bureau of Justice Assistance (BJA), U.S. Department of Justice. 2005. *The National Criminal Intelligence Sharing Plan.<http://it.ojp.gov/documents/National_Criminal_Intelligence_Sharing_Plan.pdf>* (accessed January 18, 2010).

2. Bureau of Justice Assistance (BJA), U.S. Department of Justice. 2006. *Fusion Center Guidelines: Developing and Sharing Information in a New Era.<http://it.ojp.gov/documents/fusion_center_guidelines_law_enforcement.pdf>* (accessed January 18, 2010).

3. Global Justice Information Sharing Initiative, U.S. Department of Justice. 2008. *Baseline Capabilities for State and Major Urban Area Fusion Centers: A Supplement to the Fusion Center Guidelines. <http://it.ojp.gov/documents/baselinecapabilitiesa.pdf>* (accessed January 18, 2010).

4. *National Strategy for Information Sharing: Successes and Challenges in Improving Terrorism-Related Information Sharing.* 2007. *<http://www.surfacetransportationisac.org/SupDocs/NSIS_book.pdf>* (accessed January 18, 2010).

5. Sullivan, John P. and Alain Bauer. 2008. *Terrorism Early Warning: 10 Years of Achievement in Fighting Terrorism and Crime. <http://www.lasd.org/tew/TEW2009.pdf>* (accessed January 18, 2010).

12.3 惩教情报

梅利莎·R. 约翰逊

引言

惩教情报（Corrections Intelligence），产生于从惩教机构中的人员或人力情报源获取的数据。对其进行分析，可提供对犯罪调查中犯罪个人、组织和线索的深刻见解。惩教情报是很重要的，因为当他们被关进监狱后，有些罪犯不会停止犯罪，或当他们被释放后，也不会停止犯罪。成功利用惩教情报的例子是，在惩教机构捣毁毒品走私活动，打倒黑帮，并破坏走私网络。

世界各地的多个机构和协会[1]已经启动相关项目，用于搜集惩教数据，确定其对执法的价值，并将分析技术应用于惩教数据等。本节将着重介绍为什么惩教情报对执法和黑帮调查是特别重要的？什么是惩教情报？最后，刑事司法界如何利用惩教情报。

“是什么”和“会怎样”：为什么惩教情报重要

不管哪个领域，分析工作都由两个部分组成：“是什么”（What）和“会怎样”（So What）。通常情况下，辨别“是什么”（如系列罪案）不如理解“会怎样”重要。系列罪案的“会怎样”常常是一个更大问题的征兆，它可能包括：日益增加的邻里恐惧、不断升高的高中辍学率、黑帮成员的变化、课外活动的取消、交通路线的改变和不断上升的失业率。不幸的是，执法分析通常更多地集中在分析“是什么”——通过将罪案要素更多地捆绑在起诉犯罪分子，而不是关注于犯罪活动的背景、影响和根本原因的“会怎样”。本节不会界定什么是惩教情报，而是将首先解释惩教情报的“会怎样”，或者为什么刑事司法领域应该投资于惩教情报。本节其余部分将描述惩教情报对调查在押囚犯和前囚犯正在实施罪案的作用。

---

[1] 原注：包括国际警察首长协会、美国司法部、司法援助局、FBI、州惩教管理员协会以及美国缓刑和假释协会。

全世界被监禁者的数量是惊人的。2007 年，几乎占美国全部人口的 1%，或 230 万人，被关押在联邦、州或地方的监狱内。司法统计局（Bureau of Justice Statistics，BJS）的报道称，2007 年这一总数增长了 1.5%。同一份报告《2007 年的囚犯》（*Prisoners in 2007*）还指出，2005 年在监狱里的囚犯有接近一半都属于暴力罪行，包括谋杀、过失杀人、强奸、抢劫、行凶斗殴等（BJS 2007）。这些统计数据为什么重要？如果著名研究人员和最近调查能说明什么问题的话，那么拘留所和监狱就类似于一个适合犯罪繁殖、黑帮招募和极端袭击的小城市（Public Technology 07）。甚至对一些试图改过自新的囚犯而言，这种环境有助于学习新的犯罪技巧或方法，在其被监禁期间或被释放之后，去实施犯罪。

2009 年 6 月，印第安纳州印第安纳波利斯当局监禁了数十个贩运和销售毒品的罪犯。回应市民的意见抓住了根本的看法和监禁的意图："让我们将街上的毒贩带走，他们需要面临最高刑罚，让他们知道我们不会再和这些人玩游戏"（Danver 2009）。这种观点反映了一种看法，即监禁可以阻止所有囚犯犯罪。尼克·杜尼（Nick Doodney），英国负责联络伦敦大都会警察厅（Metropolitan Police）和监狱之间情报工作的新监狱情报单位副情报主任，反驳该观点说："这种一旦让罪犯入狱他们就会停止犯案的想法是错误的"（Public Technology 2007）。铁丝网围栏不会使犯罪停止，事实上，监狱中犯罪的趋势反映了街头犯罪的趋势。

除了囚犯直接参与或在监狱内指挥非常真实、严重、日常的犯罪之外，还存在一种对未来犯罪产生影响的极端化现象，也应引起执法当局的警惕。一个囚犯可能决定不遵守规定的改造计划，反而专注于加入犯罪组织或磨炼他们将来使用的犯罪技能。对参与 2004 年马德里爆炸案和 2005 年伦敦爆炸案的恐怖分子的调查，强调了激进囚犯的潜在暴力行为。自 2001 年被关押以后，伊马德·乌丁·巴拉卡特·亚卡斯（Imad al-din Barakat Yarkas）指挥马德里基地组织基层单位实施了马德里爆炸案。2005 年 7 月，易卜拉欣·穆克塔尔·赛义德（Ibrahim Muktar Said）因参与伦敦巴士爆炸案而被捕。情报显示，易卜拉欣第一次接触到激进的意识形态是在英国的少年拘留所中。例如，在加利福尼亚州被发现的、美国本土出现和制造爆炸事件的监狱黑帮组织（Jamyatt Ul-Islam Is-Saheeh, JIS），已展示监狱激进意识如何影响囚犯寻求报复、安慰、家庭和资源。监狱已经成为有组织犯罪、黑帮和恐怖组织的招募基地。激进或招募的罪犯被释放回社区后，他们接受指挥和支持，以完成他们的任务。识别激进的和加入黑帮的囚犯、犯罪支持网络或犯罪任务，对公众的安全和保障是至关重要的。

执法的目标是维护公共安全和减少犯罪活动。监狱和街道之间的犯罪关联不是一个新现象，然而，在街道或监狱实施犯罪活动的新方法随着时间而不断演变。囚犯每天都联系街头上的人实施新的犯罪，这些人愿意将违禁品偷运入监狱，为囚犯洗钱，或实施活动，或以囚犯的名义在街头寻衅滋事。一些囚犯探监者向监狱内走私毒品和其他材料，或者囚犯家庭成员接受其他囚犯的金钱，作为毒品或安全的款项。

惩教经验往往是刑事司法车轮中被遗忘的齿轮，也不视为一个情报的来源，而被看作一个调查的结果（Godwin 1999）。然而，惩教机构是进行当前和未来罪案趋势分析的数据和犯罪情报的极好资源。除了囚犯人口数据和人口统计信息的研究价值之外，惩教环境为执法合作伙伴提供了丰富的信息，通过对一名囚犯的电话记录、探视清单和囚犯账户的分析，这些信息突出显示了该囚犯的街头联系网络。对囚犯与社会上的人的关系的了解有益于执法部门逮捕逃犯，阻止报复，以及调查违禁品或毒品的走私。

对黑帮调查的价值

对于调查而言，对囚犯数据的理解是有用的，但将黑帮囚犯考虑进来又会怎么样呢？前面讨论的引用和统计数字没有提及，有多少黑帮囚犯返回到街头以及返回的比例是多少，而监狱和社区中加入黑帮的规模又是多大。根据国家重大黑帮特别工作组（National Major Gang Task Force）执行主任爱德华·科恩（Edward Cohn）的说法，对全美所有惩教部门进行的一项调查显示，超过 113000 名囚犯被认定为黑帮的会员和（或）成员。依据来源信息，这占美国囚犯总人数的 5%—13%（BJS 2007; Martin 2005; NIC 2008）。

新泽西州警察机构2007年发布的《街头黑帮调查》显示，该州43%的执法机构观察到，在它们的社区有黑帮存在。这与2004年的调查报告相比增加了10%（NJSP 2007）。自1994年以来，新泽西州惩教局已确认超过11000名监禁的黑帮成员。2006年以前，被确认的黑帮成员中的一半仍然被监禁。然而，当更多的黑帮下属的囚犯在经历了平均3到5年的服刑而被释放后，那个统计数字开始下降了（Johnson 2005; NJDOC 2006）。

黑帮活动和对黑帮进行调查的数量持续攀升。一个常见的误解是对黑帮成员进行监禁将解决犯罪和黑帮问题。戈德温（Godwin）报告称，尽管长期监禁和与外界接触的机会有限，但是在美国每一个活跃的重大街头黑帮都接受来自囚犯黑帮成员的指挥（Godwin 1999）。尽管有意切断与外界的联系，但黑帮的影响范围远远超出监狱。囚犯不仅指挥外面街头的人实施犯罪，而且他们也在监狱内实施犯罪。2005年，5名被判终身监禁的黑帮囚犯，在加利福尼亚州鹈鹕湾监狱（Pelican Bay Prison）监禁期间，被指控犯有谋杀和毒品犯罪（Montgomery 2005a）。

在监狱内，黑帮是组织、敲诈以及运行的企业式有组织犯罪集团，同时影响着街头行动。它们不仅是一个本地化问题，并且其影响范围已遍布世界各地，包括其他地区监狱内的囚犯。为减少街头和“铁窗内”的犯罪，与英国已建立的警察和监狱部门协同工作机制类似，惩教数据和情报被纳入调查流程，成为惩教机构和社会执法办案的纽带。在“共享黑帮情报”的电视节目中，来自北卡罗来纳州惩教局的业务主管约翰尼·霍金斯（Johnny Hawkins）写道，惩教情报对案件调查是非常宝贵的。约翰尼·霍金斯指出，对黑帮的检举，如新泽西的“九连环行动”（Operation 9-Connect），成功地破坏了“9-3血帮”（9-3 Blood Gang）[1]成员在监狱内和街头的犯罪活

[1] 译注：“血帮”（Blood Gang，红衣）和“瘸帮”（Crips，蓝衣）是美国最大的两个黑帮，也是仇恨最大的两大黑帮。“血帮”诞生于20世纪70年代的洛杉矶（Los Angeles）。由于“瘸帮”在成立初期的迅速扩张，许多小黑帮面临着灭亡与被吞并的危险，受到“瘸帮”的攻击而无力反抗。在这样的背景下，“血帮”吞并了周边地区的小黑帮，并联合其他黑帮一起组成了Bloods Family。“血帮”有一百多个分支（Hundreds of factions or sets of the Bloods），从事谋杀、走私毒品、抢劫、盗窃、敲诈等犯罪活动。

动（NIC 2008）。

在很长的一段时间里，警察和惩教机构不知不觉地彼此抑制了情报的交流，而黑帮成员却增加了交流的机会。20 年前，世界各地的狱警开始注意到监狱人口活动的一个变化，作为邻里之间的战斗发展成为包括许多社区、民族、种族、性别和年龄的黑帮之间的战斗。黑帮、复杂的走私方案、洗钱的尝试以及企图激化囚犯实施极端主义活动等迫使惩教机构制定全面的情报战略。这些战略包括用于情报搜集、综合、分析和传递的协议。惩教情报的价值几乎是无价的，它影响到刑事司法系统、官员安全、暴力预防、罪案解决和监狱内外违禁品的扣押等每个方面。

惩教情报中包含什么

研究人员得出结论：惩教是被遗忘的信息源。但是惩教人员可能会说，惩教没有被遗忘，只是尚未得到开发。大量的有用信息和犯罪情报“隐藏”在惩教机构中，执法机构没能发挥它的最大潜力。例如，为警察部门工作的罪案分析师可以分析近期猖狂的入室盗窃案，并检查案件与当地企业如珠宝和典当行等机构的关联。当分析师开始将目击者报告、犯罪嫌疑人的描述和录像片段进行比较时，文字说明应该比较什么数据？也许具有相似前科、最近释放的囚犯的惩教数据将是一个良好开端。

在另一个场景中，一位情报分析师的任务是分析近期毒品销售逮捕行动和财务可疑活动报告。列在近期毒品销售逮捕行动中的一些名字和可疑活动报告中的交易相匹配。也许二者之间存在某种关联？分析师可以通过将惩教数据与其他信息比较进行筛选，这些信息包括探视人员名单、手机以及与囚犯账户的进出交易等。读取和分析的所有这些信息是惩教情报计划提供的部分数据。惩教数据对执法界的价值是不可以低估的，尽管可能难以对其进行定性和定量。

惩教机构数据类型

在美国，依据个人的安全级别，大多数（如果不是全部）联邦和州监狱设施为囚犯提供受限的监测电话服务、探视以及财务处理等服务。这意味着，在美国监禁的 230 万（2007 年的估算）囚犯中的每一个都可以获准有他们能呼叫的电话号码清单和可探视人的清单。囚犯长时间的电话交谈记录是最宝贵的犯罪情报资源之一。在美国惩教协会杂志《今日惩教》（*Corrections Today*）1999 年的文章中，戈德温指出了惩教数据的范围。信息的来源包括：

- 随机观察；
- 截获通信；
- 复原组织结构图；
- 黑帮文档（规则、历史）；
- 电话监听；
- 囚犯邮件外观检查登记；
- 金融交易；
- 探视；
- 涂鸦。

正如戈德温在这篇文章中指出的那样，上述的很多数据源都可以以硬拷贝的形式获得，这种形式使信息的整理、分析和剖析变得困难，甚至是不可能的（Godwin 1999a）。从每个监狱机构的外围组织得到的业务和调查报告也可能是极有价值的。这些报告经常强调是否一名囚犯遭到另外一名囚犯的殴打，是否他们曾有共同的被告，或者他们是其他罪案的证人。要揭露一个毒品走私集团，调查员或分析师可以将这些报告与探视清单、囚犯的电话、或从一位已知的探视者传唤的银行记录等进行比较。

在 2008 年“监狱里的黑帮”公共听证会期间，新泽西州调查委员会（NJSCI）公布的证据表明，有大量的金融交易数据可供执法使用（NJSCI 2008）。新泽西州调查委员会的报告称，从 2004 到 2008 年间，通过探视和邮件收据，新泽西惩教局接收超过 6380 万美元到囚犯的账户。这一总数的绝大部分（5400 万美元）是从街头上的人邮寄给囚犯的（NJSCI 2008）。通过汇票或者支票，每年大约汇款 1350 万美元，大约每月 113 万美元，即每日近 37000 美元。

正如上面提到的和图 12–4 显示的，惩教数据有很多层。它们可被分析并转化为可行的、有用的惩教情报。

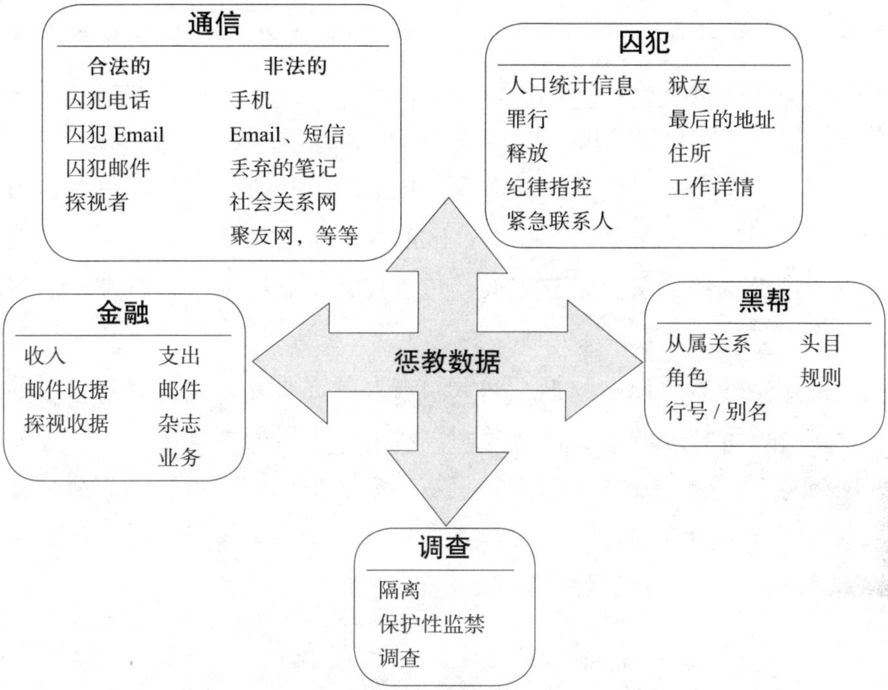

图 12–4　惩教数据在惩教情报流程中的多个应用点

图 12–4 将惩教数据划分为 5 类：通信、囚犯、金融、黑帮和调查。每个类别都是一个信息的领域，它们对监狱和街头的执法当局同样具有价值。

数据示例：识别黑帮

随着惩教机构内黑帮囚犯所占比例的不断增高，黑帮管理战略成为了一个优先事项。任何战略的第一步都是量化问题的范围。为做到这一点，惩教情报人员应识别黑帮成员、破译密码、定义结构、审查函件，并试图确定成员和头目。根据新闻剪报和最近多机构联合工作组的调查，黑帮常常在狱内从事毒品买卖和走私活动。这种惩教情报让我们明白，谁在黑帮里，他们是如何运作的，以及随后的情境变化如何影响他们继续或加强行动的能力（NJSCI 2008）。

在执法机构努力界定黑帮成员和活动之际，惩教机构已经确定了许多黑帮成员。尽管认定标准因部门而异，但都需要证据和文档来证明身份。下列标准经常被一些机构采用：自我接纳，拥有黑帮器具，拥有黑帮照片、黑帮相关文身，从外部执法机构获得的信息，调查得到的信息以及拥有黑帮信件等（NJDOC 2006）。当囚犯进入监狱时，在汇报过程中，在调查过程中，或者在对整个监狱的新黑帮成员进行核查时随机的黑帮验明正身中，黑帮成员的识别就会开始。社区的执法机构像其惩教同行那样搜集黑帮成员身份文档的机会是有限的，正因如此，惩教情报，特别是黑帮的识别，是非常具有价值的。

除了初始的黑帮识别数据，惩教调查人员也研究和监视黑帮头目的变动，旨在对黑帮带来的威胁进行控制。对黑帮头目的情境感知及实施罪案特定黑帮意图或能力变化的监视，只是惩教情报工作有价值的组成部分之一。图 12–5 是一个简单的等级架构图。图中，灰色阴影部分是已确定为囚犯的黑帮成员，而白圈内的成员代表正在街头活动的成员。

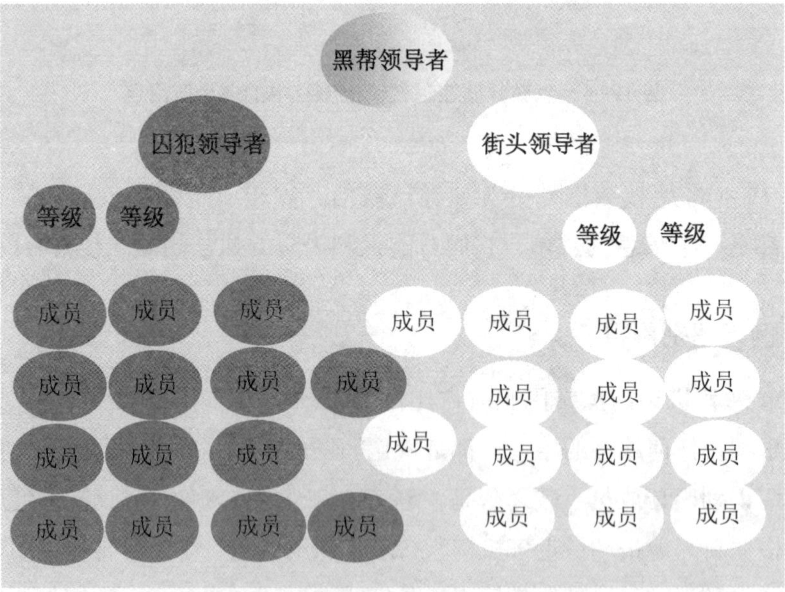

图 12–5　黑帮组织架构：被监禁的囚犯和街头成员的关系

惩教数据分析

在战役规划、战略优先事项以及调查等方面，惩教数据已被证明是有用的。本节将对用于分析惩教数据的方法的具体例子进行评述。虽然有些机构主要使用分析用于案件支持，但本节的内容将表明，惩教数据分析可以用来支持和优化未来的制止和预防策略，并对未来的政策变化产生类似影响。

人们已经把惩教机构比作了一些小城市，并且多层的数据对支持和指引惩教机构内的行动是必要的。惩教机构有公民（囚犯）、商店和图书馆（洗衣房、厨房、法律图书馆、体育馆）以及周期性客人（探视者、指导者、合同工）。囚犯在监狱中穿行和普通居民通过城市检查点（例如，快速通道 [EZ Pass] 和红绿灯）的方式是一样的。普通居民收到电话账单、银行账单，而囚犯有电话联系人和汇款支票。街头普通居民有的几乎每层数据，在监狱里的囚犯也有类似的部分。不同之处在于，囚犯数据的获取是为了行动和调查的需要。

2008 年，新泽西州调查委员会召开名为“监狱里的黑帮”的公开听证会，强调了搜集和上报的囚犯数据规模，以及如何使用该数据识别囚犯与街头网络的关系，还举出在金融交易中如何识别黑帮关系的范例。图 12–6 显示了在押囚犯（詹姆斯 · 琼斯 [James Jones]、拉尔夫 · 罗杰斯 [Ralph Rogers] 和朗达 · 罗兹 [Rhonda Roads]）如何将资金转移给社区的普通居民萨拉 · 桑普尔（Sarah Sample）。图中另外一个数据源是囚犯的联系人信息。这一数据源突出显示了萨拉 · 桑普尔和两名前囚犯（斯科特 · 史蒂文森 [Scott Stevenson]、史蒂夫 · 桑普尔 [Steve Sample]）的家庭关系。第三个数据源是狱友信息，即图中认定的第三层关系。前囚犯之一斯科特 · 史蒂文森曾是在押囚犯詹姆斯 · 琼斯的狱友。这条信息是在第一个报告强调了一个普通居民从多个囚犯处收到总数只有 150 美元之后搜集到的。现在想象一下，从 2004 年到 2008 年，价值 1900 万美元的囚犯支票转寄街头的这一图表看起来像什么（NJSCI 2008）。

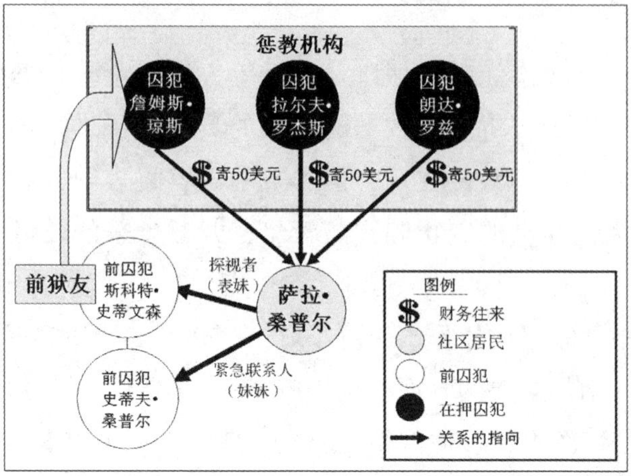

图 12–6　囚犯与社区居民关系网

虽然图 12–6 所示囚犯和社区居民之间关系的例子并不适用于所有情况，但是相似情况下的网络已经在多起走私犯罪和黑帮活动中发现。为了发现这些关系，分析师必须依赖对包括探视名单和日志在内的多种数据元素的访问。图 12–7 展示的是前面报告的 2008 年 11 月“监狱里的黑帮”公开听证会期间的物证。该证据有助于把大量的数据置于整个事件的脉络中。

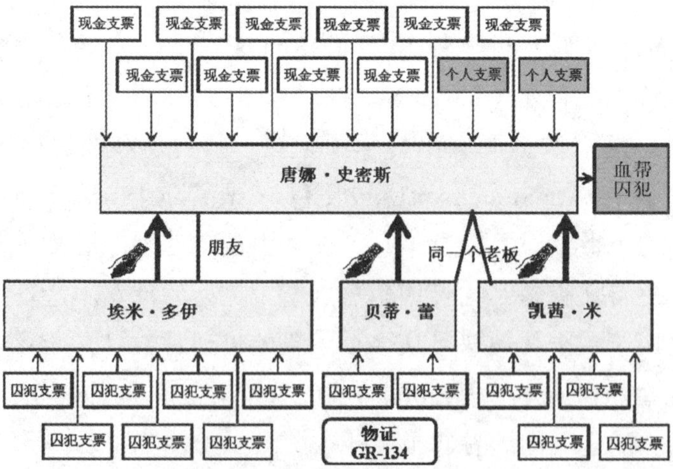

图 12–7　囚犯和街头网络间秘密洗钱范例（NJSCI 2008）

在 4 年中（2004—2008 年），新泽西州的囚犯从街头联系人收到超过 6380 万美元的资金。其中，5400 万美元的现金汇票和支票是通过邮件在此期间接收的（NJSCI 2008）。如果没有必要的最前沿技术对数据进行筛选、排序和分析，使分析流程更加有效而快速，那么分析师就会迅速陷入“信息过载”（NLECTC 2004）。

金融往来和探视信息不是唯一的有价值的惩教数据源，图 12–8 描述了囚犯和其支持网络使用的多种通信方法。在揭露非法走私网络和黑帮活动中，通信数据是最具有说服力的。2008 年，新泽西州调查委员会在“监狱里的黑帮”公开听证会上，概述了监狱“血帮”成员如何利用囚犯账户汇款购买毒品和手机，而这些物品是通过腐败的工作人员和探视者偷偷带入监狱的。在听取证词期间，一个狱警承认偷运了一部手机，并得到 600 美元报酬。“新泽西州调查委员会的报告说，据发现，头目使用手机管理他们的组织，并且黑帮控制毒品、手机和现金在监狱内的流动。”（AP News 2008）。

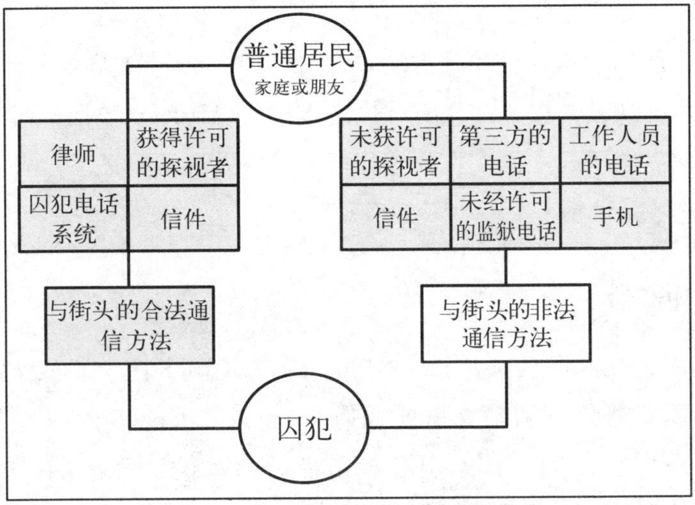

图 12–8　囚犯和社区居民间联络流程图

如前所述，普通居民和囚犯的关系已证明与走私网络计划和黑帮活动有关。通常，普通居民联系人接收囚犯“购买”毒品的资金，或者将资金寄给一名囚犯，实际上，该囚犯是策划毒品交易的头目。普通居民联系人也可以是囚犯的探视者，他们与囚犯没有真正的关系或从来没有见过面。无论是普通居民还是囚犯，这些联系人都被认为是毒贩以及将违禁品偷偷带入警戒区域的联络人。图 12–9（见第 301 页）概述了一个走私阴谋的事例。

为揭露可能的阴谋，惩教分析师查询数据以确定谁是联系或探视整个部门多名囚犯的人，或者频繁联系或探视同一个囚犯的普通居民。图 12–10（见第 302 页）显示了走私阴谋的一个更加丰富的版本。在这个例子中，有 5 个普通居民和 31 个囚犯参与转账，并且通过探视信息，确定了囚犯和普通居民间的关系。

出现在探视名单和金融交易数据中的普通居民的名字，也许与实际的接收者、联系者或探视囚犯者不是同一个人。偷运违禁品网络将资金转给街头对阴谋不知情者或特别年轻 / 年老而无法分辨情形者的名下。普通居民也可能被引诱去探视某些人的“朋友”或“亲戚”，以使他们振作起来。在不知情的情况，他们可能成了阴谋的一部分，所以，一个领导者可能和他们一起去“探视”，而领导者却在监督违禁品被其他探视者偷运的情况。

了解可能的数据差异和异常是非常重要的。因为最新的举措把所有可用的数据，包括惩教情报，存入所有执法机构可以访问的数据仓库中。与已搜集的任何信息的情况一样，直到被分析了，有效性被验证了，来源可靠性被确定了，它才是情报。

战略分析和评估

2005 年，在全国公共广播（NPR）的一次节目中，马萨诸塞大学社会学助理教授安德鲁 · 帕帕克里斯托斯（Andrew Papachristos）博士指出，犯罪组织一直在活动，并不担心打击黑帮活动的边界影响（Papachristos 2005）。根据定义，监禁意味着存在严格界定的边界，这些边界被环绕监狱设施的、具有视觉标记的围栏和围墙所增强。虽然监禁的想法和目的是断绝罪犯与社会之间的联系，尽管只是暂时的，但是这是不可能的。包括黑帮成员在内的罪犯已经影响到社会的所有方面，包括监狱高墙之外。根据管辖权和制度协议，大多数囚犯仍然能够联系公众，并接受探视。基于

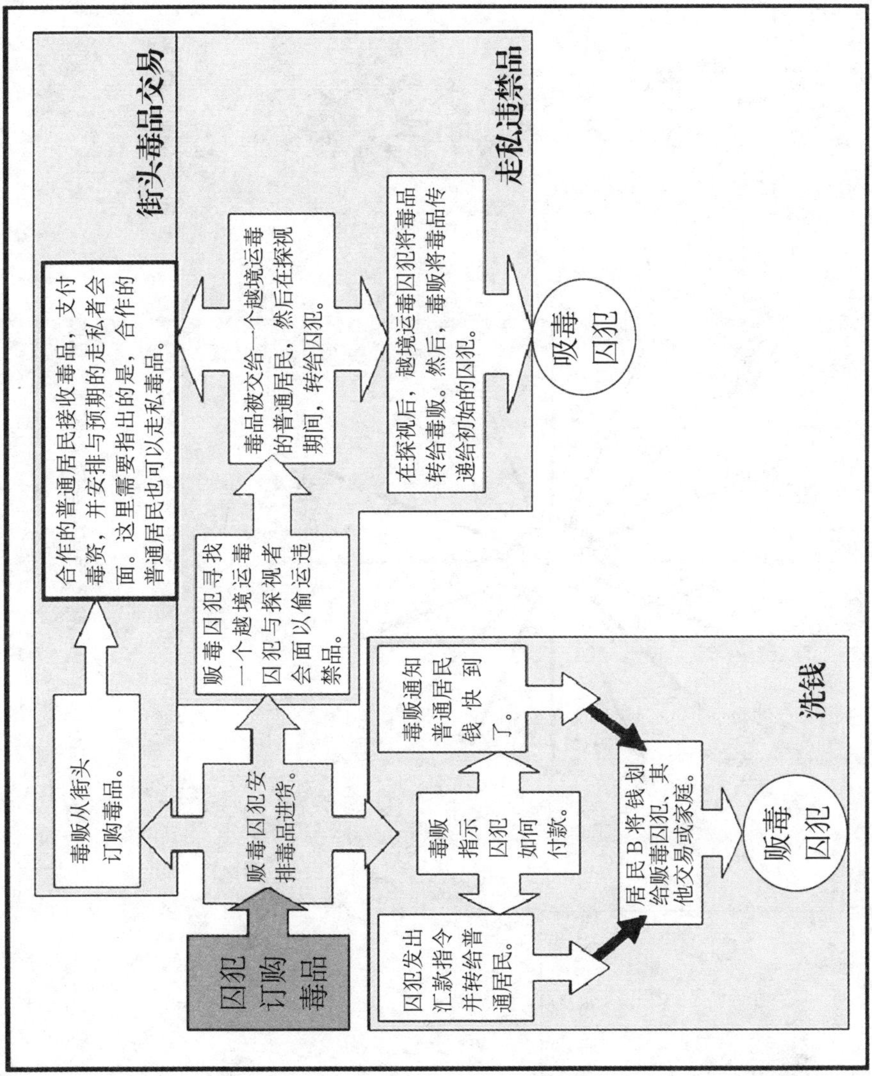

图 12–9 偷运违禁品网络事件流示意图

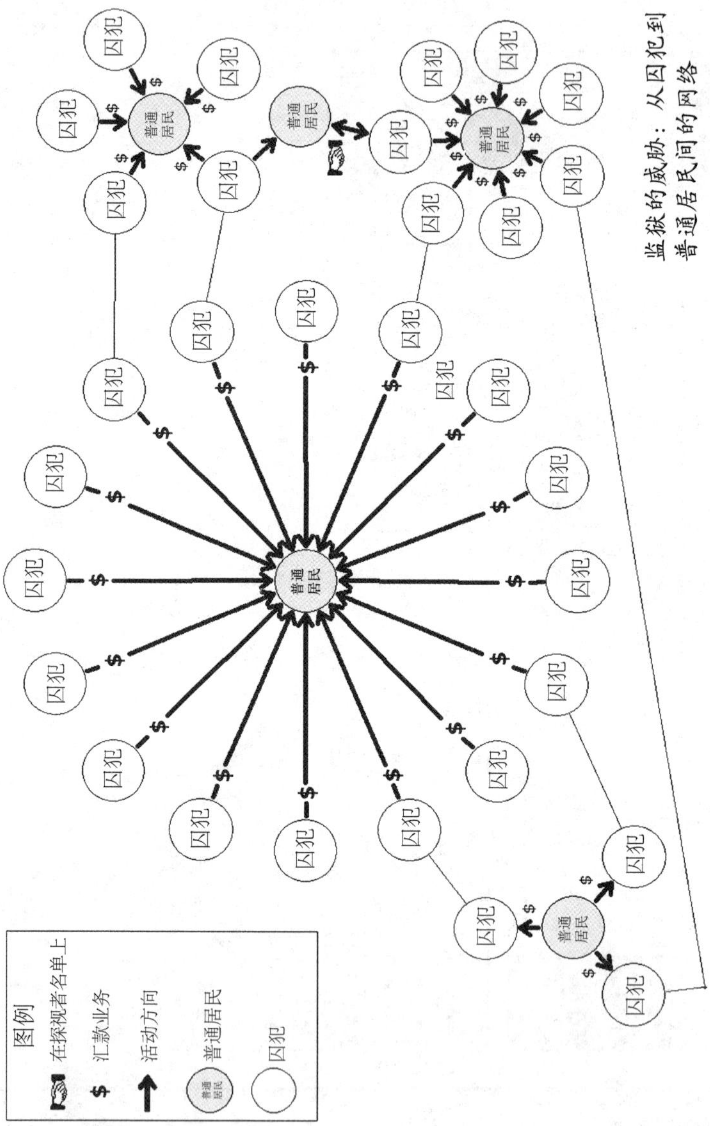

图 12–10 囚犯和普通居民间金融和探视交易网

囚犯“住所”阻止违法的动力可能是不相干的，因为监狱内的罪案被认为是街头事件的反映。

图 12–11 中的地图强调了如何在空间上整编黑帮情报数据，以显示“超越边界”的现象。黑帮身份数据显示与涂鸦、学校和黑帮案发地点相关。重叠的黑帮数据位置可能突出显示社区执法机构的镇压优先事项，同时，为惩教机构提供实施重操旧业倡议的必要的数据支撑。相同数据还将支持该地区额外惩教人员的经费要求；日益增长的黑帮事件引起更多的镇压和逮捕行动，最终导致黑帮囚犯人数的增加。

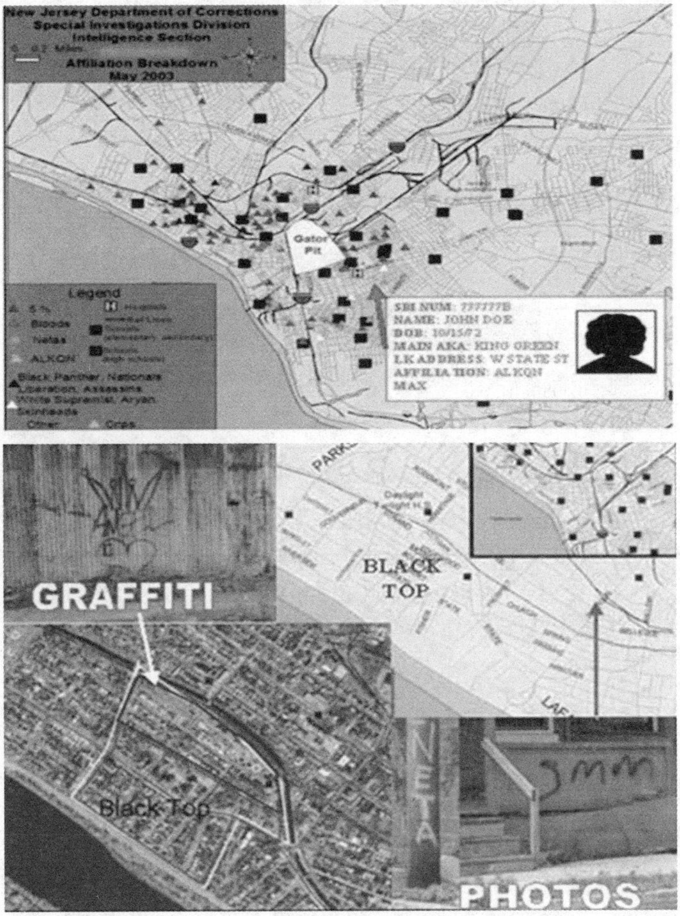

图 12–11　被监禁黑帮成员隶属关系分解图：实地信息和地理信息系统比较（Johnson 2005）

在 2005 年全国公共广播的“野蛮萨尔瓦多人黑帮的国际影响力”（International Reach of the Mara Salvatrucha [MS]）[1] 专题新闻中，野蛮萨尔瓦多人黑帮成员埃内斯托·米兰达（Ernesto Miranda，绰号 Smokey）说，“在这个国家，我们被教导杀自己人，不管他们与你有多近的血缘关系。如果你父亲是你的敌人，你必须杀死他。所以，在这个国家，我们在战争中受到的这样的训练有助于我们成为美国最暴力的黑帮”（Mandalit Del Barco 2005）。为了强调惩教情报的应用及其对未来罪案的影响，图 12–12 显示了黑帮不断壮大的趋势。

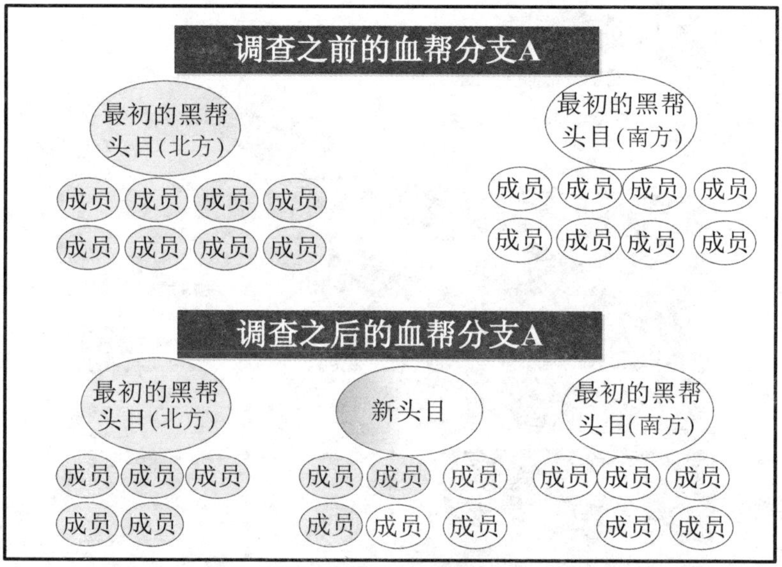

图 12–12　一个街头黑帮被打击后的瓦解和分裂示意图

[1] 译注：美国 FBI 最关注的黑帮组织 La Mara Salvatrucha，简称 MS-13。MS-13 起源于 19 世纪 80 年代，当时一百多万萨尔瓦多难民从他们战乱的国家逃往美国以求避难。许多人在洛杉矶地区安居下来，他们受尽了当地盘踞地盘的墨西哥人和黑人帮派的欺负。于是，年轻移民们就联合起来保护自己。他们用弯刀和枪把自己武装起来，很快他们所采取的暴力方式使他们成为了这个城市里最具统治地位的帮派团伙。从此，MS-13 开始接纳一切有西班牙血统的人，并开始进行一些有组织的犯罪活动，如盗车、偷渡移民（主要是从西班牙偷渡到美国）以及贩毒等。

有数十篇新闻文章讨论了黑帮对自己成员或家庭的暴力行为，如有必要，包括野蛮萨尔瓦多人黑帮成员针对自己人采取行动的暴力意识形态。加重的黑帮暴力通常会引起黑帮特别工作组针对特定黑帮的调查，并下决心消灭或摧毁它。随着特别工作组的调查开始逮捕并起诉黑帮案，黑帮的领导力就会中断并受到质疑。新的头目开始提升到新的位置，而黑帮也开始分裂。黑帮囚犯开始质疑真正的领导力，并在权力博弈期间实施暴力，向新的头目证明他们是真正的黑帮。图 12–12 强调了在有针对性的镇压工作前后，黑帮能够经历这种转变。图 12–12 表明，在调查前，这个黑帮在两个地区活动，每个地区都有自己的头目；而调查过后，黑帮出现了一个新的派别。通过监测前面提到的相同的惩教通信和联络工具，就可以确定这一现象。

使用上文列举的相同的探视、财务以及电话数据，分析师可以查询可能已受激进思想影响的囚犯，并汇编成概述监狱内极端化企图新指标的战略产品。表 12–1 强调了一个概述潜在极端化指标和相关威胁潜力的战略产品样例。

对外部执法当局而言，很难衡量表 12–1 中所列的极端化指标存在与否。然而，惩教人员可以很容易量化服务于囚犯群体的神职人员是否短缺，或者确定潜在极端化影响是否可以轻松接触脆弱的囚犯群体。惩教数据和后续分析的价值不能与分析过程中的惩教人员的价值相比，特别是通过分析和调查人员编制的工作产品。他们的学科知识、内部做法和政策、数据完整性和可用性是最宝贵的。

小结

惩教情报数据是最近才获得承认的、作为执法宝贵资源的一个领域。惩教数据和情报产品对经营监狱的业务要求和对为了整个执法的调查和战略规划倡议同等重要。无论一项调查是针对偷运违禁品、黑帮活动，还是针对威胁囚犯或公众安全的极端化影响——将惩教数据、分析师、调查员、情报产品等纳入更广泛的执法任务是非常具有价值的尝试。

表 12–1　预警指标

主要指标	威胁等级	说明
宣传和招募材料的散布	高	外界不断向囚犯发送重新诠释的古兰经和其他宗教材料，宣传伊斯兰教主义。20 世纪 90 年代末，前穆斯林皈依者戴伊德（Daveed Gartenstein-Ross）在哈拉曼伊斯兰基金会[1]美国办公室工作了 9 个月，他说没有哪家美国监狱曾经因其内容而抵制宗教团体的著作。
阿拉伯语代码和隐藏的讯息	高	文档中经常含有用阿拉伯文书写的消息，以特殊格式来隐藏想法。由于缺少精通阿拉伯语或其他中东国家语言的狱警，所以，干预不经常发生。在联邦监狱已被定罪的恐怖分子，包括那些负责 1993 年世界贸易中心爆炸案的恐怖分子，保留有通信的特权，并且和其他恐怖分子有过直接接触。
易用受招募	高	囚犯，特别是那些年轻的囚犯，很容易被操控和欺骗。
监狱黑帮活动	高	Jamiyyat Ul Islam Is Saheeh——加利福尼亚州一个知名、激进的伊斯兰监狱黑帮——被指控提出一项协议，用来证明对伊斯兰教信仰的敌人、美国政府、犹太人、以色列的支持者以及“异教徒”的攻击是正当的。此外，理查德·里德（Richard Reid），英国的“鞋子炸弹客”，在 2001 年 12 月 22 日，就在“9·11”袭击 3 个月之后，试图使用他鞋子里的炸弹，炸毁美洲航空公司 63 号航班。人们认为他是在监狱里被极端化的。乔斯·帕迪利亚（Jose Padilla），被控帮助恐怖分子并密谋策划谋杀在海外的美国侨民，被认为是在监狱里皈依伊斯兰教的。
易受影响性	中	宗教仪式为极端化创造了活动场所。
穆斯林神职人员的短缺	中	特别是在州和地方的监狱中，训练有素的穆斯林传教士的短缺导致对宗教立约人和志愿者的依赖。因此，立约的宗教领袖、志愿者、当地认可的组织甚至阿訇经常带领祈祷，但并没有相关经验。

资料来源：节选自一个评估监狱极端化指标的战略产品（Bruno 2007）

[1]　译注：哈拉曼伊斯兰基金会（Al Haramain Islamic Foundation，AHIF），国际重要的慈善组织，总部在沙特，成立宗旨是进行“民间教育和慈善活动”。其主要活动是在一些伊斯兰国家兴建清真寺和学校，也是瓦哈比四大宣教组织之一，曾被美国指责为“恐怖袭击”提供资助。

参考文献

1. Associated Press. (2008). "SCI Says Blood Leaders Rule Behind Bars." Star Ledger and Asbury Park Press. *<http://www.nj.com>*.
2. BBC News. (2005). "Mexico Seals Off Drug Gang Jail." BBC News. *<http://news.bbc.co.uk/go/pr/fr/-/1/hi/world/americas/4176675.stm>*.
3. Bruno, M. (2007). Emergence of Muslim Prison Radicalization Growth and its Growing Threat to our Global Society through Recruitment and Expansion. *Strategic Early Warning Assessment*. Vol. 1. No.1. New Jersey Department of Corrections, Special Investigations Division.
4. Bureau of Justice Statistics. (2007). Prisoners in 2007. US Department of Justice, Office of Justice Programs, Bureau of Justice Statistics. NCJ 224280.
5. Danver, L. (2009). "Drug Ring Bust Nets 35 Arrests." WishTV8. June 30, 2009. *<http://www.wishtv.com/dpp/news/crime/Drug_ring_bust_nets_35_arrests_20090630>*.
6. Del Barco, Mandalit. (2005). "The International Reach of the Mara Salvatrucha." NPR News. Mar. 17 2005. *<http://www.npr.org/templates/story/story.php?storyID=4539688>*.
7. Godwin, C. (1999). "Applying Correctional Intelligence to Law Enforcement Investigations." *Correctional Compass*. Oct. 1999.
8. Godwin, C. (1999a). "Applying Correctional Intelligence to Law Enforcement Investigations." *Corrections Today*. Aug. 1999.
9. International Association of Chiefs of Police. (2009). *Targeting Criminality: Successful Police-Corrections Partnerships*. (Video) U.S. Department of Justice, Bureau of Justice Assistance.
10. Johnson, M. (2005).Using Prison Gang Intelligence from the Inside Out. NJ Department of Corrections. Presented at the 8th Annual Crime Mapping Research Conference. Savannah, GA.
11. Montgomery, M. (2005). "Prison Gangs Keep a Tight Rein on Members." *NPR News*. Mar. 12, 05. *<http://www.npr.org/templates/story/story.php?storyID=4531910>*.
12. Montgomery, M. (2005a). "Gangs Reach Out of Prison to Commit Crimes." *NPR News*. Mar. 7, 2005.
13. National Institute of Corrections (NIC). (2008). *Sharing Gang Intelligence. Bridging the Gap: Corrections, Educators and Police*. United States Department of Justice.
14. National Law Enforcement and Corrections Technology Center (NLECTC). (2004). *Corrections Data Mining*. United State Department of Justice, Office of Justice Programs, National Institute of Justice. TechBeat. Fall 2004.

15. New Jersey Department of Corrections. (2005). Special Investigations Division, Annual Report.

16. New Jersey Department of Corrections. (2006). Special Investigations Division, Annual Report.

17. New Jersey State Commission of Investigation. (2008). Criminal Street Gangs and New Jersey's Prison System Public Hearing. *<http://www.state.nj.us/sci/index.shtm>*.

18. New Jersey State Police. (2007). *Gangs in New Jersey: Municipal Law Enforcement Response to the 2007 NJSP Gang Survey*. New Jersey Department of Law and Public Safety, Division of the New Jersey State Police, Intelligence Section.

19. New Jersey State Police. (2007a). Arrest of Bloods gang members from North Jersey. Operation targeted leadership of violent 'Sex Money Murder' set. Official News Release. *<http://www.njsp.org/news/pdf/pr061407-smm-arrests.pdf>*.

20. Papchristos, A. (2005). "More Gangs Going Global." *NPR News*. Feb. 23, 2005.*<http://www.npr.org/templates/story/story.php?storyID=4509988>*.

21. Public Technology. (2007). Met Police & Prison Service to share intelligence & information. Feb. 2007. *<http://www.publictechnology.net/modules.php?op=modload&name=News&file=article&sid=7686&mode=thread&order=0&thold=0>*.

22. United States Census Bureau. (2008). Population Estimates: National and State Population Estimates. *<http://www.census.gov/>*.

23. Walmsley, R. (2005). *World Prison Population List (Fifth Edition).* Home office Findings (234). United Kingdom Home Office.

24. Wamsley, R. (2007). *World Prison Population List (Seventh Edition)*. King's College London, International Centre for Prison Studies.

25. Walmsley, R. King's College London. (2007a). *The World Prison Brief.* King's College London, The World Prison Brief Online. *<http://www.kcl.ac.uk/depsta/law/research/icps/worldbrief/wpb_about.php>*.

[第 13 章]

情报行动效能评估

加里・S. 威廉斯

13.1 引言

随着预算紧缩、“9・11 事件”记忆的衰退，以及地方政府资助反恐怖工作政治意愿的减弱，执法情报行动在未来可能遇到明显阻力。全国的警察部门在打击当地毒品犯罪和黑帮犯罪方面的日子越来越困难，更不用说打击国际恐怖主义的任务了。很多地方政府认为，情报和反恐怖工作最好留给联邦政府去做。而事实是，在没有州和地方执法情报工作的协助下，联邦政府在美国的情报任务不可能成功。然而，这些工作必须是有效、完全专业和无可挑剔的。

虽然许多执法情报工作的任务主要集中在反恐怖主义，但在处理众多犯罪方面，执法情报也是非常具有价值的。情报主导警务对打击犯罪具有重大价值，并且对于保护我们的社会免受恐怖主义、黑帮、贩毒、有组织犯罪、诈骗以及其他重特大犯罪的危害是必不可少的。因此，它理应受到执法领导的重视，以不断证明情报的价值。这就需要教育政府领导，并建立信任和信心，通过提高透明度和行动的有效性来支持情报工作。对情报行动效能的评估为做上述甚至更多的事情提供了机会。

评估整个行动的总体效能是一个耗时且复杂的任务。执法管理必须投入时间、精力和金钱，以利用评估带来的机会。虽然评估过程在实践上是非常复杂的，但在概念上，它是相当简单的。然而，如果可能的话，评估的某些基本规则，应首先被首席执行官、政治领导和掌握财政大权的人接受和理解。这些基本规则包括：

- 执法情报并不是一个“知道一切，看到所有”的行动。期待情报总是能在案发前洞悉每个具体犯罪活动的一切是不现实的，并且这超出了任何情报行动的能力。虽然借助“眼线”的可靠来源报告，具体的潜在犯罪情况偶尔会发生，但并不经常发生。情报通常涉及对关于特定潜在犯罪活动各种零碎的、原始信息的理解，以便发现对其更好的理解，以使决策者更好地了解情况。情报通常是一个渐进、细致、复杂的活动，它试图为决策者指明正确的方向，以便最终采取合适的行动。
- 执法情报行动一般是为执法提供支持，通常不直接参与执法行动。情报主要是一个犯罪预防工具，不能也不应该用评估传统执法功能的相同标准进行评估。效能评估的关键因素是情报用户。
- 情报行动的效能应以注重工作质量和用户反应以及遵守政策、程序和相关法律、安全问题的方式，建立在与使命陈述（如恐怖主义、有组织犯罪、毒品犯罪等）相关的书面化预期（目标）基础上。
- 只有那些有足够的培训、知识、专业技能和背景的人应定期检查情报行动，并评估效能和合规性。
- 评估任务应以官方认定的流程方式完成，并且每年备案，对合规性和效能（绩效）进行独立的审计、审查和评估。
- 在不危害保密问题的情况下，每年审计、审查和评估的结果应公之于众。

在正式核准的文件中，这一概念简单明确地陈述了情报行动的使命、期望（目标）、政策、程序、法律和安全问题，以及效能和合规性将被评估的方式。随后，该文件建立了评估效能和合规性的官方标准。

注意：尽管遵守所有规则也不一定与效能相关，因为如果明显违背规则，那么效能和情报行动可能就不再相关。因此，合规性和效能要捆绑在一起，并定期在一起进行检查。

如果可能的话，上述文件应得到首席执行官和高于首席执行官的、那些相关的当地或州政府官员（例如，警察局局长、市执政官、市长、州总检察长等）的批准，并应由组织的法律权威（例如，城市律师或法律顾问等）签署。该文件应交由所有人员作为绩效指南。为了提高行动的透明度，如果撰写得适当的话，那么该指南文件可以被发布并公之于众。

该指南应该是一份与时俱进的文件，由于条件和政策的变化，随着时间的推移，经正式批准可以进行变更。有关批准的这一环节非常重要，因为它认可并使过程合法化。市、县或州相关高级领导告诉所服务的公众，这是他们从情报行动所期望的东西，这也是效能将被如何衡量的问题。他们还说，他们支持情报行动。然后，“爱算计的人”必须遵守它，当然，情报行动也必须遵守它。

注意：这里没有任何书面建议，管理要下沉到上述方法和流程。显然，管理必须使用管理工具箱中的所有工具，引领、指导和控制人员和单位的绩效。在一贯的基准下，有许多重要问题（包括预期），需要通过直接监督和管理不断被审查和评估。并且，有大量的出版物解释如何审计和评估情报程序、政策、流程以及安全问题。这里讨论的评估，更多的是关于维护责任的整个行动的整体效能，是为争取支持和资金的一个不断改进的过程，而很少是关于评估的程序、系统和流程的技术问题。

13.2 效能的预期

以下是评估效能的可能的预期清单。从本质上讲，这些预期界定了什么是效能，以及它是什么样子。预期必须与使命相关，必须在情报行动的能力范围之内。仅仅满足这些预期相当于最起码的效能。然而，由于评估过程揭示了质量范围和响应能力，所以，应实现并显现增强的效能水平。在持续的改进过程中，这可能是一个重要因素。遵守所有政策、程序以及相关法律和安全问题显然是我们所期望的，但是也可能存在轻微违反的问题和改进的余地。然而，严重滥用和（或）重大违规的问题，如宪法权利、合理怀疑标准和（或）安全问题等，都是超出这一过程的、备受关注及后续追踪的主题。

下面列出的预期是基础非常广泛的例子，可用于几个不同的使命情境（Mission Scenario，如恐怖主义、毒品、有组织犯罪等）之中，并且可以量化或文字化，以对应任何情报行动潜在的现实能力；然而，它们应该富有挑战性。与所述使命相关，期望的例子包括但可能不限于此：

- 通过提供增强机构预防犯罪活动能力的情报和信息，支持决策者；
- 通过提供增强机构成功破案并协助检控能力的情报和信息，支持犯罪调查；
- 确定与使命相关的犯罪嫌疑人和犯罪集团，存在合理怀疑其对社区、地区和（或）国家构成潜在的犯罪威胁；
- 通过有效的情报行动（如预防犯罪活动或破案等），至少为机构的主要目标之一提供支持；
- 向首席执行官、管理层以及其他合适的机构决策者提供关于地区、州、国家和（或）世界犯罪活动的、优质和有效的情报；
- 遵守所有规定的政策、程序、相关的法律和安全指令；
- 向机构执法人员提供关于罪案趋势、威胁、漏洞和潜在罪案相关风险的、有价值的、及时的信息；
- 向机构执法人员提供关于情报流程、情报和信息共享系统的价值以及引领情报主导警务过程的、有价值的、及时的信息；
- 为共享信息，与组织内外执法人员的沟通，开发和维护有意义的关系与有价值的系统；
- 为共享信息，与相关社区成员、团体（如企业保安人员和其他相关社区分支）间的沟通，开发和维护有意义的关系与有价值的系统；
- 向相关的联邦、州和地方情报工作（如融合中心和联邦特别工作组）提供有价值的支持。

符合所述预期相当于至少最低限度的效能。正是对所有可用数据进行的评估才能确定超越合规要求的效能水平。

13.3 效能的量化

情报行动本身并不适用于衡量执法效能的传统方式，如罪案统计、逮捕人数、归档情况等。有些情报活动可以进行量化，但量化对确定效能几乎没有价值。然而，确定达到预期的程度是个例外，并且可以用数字来量化。确定达到预期的程度是有价值的，因为它有助于确定所参与工作的价值和超越单纯合规性的效能水平。例如，如果情报行动在一年中仅对一个犯罪活动的预防提供了支持，那么它达到了预期。但是，这还需进一步研究，来确定参与该调查的工作量和人员时间的价值。这一调查可能是个大案子，需要成百上千的人员和大量时间，并能拯救生命或挽回数以百万计的金钱。然而，如果案件所得远低于付出的努力和结果，那么需要进一步审查，确定效能的真正价值和水平。从本质上说，数字是给评估人员的参与工作量的指标，以及超越单纯合规性的价值和行动效能水平的指标，但这只是一个指标而已，尚需要进一步的后续行动。

当审查生产效率时，通常使用计数活动，如果那是一个问题的话，那么这里的问题却是效能。州和地方政府官员知道那些数字可以以很多创新的方法使用。以数字的方式看生产效率可能会很有趣，但是有适当的监督、担当责任、富有成效以及遵守所有规则才是政府领导应该最感兴趣的事情。

高品质的执法情报是一个流程可靠的、及时的产品，该流程使原始信息对决策者有意义且有用。它使决策者能够做出正确的判断，以防止罪案并协助逮捕和起诉犯罪嫌疑人和犯罪集团。为了行之有效，情报行动必须是高质量的，并且对决策者的需求做出反应。因此，决策者和其他用户的情报才是效能评估的关键，而不是数字！

13.4 评估重点

情报行动的效能评估是一个有些主观的、将重点放在质量和响应能力上的过程。和质量等同的东西是知识、明确、客观和可靠。与响应能力等同的东西是及时、有用和关联。高质量的情报是对可能的犯罪活动睿智洞察的可靠交流，并且得到清晰、客观的交流。敏感的情报是相关信息的及时交流，该信息可用来预防犯罪，逮捕和起诉罪犯，识别可能的犯罪嫌疑人和犯罪集团，识别可能的罪案趋势、威胁、漏洞和风险等。把质量和响应能力放在一起，您就已界定了效能的质量和情报的价值。

还有其他涉及情报行动的预期或目标，诸如，情报流程和情报价值的讲授，为信息共享所建立的关系和系统等。它们必须也涉及质量和响应能力。培训或教学要求知识和主题事项清晰准确，满足接受有用、及时和相关信息的培训者的需求。为了信息共享的目的，建立关联和系统需要知识与信息清晰准确，这样有用、及时和相关的信息就能无缝地来回流动，以便侦测和预防罪案。给联邦、州和地方情报工作提供有价值的支持，包括分享对它们工作有价值、优质和反应敏捷的情报、信息和（或）资源。

遵守所有规定的政策、程序和相关法律和安全问题也必须确定下来。所有这些问题都必须在评估过程中清理掉。必须审查每一个预期，以确定以下问题：

· 是否符合预期？符合程度如何？（这是数字或许适合衡量预期的唯一一次，但必须用质量、响应能力和价值的审查进行调节，以确定效能水平。）
· 生产的产品和（或）进行的交流是否是睿智、清晰、可靠、客观、可用、及时和相关的？
· 相对于质量、响应能力和价值而言，相关决策者和其他用户如何评价整体工作？
· 是否遵守了所有的政策、程序、相关法律和安全问题？如果不是，违规的程度有多大？任何违规是否对情报行动和（或）组织造成了严重的负面影响？
· 需要改进的地方是什么？
· 与预期有关的情报行动是有效的吗？

值得注意的是，在很多预期中，总会有改进的余地。情报是人类努力工作的结果，因此，永远不会完美；然而，完美不是效率的必要条件。评估的价值增值成分是找到需要改进的领域，以便增强行动的质量和响应能力，因而效能可以持续不断地发生。

为了评估效能，了解必须检查的内容是比较容易的部分，而实际做起来是更耗时的。因此，重要的是，要确定用什么方法获得最佳的透明度、信任和支持，同时以可靠、专业的方式完成这项工作。这里有两种方法可用，并且建议以某种形式使用这两种方法，以使责任、透明度、支持和整体效能最大化。

13.5 行政管理评估

评估带有一定程度的主观性。当谈到情报效能评估时，与那些稍微远离这项工作的人相比，那些最接近评估工作的人可能不能批评评估工作。行政管理的审查和评估可能是确定效能的一个更独立的检验，因为它来自高于行动人员至少一阶的那些人。同时，他们也是情报用户。所以，还有谁比他们更适合于评估呢？

虽然有人可能会说，即使行政管理评估也并不是真正独立或公正的，但是它比那些直接参与监督这项工作的人所做的评估要更加独立，因此，也更加可信。这并不是说，直接监督和管理是不可信的，并且不应该评估这项工作；而是说，那些级别更高、离得更远的人用更“谦逊和独立的视角”看问题。他们可能会问一些需要更充分地解释的问题。作为情报用户，他们可以明白需要改进的地方和（或）质量与响应力较好的地方。如果行政管理已经与政治领导和公众建立了信任，那么这一工作也将被视为更加可信。

如果他（她）愿意的话，行政管理审查也会为首席执行官提供机会，看到和听到第一手的情报行动相关问题、需求、优势和劣势，并自己进行评估。这可能是保持监督和问责制，以及为加强行政管理对情报行动的理解、信任和支持提供信息的关键。

行政管理审查和评估可以是一个持续的行政管理情报简报流程的一部分，该流程至少每季度一次（最理想的是每月一次）。案件简报可向行政管理提供知识和情报，以做出关于人员部署及其他执法和（或）犯罪预防相关问题的更好决策。这也是询问关于案件进展，以及确定工作投入、质量和响应能力等问题的机会。这同时也是情报循环规划和指导流程的一部分。简报流程本身非常适合于全国各地多个市县的地方执法机构实践的比较统计流程的问答技巧。

从本质上说，如果做得适当的话，那么行政管理层的案件简报和审查/评估流程就是不使用传统电脑的情报比较统计。虽然存在明显的安全和知情权问题，但通过仅限需要知道和具备知情权的人员参加，并通过适当处理其他安全问题，可以很容易克服这些问题。然而，这不是讨论机密情报的时机，除非所有相关的联邦安全问题都得到了处理。

如果没有其他评估和报告要做，那么评估可以以秘密的方式记录存档，简要描述相关信息，包括工作的综合评估、质量、响应能力以及整体效能等内容。随后，它可用于效能评估年度报告。如果书写适当，以保护敏感信息的来源和方法，则该报告可以公之于世。这将提高透明度和公信力。

注意：这种类型的评估不是基于整个行动的综合绩效和合规性审计，而是在简报中提出的工作的一个“概貌”。为了评估总体效能，除了简报外，必须有一些工作人员的后续行动，也必须有某种形式的数据搜集系统，以显示预期的实现程度。可以利用对相关情报用户的调查或访谈，以便评价产品和工作是否符合预期。为了确定是否遵守所有的政策、程序、流程、相关法律和安全问题，合规性审计应按季度或半年度计划进行。这通常在直接的情报管理人员或行政管理审计人员的监督下完成。

13.6 独立审计、审查和评估

有可能发生另一个级别的评估以补充或替代机构行政管理评估。对合规性和绩效、适当的独立年度审计、审查和评估是对行动严格、深入的检查，并且能带来对过程及结果的、更高级别的信任或信心，特别是当它们要被公开时。几乎没有机构对行动的任何方面采用真正彻底和独立的审计或评估，更不用说它的情报行动了。这种情况通常只发生在当事情发生严重错误的时候，并且由于法院的行动和（或）公众的愤怒，该机构才被迫这么做。独立的评估可能代价高昂，并且需要具有做一个真正全面、公正、客观的工作必备的技能、知识、能力以及诚信的外部人员。此外，因为它与情报有关，所以，存在安全和保密关切问题。然而，这些问题是可以克服的，事实上，国内的一些机构已经克服了这些问题。

合规性审计通常涉及对工作产品进行检查，以确定是否符合现有标准和政策。情报合规性审计通常检查情报档案、书面政策、标准、程序和相关的法律问题和安全指令，以确定其合规性。绩效审计检查工作质量、生产率（如果这是一个问题）和目的 / 目标的实现情况。合规性和绩效审计 / 评估是兼容的，因为待检查的材料连同采访或调查工作人员和相关人员的能力，允许审计人员 / 评估人员更深入地了解合规性、质量、响应能力和工作的效能。

在一个独立的绩效 / 合规性审计和评估中，可以使用评估效能的上述标准（预期）。很明显，进行审计和评估的人必须经适当地培训和筛选，并具有必要的技能和能力。比较统计程序不适用于外来的评估者。如果做得适当的话，对用户的采访和（或）调查可以获得用于评估的有价值的信息。没有联邦政府的批准和适当的安全措施，包括许可证，不会对涉密信息和（或）情报进行检查。如果这个过程已获正式批准，那么它会赋予评估和审计者相应的知情权。

一些机构已利用经适当培训和审查的警察委员会人员或监察人员或其他受信任和尊重的人进行独立审计。其他机构也已经利用经过审查和培训的、外部的执法情报从业人员，作为它们现在或过去执法任务的一部分。可以做这类审计和评估的、被高度信任和尊重的一个组织是"执法情报单位协会"。虽然这些服务会有一些经济成本，但是在强化责任，通过持续改进建立质量，展示效能，以及在情报行动建立信任和信心等方面，他们的独立审计、审查和评估可以是高产和高效的。

13.7 小结

自 2001 年"9・11 事件"的灾难后，执法当局已经投入了时间和纳税人的金钱，在全国建立了无数的情报行动。它必须向自己和公众保证，这些情报行动是真正专业、有价值和有效的。

不能用传统测量方法对情报行动效能进行恰当评估。效能评估应将重点放在质量和响应能力上。情报产品用户是评估质量和响应能力的关键因素。情报行动应通过利用记录归档的预期（目标）来定义效能是什么。它的效能预期连同其使命、政策、程序、相关法律和安全问题以及将被评估的效能和合规性的使用手段，都应保存在一个单独的官方批准的文档中。然后，那个文档应被用作评估效能和合规性的官方标准。

为强化责任、提高质量，并改善其情报和情报行动的知识，机构行政管理应成为评估流程的一部分。应对效能和合规性进行独立的年度审计、审查和评估，并应公之于众。情报行动评估的适当公开为提高责任感、运行效能、透明度带来了机遇，这将获得公众和政府的支持。有重大情报行动的大中型机构和（或）具有相同预期的州或地方管理的融合中心，应对效能和合规性采取某种形式的行政管理评估和独立的审计、审查和评估。对于任何机构或实体，无论规模大小，任何一种评估都是有益的。然而，从长远看，如果什么都不做，那么几乎不能保证维持必要的支持和资助。

[第14章]
培训与情报单位

玛丽莲·彼得森

14.1 引言

就一个情报主导警务模型而言，培训是执法取得任何进步的关键。将情报和分析所需培训完美整合到执法行动最前线，是再正确不过的事情。这反过来要求重新定位执法机构，把情报作为一个积极主动的工具加以理解和使用。因此，实现这一目标需要一个协调的培训工作，既要针对非情报单位的人员和指挥官，也要针对情报管理人员、情报官和情报分析师。没有这种综合方法，情报工作就可能会失败。相比之下，采用这种方法可以产生一个综合、高效的组织，该组织由既能独立工作，也能团队合作的忠诚、称职的专业人士组成。

对上述5个不同层次的人员进行的培训将略有不同。尽管存在这些差异，在每个层次和为每个角色提供的培训应该形成一个有机整体。每一个人都应为自己的角色和同事的任务而不断发展和提升技能，并理解在工作中这些将如何转化，以实现真正的、易于识别的组织收益。不管方法有什么不同，培训的目标就是最有效地利用搜集到的信息，并基于分析的情报信息做出富有见地的决策。

14.2 非情报人员培训：新警员、巡逻警察和调查人员

培训的最大受众是非情报单位的人员，包括新警员、巡逻警察和调查人员。对这些专业人员的培训应该注重让他们熟悉情报流程，至关重要的是应

熟悉他们在情报流程中的角色，以及他们可以从他人那里期望什么。这种培训应该准备让他们理解情报流程，为情报流程做出贡献，并从情报流程中获取收益。

新警员培训

在基础的新警员班里，情报培训应该从情报导论开始。现在，一些警察学院的基础课在情报内容上只花费一两小时。这些课程也许会专注于现场报告的撰写，作为情报流程的一个输入，而不是情报单位能为外勤人员做些什么。因此，许多执法官坚信情报对他们来说并没有什么用。他们对情报单位的印象经常是一个难以接近，堆满了档案柜，而且住着能神秘地递出纸张，却不能逮捕罪犯的陌生官员和文职人员的城堡。在执法界，情报引导调查和积极部署警力的概念尚未得到有效沟通。

情报不应是神秘之物。执法官员的任何一般培训计划，作为其第一个目标，应该消除环绕在情报概念周围的神秘感。情报工作流程没有任何秘密，它仅仅是对敏感信息的搜集、分析和传递。也许达到这个共识的最好方法就是，让情报工作人员给新警员做讲座（Harris 1976: 46）并解释情报流程。

如果可能的话，可以使用分析如何导致一个重要犯罪阴谋瓦解的案例研究。这种演示应该强调在以前没有关联的人、企业、地点或团体间进行“匹配”的艰巨一面。实际的方法应该描述——或者更好的是，向参与实战训练的学生展示——所以，学生可以自己做出判断，大部分情报工作是多么的简单但又辛苦的工作（Harris 1976: 47）。这里主要强调培养新警员对情报流程的意识，以及他们自己作为未来的一线原始信息源和情报产品用户的重要性。

巡逻警察培训

巡逻警察是情报部门绝佳的、但往往未使用的数据来源。警区或巡逻地段也是可报告信息的一大来源。巡逻警察是最了解罪案进展和罪案发生环境的人。正是因为这个原因，所以，尽一切力量鼓励警务人员去观察，并上报其观察结果。这是社区警务和问题导向警务思想不可或缺的组成部分。优秀报告的技巧必须受到这种认识的启发，而这是至关重要的。

一个适合于地方巡逻警察的情报导向的课程应该包含以下 3 方面：

· 情报流程、警官、情报的历史，以及角色定位、社区警务、信息共享、数据系统、网络与资源（50 分钟）；

· 犯罪活动的指标、搜集方法与共享系统概述、信息源和专业术语（40 分钟）；

· 伦理、法律基础、责任和隐私权（40 分钟）。

（全球情报工作组 [GIWP]，2007）

调查人员培训

在一些警察机构，情报和调查之间的差异是不存在的，但是在其他机构中，却存在一个巨大鸿沟。理想情况下，警官会被指派专门从事情报工作而避开调查工作，但大多数机构没有这种指定的优势。即使在那些有指定的情报科的机构中，调查部门仍然必须完成一些与情报专家使用的一样的流程和方法。毕竟，必须对案件进行调查，并且搜集、整理、分析以及传递信息的流程，是一项调查必不可少的一部分。然而，在战略和战术层面，如果情报是决策者的一个有效工具，那么执法中的情报工作就不能屈从于更加被动的调查职能。

由于调查也需要分析的支持，为负责调查的所有人员提供某种形式的情报或分析培训也很迫切。应该为成为侦探或调查员的人员提供这种培训。许多机构把这些人送到一些私人或官方供应商，接受标准的分析培训。由于它可能比必要的更详细，并持续 3 到 5 天，所以，这个级别的培训可能超出了所谈论的巡逻警察的绝对需要。该类型培训的缩减版本概述如下，并且对新的调查人员而言，该版本更省时间，更具有针对性：

· 情报流程（1 小时）；

· 推理阐释（1 小时）；

· 有组织犯罪（1 小时）；

· 电话记录分析（2 小时）；

· 实战训练（2 小时）。

· 情报报告撰写（1 小时）；

· 罪案模式分析（1 小时）；

· 联系分析（2 小时）；

· 刑事诉讼（1 小时）；

尽管这种类型的培训可以依赖于外部供应商，但是由机构内部提供培训也许更为经济，比如说由在职的情报官和（或）分析师，或者利用和执法情报单位协会或国际执法情报分析师协会等组织的关系。

14.3 指挥官培训

指挥级别培训的主要目标应证明情报主导警务能为管理做什么，以及情报单位应拥有哪些可支配的资源，以完成向决策者提供战略支持的必要工作。具体来讲，指挥官需要认识到，情报流程可以为一些问题提供行政支持，例如，预算支持、人员的适当配置以及对辖区潜在犯罪威胁的意识。成功的指挥官培训，可以对指挥官在情报流程中的作用以及对情报职能的常规支持，生成一个全面的了解。

这一方式背后的理念是本书一再重申的：必须透彻理解这一过程的组成部分，以认识情报流程，并能够有效地利用情报。对情报单位和功能缺乏全面了解的指挥级别的官员，将不能理解为什么他（她）被要求向情报单位提供调查人员，如何衡量情报单位的整体效能，或给那些“厚此薄彼”的公诉人提供任何合理的抵制（Harris 1976: 51-52）。

指挥级别培训必须与巡逻警察、新警员或调查人员的培训明显不同。首先，它是一个资讯性或者甚至是商业信息类的培训。也就是说，培训的基本理念和概念是必须可以出售以及传授。其次，指挥人员可以更好地回应他们的同事或外部的“专家”，因此，培训计划不能频繁地启动或在内部进行，而是应该由警察协会、情报组织或州 / 联邦机构等多个机构共同主办。警察协会可以赞助为在该地区的各市、县指挥级别人员提供的年度短期培训计划。在一些州，为了县、市警察的利益，这样的一个培训计划可能由州立警察学院提供。

通常，针对高管的情报培训可能包括以下内容：

· 国家犯罪情报共享计划、信息共享环境实施计划、融合中心的理念和高管的角色（1 小时）；

· 情报主导警务思想与实践（1 小时）；

· 情报流程及其价值（2 小时）；
· 关于犯罪情报的法律、隐私和伦理问题（1 小时）；
· 关于可用犯罪信息共享网络和资源的信息（1 小时）。

（全球情报工作组，2007）

在所有情报培训中，对指挥级别的培训要求最为苛刻。这将迫使学生和教官进行重度的知识重组，对于教官，这意味着巨大的精神压力。培训内容应有一个单一的重大主题：情报能为指挥层做些什么。次要主题通常会围绕多个在某种程度上与主要主题相关的话题：情报技术的突破、应对有组织犯罪的新策略、情报流程管理、最近的法院判决、情报的局限性，等等。（Harris 1986: 51）

14.4 情报官培训

把警务人员培训成情报专家，需要关于如何搜集、评估、整理、分析等实践教学。（Harris, 1976: 46）不可避免地，这样的培训比其他警务人员或指挥官接受的培训要长得多，并且可以在任何地方进行，培训时长 1 到 3 周。

情报流程应该是培训的核心。“大多数人并不熟悉这样一个由一系列连续的、相互关联的智力活动组成的流程，它需要一个精神自律——心智和精力的修养。尽管不是执法人员所独有的，但是这种精神自律是来自于大量的学习而非工作经验。”（Harris, 1976: 47）除了情报流程外，培训应该提供可能被调查的罪案、伦理以及其他职业发展等具体类型的主题。在这一级别，培训应采取“从实践中学习”的方法，这样才能将相关方法和技巧整合到情报官的技能集合中去。

1976 年，唐 · R. 哈里斯建议的模型如下文所述。

情报理论和有组织犯罪

情报在与各种形式的有组织犯罪斗争中的角色应给予极大关注。学员们应将情报视为一个为深入调查培养着力点的工具，而该调查导致应设法建立案件的最终决策。这一阶段的介绍将会探索情报征候（或警告 / 危险信号）和战略情报（现有或潜在的活动模式的报告）（Harris 1976: 48）。

管辖权犯罪

情报官培训应包括一个专注于目标本身的模块——情报将发挥最有效作用的管辖权罪案类型。应该将重点放在开发犯罪活动领域，例如，白领和公共腐败以及更传统的犯罪领域（Harris 1976: 48）。

教官可能会问班级一系列的问题，激发学员对各自管辖权范围内罪案的思考。街头黑帮在何种程度上会成长为自我延续的犯罪阴谋的核心呢？为了具体的赌注或大城市的特别行政区，几个具有松散联系的犯罪集团会进行合作吗？

- **白领犯罪**——同样，必须鼓励情报官思考与过去有组织犯罪相联系的赌博、贩毒、窝藏和放高利贷等传统犯罪以外的类型。白领犯罪，例如证券操纵、信用卡诈骗、计算机辅助诈骗、新形式的敲诈以及涉及人身安全行业的复杂骗局，可能是有组织犯罪未来转移的领域（Harris 1976: 48）。
- **公共腐败**——在培训的这个阶段，对有组织犯罪贿赂政府官员技法的强调只是第一个介绍的主题，应与培训计划交织在一起。显然，这个主题是关于易被有组织犯罪渗透的任何执法机构。将腐败对一个城市的影响戏剧化也许是一种方法，由内务警察部队负责人或该机构自身的领导组织的讨论则可能是另一种方法（Harris 1976: 49）。

伦理与诚信

在每个机构中的新警员或更高级别的官员都应接受基本伦理的培训。然而，这里讨论的是设法详细列举有组织犯罪分子用来诱骗执法官员，或将其不知不觉地置于随后可提取非法恩惠的职位的狡猾技法。与情报官的会见将是一个极好的座谈——也许由检察官主持——用来讨论反腐败措施的制度化途径（Harris 1976: 49）。

分析技术

在情报流程中需要阐明的、最困难的一步就是分析。由于几乎所有的情报问题都是独一无二的，所以，没有单一的一套可重复使用的指南提供给学员。有些“自我测试题”可应用于所有分析，也就是说，分析师应对以他（她）的方式获得的、也许有所帮助的所有数据提出一些问题。通过提问（或回答）这些问题，新的情报分析师或许不会在一夜之间精通情报分析流程，但是他（她）将会更理解一名分析师的期望是什么（Harris 1976: 49）。

对分析师的培训必须要超越对技术工具或信息资源的使用。它必须包含思维方式的训练，其中包括批判性和创造性思维技巧。对一个成功的情报分析产品同样重要的是，清楚和简洁地交流分析结果的能力。这需要对情报写作（这与传统执法报告撰写迥然不同）和简报技巧进行训练。如果没有有效的交流，那么最好的情报就不会被采纳。

以指向某个领域存在犯罪活动的 2 个或 3 个原始信息的碎片为出发点，情报分析师必须学会问以下问题：

· 我需要其他何种信息来完成整个画面？
· 我如何相对快速又经济地获取其他信息——即，获得什么信息是值得付出努力的？
· 给予额外信息，我能否察觉问题的一个新维度？
· 什么是问题的关键因素？
· 我能否将手头上的任何材料与档案或计算机里存储的其他信息匹配起来，以拓展我对整个问题的理解？
· 综合所有信息，我是否能重建问题？
· 经过我的分析，现在的结果是否能呈现出比之前更清晰的画面？
· 从这个新的整个画面中，我是否可以得出某种重要判断？
· 我对自己的判断有多自信？在自己的判断陈述中，我表示了信心的程度了吗？

应该向全班描述更复杂的分析技术，并且如果可能的话，使用一些技术进行实战训练。此外，应该介绍诸如不动产所有权认定、隐蔽公司的管理、搜集（赌场的）抽头活动的证据等主题。这些主题确实涉及高技术知识，但是对这些领域的介绍可能会刺激学生去探索新的技术，或者甚至有一天，在其他领域完善他们自己的分析技术（Harris 1976: 49）。唐・R. 哈里斯建议，情报官培训进一步包括许多技能，例如，报告编制、技术培训、安全培训以及其他主题等。

一种可取的做法是，将部分或全部情报官培训计划“外包”给私人承包商或更大的警察机构，或者聚集不同机构的人员来讲授课程。通过高强度贩毒地区、区域信息共享系统等项目，或者执法情报单位协会或国际执法情报分析师协会等组织（见第 17 章“网络、组织和资源”），支持这些类型课程的教学人员或许可以得到更好的安排。

14.5 全球情报工作组模型

多机构组成的全球情报工作组创立了对犯罪情报官的培训，向这些人推荐了一个 40 小时以上的培训。分配给不同目标的时间细分为：

- 犯罪情报流程与情报官的角色（5 小时）；
- 围绕犯罪情报的法律、道德与隐私问题（6 小时）；
- 信息资源、信息共享系统、网络和其他信息源（4 小时）；
- 犯罪情报信息的妥善处理、档案管理和信息评估（6 小时）；
- 战术和战略产品开发，并参与到开发过程中（6 小时）；
- 通过批判性思维 / 推理阐释的过程，生成犯罪情报（5 小时）；
- 制订和实施搜集计划（5 小时）；
- 情报官圆桌会议（3 小时）。

（全球情报工作组，2007）

14.6 加拿大皇家骑警模型

另一个模型由加拿大皇家骑警提出，包括 3 个星期的课程，除非另有说明，每个模块 4 小时：

第 1 周

第 1 天：情报流程（2 小时），有组织犯罪的历史（2 小时），机构有组织犯罪数据库导论。

第 2 天：公共信息源，执法信息资源。

第 3 天：物理监控技术（8 小时）。

第 4 天：推理阐释与逻辑（2 小时），物理监控实战训练（6 小时）。

第 5 天：犯罪情报与法律，评估与搜集。

第 2 周

第 6 天：数据库开发，传统有组织犯罪。

第 7 天：关联分析，电话记录分析。

第 8 天：电子监控（8 小时）。

第 9 天：流向分析，银行记录分析。

第 10 天：电子监控实战训练。

第 3 周

第 11 天：非传统有组织犯罪，信息管理。

第 12 天：犯罪情报报告撰写，犯罪情报简报。

第 13 天：战略情报产品（8 小时）。

第 14 天：洗钱，财产没收。

第 15 天：分析实战训练（6 小时），结业。

（共 116 小时，Peterson 1998: 25-26）

这些课程不仅为警官提供作为搜集人员的能力，而且为他们提供了进行初步分析和准备基本分析报告的能力。在分析师人数最少或者与调查保持距离的情况下，这是特别有用的。

14.7 情报管理人员培训

情报管理人员或主管也需要培训。填补这些职位的个人通常轮岗 2 到 3 年，并且可能以前没有情报经验。他们或许并不知道情报是什么，或者应该期望从向他们报告的人那里得到什么。

情报管理人员或主管培训的一个模型可以在 16 小时内完成，将包括：

· 情报主导警务和犯罪情报管理人员的角色（3 小时）；

· 管理情报单位（2 小时）；

· 处理敏感信息的原则和规定，信息政策和腐败预防与识别（2 小时）；

· 法律和隐私问题（3 小时）；

· 生产战术和战略产品，搜集计划的制订与实施（4 小时）；

· 可用的犯罪信息共享系统、网络和资源的信息（2 小时）。

（全球情报工作组，2007）

14.8 情报分析师培训

必须为构成情报流程顶梁柱的分析师们提供最为严格的情报培训。他们必须有技能和模型处理关于任何类型罪案的任何数据集，并分析数据，为行动得出结论和建议。虽然在 20 世纪 80 年代，只有少数机构使用了分析师，但是到了 2000 年，仅在美国就有成千上万的分析师（Taylor 1999: 6）；并且在 2001 年“9 · 11 事件”之后，分析师的数量可能至少翻了一倍。

应加利福尼亚州司法部的要求，情报培训发端于 1970 年，由阿纳卡帕科学公司[1]提供课程。阿纳卡帕科学公司既开发了一周的课程，也开发了两周的课程，包括以下主题：

[1] 译注：阿纳卡帕科学公司（Anacapa Sciences），其总部位于加利福尼亚州的圣塔芭芭拉（Santa Barbara）。该公司是认知科学、人为因素研究以及在复杂系统或组织中提高人的绩效和安全的人机工程学研究等应用领域的领先者。该公司还开发技术和培训方法，为全球的情报分析师提供培训。其官网为 *http://www.anacapasciences.com/company/index.html*。

- 情报流程；
- 推理阐释；
- 关联矩阵；
- 联系图表；
- 电话记录分析；
- 事件流图；
- 净值分析；
- 可视化调查分析。

除了仍然提供这些课程之外，阿纳卡帕科学公司现在也提供初级在线课程，包括情报分析导论、数据搜集的取舍和批判性思维等。有许多提供基本分析培训的大学、教育机构和私人承包商也加盟进来。

在未来 10 年左右，阿纳卡帕科学公司情报分析培训的开发紧接着会有其他类似课程。例如，毒品管制局就有包括成分分析、报告撰写、法律、调查、体能训练、武器训练和其他主题在内的十周的基本课程。另一方面，联邦调查局为新的分析师提供了几个月的课程。通过高强度贩毒地区等计划，分析培训的其他版本也得以演变发展。美国总统禁毒委员会创建的通用缉毒情报计划建议，为分析师设立一门综合的毒品情报培训和教育课程，包括为联邦、州和地方执法机构设立的管理和领导能力培训（CNC 2000: 44）。

分析培训的一个概念是要有培训等级：包括初级培训、中级培训和高级培训。但一些机构只为他们的分析师们提供一门课程，因此，分析师在入职时希望能够接受更长时间的培训。高级情报分析培训的一些主题包括金融分析、情报策略，对特定分析方法的更深层次的课程以及具体的犯罪领域的课程（如，禁毒、恐怖主义、有组织犯罪、人口偷渡等）。

一个基础的、为期两周的情报分析培训模型可能包括以下内容：

- 分析导论（1 小时）；
- 情报流程（1 小时）；
- 执法信息源（3 小时）；
- 公共信息源（3 小时）；
- 批判性思维（2 小时）；
- 逻辑（2 小时）；
- 推理阐释及建议（2 小时）；
- 证据处理（1 小时）；
- 机构数据库（3 小时）；
- 罪案模式分析（4 小时）；
- 关联分析（4 小时）；
- 电话记录分析（4 小时）；
- 流向分析（4 小时）；
- 金融分析（6 小时）；
- 出庭做证（2 小时）；
- 有组织犯罪（2 小时）；

· 洗钱（2小时）；
· 伦理（2小时）；
· 战略分析（6小时）；
· 财产没收（2小时）；
· 职业发展（2小时）；
· 实战训练（6小时）。

全球情报工作组对情报分析培训模型已经达成共识。它反映了至少40小时的培训：

· 情报流程、情报主导警务、信息共享框架、分析师的作用（3小时）；
· 犯罪情报信息的处理和整理及其管理和评价（2小时）；
· 批判性思维、逻辑、推理阐释以及提出建议（4小时）；
· 制订和实施搜集与分析计划（2—3小时）；
· 关于情报的法律、隐私和道德问题（2—3小时）；
· 信息源，信息共享系统、网络、中心、数据库和其他信息源（3小时）；
· 分析使用的方法、工具和技术（16小时）；
· 报告撰写、统计和图形技术（4—8小时）。

（全球情报工作组，2007）

2003年，国际执法情报分析师协会、执法情报单位协会和国家白领犯罪中心（National White Collar Crime Center，NW3C）开发的情报分析培训基础（Fundamentals of Intelligence Analysis Training，FIAT）模型是一个在全美讲授的为期一周的课程。它基于全球情报工作组的情报分析培训标准，并满足国际执法情报分析师协会认证过程基本培训的要求。它的主题包括：

· 情报分析导论（情报模型的历史、分析、情报分析的目的、情报循环、法律问题、资源等）；
· 情报分析的思维过程（逻辑基础、批判性思维、创造性思维、推理阐释、提出建议等）；
· 分析方法与技巧（罪案模式分析、关联分析、流向分析、通信分析、金融分析、战略分析、指标开发、情报产品、报告与演示等）。

（IALEIA 2008）

在英国讲授的另一个分析培训模型包括关于背景的通用课程、情报流程、图表绘制、罪案模式分析、数据来源、标准产品、个人技能以及法律问题，接着是以下一些专业课程：

- 罪案模式分析；
- 行为分析；
- 案件比较分析；
- 开源信息搜集；
- 金融分析；
- 庭审技巧；
- 战略分析；
- 法医科学意识；
- 通信；
- 分析师的法律意识。[1]

专业机构的分析培训通常包括关于机构数据库、专用软件、机构信息源、文献利用、机构规程、专业机构报告撰写、复杂软件工具等详细的模块。这些定制的模块可以在分析培训日程上增加几天或几周的时间。

14.9 教官能力培训

随着分析培训“行业”的增长，为情报分析培训师开发教官能力的项目取得了一定进展。如国际执法情报分析师协会、执法情报单位协会和国家白领犯罪中心的情报分析培训基础等培训师认证培训（Train-the-trainer）的课程应运而生，因此，分布式学习成为可能。国际执法情报分析师协会的分析标准建议，讲授分析课程应具有该领域的从业经验，并取得分析教官资格。

分析课程不仅在教育机构讲授，一些高校已经接受了讲授本科和研究生分析技能的挑战，以便他们可能更有资格申请分析职位。在某些情况下，这些课程由退休的专业分析人员讲授，在另一些情况下，这些课程由在这方面做过广泛研究的人讲授。

在一些情况下，教官的专业能力至少应包括：

- 4 年的大学学位；
- 3 年的情报分析经验；
- 修完基本的教官课程；
- 通过培训师认证培训课程；
- 由资深教官评估认可；
- 参加可用的继续教育课程。

[1] 原注：如需更多信息，请联系英国国家犯罪情报局（National Criminal Intelligence Service, UK），官网：<*www.ncis.co.uk*>。

14.10 小结

无论是场地，还是主题，对于一个有效的情报主导警务战略而言，情报培训都是至关重要的。同时，还要留心为这些培训模块发掘教官。分享最多的人自然是那些有经验的情报官和分析师。将使这项工作受益的另外一个培训形式是对情报专业人员进行的教官培训，这样他们就能更合理地进行教学。警察部门可定制与情报理念、产品和练习配套使用的教学方法（MOI）课程。将情报经验和卓越教学相结合是情报教学方法的一个有价值的目标。

参考文献

1. Anacapa Sciences web site, <*www.anacapasciences.com*>; accessed 12/26/2008.
2. Council on Counter-Narcotics Center (CNC). (2000). General Counterdrug Intelligence Plan at <*www.whitehousedrugpolicy.gov/gcip*>.
3. Global Intelligence Working Group. (2007). *Minimum Criminal Intelligence Training Standards for Law Enforcement and other Criminal Justice Agencies in the United States Version 2*. Washington, DC: Global Intelligence Working Group.
4. Harris, Don R. (1976). *Basic Elements of Intelligence Revised*. Washington, DC: Law Enforcement Assistance Administration.
5. IALEIA website, "FIAT Training", at <*www.ialeia.org*>, accessed 12/28/2008.
6. Peterson, Marilyn B. and R. Glen Ridgeway. (1990). "Analytical Training in Today's Law Enforcement Environment." *IALEIA Law Enforcement Intelligence Analysis Digest*. Vol. 5, No. 2. Winter. pp. 10-24.
7. Peterson, Marilyn B. (1998). "Criminal Intelligence Training." *Issues of Interest to Law Enforcement: Criminal Intelligence: A Vital Police Function*. February. pp. 23-26.
8. Taylor, Jr., Danny L. (1999). *IALEIA Journal*. Vol. 12, No. 1. February.

[第15章]
安全与情报流程[1]

保罗·罗杰

15.1 引言

执法机构具有搜集和存储信息的合法需求，这也是其职能的一个重要部分。从本质上讲，这些信息具有敏感、私有或者可行动的性质。同样，隐私和安全问题必须始终置于信息管理人员头脑中的首要位置。没有得到足够保护的信息可能被有意或无意地误用，还可能被非授权人员接触，并且出于非法目的或者侵害个人权利而使用。

执法机构的信息误用可能会损害机构的运行和声誉，也可能置个人的生命或声誉于风险之中。对目前状态的自满及对安全和控制程序缺乏足够意识，是造成信息被误用或被非授权访问的主要因素。此外，信息误用也可能是掌握信息的组织内部的腐败行为所导致的。

为确保信息误用的情况保持在绝对最小值，对于一个组织来说，做到以下几点很重要：

· 在信息的物理存储方面，采取合适的保卫和保护措施，无论是电子版，还是打印件；

· 实施足够的内部控制，管理好信息的访问和使用；

· 适当地监督以确保遵守程序。

以下几点对于管理层或工作人员同样重要：

[1] 原注：本章为作者最新修订版，原文收录在《情报2000：修订的基本要素》一书中。

· 了解和理解其组织对信息安全的需要；
· 实施适当的权力制衡，采取方法鼓励个人和企业诚信。

15.2 情报单位与安全

虽然一个组织的所有员工都有确保适当履行安全义务的责任，但是一个情报单位保护安全的途径可以更加广泛，可以更强调对单位职员、资产和信息的保护。理由有两点：

· 首先，就信息的搜集、存储和使用而言，一个执法机构的情报职能可能是最敏感的方面之一。其情报信息的误用或泄露不仅会危及机构的运行，而且也会极大地损害相关个人，尤其是当情报尚未被确认或证实的情况下。
· 其次，情报单位的工作及其所掌握信息的本质，极大地增加了该单位及其职员成为有组织犯罪分子渗透和腐蚀目标的风险。

安全——务必之事

安全是一系列的程序和措施，结合在一起，提供以下保护：

· 保护人员免于伤害；
· 保护信息免于不当泄露或篡改；
· 保护资产免遭盗窃或破坏。

所有成功的安全系统的基本前提条件是，没有单一的安全措施其自身是可以依赖的。为此，一个系统必须包括互为补充的“层级”，提供制约与平衡以及多级保护。这通常就是指“深度防御”方法。

为确保情报信息得到适当的和安全的处理，必须考虑到可以应用到以下方面的“安全层”：

· **人员**——情报单位**必须**采取步骤以确保所有成员最大可能的忠诚，没有可质疑其忠诚性的、与犯罪相关的个人情况或联系。
· **物理场所**——情报单位**必须**确保任何时候物理上的安全，并且只有授权人员才可以获准进入情报工作区域。

- **信息处理**——当处理信息和档案时，情报人员**必须**接受工作惯例，确保信息以这样的方式进行处理，以防对其工作未经授权的访问。

概括来讲，情报单位**必须**采取所有适当的措施，将本单位活动的相关知识限制在尽可能少的人员范围内，避免活动受到任何危害。

与职员和工作环境相关的合适安全措施，可确保情报材料以一种与其敏感性相称的方式得到处理、加工和使用，并且任何时候都不会有风险。为实现上述目标，需要确保以下几点：

- 适当控制情报材料的获取和使用方法；
- 情报材料的存储是安全的；
- 确认情报材料的有用性；
- 维持情报材料的完整性；
- 情报材料只对确定为出于合法目的需要知道或者需要访问的人可用；
- 传递的情报材料只能用于其预期的合法目的；
- 情报材料的传递要采用安全的手段；
- 对情报系统及相关程序，必须具备全面的管理控制和适当的责任。

隐私问题

除了防止情报单位活动的任何危害以外，在保护个人隐私方面，安全系统也扮演着重要角色，理解这一点非常重要。出于情报目的而获取的大量信息，通常来自指控、未经证实的活动及其关联者报告，以及其他真实性尚未被充分检验的消息源。

考虑到这一点，通过防止可能对人或信息所指的人造成危害、未经证实的信息不慎被泄露，情报单位工作人员及其管理层**必须**充分认识到其维护安全系统的责任，不仅要保障安全系统的运行，而且应保护个人的权利。

安全——不必之事

在防范情报单位活动免受任何损害方面，虽然安全的重要性从来也不会被夸大，但重要的是，安全程序不会应用到阻碍情报产品的流通和使用的程度。德雷克塞尔·E. 戈弗雷和唐·R. 哈里斯（Godfrey & Harris 1971: 93）强调了这一事实，讨论了许多不应过度使用安全政策的领域。今天，这些领域仍然相关，并且从这方面来讲，在准备安全政策和指南时，情报单位应注意以下几点。

安全**不得**用于排除经授权的、有合理需求和知情权的人员访问情报报告和调查结果。只有及时提供给需要获得情报的用户，情报才是有用的。如果纯粹是作为情报人员的知识而保留，那么情报几乎没有什么用处。一旦用户的**需要知道**[1]被确定并适当发现，那么情报材料应可供使用。关于如何处理情报材料，情报单位可以将安全条件赋予情报资料，并给接收者施加安全义务。然而，这些条件的目的应该是，保证材料基于其敏感性受到合适人员的恰当处理，而不是防止其被人看到。

安全**不得**用来向管辖区的政治领导，或其他不属于执法机构成员的代表隐瞒报告。安全也不应用来防止文档用于指控目的，即使其来源可能是高度敏感的。

安全**不能**被用来隐瞒或掩饰由成员单位或机构造成的错误或腐败活动。

概要介绍

这个简短的介绍强调了情报的敏感本质是，如何使一个情报单位日常职能必不可少的组成部分的安全程序成为必要。坚持合理的安全程序，应增强情报机构作为一个整体的士气，为防止失职和腐败提供强有力的支持。还应凭借情报单位安全性方面的自信，鼓励在机构内部更广泛的情报流动。

安全的主要目标应该是：

保持情报单位及其工作人员的忠诚及信息的完善。

这个目标最好通过应用“深度防御”方法，从以下几个方面加以实现：

---

[1] 原注："需要知道"的概念包括不允许那些不需要信息来完成其工作的人去访问这些信息。例如，情报单位的职员不必知道组织中其他人员的雇佣条款，因此，他们被拒绝访问这些信息。在机构人事部门工作的职员不必知道情报目标的详情，因此，他们不被告知这些信息。访问权限的获得要根据实际需要，而不仅仅凭借在机构中的职位、等级或安全许可的级别，强调这一点很重要。甚至具备最高安全许可级别的人也可能会被拒绝访问特定的信息，因为他没有"需要知道"的权利。

· 人员安全以保证组织工作人员的忠诚；

· 物理安全以保护组织的设施和资产；

· 信息安全以防止信息被不正当使用或未授权访问。

在接下来的篇幅中，将更详细地讨论这些领域，让读者基本了解维持情报流程完整性应该采取的步骤。

15.3 人员安全

人员安全是一些措施或程序，如选择性调查、记录检查、个人访谈和监督控制。其目的是，为被考虑接触涉密信息的人是否忠诚可靠提供合理的保证（Watson, et al. 1990: 435）。在受雇佣或转岗到情报区域之前，情报区域的敏感性及其处理的信息，要求从事情报工作的职员接受大量的背景审查。职员的安全审查是检查一个人的身份，并确认他（她）的背景、性格、经济状况的一个过程，目的是在一定程度上确定此人值得信赖、谨慎和足够诚实，可以被雇佣并接触涉密材料。这个过程超出了基本的、雇佣前检查的范围，因为适合于在机构中一系列一般职责工作的人，未必自动适合进入安全区域并接触涉密材料。

一个人的忠诚只能通过探查其个人背景、工作经历、人际关系以及生活方式而判定。在讨论背景调查时，德雷克塞尔·E. 戈弗雷和唐·R. 哈里斯（Godfrey & Harris 1971: 94）把这个过程描述为“……无论如何都不是一个不完美的制度”。然而，经验表明，当彻底完成时，背景安全审查确实为确定个人适合雇佣与否提供了一个有效手段。

在开始录用之前，所有情报工作人员必须经过初步审查，并确认安全无误。安全审查是一个自愿的过程，为了被录用，最有希望的工作人员必须同意审查他们的背景。理所当然地，如果他们不同意被审查，那么他们就不会被进一步考虑录用，因为获取适当的安全许可[1]是被录用的先决条件。一经录用，应要求员工报告个人情况的任何变化，并定期接受安全检查，以确认

[1] 原注：从安全的角度考虑，安全许可是对一个人有资格获得涉密信息的一项行政测定。（Watson，et al. 1990:505）.

其是否继续适应情报职责。

初始安全审查——背景调查

对一个潜在员工的初始安全审查是以背景调查的方式开展的，应探查此人职业和个人生活的方方面面。调查应设法检测个人品质或忠诚性缺失的迹象。德雷克塞尔·E. 戈弗雷和唐·R. 哈里斯（Godfrey & Harris 1971: 94）正确地指出，一个人如果在个人生活中缺乏诚信——例如，与家人或同事的过去交往——那么应该认为他具有潜在风险，在未来某个时间，在专业的职位缺乏忠诚。同样，在背景调查过程中，询问过去的雇主，将大大地帮助判断这个人是否适合情报职责。

为了协助进行背景安全调查，应要求被列入考察范围的人完成安全审查问卷——提供个人和财务信息。该调查问卷应要求个人就以下方面提供全面、准确的信息：

· 个人详细资料，包括曾用名；
· 家庭详细信息，包括配偶和子女；
· 当前和过去的住址；
· 教育经历，包括接受教育的地方；
· 工作经历，包括过去的监督人的联系方式；
· 旅游活动（如果适用）；
· 任何犯罪记录的详细信息；
· 任何其他不良的违反法律的详细信息，包括交通违规；
· 财务细节，包括储蓄、投资和资产。

问卷的结论应该附有关于被调查人提供信息的准确性和完整性的证明。完成问卷的人员还应提交可供证明的材料副本，包括出生证、结婚证、护照、驾驶证以及教育 / 职业资格证明等。

同意进行调查

所提供信息的验证将需要调查者接洽其他机构和第三方，例如大学。在这方面，应要求被列入审核范围的人完成一个适当的表格，以同意将信息提供给调查者。

只有背景安全调查拥有了通过问卷及同意书得到的信息，执行背景安全调查的官员方能进行独立检查，以验证所提供的信息，并探讨任何需要进一步评估的特定领域。在合适的时候，调查人员应通过联系曾经与被考察者有关的人，如过去的老师、过去的雇主、家庭成员、邻居等，来寻求更多的信息。

至关重要的是，调查人员要仔细评估关于被考察者的所有可用信息，并且一个均衡和知情的评估应由个人的可靠性和可信度构成[1]。通过对被调查主体在过去情况中的成熟、责任、宽容、诚实、忠诚等的评估，将能够得出主体是否适合做情报工作的结论。

同样至关重要的是，调查者应对主体提供的任何文档的合法性进行核实。随着先进的绘图软件越来越容易被掌握，如今制作出实际上逼真的、各种高质量的证书或其他文档并不困难。因此，必须与发证当局一起进行检查，以确认申请者提出的请求是已验证的。

必须对主体的忠诚和品德产生疑问的任何信息刨根问底，直到这些信息要么被证实，要么不可信。例如，正如德雷克塞尔·E. 戈弗雷和唐·R. 哈里斯（Godfrey & Harris 1971: 94）所讨论的，由于引起邻居投诉的吵闹的聚会和疯狂的举动，致使一个先前的女房东觉得这个主体是一个不受欢迎的房客。只是简单地报告这样一个指控，这也并没有多大价值。调查人员将责无旁贷地弄清楚女房东的品德以及她和主体之间的关系。调查人员也有责任检查邻居的指控，并确认是否有其他关于主体社会活动的可用信息。如果调查人员只是简单地报告这项指控不能成立，那么这将会是个开放性的结论，在缺乏其他证据的情况下，仍然存在一种可能性，即这些批评准确地反映了主体的社会生活。另一方面，在评估期间，如果调查报告中包括搜集到的额外

[1] 原注：《澳大利亚联邦防护安全手册》（*The Commonwealth of Australia Protective Security Manual*, 2006）将“品德评估”（Character Assessment）定义为个人可靠性和可信度的均衡和知情评估，这一评估源自对身份、背景、个人价值和行为的全面检查。

信息详情，那么一个更清楚的记录就形成了。如果额外信息能使调查者得出肯定结论，那么记录将不仅有利于去除任何关于指控是属实的，还是不可信的怀疑，而且也可以确保一劳永逸地澄清这件事。

由于指控，一个特别指控和怀疑仍然是关于主体的品格和诚信，同时，如果调查人员又无法就此得出明确结论，那么此事应该与主体一起被提起。这样一个程序是微妙的，应谨慎并进行前期规划。对于这种遭遇，建议采取正式但友好的气氛。通常，主体的反应将提供澄清此事的、足够的附加信息。不然的话，当面的交锋将为调查人员提供观察主体反应和肢体语言的一个机会，这将有助于调查人员对此事做出评估。

除了探查被考察者是否适合担任情报角色的个人背景，同样重要的是要检查个人的财务状况。这样的检查将确定该主体是否存在任何财务困难。一个在财务责任方面的不良历史可以使人对主体在生活其他方面的可靠性和责任心产生质疑。另一方面，财务问题有可能使一个人陷入与腐败或敲诈妥协的风险之中。

主体的财务信息应该与其他生活方式和录用信息相互参照，以提供一个收入和支出的完整评估。此外，在录用开始时的雇员财务信息记录，为未来来历不明的财富或生活方式改变的任何指控提供了比对基础。

一旦开始录用，情报人员应了解其职位的安全需求。应提请他们注意，在录用期间，他们需要报告任何个人或财务状况的变化，以便可以对这些变化是否对其安全许可产生影响进行评估。还应提请他们注意，除了他们报告的任何变化，他们也将需要不时地接受定期安全检查，以确认其是否还继续适合情报职责。

定期安全检查应包括初始背景安全调查的更新，特别是关注官员的个人生活和财务状况。官员以前的个人资料的任何重大改变都应该被调查。例如，如果发现社会活动已经改变，并且有证据表明增加开支或大量借贷，那么应该寻求这些变化的原因。虽然增加的收入可能有合法来源，但如果不能确定明确来源，那么该主体官员可能被列为腐败活动的嫌疑。另外，增加的借贷可能暗示主体官员可能有财务问题，并且容易受到腐败的侵蚀。

安全更新应该经常定期进行，例如，每两年更新一次。应该建议工作人员采用这些程序，并鼓励其积极参与成为单位反腐败战略的一部分。对单位及其成员诚信的自豪感应该是压倒一切的目标。

尽管有常规的安全程序，但是单位指挥官还是保留完整的权力，可以在任何时间对单位的任何员工进行背景安全调查。毕竟指挥官负责单位的整体诚信。如果对单位工作人员的忠诚或品德有任何疑问，那么指挥官应该立即行动，而不是等待下次的定期安全检查。对这些怀疑采取行动的任何延迟，将会使情报单位暴露在不可接受的严重损害风险之中。

15.4 物理安全

从执法情报单位的角度来看，物理安全包括机构所采取的提供物理屏障的步骤，以阻止未经授权的人访问场所和信息，并保护工作人员免受人身伤害。最好是通过在无人值守时能够使场所安全并能监视访问的系统来实现。当在情报单位时，被授权访问情报单位的人应随时携带合适的 ID 通行证，并且应向任何访客发放 ID 通行证，清楚地展示其访客身份，并且应该有工作人员陪同他们。安全系统应包括电子钥匙和所有访问的审计日志。除了对单位的安全访问，当不使用它们时，所有信息和相关文档都应存储在安全的柜子里，如保险柜、牢固的房间或安全上锁的文件柜。

随着适当的物理安全的到位，情报单位的工作人员应该有信心，他们可以自由的工作，而不必担心材料的泄露。

物理环境

情报单位的位置应予以认真考虑，以便单位可以对其进行最佳的保护。如果可能的话，一个处理极其敏感信息的区域不应位于机构建筑的第一层，靠近主入口或繁忙走廊区域的做法也是不明智的。为了降低未经授权的人访问情报区域的风险，将情报单位安置在机构建筑一楼以上且过往行人较少的、更安静的地方，这将是更明智的做法。

情报单位的物理工作环境必须在任何时候都是安全的，仅限于授权人员的访问。最行之有效的是，为单位所有工作人员发放身份通行证，在单位工作时，必须随时以可见的形式佩戴，并且通过使用单一控制的出入点，要求单位员工，使用个人特定的安全通行钥匙通过安全门。现代科技提供了大量的访问安全系统，从简单的电子密码钥匙和感应卡，到可识别声音、指纹和视网膜等个人特征的、更复杂的生物系统。通过使用电子安全系统，为所有出入单位的人进行的安全审计日志就此生成。虽然出于合法的、工作相关的理由，访客有必要进入情报单位，但是必须有一个识别访客并记录其访问的物理方法。记录访客的常见方法是使用一个登记簿，可以完成以下详细内容：

- 访问日期；
- 访客姓名；
- 访客代表的机构或组织；
- 被访问的官员姓名；
- 访客到达时间；
- 访客离开时间；
- 访客的签名。

登记完成后，应发给访客一张临时访客通行证，并在情报单位内部时，指示其佩戴。

在正常工作时间内，记录非单位人员访问单位的责任，应落在特定职员身上。在正常工作时间以外，应将单位保卫到唯有单位人员使用安全通行钥匙才被准许进入的程度。在无人值守时，移动探测器和内部监控摄像头可以提供额外保护。如果安装了这样的设备，那么它们必须接入一个 24 小时监控的报警系统，例如，该机构的主操控室。

建筑规定和工作场所安全条件常常要求办公室具备一个以上的出口，以防火灾或其他紧急情况。在一个安全的情报单位，这样的出口应被设计成“仅供从单位紧急逃离时”使用。对所有紧急出口都应保持警惕，如果它们在任何时候被打开，那么所有人都可立刻注意到单位的安全可能正处于风险之中。

安全硬拷贝存储

物理（硬拷贝）的情报档案和源文档不被使用时，应集中存储在一个隔离、安全、专门的区域内。这提升了进一步的安全等级，并且也能对材料的流通进行额外控制。

中央储藏室的构造应确保其墙面是从楼板到楼板，而不是从地板到天花板，因为许多现代的天花板其实是假的，在它上面有为空气调节系统、消防洒水系统等开放的洞。它的墙壁和门也应由耐火 / 防火材料构成。

进入档案室应仅限于一小部分员工，通常是那些指定登记处承担归档角色的员工。档案室的进入应通过一扇与单位整体有着同样访问控制系统的、单一的门。档案室中所有档案进出都应由登记处 / 档案室工作人员进行记录，以保留在任何特定时间访问的一个审计轨迹和文档位置的记录，而其他员工也需要相同材料。

由于现代技术的进步，并且依赖于单位的需求，射频识别（RFID）追踪和管理标签之类的技术可以贴在档案与文件上，通过利用合适的无线射频阅读器，可以记录其位置。

安全存储容器

在日常工作中，让所有材料归还到中央存储仓库，有时是行不通的。在这种情况下，情报人员必须使用自己的安全存储容器。在寻求保护文档信息过程中，这些包含着信息的存储容器是最后一道防线。存储容器必须提供与其存储材料敏感程度相当的足够级别。

有多种可用的安全容器，从高等安全性的容器，如防火暗码锁与钥匙保险箱，到中等安全性的容器，如钥匙锁的保险箱或附加杆锁和挂锁的金属档案柜，再到低等安全性的容器，如带钥匙的档案柜。应该就需要存储的材料的敏感程度进行风险评估，以确定所需容器的合适类型。

桌面清理政策

另一个防止对信息未经授权访问或了解的安全措施是，在一段较长的时间离开其办公桌时，确保所有员工实行“清理桌面政策”[1]。这包括将材料放入上文所说的合适容器里，以及退出电脑系统，或使用有密码保护的

[1] 原注：这里，“清理桌面”（Clear Desk）和“清洁桌面”（Clean Desk）的意思相同，可以交互使用。

屏幕保护程序。在开放式场所及隔室困难的工作区，这种类型的安全实践是特别重要的。有时，这也是一种重要措施，例如一个情报官被借调去帮助另一个调查单位，其工作地点在情报单位之外，并且不能提供像情报单位一样的安全等级。

物理安全检查

为了确保符合上述要求和清理桌面政策，应在情报单位的工作区进行经常性的物理检查。应检查无人值守的桌子，以确保机密材料不出现无人看管的情况；应检查安全柜，以确保在无人看管时是锁着的。在正常办公时间结束时，也应进行经常性的安全检查。发现违反安全程序的情况时，发现该情况的官员应该立即采取行动，以适当方式保护所有材料，并且应发布一个违规通报，单位指挥官发表建议，以便采取后续行动。这样的违规通报通常被称为安全违规通报（Security Infringement Notices，SINs）。对于严重违规，或是同一官员的频繁轻度违规，有必要对其进行纪律处分。

15.5 信息安全

信息安全是保护信息和防护其免于未经授权披露的一个过程。当处理信息和档案时，情报人员必须采取好的工作习惯，以确保信息以预防未经授权访问的方式进行处理。信息安全系统是建立在责任与保护原则基础之上的。为了能对信息负起责任，必须有其存在的记录，这是不言自明的。同样显而易见的是，一些信息条目比其他的更为敏感，因此，需要更高等级的保护。在系统的使用中，人们认识到了这些原则：不仅记录信息，而且分配不同的安全等级与限制，以区分信息的敏感程度。

密级系统

应根据其敏感性和所需保护级别，为信息分配安全保密级别。评估档案或信息敏感性的标准最好是主观的。也就是说，要将个人的判断因素添加到大多数决策中去，至于是否是一个文档，还是一条特定信息，都需要特别对待和保护处理。在做这类评估时，应考虑任何未经授权的披露、篡改或销毁信息在当时或未来可能导致的损害程度。

常用的保密级别体系一般采用四个不同的等级，例如：

· 公开（Unclassfied）、限制（Restricted）、秘密（Confidential）、机密（Secret）；

· 公开（Unclassifed）、保密（In-confidence）、保护（Protected）、高度保护（Highly Protected）；

· 公开（Unclassfied）、秘密（Confidential）、机密（Secret）、绝密（Top-Secret）。

这些保密级别是一种警告收件人 / 用户对信息安全责任和义务的警示形式。一般而言，保密等级应被控制到最少——与提供充分保护的信息相一致。当存在疑问时，应克制使用更高等级的冲动。过度保密可能导致昂贵的存储和审计措施，并最终将系统带入混乱状态。

除了使用类似上面描述的保密级别体系以外，情报单位也可以引入一系列主题指标，提供额外的信息保密级别。对技术和多种计算机软件包的使用，使主题类别成为情报单位数据库的一个组成部分。数据库的记录应清晰显示每个文档涵盖的多种主题事务，并且显示使用材料的任何限制条件。例如，一条非保密的信息可能被标记上“仅供 [机构名] 使用”或“不可进一步扩散”。当前的业务敏感信息可能被标记上“未经所有者允许，不得传递给其他单位”（所有者是指业务管理者）。通过这种方式，访问数据库的人员应该不仅能够快速地识别材料的密级，而且能够识别材料有关的事务，以及关于材料的使用是否还有附加的限制条件。当一段业务敏感期过后，这样的限制可能在日后就被删除了。

除其他事项外，一些机构所使用的其他安全等级是使用专用安全纸。这样的纸张使每个特定硬拷贝文档变得独一无二，但文档副本应不止一份。这种方法尤其适用于不能通过电子途径传输，以及需要作为安全硬拷贝材料传递的更高级保密材料。

信息技术系统安全

为了确保适当和安全地使用信息技术系统，处理和分析情报数据，应考虑以下最低级别的控制措施：

- 应分发给每个职员一个唯一的用户 ID 和密码。
- 应要求职员保护好自己的密码，并定期更换。
- 用户文档应允许信息技术系统内的各种操作，并限制其他操作。例如，只读访问或读取和写入访问权限等。
- 访问系统应受到定期审查，以确保用户文档保持最新。
- 当职员调离或离职时，用户的访问应被立即取消。
- 信息技术系统应有适当的安全层，并存储所有的处理，提供审计记录。
- 数据应存储到中央安全服务器，不能存在个人桌面电脑（个人计算机 / 笔记本电脑等）。
- 当屏幕有一段时间无操作（如 5 分钟）时，计算机屏幕应定时注销或锁屏。
- 对所有数据的全面备份制度应到位。
- 如果系统允许接入互联网，那么合适的防火墙和入侵检测程序应准备就绪，并更新安装的杀毒软件。
- 必须清楚地描述有关电子邮件的使用规则，并有系统程序防止涉密材料通过电子邮件或其附件的形式传输。
- 便携式数据记录设备的使用，例如，U 盘 /USB 存储设备、光盘、MP3 播放器和移动电话等，必须受到严格的控制。

情报材料的存储

情报信息应同时以硬拷贝和电子格式存储。必须保留硬拷贝源文档，以便核对电子数据记录。除了提供文档的安全存储以外，正如“物理安全”标题下所讨论的，情报单位也必须有适当程序，以提供电子数据适当的备份副本。

应定期创建电子数据的备份文件，并存储在一个隔离的安全地方。备份程序提供在过去给定时间内数据的一个完整记录。如果提出了数据已被篡改的指控，那么这些记录可能是有用的。当情报单位发生某种类型的灾难（如整个系统的瘫痪或者火灾）时，如果存在一个完整的电子数据备份，那么就确保了最小程度的数据丢失。应对电子版或硬拷贝材料的归类方法和适当存储程序，以书面程序指令作出详细说明。这些程序应提供适当的安全措施，并具体指派专人负责这些材料。

访问电子存储数据应遵循严格授权，授权需要合适的程序，以确保安全已受到维护。已授权访问应仅仅基于需知原则，并且每个用户唯一地通过安全用户 ID 和个人密码进行识别。个人的用户 ID 配以合适的数据存储程序结构，将限制在该用户仅仅需要访问的那个数据。应记录所有访问交易，并应有用于开展这方面审计的程序。这样的程序应包含主动和被动的审计，审计应被记录并可用于审查。

访问控制还包括任何允许电子数据提取 / 转移的设备，例如，从中央数据库下载到 PC 数据库或者软件图形包等其他应用程序。任何这样的设备必须遵循严格的控制程序，因为，也必须对这些提取出来的数据的访问进行维护以供审计。

尽管看起来并不方便，但光盘和可移动介质（如 U 盘）的使用应受到严格控制。这种类型的额外安全方法不仅会帮助防止对电子记录的非授权复制，而且也会有助于防御计算机病毒或恶意代码，通过光盘或数据的直接下载 / 电子传输带来的损害。应对这类威胁的适当的安全预防措施应包括：

· 严格控制有能力改变操作系统和应用软件的人；
· 控制从外部来源导入软件或文档的严格措施；
· 在加载到单位主系统前，为所有进口软件和文档强制使用病毒检测软件；
· 一旦损害发生，有一套适当的清除计划。

情报材料的完整性——质量控制

除了防止非授权访问情报数据以外，同样重要的是，应有确保维护情报完整性的适当程序。就完整性而言，相关性、精确性和可靠性都是主要的考虑因素。对于电子数据库来说，这些因素特别重要，与硬拷贝材料相比，人们更加频繁地访问和依赖电子数据库。因此，情报数据库应遵循一个特定的质量控制流程，拥有一批具有奉献精神的情报单位成员，负责整理后的新数据，以验证其是否无误并已被正确分类和存储。

情报传递

情报单位及其信息系统的安全也扩展到了情报材料的传递，不论是凭借单位的主动性，还是为了响应其他单位或机构的要求。无论在什么情况下，都不要将情报信息提供给非执法机构。当传递给执法机构时，还应注意确保接收机构具有到位的适当程序，确保信息的安全维持在合适的级别。

情报单位内的所有职员都应该明确，谁有权批准情报材料的传递。如果单位足够大的话，授权一般取决于负责的指挥官 / 官员和（或）单位的一个或更多高级管理者。程序应提供一个保留所有传递的记录，突出显示数据传递的理由，传递给谁和由谁传递，以及信息是如何被传递的。

在从单位外部收到信息请求时，程序应详细说明一位单个情报官应如何接收这个请求，并做出回应。应慎重研究请求官员的身份和请求理由，以便核实该请求是否符合要求，以及是否符合“有权知道”准则。所有传递记录均可用于审计。

在情报材料的实际物理传输方面，关于如何处理硬拷贝和电子拷贝的情报材料，情报单位应有明确的程序。通过使用双重包装、收据簿等适当的包装和传输方法，这样的程序应提供适当的安全。电子传递应仅能通过可以加密的、封闭的跨机构系统进行。保密的情报材料绝不能作为电子邮件的一部分或附件通过公共互联网传递。极度敏感的材料应仅能通过安全的“安全手”系统进行处理。所有记录和收据都应被保留并可供检查。

15.6 单位指挥官或主管官员的职责

虽然所有职员都有义务维护安全，但主管情报单位的指挥官或官员，对情报单位安全系统的有效性以及相关的政策和实践[1]负有特定的责任。单位指挥官必须采取措施确保适当的程序和指南就绪，以确保单位的整体性及其信息不处于风险之中。在这个方面，指挥官必须确保单位的所有职员是高度忠诚的，并确保他们对程序和指南有充分认识，这些程序和指南支配他们的工作，特别是关于情报的搜集、存储和使用以及对适当的安全保卫的需求。指挥官也必须确保单位选址适宜，具备物理安全措施，以防止对单位信息的非授权访问或误用。

为了协助履行安全责任，单位指挥官应任命一个专门的安全官员，负责开发安全政策和程序，并确保执行和遵守安全政策和程序。应为情报单位所有人员方便地查阅指导其行动的安全政策和程序提供机会（Commonwealth of Australia 2006）。安全官员也应负责教育和培训职员的安全责任。对单位所有新录用职员进行基本安全意识培训是有用的，职员应签署其已了解安全责任的承诺。应定期开展进一步的培训，以确保实时性。一旦违反安全的行为被确认或者受到怀疑，情报安全官员应负起初步责任，进行任何初步的调查，并报告给单位指挥官。

安全风险审查和防护安全计划

为确保采取合理的措施识别安全威胁、风险和漏洞，单位指挥官应制定适合单位职能和所面临安全风险的《**防护安全计划**》（*Protective Security Plan*）[2]。最行之有效的方法是，要求至少每年定期进行安全风险审查。审查流程的结果及由此产生的防护安全计划，将确保指挥官有效利用资源，应对任何察觉到的威胁。

---

[1] 原注：参见《澳大利亚联邦防护安全手册》（2006 年）。虽然这份出版物从组织视角讨论了安全责任，但是责任也同样适用于单位和部门领导，特别是处理和存储敏感信息的情报部门这样的领域。

[2] 原注：防护安全（Protective Security），用来描述基于维护人员、信息和资产安全的目的，而建立和维护防御措施的有组织系统的一个术语（Watson，et al.1990:466）。

15.7 小结

与其所属机构的其他单位采取的措施相比，情报单位功能的独特性要求该单位采取进一步的安全预防措施。这些要求将需要额外预算，并因此要求单位指挥官证明其开支。在某些情况下，对机构内其他领域的一部分缺乏了解，可能与情报单位指挥官的安全要求产生抵触。然而，部分单位指挥官的毅力应能成功地证明，遵守良好的安全程序将不仅保护该机构免受情报泄露，而且通过对行为不端和腐败给予有力的抵制，增强机构的整体士气。

如果适当的政策和程序已经到位，并且被情报人员和机构整体理解，那么不当使用信息的概率——无论是故意的，还是无意的——就会大大减少。通过限制机会，并通过审计记录和明确责任范围，提供适当的问责，这些程序不仅能预防不当使用，而且还能提供一个适当的调查工具，用来协助检测任何已有或可能的违规。

参考文献

1. Commonwealth of Australia, 2006. *Protective Security Manual*. Commonwealth Government Printer, Canberra.
2. Godfrey E & Harris, D, 1971. *Basic Elements of Intelligence*. U.S. Government Printing Office, Washington DC.
3. Roger P, 2000. Chapter 12 in *Intelligence 2000: Revising the Basic Elements*. Joint publication of LEIU & IALEIA.
4. Watson B, Watson S, & Hopple G (Eds), 1990. *United States Intelligence, an Encyclopedia*. Garland Publishing, New York.

[第 16 章]

犯罪情报应用软件

克丽丝·罗杰斯

16.1 引言

2002 年 10 月，马克尔基金会特别工作组发布了它的第一份报告——《信息时代保护美国的自由》。该报告明确地表达了对由信息的搜集、分析、交流、共享等组成的信息共享网络的需求——一个授权参与到信息共享网络中的成员，以保护和维护隐私和公民自由的方式，贡献、存取、使用、分析以及传递信息的网络。后续的报告不仅详细说明了如何创建信息共享网络，而且给出了提升信息存取能力和促进合作的建议，从而确保人们在适当的时间，在适当的条件下，获得正确的信息。

当国家竭力加强其信息搜集、分析工作，并尝试更加有效地利用信息的时候，分析师可获取的信息的数量和种类继续急剧地增加。信息技术的进步、计算机和互联网使用的激增，使对海量信息的搜集、存储和整理成为可能。体系结构、技术以及通信的标准化和软件的改进，使为组织、城市、县以及州提供访问数十个数据库中的数以百万的记录成为可能。原始数据的物理属性也在持续地变化，如监控视频、窃听录音和文字记录、电话记录、电子邮件信息、全球定位系统轨迹等，并且几乎所有的数据要么以数字形式唾手可得，要么可以容易地被转换。伴随这一切而来的是信息总量的过载。

鉴于信息及其分析不断变化的性质，情报单位是否具备应对未来十年分析的挑战的能力是至关重要的。分析师的工具和技术必须变得更加以情报为导向，快速查找唯一相关的信息，以便行动性信息快速地浮出水面。国防、国土安全以及其他领域开发的许多新兴技术，在执法领域中也有巨大的应用潜力。问题的关键在于，识别这些技术中哪些是相关的，并且在不中断其他系统和流程的前提下，识别那些可以很容易地纳入日常情报行动中的技术。

对犯罪情报应用软件和系统设计的所有方面提供一个全面的概述，将超出单独一章的范围。简而言之，一个犯罪情报系统应能搜集、索引、摘要、检索、分析、传递以及管理数据和信息，无论其性质和来源如何。犯罪情报系统应能逻辑性地模拟情报流程的方式执行这些功能，并与其他应用程序无缝协作。这意味着，犯罪情报系统中的信息应可供分析和报告工具使用，反之亦然，不需要重新输入数据或进行数据转换。最后，犯罪情报系统应利用技术，使其能与任何其他系统、人或多个人，以安全、信任的方式共享信息。

16.2 犯罪情报系统

“犯罪情报系统”这一词语是指支持犯罪情报职能的业务流程与技术之间的交互作用。这些交互作用可以发生在组织内部或跨越组织的边界。信息系统不仅代表了一个组织使用的技术，而且也描述了该组织与技术的交互方式。大多数组织，尤其是那些执行多种职能的组织，会使用各种不同的技术。有些技术可以协同工作，有些则不能。一些厂商将多个应用程序捆绑在一起，如文字处理软件、电子表格软件等，以应用程序套装的形式在市场上销售。应用程序套装往往有相关的功能、特征和用户接口，可用于应用程序之间的交互，如从一个程序向另一个程序导入数据等。

正因如此，不要将犯罪情报系统视为一个应用程序或数据库，这就是一切，而应把其当成数据库、应用程序和分析工具的集合，它们之间相互协同以实现一个共同的目标——支持情报职能。没有一个供应商可以提供情报分析师可能需要的所有应用程序和工具。当然，情报单位从单一供应商处购买所有软件产品也不会是明智的。实际上，供应商专门经营执行特定任务的应用软件，例如，地理信息系统（GIS）、关联分析或其他类型的通信分析，无论是电话，还是电子邮件等。那么在传统意义上，一个犯罪情报数据库可被视为“核心”数据库，即，一个主要用于原始数据评估、清理和传递控制的知识库。简而言之，核心数据库接受输入，处理数据，并作为输出传递处理过的信息。

由于上述种种原因，除了内部业务需求的定义之外，设计和软件方面的考虑，是开始探索最适合您的情报行动的犯罪情报系统的必要条件。

设计

数据库设计是分析现实世界的细节，以构建一个合适的数据库结构，例如，确定适当的表、属性和关系，以满足给定的一组需求的正式流程。相比之下，软件设计是解决问题和规划软件解决方案的流程，是关于高效、可靠、耐用且易于维护的软件构建的科目。

虽然将其称为一个名词，但是设计不是一个事务。更准确地界定是，“设计”是设计的活动。一个对象被视为是“精心设计的”，无论什么时候，它都与其环境珠联璧合。缺少一个连贯的总体设计，复杂的系统也可以演进，例如，因特网。但即使在这种情况下，在创建构成整体的各个部分和关系的过程中，有意识的设计也是起作用的（Winograd 1996）。

通常情况下，基础数据库的设计和兼容性也许是软件中最常被忽略的方面，即使它们是一个应用程序能够成功的基础。此外，由于安全快速地成为不能讨价还价的业务需求，所以，在整个情报系统的设计中，它也值得考虑。正如我们正在讨论的那样，有效的信息保障和安全措施伴随着敏感信息的更大共享。

软件

“数据库”是一个存储多种类型事物的信息的结构，被称为实体、实体的特征以及实体间的关系。这一结构可以确保以最小的处理和存储成本的方式存储数据（Awad & Gotterer 1992）。

数据库管理系统（DBMS），有时也称为“数据库引擎”，用于处理基础数据库实际操作的软件产品，例如，存储和检索功能以及其他数据库相关的功能和任务。系统用户可以通过数据库管理系统存取数据，或通过另一个程序进入到数据库管理系统，但绝对不允许直接进入数据库存取数据。

当评估一个产品的适用性时，要考虑的一些功能包括：

· 支持不同类型数据的存储，包括视频、音频、文字处理文档或其他多媒体。这是一项重要的功能，因为原始情报的来源和类型变化很大。

· 对其他类型应用软件的数据请求做出响应的能力，通常是通过开放数据库互联（ODBC）标准来实现的——通过一个共同的接口，该特征提供了与其他应用程序的最大互操作性。例如，从另一个应用程序中导出或导入数据，诸如电子表格、统计数据包等。如果没有这个功能，那么这可能意味着，报告和分析的标准化工具在您的情报系统中，可能无法使用。

· 支持多个并发用户——如果多个用户在任何时间将使用该系统，那么这一功能是至关重要的。这意味着，数据库管理系统必须支持表和记录的加锁功能，以防两个用户在同一时间更新同一条记录。

· 具有可扩展性——对拥有大量数据的组织，或预计将搜集的信息的量将急剧增长的组织，该功能尤其重要。

· 审计和日志功能可以跟踪和记录登录系统的用户信息和登录时间，访问了哪些记录，如果有的话，采取了什么行动。审计记录的缺点是，它们需要大量的磁盘空间和频繁的归档，以备份审计记录日志，并删除它们，为新的日志腾出空间。

· 自动备份功能是在不需要人工参与，也不影响日常操作的情况下，提供备份。这意味着，备份是在后台自动完成的，很大程度上不需要用户的干预，也不影响系统的日常运作。理想情况下，备份的信息应存储在系统外的一个位置，而不是数据库所在的位置。

16.3 核心应用程序

无论数据库设计花了多少心思，或者基础数据库引擎有多么好，对一个精心设计的犯罪情报系统而言，其“核心”必须具备支持日常情报行动的能力。这不是一件容易的任务，这主要是因为情报数据库应用程序与传统的数据库应用程序有很大的不同，这是由应用程序的应用领域性质决定的。开发一个犯罪情报应用程序可能是极具挑战性和耗时的，并且需要情报行动中的大量专业知识。在开始对应用程序的特性和性能进行讨论前，必须区分用于分析原始数据的应用程序、支撑分析的应用程序以及用于搜集先前评估数据的核心情报应用程序。也可能需要考虑多个类型的数据库，例如，用来管理执法活动和存储基于事实的信息案件管理数据库。

犯罪情报系统是流程驱动的。系统中每一条信息的状态取决于多种因素。在犯罪情报世界中，搜集的信息或一个举报可能是基于道听途说或猜测的。数据可能是准确的，也可能是不准确的。此外，信息可以具有不同程度的敏感性。高度敏感的信息可能无法提供给所有工作人员。

设计犯罪情报应用程序最难的部分也许是这样一个事实，即控制情报信息使用和存储的法律和指南，在不同组织间可能大不相同。虽然信息搜集和整理的原理到处都一样，但是在一个州是完全合法的行为，在另外一个州却是完全违法的。此外，接受联邦基金支持其计算机系统的执法机构，必须遵守控制联邦政府拨款资助的跨辖区犯罪情报系统的指南，这一点在《联邦规章典集》第 28 篇第 23 部（28 CFR Part 23）第 20 节《犯罪情报系统运行政策》（Criminal Intelligence Systems Operating Policies）中有所概述。《联邦规章典集》第 28 篇第 23 部为以电子方式存储的信息，以及执法机构在 5 个主要方面必须如何处理提供了指导。这 5 个方面是：1）信息提交或搜集；2）安全存储；3）查询和检索能力；4）控制传递；5）审查和清理流程。无论资金源于何处，《联邦规章典集》第 28 篇第 23 部都是对所有犯罪情报系统的最佳实践。

设计符合法律规定、直观、实用并模拟了情报搜集和评估过程的应用程序，确实是非常困难的。基于这些原因，这里无法描绘出理想的、适用于每一个执法机构的犯罪情报应用程序。因此，在本部分我们将主要关注核心应用程序。上面列出的指南会对设计产生影响，但处理应用程序设计讨论的最佳办法，是关注核心情报应用程序的主要方面：数据录入、查找和检索以及清理控制。

数据录入

数据录入是涉及数据库的所有任务中最耗时的，但是也是最重要的任务。毕竟古语云："根不正，苗必歪。"在情报系统中，这点是尤其正确的。在搜集、录入并确保数据是准确和适当地关联在一起方面，花费的时间越多，在后面的搜索和找到您要找的东西时，就越容易。

犯罪情报系统的数据录入不同于其他系统，因为建议犯罪情报系统主管首先批准信息，然后才能被别人查看或查询。这就意味着，所有录入的信息必须被分开或适当标记，一直到它们得到核准为止。这也意味着，数据审批流程是数据录入的不可或缺的组成部分。

与设计直接相关的数据输入的另一个问题是，为了避免事物（如人名、地址等）的重复输入，应用程序应提示用户具有相似属性的、任何以前录入的记录。例如，当输入姓或名字的时候，应用程序会自动地检查这个人是否已经存在数据库之中。如果有相同的姓或名字存在，那么用户会看到具有类似属性的人名单，并允许他们确认是否需要录入这个新人员，即使这个人与数据库中已有人员是重名的。

数据录入过程的一部分必须包含建立实体之间的联系，如人、地址、组织、车辆、叙述报告等，并说明它们之间的已知关系。事先建立这些关联，将增强将来的搜索功能。例如，询问两个主题之间是否有关联这样的问题。

一个能充分利用现今多媒体功能的应用程序，如电子表格、文字处理文档、其他第三方产品等，可以支持其他类型数据的搜集和存储，如音频、视频、图像、无格式文本、监控录像、窃听录音、扫描的笔迹样本、文身的照片等。

搜索和检索

执法人员经常抱怨，他们的犯罪情报系统是个"黑洞"。输入的数据要么无法检索，要么检索过程非常复杂和耗时，不少人干脆放弃不用。

至关重要的是，数据可以用尽可能多的形式检索，不论有什么变化，包括语音、誊写或键盘输入错误、绰号、缩写、缺字、多字以及噪声和顺序变更等。只是简单地通过填写空白数据屏幕，以及搜索数据库中的人名、生日等信息是远远不够的。简单搜索，被称为精确匹配搜索，只返回数据库中精确匹配的字符或数字字符串。只有当用户确切地知道他（她）在找什么的时候，简单检索才是有用的。一般而言，一个好的搜索机制将帮助分析师找出他（她）所不知道的信息。

鉴于可预测的名称变化，名字的识别 / 解析是特别具有挑战性的。这些名称变化的原因包括：昵称、语音、相似姓名、输入错误、拼接和截词错误、缩写、文化差异以及支持身份识别的信息错误等；这些身份识别信息主要有地址、日期、身份证号码，电话号码等；更不要说一个人可能单独使用多个身份的数量，例如，娘家姓名、别名、职业名字、昵称等。更让人困惑的是，一些名字的表示不同或缩写不同，例如，第十大街可以表述为 Tenth Street、10th St.、10th Ave. 等。

与精确匹配搜索密切相关的是部分搜索（Partial Search），有时被称为“字符串”搜索。使用部分搜索搜索文字或数字的字符串时，将返回包括已输入的文字或数字字符串的数据库条目。

尤其是当不知道准确的名称拼写时，同音搜索（Soundex Search）是一个比较常用的搜索算法。基于语音和某些典型的拼写和打字错误，同音搜索使用的“发音相似”算法，对一个人的姓氏进行编码。该算法有一套简单的规则，将一个姓氏转换成有极高概率是相同的 4、5 或 6 位数。符合同音标准的所有姓名都会返回给搜索者。

在概念上与同音搜索相近，语音搜索将单词分解成近似的音标发音，但在处理上更全面。昵称搜索可以搜索出昵称和绰号，比如搜索 James，会搜到 Jim、Jimmy、Jimmie、Jamie、Jimbo、Jamey 以及其他结果。

由于当今大部分信息都包含至少一个详细地理位置作参考，基于空间参考和地址，文本和地理搜索功能合并起来后可以使分析师更快搜索到相关信息。例如，一个将地理搜索功能和全文关键字搜索、文档分类、时域滤波结合起来的高级搜索功能，可以加速情报的传递；使分析师看到出现的地理趋势，提高情境感知能力，并在相关的不同来源和近似位置间，启用即时的佐证。基于地理的查询可以是一个非常强大的工具，尤其是在无法准确地知道罪案发生地点，或某人、某事或事件的确切地址是未知的情况下。

另一种分析趋势是对在一组实体的基本结构和关联中发现的模式进行检查和分析。当观察实体间的关系时，虽然可能会有不切实际的假设、不相关的链接或丢失的关联，但是理解一个组织内不同人之间的基本关系的动机会是不断增加的，特别是因为大量的可用数据。所以，被抓的运送非法材料的个人，以及执法人员需要快速推断出谁可能是共犯，与这两者相关能力的影响都应进行考虑（Kubica 2003）。

传递

信息和报告的传递，包括通知信息的发布者，是从系统查询信息之后的一步。从本质上讲，为了情报目的而存储在数据库中的犯罪信息，是高度敏感的，不像其他应用程序可以随意被打印出来，供他人使用。情报相关的信息需要不同的程序。一些州的指南和法律对犯罪情报相关信息的使用和传递进行了控制，需要机构维护一个日志，包括每一次传递的记录、日期、信息接收者以及信息发布原因等内容。也有一些法律禁止信息的二次传递，确保传递信息的机构受到法律保护，预防可能违反那些法律的那些人的行动。

不仅必要的控制应到位，确保信息没有落入那些既无权利也无需求的人的手中，而且情报系统自身也必须确保向被传递的任何信息的控制机构或“所有者”通告发布情况。众所周知，通告过程说明，情报信息的贡献者（拥有者）不仅知道信息已经发布了，而且还知道谁接受了信息。机构可能也需要考虑传递的审批流程，与数据录入使用的审批流程类似。正因如此，情报系统或许还会有一个审查和跟踪机制，以支持情报传递的需求。

清理审查

清理是犯罪情报信息或犯罪情报报告的生命周期的最后阶段。在 5 年保存期限内，犯罪情报系统中所有信息必须经过审核和验证，以继续遵守提交的标准。在这一期限内，必须清理未经审查的任何信息。审查确保了犯罪情报信息的准确性，并确保其尽可能合理地更新。一旦记录已被审查和验证，系统必须提供标记，包括对保留信息任何决定的解释（28 CFR 23.2 [h]）。理所当然地，在不同司法管辖区，对于保留或清理犯罪情报报告或信息的具体原因会有所不同。

理想情况下，犯罪情报系统能够自动地识别到期清理审查的任何信息。比如，分析师每次登录系统，系统都会检查自信息提交或搜集或最后验证的时长。系统会通知相关分析师，他（她）负责的任何需要审查的信息。

和传递需求一样，清理审查应转给主管进行审查和审批。如果犯罪情报信息或报告要保留下来，那么它必须同样地被标记，并更新将延长另外 5 年信息“生命”的额外信息，在下一个清理周期，再次对其审查。如果信息将要被清理，那么所有犯罪情报信息都将从数据库中删除，只保留一个有效创建了记有报告编号和清理日期的审计线索的条目。

16.4 配套应用程序

强行规定符合标准的数据库决策，提供了与其他应用程序最大的互操作性，并确保可以使用标准的或专门的报告和分析工具，以补充核心犯罪情报应用程序。

当前，有各种各样可用的、标准化的分析和报告工具。除了文字处理和电子表格的程序包外，有为罪案趋势、罪案模式或系列侦查搜集和分析罪案数据的程序包，还包括通话记录分析、流向分析、联系分析、可视化调查分析和时间事件图表分析等分析工具。罪案分析统计使预报和预测罪案趋势成为可能，同时，程序包支持罪案和情报分析职能，并以地图、公告以及图表等方式演示信息。在系统设计方面，集成是关键，这意味着能够使用一系列工具，并保证无需在数据导出、地址匹配或手动组装联系图表等方面浪费时间。这些工具可以提供情报信息、案件和情报报告的快速概览，不仅提供了一种可视化的信息录入方式，而且还提供了一个生成演示文稿的极好方法。毕竟与让人一页一页地浏览数据和其他信息相比，人们更容易理解图片，例如，地图和图表。

目前，市场上有很多可用的供应商程序包。虽然大部分商业程序包符合标准，并允许其连接到大多数数据库引擎，但是，需要着重强调的是，使用这些类型的应用程序和工具的能力，依赖于不用额外数据录入就能连接良好的设计和软件。

16.5 其他注意事项

信息共享

犯罪情报系统面对的最大挑战之一，就是确保经授权的个人，有机会获得他们所需的被授权资源。国家犯罪情报共享计划、马克尔报告和“9・11”委员会都认识到，迫切需要在联邦、州和地方组织之间以安全的方式共享信息，包括情报信息。确保犯罪情报系统不陷入孤立的数据存储即通称的“信息孤岛”，是一个当今容易克服的技术挑战。我们不仅可以通过设计和软件决策，而且能通过承诺让信息资源变成“可共享”。

作为美国司法部全球司法信息共享倡议（全球）的结果，旨在提高全国各地信息共享的解决方案和最佳实践已经产生了——一个联邦咨询委员会——用来就司法信息共享和一体化倡议（*http://www.it.ojp.gov*）向美国司法部长和国土安全部提出建议。全球司法信息共享倡议的使命是在司法和国土安全实体间有效地共享数据，并且这个联盟已经形成了一些实践和标准，具体包括：

・国家信息交换模式（NIEM）框架提供了一个以认同的意义和格式进

行数据交换的标准（*<http://niem.gov>*）;

- 全球联合身份和权限管理（GFIPM）安全框架，一项迅速成熟的技术，允许用户的角色、权利和权限安全地进行交流，无需人工干预（*<http://www.it.ojp.gov>*）；
- 司法参考体系架构（JRA），一个“服务导向的架构”（SOA），规定了为司法环境中的技术系统量身定做的应用程序的构建方式（*<http://www.it.ojp.gov/documents/JRA_Specification_1-7.doc>*）。

这些工作产品的意图是，这些框架可以用来开发灵活的、并符合成本效益的技术功能，以安全、及时地共享信息。好消息是，私营企业供应商不仅与司法界合作界定这些新兴的标准，而且它们还接受解决方案，并调整它们的商业产品，在您自己的情报系统内，只能有助于解决潜在的兼容性问题。

信息安全

《美国法典》第 44 篇第 3502 节（U.S. C. Title 44, Section 3502）将信息安全定义为：保护信息和信息系统，使其免受未经授权的访问、使用、披露、破坏、修改或摧毁，以提供完整性、秘密性和可用性。除了保证信息不被篡改或改变外，还要确保信息不被随意查看，并确保当有期望时，数据是可用的。信息安全的其他原则包括：

- 核实访问数据的那些人的身份，可以通过使用简单的个人识别码（PIN）或密码，或者复杂的生物识别技术，如指纹识别等；
- 确保只有那些被允许的用户可以查看和（或）操作数据，被称为授权；
- 控制已被授权访问系统信息的那些人的访问；
- 维护一份关于系统和用户的活动记录，例如，事务发生的时间和地点，这样就能确保活动是无可争议的。

信息安全涉及的远不止技术。信息安全的一个综合性的方法包括规则和程序，以确保信任的环境。信息安全也是一个持续的过程，包括发挥应有的谨慎和应尽的努力，以保护数据、信息和信息系统本身，防止未经授权的访问、使用、披露、摧毁、修改、破坏或散布等。

无论是否是一个技术交流，信息共享是建立在双方信任基础之上的。这种信任通常形成于个人层面上，就像来自不同机构的人员为了一个共同的目标走到一起，组成一个执法特别工作组所会发生的那样。就特别工作组而言，由于人事变动、性格差异、真实或想象的问题，信息共享要么可能繁荣，要么可能衰退。可以通过制定参与标准，进一步确保特别工作组参与者之间的信任。

以和特别工作组大致相同的方式，实现技术上的信息共享的目标，要求信息共享的合作伙伴建立系统间的电子信任，通过确保上述列举的保护措施的就位加以实现。然后，在安全可信的环境下，犯罪情报分析师可以用电子方式搜集、整理、分析和共享犯罪情报信息。

16.6 小结

设计或实施犯罪情报数据库应用程序或系统，绝不是一个简单的过程。犯罪情报系统可能相当复杂。适合一个组织的应用软件不一定也适合另外一个。理想的犯罪情报应用程序或系统是不可能存在的，而作为结果，这就需要对分析原始数据的应用程序、支撑分析的应用程序和核心犯罪情报应用程序加以区分。

利用最新的技术，并借助国家协同工作的工作产品，例如，全球司法信息共享倡议，将确保您的犯罪情报系统和您的犯罪情报行动，有望成为全国信息共享系统中的授权合作伙伴。

对于大多数机构而言，决定上马一个特定的犯罪情报数据库应用程序，是一项长期的承诺。不仅是因为每隔几年就切换到新的应用程序，在经济上是不可行的，而且切换软件也非常耗时，并影响日常业务工作。本章的目的是，帮助那些处于决定使用哪个犯罪情报应用程序过程中的机构，提出正确的问题，并做出更明智的决策。

参考文献

1. A. Ramesh Babu, Y. P. Singh, and R.K. Sachdeva, *Chapter 18 - Establishing a Management Information System*.
2. A Report of the Markle Foundation Task Force, *Protecting America's Freedom in the Information Age*, October 2002.
3. Bureau of Justice Assistance, *National Criminal Intelligence Sharing Plan*, October 2003, <*http://it.ojp.gov/documents/ncisp/National_Criminal_Intelligence_Sharing_Plan.pdf*>.
4. Bureau of Justice Assistance, *Criminal Intelligence System Operating Policies* (28 Code of Federal Regulations Part 23.20). 1993.
5. Elias M. Awad, Malcolm H. Gotterer. (1992). *Database Management*, 1st Edition, Course Technology Press, Boston, MA.
6. Jeremy Kubica, Andrew Moore, David Cohn, Jeff Schneider. (2003). *Finding Underlying Connections: A Fast Graph-Based Method for Link Analysis and Collaboration Queries*, Robotics Institute, Carnegie Mellon University, Pittsburgh, PA.
7. Kroenke, D.M. and Dolan, K.A. (1988). *Database Processing: Fundamentals, Design, Implementation*, 3rd Edition, Science Research Associates, Chicago.
8. National Information Exchange Model (NIEM) <*http://www.niem.gov*>.
9. Randy Ridley, Jeffrey Sauder, and John Frank. (2003). MetaCarta, Inc., Can Geography Rescue Text Search? Where is Your Information About?
10. Second Report of the Markle Foundation Task Force, *Creating a Trusted Network for Homeland Security*, December 2003.
11. Silberschatz, A., Korth, H.F. and Sudarshan, S. (1996). *Database System Concepts*, 3rd Edition, McGraw-Hill, Boston.
12. Terry Winograd. (1996). *Bringing Design to Software*, Addison-Wesley.

[第 17 章]

网络、组织和资源

查克·波谢特

17.1 引言

政府和私营机构给执法情报界提供了大量资源。这些资源种类繁多，从一般的公共信息数据库到只关注反恐怖主义的涉密网络。虽然可用资源的数量很庞大，但本章对执法情报从业人员更普遍使用的一些资源提供了概述。

17.2 区域信息共享系统计划

1974 年，作为执法机构之间提供调查支持和共享安全信息的一个手段，区域信息共享系统（RISS）得以开发。区域信息共享系统的使命是，在全国范围内加强州和地方打击非法贩毒、身份盗窃、人口贩卖、暴力犯罪和恐怖活动的执法能力，并保护工作人员的安全。区域信息共享系统由 6 个区域的、多个州的中心组成，旨在为成员机构的需求提供量身定制的支持服务，同时，促进机构间的合作，并生产具有全国意义的犯罪情报产品。提供给成员机构的服务包括：信息共享资源、分析服务、专业调查设备的借用、秘密资助、培训会议和技术援助等。区域信息共享系统的成员包括所有 50 个州的 8100 多个地方、州、部落的刑事司法机构，以及哥伦比亚特区、美国本土、澳大利亚、加拿大和英国。

区域信息共享系统运营一个安全的内联网站点（RISSNET），旨在促进全国范围的执法信息共享，努力打击跨越司法管辖边界的犯罪活动。通过区域信息共享系统网，成员可以访问许多关于情报、黑帮、重要基础设施等的在线资源：

· 区域信息共享系统情报数据库（RISSIntel）

区域信息共享系统维护一个含有已知或涉嫌的罪犯、业务、组织及其相关识别信息的集中、安全的数据库。区域信息共享系统情报数据库的功能，是作为成员机构提交信息并进行查询的指针系统。

· 区域信息共享系统黑帮数据库（RISSGang）

区域信息共享系统国家黑帮情报数据库使执法机构便于访问黑帮信息，包括犯罪嫌疑人、组织、武器、地点和交通工具，以及黑帮成员、黑帮标志和黑帮涂鸦的视觉图像。区域信息共享系统黑帮数据库提供以黑帮活动特定领域进行组织的特定黑帮的新闻、文档和出版物。

· 区域信息共享系统人员安全系统（RISSSafe）

区域信息共享系统还开发了一个人员安全事件解决冲突系统。区域信息共享系统安全应用程序的开发目的是存储和维护计划好的执法活动信息。结合测绘系统使用，区域信息共享系统人员安全系统发布即将发生的事件，并监测与执法行动冲突的潜在危险。

· 区域信息共享系统自动信任信息交换系统（RISS ATIX）

认识到信息交换的需要超越了执法和传统的情报用户范畴，区域信息共享系统创建了自动信任信息交换系统（Automated Trusted Information Exchange，ATIX）。自动信任信息交换系统是一个通信系统，允许地方应急人员、关键基础设施人员以及其他公共安全人员——包括公共事业和学校工作人员、消防人员以及地方、州和联邦执法人员——在一个安全、实时的环境下，共享恐怖主义和国土安全信息。

17.3 区域信息共享系统情报中心

大西洋中部各州——五大湖有组织犯罪执法网络（Middle Atlantic-Great Lakes Organized Crime Law Enforcement Network®, MAGLOCLEN）

宾夕法尼亚州纽敦市特里路 140 号 100 室

邮编：18940

电话：800-345-1322

电邮：info@magloclen,riss.net

官网：*http://magloclen.rissinfo.com*

服务于特拉华州、印第安纳州、马里兰州、密歇根州、新泽西州、纽约州、俄亥俄州、宾夕法尼亚州和哥伦比亚特区，以及澳大利亚、加拿大的部分地区和英格兰。

中部各州有组织犯罪信息中心（Mid-States Organized Crime Information Center®, MOCIC）

密苏里州斯普林菲尔德

邮政信箱：1250

邮编：65801

电话：800-846-6242

电邮：info@mocic.riss.net

服务于伊利诺伊州、爱荷华州、堪萨斯州、明尼苏达州、密苏里州、内布拉斯加州、北达科他州、南达科他州和威斯康星州，以及加拿大部分地区。

新英格兰地区州警信息网络（New England State Police Information Network®, NESPIN）

美国马萨诸塞州富兰克林市格罗夫街 124 号 305 室

邮编：02038

电话：800-343-5682

电邮：info@nespin.riss.net

服务于康涅狄格州、缅因州、马萨诸塞州、新罕布什尔州、罗得岛州和佛蒙特州，以及加拿大部分地区。

洛基山脉各州信息网络（Rocky Mountain Information Network®, RMIN）

亚利桑那州凤凰城中央大道北 2828 号 1000 室

邮编：85004

电话：800-821-0640

电邮：info@rmin.riss.net

官网：*http://rmin.rissinfo.com*

服务于亚利桑那州、科罗拉多州、爱达荷州、蒙大拿州、内华达州、新墨西哥州、犹他州和怀俄明州，以及加拿大部分地区。

区域有组织犯罪信息中心（Regional Organized Crime Information Center®, ROCIC）

田纳西州纳什维尔万豪路 545 号 850 室

邮编：37214

电话：800-238-7985

电邮：info@rocic.riss.net

官网：*http://www.rocic.com*

服务于阿拉巴马州、阿肯色州、佛罗里达州、佐治亚州、肯塔基州、路易斯安那州、密西西比州、北卡罗来纳州、俄克拉荷马州、南卡罗来纳州、田纳西州、得克萨斯州、弗吉尼亚州和西弗吉尼亚州，以及波多黎各和美国维京群岛。

西部各州信息网络（Western States Information Network, WSIN）

加利福尼亚州萨克拉门托市

邮政信箱：903198

邮编：94203-1980

电话：800-952-5258

电邮：info@wsin.riss.net

服务于阿拉斯加州、加利福尼亚州、夏威夷州、俄勒冈州、华盛顿州，以及加拿大和关岛的部分地区。

这些地区的每一个区域信息共享系统计划都建立了监督小组，由来自计划中的多个州、地区的机构成员代表组成。这些监督小组制定政策，并提供有关项目运营和管理的方向。想了解区域信息共享系统计划的更多信息，请访问官网：*www.riss.net*。

17.4 高强度贩毒地区

获《1988 年反毒品滥用法》（Anti-Drug Abuse Act of 1988）授权，国家毒品控制政策办公室主任把在美国显示出有重特大贩毒问题的地区指定为高强度贩毒地区（High Intensity Drug Trafficking Areas, HIDTAs）。高强度贩毒地区计划为在这些地区的州和地方执法机构提供额外的联邦资源。作为参加计划的一个条件，参与机构必须同意在多机构的倡议中协同工作，分享情报和信息，并提供数据以评估它们的绩效。在高强度贩毒地区的执法组织评估贩毒问题，并设计具体的举措，减少或消除非法毒品的生产、制造、运输、分销及长期使用和洗钱。

该计划的关键优先事项是：

· 评估地区的毒品威胁；

· 制定集中力量打击贩毒威胁的策略；

· 制定并资助实施策略的举措；

· 促进联邦、州和地方工作的协调；

· 提高毒品管控工作的效率和效力，减少或消除贩毒的有害影响。

截至 2009 年 1 月，已有 28 个高强度贩毒地区和 5 个西南边境地区。2006 年，高强度贩毒地区计划为 45 个州、波多黎各、美国维京群岛和哥伦比亚特区的执法工作提供了支持。每个高强度贩毒地区是由约 16 名成员（8 名联邦成员和 8 名州或地方成员）组成的、它们自己的执行委员会进行管理。这些执行委员会促进机构间的毒品控制工作，消除或减少毒品威胁。执行委员会确保制定、使用、支持和评估威胁的具体策略和措施。以下 28 个地区被指定为高强度贩毒地区，按指定日期顺序分列如下：

· **1990 年**：休斯敦、洛杉矶、纽约 / 新泽西州、南佛罗里达州和西南边境地区（加州、亚利桑那州、新墨西哥州、得克萨斯州）。

· **1994 年**：华盛顿州 / 巴尔的摩（马里兰州、弗吉尼亚州、哥伦比亚区）和波多黎各 / 美国维京群岛。

- **1995 年**：亚特兰大、芝加哥和费城 / 卡姆登。
- **1996 年**：落基山脉地区（科罗拉多州、蒙大拿州、犹他州和怀俄明州）、墨西哥湾岸地区（阿拉巴马州、路易斯安那州、密西西比州）、莱克县（印第安纳州）、中西部地区（爱荷华州、堪萨斯州、密苏里州、内布拉斯加州、北达科他州和南达科他州）和西北地区（华盛顿州）。
- **1997 年**：密歇根州东南部（随后，西密歇根州的一部分）和加利福尼亚州北部。
- **1998 年**：阿帕拉契亚（肯塔基州、田纳西州和西弗吉尼亚州）、佛罗里达州中部、密尔沃基和得克萨斯北部（得克萨斯州和俄克拉荷马州）。
- **1999 年**：加州中央山谷地区、夏威夷州、新英格兰州（康涅狄格州、新罕布什尔州、缅因州、马萨诸塞州、罗得岛和佛蒙特州）、俄亥俄州和俄勒冈州。
- **2001 年**：佛罗里达州北部和内华达州。

通过资源和信息的共享、共存，以及实施联合倡议，促进毒品管制组织间的合作，高强度贩毒地区计划有助于提高毒品管制工作的效率和效力。高强度贩毒地区基金帮助联邦、州和地方执法组织，投资于基础设施和联合措施，以对抗贩毒组织。高强度贩毒基金资金也用于降低需求和毒品治疗举措。

官网：*http://www.whitehousedrugpolicy.gov/HIDTA*。

17.5 高强度金融犯罪地区

在《1998 年洗钱与金融犯罪战略法》（Money Launderingand Financial Crimes Strategy Act of 1998）中，高强度金融犯罪地区（High Intensity Financial Crime Areas，HIFCAs）计划被构想为，在高强度洗钱地区集中联邦、州和地方层级执法工作的一种手段。在 1999 年的国家洗钱战略

（National Money Laundering Strategy）中，该计划首次付诸实施。高强度金融犯罪地区可以根据地理位置确定，也可以经创建，用以解决行业部门、金融机构或多个金融机构的洗钱问题。

高强度金融犯罪地区计划旨在集中联邦、州和地方层级的执法工作，打击指定的高强度洗钱地区的洗钱活动。为了实现这一目标，在每个高强度金融犯罪地区创立或确立洗钱行动小组，为协调的联邦、州和地方的反洗钱工作充当急先锋。每一个行动小组将由来自所有相关的联邦、州和地方执法机关、检察官和金融监管机构的人员组成。

当指定一个高强度金融犯罪地区时，需要考虑来自 3 个一般类别信息的因素：

1. 银行保密法档案模式；
2. 识别趋势的描述性信息；
3. 洗钱活动模式与对该地区洗钱活动反应的执法水平。

以下是高强度金融犯罪地区及各自涵盖县域清单：

· **加州北部地区**：蒙特雷、洪堡、门多西诺、莱克、索诺玛、纳帕、马林、康特拉科斯达、旧金山、圣马特奥、阿拉米达、圣克鲁斯、圣贝尼托、德尔诺特。
· **加州南部地区**：洛杉矶、橙县、河滨县、圣伯纳迪诺、圣路易斯奥比斯波、圣塔巴巴拉、文图拉。
· **西南边境**：亚利桑那州（所有县）、得克萨斯州（接壤的县以及毗邻接壤的县）以及美国与墨西哥的边界。
· **芝加哥**：科克、麦克亨利、杜佩基、莱克、威尔、凯恩。
· **纽约**：纽约州（所有县）、新泽西州（所有县）。
· **波多黎各**：波多黎各（所有地区）、美国维京群岛（所有地区）。
· **南佛罗里达**：布劳沃德、迈阿密—戴德、印第安河、马丁、门罗、奥基乔比、棕榈滩与圣路西。

官网：*http://www.fincen.gov/law_enforcement/hifca/index.html*。

17.6 国家毒品情报中心

1993 年，根据《国防部拨款法案》建立了国家毒品情报中心，旨在“协调和加强所有国家安全和执法机构的毒品情报工作，并生产关于贩毒组织的结构、成员、财务、通信与活动的信息”。国家毒品情报中心的使命是，为毒品管制、公共卫生、执法以及美国情报界提供与毒品有关的战略情报、文档与计算机开发支持和培训援助，目的是减少贩毒、吸毒及其他毒品有关的犯罪活动带来的不良影响。

通过对贩运非法毒品和威胁美国国家安全的相关非法活动的战略分析研究，国家毒品情报中心为国家级的政策制定者和情报界提供支持。此外，国家毒品情报中心与国土安全部缉毒执法办公室合作，提供识别、跟踪和切断毒品贩运和恐怖主义之间联系的关键性情报。国家毒品情报中心还生产洗钱战略报告，帮助政策制定者和高级执法决策者实施国家级的反洗钱措施。国家毒品情报中心的报告涉及高级毒贩用来清洗毒品收益的方法。国家毒品情报中心支持国家洗钱威胁评估与国家洗钱战略（跨部门项目），提高国家打击国际洗钱的能力。

国家毒品情报中心的使命强调识别、搜集、组织和分析大量的信息和情报。为了实现这一目标，国家毒品情报中心访问商业与政府数据库，使用现有技术搜索与提取有用信息。国家毒品情报中心还使用自行开发的技术，揭示执法机构在毒品调查和随后起诉期间处理的记录中包含信息的模式。国家毒品情报中心不仅通过包括直接调查州和地方执法机构的各种活动获得信息，而且从其他联邦执法和情报机构获取信息，还从执法机构和检察官掌握的文档和电子媒体中抽取信息。国家毒品情报中心也使用来自新闻提供者和公共卫生机构的开源信息。

国家毒品情报中心拥有超过 120 名分析师，由来自国防部、毒品管制局、FBI 和联邦监狱局的临时指派人员协助工作。国家毒品情报中心的分析师代表了不同研究领域具有外语能力和高级学位的一批人。

官网：*http://www.usdoj.gov/ndic*。

17.7 埃尔帕索情报中心

1974 年建立的埃尔帕索情报中心（EPIC）创立了一个专注于美国和墨西哥边境的情报服务中心，其重点是墨西哥的海洛因毒贩和非法移民走私犯。随着飞机和远洋船使用的增加以及全球贩毒网络的扩散，埃尔帕索情报中心的关注焦点不断拓宽，范围扩展到了全球。目前，埃尔帕索情报中心的员工由来自各个部门的代表组成。这些部门包括：毒品管制局、美国国土安全部、海关和边境保护局，烟酒枪械及爆炸物管理局（Bureau of Alcohol, Tobacco, Firearms and Explosives）、美国特勤局、美国司法部法警局（U.S. Marshals Service）、国家毒品情报中心、美国国税局（Internal Revenue Service）、美国内政部（U.S. Department of the Interior）、国家地理空间情报局（National Geospatial Intelligence Agency）、国防部、联合特别工作组（北）、联合跨机构特别工作组（南）、得克萨斯州公共安全厅、得克萨斯空军国民警卫队和埃尔帕索县警长办公室。

目前，埃尔帕索情报中心为美国联邦机构、所有 50 个州、哥伦比亚特区、波多黎各、美国维京群岛和关岛提供服务。它还支持世界各地的外国同行进行执法工作。当前，埃尔帕索情报中心与加拿大、澳大利亚和荷兰拥有谅解备忘录（MOUs）。为了响应增加的多机构需求，艾尔帕索情报中心已经发展成为一个由成员机构数据库和资源支撑的、充分协调的战术情报中心。

2001 年，就在恐怖分子袭击了纽约和华盛顿之后，艾尔帕索情报中心的跨机构环境被调用支持调查，查找元凶。艾尔帕索情报中心支持涉及贩卖毒品、外国人走私和武器贩运以及其他犯罪活动的封锁工作和调查活动，参加反恐怖主义工作，基于这些经验，其使命得以不断演进。

作为国家最重要的战术情报中心之一，艾尔帕索情报中心的愿景是继续为联邦、州、地方、部落和国际执法机构提供及时和敏捷的支持。

官网：*http://www.usdoj.gov/dea/programs/epic.htm*。

17.8 金融犯罪执法网络

1990 年，美国财政部建立金融犯罪执法网络（FinCEN），提供了一个政府层面的、多个来源的金融情报和分析网络。1994 年，该组织的行动被拓展至包括管理《银行保密法》（Bank Secrecy Act，BSA）的监管责任，使其成为美国预防国家金融体系腐败的最强大武器之一。

金融犯罪执法网络的使命是加强美国国家安全，制止和侦查犯罪活动，并通过促进美国和国际金融体系的透明度，保护金融系统免受滥用。金融犯罪执法网络支持执法调查工作，并促进机构间和国际合作，以打击国内和国际金融犯罪，为美国政策制定者提供国内和全球洗钱的发展、趋势和模式的战略分析。

金融犯罪执法网络控制着根据《银行保密法》和其他类似法律提交的数以百万计的报告。这些报告可以被联邦、州和地方执法机构访问，为这些机构提供关于在银行、赌场和货币服务企业的大笔货币交易、国际汇率大幅波动、外国银行账户以及通常超过 5000 美元的任何可疑交易的信息。在其他地方，这些信息并不是现成的。

“9·11”恐怖袭击后不久颁布的《2001 年美国爱国者法案》，扩大了《银行保密法》的适用范围，把重点放在恐怖分子的资金和洗钱上。在这些重要的领域，该法也赋予金融犯罪执法网络额外的责任和授权，并将金融犯罪执法网络建为一个隶属财政部的业务局。

2004 年 3 月 8 日，金融犯罪执法网络成为财政部新成立的恐怖主义和金融情报办公室的一部分。它是财政部金融反恐战、预防金融犯罪和对流氓国家实施经济制裁的领导办公室。

官网：*http://www.fincen.gov*。

17.9 全州情报共享系统

许多州已建立了执法机构间的全州搜集和交换犯罪情报信息的机

制。最早和最成功的计划之一，是爱荷华州1984年建立的执法情报网络（LEIN）。该网络的使命是拓展和传递影响爱荷华州的重大犯罪条件的相关信息。执法情报网络使用此信息开展合作性的多机构调查。信息由成员向执法情报网络报告，然后被传递给全州的各参与机构。随后，这些机构使用该信息识别和评估在其地区的犯罪活动。由于执法情报网络的成功，执法情报网络计划已在其他几个州开始实施。

另外一个强劲的全州情报共享系统的例子，是加利福尼亚州联合区域信息和交换系统（California Joint Regional Information and Exchange System，CAL JRIES）。该门户网站是一个强大和灵活的解决方案，它高度适应不断变化的需求，并支持国家信息共享/协同战略，而且目前可供使用。加州联合区域信息和交换系统由两个主要组件构成：一个用于存储信息（如文档、照片、警报、警告、安全信息共享）的门户网站和一个使用微软Groove虚拟办公室软件[1]的协同环境。门户网站为用户提供了一个发布和搜索数据的区域，即可以协助执法活动的一个区域。Groove是桌面协同软件，允许用户在安全工作区中共享信息和活动。该网站为执法情报单位协会提供服务器——在这个安全信息共享门户上的“工作组网站”。执法情报单位协会还在网站上存放并维护其会员名册。此外，执法情报单位协会使用本网站发布其他项目，如培训、会员公告及其他会员信息等。访问加州联合区域信息和交换系统的应用程序可以通过下面的链接完成。

部分原因是作为对2001年恐怖袭击的反应，部分原因是由于技术的进步，其他几个州已经建立了联合数据共享的机制。许多司法管辖区已纳入这些信息共享系统，作为它们的州和区域融合中心的主要组件。

官网1：*http://www.dps.state.ia.us/intell/lein/index.htm*。

[1] 译注：Groove是微软公司在2005年并购的Groove网络公司的一项协作办公软件。通过Groove，用户可以创建虚拟的工作区，并且使用户在任何地方工作都和在同一个“办公室”工作一样。微软在Office2007中集成了这一软件。Microsoft借助Groove实现了Microsoft Office套件中的文件在网络化办公、移动办公、团队协作环境下的快速、灵活整合。微软将把Groove公司的“虚拟办公室”协同软件整合进自己的Office产品中去，从而提高了微软在办公软件领域的竞争力。

官网 2：*https://cal-jries-reg.doj.ca.gov/CJRegistration/default.aspx*。

17.10 执法在线

FBI 刑事司法信息服务处（CJIS）运营的执法在线（LEO），是一个安全的基于互联网的通信门户网站，为全球的执法、应急、刑事司法从业人员以及反恐怖主义和情报机构服务。通过提供对敏感非密信息的访问和各种先进的通信服务和工具，执法在线催化和加强了协同和信息共享。它可以为经审核的全球任何地方的用户提供全天候服务，并且对成员提供免费服务。

1995 年开始运行时，执法在线是一个只有 20 个成员的拨号服务网站。现在，其成员来自全球，超过了 10 万人，并且通过互联网上的虚拟专用网络（VPN），提供了大量的特性和功能。执法在线提供的服务包括：

- 全国警报系统，指导成员在执法在线网站上获取突发信息。
- 500 多个特殊兴趣小组，允许分享专业知识和兴趣的成员彼此互联，包括反恐怖主义、打击街头黑帮和拆除炸弹等部门。
- 访问重要和有用的数据库。例如，全国失踪和被虐待儿童中心（National Center for Missing and Exploited Children）运营的数据库。
- 虚拟指挥中心（Virtual Command Center，VCC）——一个信息共享和危机管理工具，允许执法界在本地和远程站点使用执法在线，作为一个提交并查看信息和情报的电子指挥中心。
- 多媒体图书馆——向执法在线用户提供出版物、文档、研究、调查、技术简报和其他感兴趣的报告。

执法、刑事司法、公共安全人员可以取得执法在线的成员资格。

官网：*http://www.fbi.gov/hq/cjisd/leo.htm*。

17.11 国土安全信息网络

美国国土安全部主办的国土安全信息网络（HSIN），是一个以计算机为基础的反恐怖主义通信系统。它连接所有的 50 个州、5 个领地、华盛顿特区和 50 个主要城市地区。国土安全信息网络允许所有的州和主要城市地区搜集和传递联邦、州和地方机构之间的涉及打击恐怖主义的信息。国土安全信息网络的使命是：

1. 提供情境感知；
2. 在联邦、州和地方层级，促进国土安全伙伴间的信息共享与合作；
3. 提供先进的分析能力；
4. 实现信息的实时共享。

这种通信能力为州和主要城市地区与国家运营中心（National Operations Center）之间提供实时的交互式连接。这种协同通信环境由州和地方当局开发。

作为国土安全信息网络的一个组成部分，州和地方国土安全情报利益共同体（Homeland Security State and Local Intelligence Community of Interest，HS SLIC）已成为州和主要城市地区融合中心的重要工具。在这个门户网站里，融合中心的连通性非常有效，并且允许其成员在安全的环境下交流信息。通过州和地方国土安全情报利益共同体，全国的情报分析师经由每周威胁电话会议、分析会议、安全网络门户，协同共享敏感非密等级的情报信息。州和地方国土安全情报利益共同体的成员，可以安全地访问一个扩展库中的情报文档、在线简报、论坛讨论以及各种各样的其他情报和信息共享工具。

官网：*http://www.dhs.gov/index.shtm*。

17.12 州和地方国土安全情报利益共同体

州和地方国土安全情报利益共同体（HS SLIC），是在各级政府（联邦、州、地方、部落、领地）的情报分析师之间进行国土安全情报信息共享和协作的一个全国性论坛。为确保国土安全情报问题的沟通与协作，州和地方国土安全情报利益共同体采用了许多机制，在保卫家园的情报问题上进行沟通和协作，这些机制包括：

· 发布敏感非密的情报报告和产品，并通过国土安全信息网实时交流情报；
· 参加每周电话会议，讨论相关威胁；
· 参加每双周威胁安全视频电话会议（通过机密级的国土安全数据网）；
· 每季度召开全国的现场分析会议。

在界定信息处理和使用以及成员个人标准业务流程基础上，全面治理架构建立。所以，州和地方国土安全情报利益共同体也正式成立，成功建立并维护了共同体成员间的信任。有兴趣加入州和地方国土安全情报利益共同体的个人必须具备以下条件：

· 美国公民；
· 从事情报分析职能；
· 受雇于执法、刑事司法或国土安全机构；
· 从事检测、打击或遏制恐怖行为；
· 有一个政府的电子邮件地址（联邦、州或地方）；
· 与融合中心有联系（州、地方的参与者和在该领域的联邦政府工作人员）。

更多信息，请给州和地方国土安全情报利益共同体发电子邮件：*hs.slic@hq.dhs.gov*。

17.13 犯罪情报协调委员会

在认识到地方、州和部落执法机构是国家情报流程的关键因素后，国家犯罪情报共享计划建议成立犯罪情报协调委员会（CICC）。国家犯罪情报共享计划承认，在全国各地工作的官员、调查人员和分析师是发现和预防恐怖主义和罪案的第一道防线，并且犯罪情报协调委员会的成立增强了各级政府情报和信息共享的联系。

2004 年 5 月，由来自全国执法机构成员组成的犯罪情报协调委员会正式成立，在国家犯罪情报共享计划的优化和完善方面提供咨询建议。作为地方执法的倡导者，犯罪情报协调委员会的成员应被鼓励开发和共享犯罪情报，以促进公共安全，保护我们的国家。

由于犯罪情报协调委员会的成员组成及其在国家情报格局中的职能，该委员会作为各级执法机构的代言人具有得天独厚的优势。通过建议美国司法部长最佳地利用犯罪情报以保障国家安全，犯罪情报协调委员会做到了这一点。该委员会致力于确保每位首长、警长和执法长官在这项工作中的利益攸关，以便所有的执法和国家安全机构都能了解它们在开发和利用信息和情报中的角色。美国国土安全部部长、国会议员以及州政府代表也已经寻求犯罪情报协调委员会成员的建议了。

官网：*http://www.iir.com/global/council.htm*。

17.14 跨机构威胁评估和协调组

跨机构威胁评估和协调组（Interagencey Threat Assessment and Coordinating Group，ITACG）有助于增强国家情报界及其州、地方、部落和私营部门（State Local Tribal and Private Sector，SLTP）合作伙伴之间的信息共享。在总统和《美国法典》第 6 编第 210D（Title 6, U.S. Code 210D）的指导下，并作为 2007 年《9・11 委员会法案》实施建议的一部分，成立了跨机构威胁评估和协调组。跨机构威胁评估和协调组由来自州、地方、部落和联邦国土安全、执法和情报官员组成，并位于华盛顿特区附近的国家反恐怖主义中心（National Counterterrorism Center，NCTC）。

跨机构威胁评估和协调组作为国家反恐怖主义中心的焦点，通过国土安全部和 FBI 到它们的州、地方、部落和私营部门合作伙伴，指导联邦反恐怖主义情报产品的开发和传递。通过提供咨询、建议和知识专长，更好地满足州、地方、部落和私营部门实体的需求，跨机构威胁评估和协调组的成员了解并帮助形成国家情报界产品。跨机构威胁评估和协调组支持以下产品的生产：

・与地点在美国国内的恐怖主义威胁相关的警报、警告、通知和敏感信息的更新；

· 关于发生在国际、国家、州和地方层面的重大事件或活动的情境感知报告；

· 针对美国的恐怖主义威胁的战略和基础评估。

跨机构威胁评估和协调组并不提出报告和从事分析，而是依赖于情报和执法机构的报告和分析，通过建立非密和机密级的报告机制，确保相关信息传递给州、地方、部落和私营部门。

跨机构威胁评估和协调组补充和弥补现有的分析和产品，并通过国土安全部和 FBI 的已建机制，便于产品传递给适合的州、地方、部落和私营部门实体。倘若报告有冲突，或根据需要的增加，跨机构威胁评估和协调组促进联邦协调，确保关于威胁信息的报告在最大程度上是明确的和可行动的。

跨机构威胁评估和协调组接受咨询委员会的监督，该委员会负责制定政策、招募成员并为整合、分析、传递联邦协调信息开发流程。《9・11委员会法案》要求，跨机构威胁评估和协调组咨询委员会的成员至少 50%来自州、地方和部落政府。

官网：*http://www.ise.gov/Pages/ITACG.aspx*。

17.15 涉密信息共享系统

已存在或正在开发的各种系统的设计目的是，为州和地方执法机构提供恐怖主义相关的涉密信息。国土安全数据网络（Homeland Secure Data Network，HSDN）允许联邦政府在**机密**等级下向各州转移信息和情报，并适于部署在融合中心。州和地区执法机构和具有适当许可的其他公共安全合作伙伴可以通过融合中心建立账户，并直接访问涉密信息。机密互联网协议路由器网络（Secret Internet Protocol Router Network，SIPRNet）是一个相互连接的计算机网络系统，由美国国防部和美国国务院用来在安全环境中传递涉密信息。FBI 集中式网络管理系统（FBINet）可以提供访问不同的金融和调查系统。值得注意的是，大多数州和地方执法机构目前还不能使用机密互联网协议路由器网络和 FBI 集中式网络管理系统，然而，这是在国家层面上正在进行讨论的一个话题。

通过生产全面的、“联邦协调”分析产品，国家反恐怖主义中心（NCTC）支持在反恐共同体的用户间共享广泛的反恐情报和相关信息，这些产品可以在其安全网络（国家反恐怖主义中心在线——机密互联网协议路由器网络（NCTC Online–SIPRNet，NOL-S）上找到。国家反恐怖主义中心在线——机密互联网协议路由器网络（NOL-S）支持访问核准为机密级的美国政府所有反恐信息。它还提供了与军事、州和地方执法合作伙伴共享反恐怖主义信息的论坛。国家反恐怖主义中心在线——机密互联网协议路由器网络通过机密互联网协议路由器网络和 FBI 集中式网络管理系统以及国土安全数据网络进行传递。

拥有适当许可的州、地方执法人员可以访问这些系统（不含 FBINet 和 SIPRNet），并在联邦政府批准的安全系统和设施中操作，通常是州或主要城市地区的融合中心。虽然只有数量有限的融合中心目前满足这些要求，但是随着这些中心持续地发展，预计这一数字将会增加。

17.16　国际刑警组织

1923 年成立的国际刑警组织（INTERPOL）——简称国际警察——是由 187 个成员国组成的世界上最大的国际警察组织。它促进跨边境的警察合作，并支持和协助以防止或遏制罪案为使命的所有组织、当局和机构。国际刑警组织总秘书处（General Secretariat）设在法国里昂，在阿根廷、喀麦隆、科特迪瓦、萨尔瓦多、肯尼亚、泰国和津巴布韦设有 7 个区域办事处，在纽约的联合国有一个代表处。每一个成员国都维护一个配有训练有素的执法官的国家中心局（National Central Bureau，NCB）。国家中心局是总秘书处、区域办事处及其他成员国需要协助海外调查，定位并逮捕逃犯的指定联络点。在美国，国际刑警组织也使用国家一级的协调员系统，通常通过州警察机构。

国际刑警组织已确定了集中其精力和资源的 4 大核心职能：

1. 安全的全球警察通信服务：国际刑警组织管理一个被称“I-24/7”的全天候的全球警察通信系统，它使所有成员国的警察可以在安全环境下实时地请求、提交和访问关键的警察数据。
2. 警察的业务数据服务和数据库：国际刑警组织管理包含著名犯罪分子的照片和姓名、通缉犯、指纹、DNA 图谱、被盗或遗失的旅行证件、被盗机动车辆、儿童性虐待图像以及被盗艺术品等一系列数据库。通过其国际通报系统，国际刑警组织还传递关键的罪案相关数据。有 7 种类型的通报，其中，最著名的是“红色通缉令”（Red Notice）——一个临时逮捕个人的国际请求。
3. 业务警种支持服务：国际刑警组织有 6 个优先的犯罪领域：贪污腐败、毒品和有组织犯罪、金融和高科技犯罪、逃犯、公共安全和恐怖主义、贩卖人口。国际刑警组织运营一个 24 小时指挥和协调中心，帮助任何成员国面对危机局势，协调信息交换，并在重特大事件中承担管理角色。
4. 警察培训和发展：国际刑警组织为国家警察部队提供集中的培训计划，也提供在线的建议、指导和支持，以建立专门的打击犯罪的组成部分。这样做的目的是提高成员国有效打击重特大跨国犯罪和恐怖主义的能力。这包括共享警务中的知识、技能以及最佳实践，并且建立打击特定罪行的全球标准。

国际刑警组织旨在促进国际警察合作，即使在无外交关系的特定国家间。该组织可在不同国家现行法律的范畴内以及《世界人权宣言》的精神下采取行动。国际刑警组织章程禁止任何具有政治、军事、宗教或种族性质的干预或活动。

官网：*http://www.interpol.int*。

17.17 欧洲刑警组织

欧洲刑警组织（Europol）是处理犯罪情报的欧盟执法组织。其目的是提高在预防和打击重特大国际有组织犯罪和恐怖主义中的效率，并推动各成员国主管当局之间的合作。欧洲刑警组织的使命是为欧盟打击有组织犯罪和恐怖主义（重点是针对犯罪组织）的执法行动做出最大贡献。

欧洲刑警组织支持成员国的执法活动以打击：

- 非法贩毒；
- 非法移民网络；
- 恐怖主义；
- 伪造货币（伪造欧元）和其他支付手段；
- 贩卖人口（包括虐待儿童）；
- 非法贩卖车辆；
- 洗钱。

此外，欧洲刑警组织的其他主要优先事项包括：侵犯他人人身权利罪、金融犯罪和网络犯罪。这适用于涉及有组织犯罪结构以及受到影响的两个或多个成员国。

欧洲刑警组织提供以下支持：

- 作为所属国执法机构代表的联络官们被派到欧洲刑警组织，以促进成员国之间的信息交换；
- 提供战役分析支持行动；
- 基于成员国和第三方提供的信息和情报，生成战略报告（例如，威胁评估）和罪案分析；
- 在相关成员国的监督和法律责任下，为在欧盟内进行调查和行动提供专业知识和技术支持。

欧洲刑警组织还积极促进成员国内的罪案分析和调查技术的协调。

17.18 国家白领犯罪中心

国家白领犯罪中心（NW3C），是由司法部司法援助局资助的非营利性组织。国家白领犯罪中心为参与预防、调查和起诉经济和高科技犯罪的州和地方执法机构提供国家级支持网络。

国家白领犯罪中心是由执法机构、州监管机构以及州和地方检察机构组成的附属成员机构。无论是个人，还是私营公司，都有资格成为其会员。国家白领犯罪中心是一个在全部 50 个州都存在的国家计划，可为州和地方执法机构提供 5 个主要类别的支持服务：

1. 经济和计算机犯罪培训；
2. 情报和分析服务；
3. 指定案件的诉讼资助；
4. 研究；
5. 欺诈投诉甄选和分析。

通过国家白领犯罪中心和 FBI 之间的协同努力，互联网犯罪投诉中心（Internet Crime Complaint Center，IC3）是接收互联网犯罪投诉的唯一地方。投诉中心把互联网投诉交付合适的联邦、州和地方机构，或它们认为合适的具有调查水平的执法和（或）监管机构。作为互联网犯罪投诉中心的组成部分，互联网投诉搜索和调查系统（Internet Complaint Search and Investigation System，ICSIS）是国家白领犯罪中心为其具有犯罪调查权的成员机构开发的一个工具。互联网投诉搜索和调查系统允许会员机构访问在其领域发生的当前互联网犯罪和开放调查的信息。用户可以通过互联网犯罪投诉中心数据库中的大量数据进行检索，组织相关数据形成案件，并与其他机构合作。互联网投诉搜索和调查系统还允许从互联网投诉数据生成统计资料。

总部位于弗吉尼亚州里士满的国家白领犯罪中心由计算机犯罪专家、课程开发者、执法分析师、情报技术人员、研究人员和培训协调者组成。经选举产生的董事会协调国家白领犯罪中心的服务，该董事会由来自全美的 1 名主席和 7 名区域董事组成。

官网：*http://www.nw3c.org*。

17.19 澳大利亚职业情报官学会

成立于1990年，澳大利亚职业情报官学会（Australian Institute of Professional Intelligence Officers，AIPIO）是一个致力于在澳大利亚促进情报成为公认职业的组织。

《澳大利亚职业情报官学会新闻》（*AIPIO News*）是澳大利亚职业情报官学会出版的一份季度性内部通讯。作为一个非正式渠道，它重点登载人物和事件介绍文章及有关会员感兴趣问题的短文，并且定期出版论文季刊。为了在澳大利亚推动情报职业发展，澳大利亚职业情报官学会每年还主办年会和展览。会议的特点是有国内和国际的演讲者以及培训讲习班。该学会是由选举的管理委员会以及若干增选委员进行治理，为更广泛的情报界加强区域支持。

官网：*http://www.aipio.asn.au*。

17.20 国际执法情报分析师协会

1980年，美国和加拿大分析界的领导人成立了国际执法情报分析师协会（IALEIA）。该协会的使命是推动执法、军队和私营企业中的分析职业化。在地方、州/省、国家和国际层面，国际执法情报分析师协会努力推进执法情报分析的高标准的职业化。其目的是为了提高对情报分析作用的全面理解，鼓励将情报分析作为职业尝试的认识，制定国际资格和能力标准，加强职业理念，制定培训标准和课程，提供情报分析事项的咨询和相关服务，进行分析相关的调查研究，并介绍分析技术和方法等知识。

国际执法情报分析师协会总部设在美国，由遴选的9个协会成员组成的国际董事会管理。几个董事会成员还受志愿者工作委员会协助工作。国际执法情报分析师协会拥有1名执行董事担任有薪管理者，以及由主席（President）任命的一个执行咨询委员会。按照政策手册，国际执法情报分析师协会支持遍布世界的地区分会。国际执法情报分析师协会从事分析师认证计划、道德准则培训以及为组织提供架构指导的规章制度。该组织代表了不同领域的执法分析师，并通过建立地区分会，构建共通环境。

国际执法情报分析师协会出版一份同行评审期刊，每年2期。该期刊是一个学术出版物，力求缩小学术研究和全世界犯罪情报从业者和专家使用的实用技术之间的差距。此外，国际执法情报分析师协会出版了一些关于执法分析的小册子，包括《执法分析标准》（*Law Enforcement Analytic Standards*）、《情报主导警务入门》（*Intelligence Led Policing–Getting Started*）、《创办分析单位指南》（*Guidelines for Starting an Analytic Unit*）、《成功执法实用分析方法》（*Successful Law Enforcement Using Analytic Methods*）以及《情报模式和最佳实践》（*Intelligence Models and Best Practices*）等。这些小册子已经提供给世界各地的执法管理人员，并且已经帮助培养对情报发挥作用的理解。国际执法情报分析师协会还出版一份称为《情报视界》（*INTELSCOPE*）的时事通讯，每年3期。其特色内容包括：地方分会新闻、关于提供培训的信息以及执法分析师感兴趣的文章。国际执法情报分析师协会官网提供了各种培训计划、会议和书目资料的最新信息。

国际执法情报分析师协会经常与执法情报单位协会联袂出版图书，例如《情报2000》（*Intelligence 2000*）和《21世纪犯罪情报》（*Criminal Intelligence for the 21st Century*）。这一伙伴关系也延伸到了共同为全球执法情报分析师和官员安排情报分析训练基础计划（FIAT）和年度培训会议。国际执法情报分析师协会已使姊妹组织澳大利亚职业情报官学会成为其分支机构。

官网：*http://www.ialeia.org*。

17.21 执法情报单位协会

20世纪50年代中期，美国的地方和州执法机构认识到，没有一个单一的机构或组织负责接收、整理、维护及传递参与有组织犯罪的人的信息。这些执法机构正确地推测，有组织犯罪将利用交通和通信领域中的先进技术而更加活跃，并扩大影响力和犯罪活动范围。因此，1956 年 3 月 29 日，在加利福尼亚州旧金山市，26 个执法机构开会讨论问题和可能的解决方案。这次会议最重要的成果就是执法情报单位（LEIU）的成立，以及提出延续至今的组织宗旨。

执法情报单位的使命是在犯罪情报界建立领导机制，并促进职业精神。执法情报单位的目标是搜集、记录和交换那些无法通过正规警察渠道获得的、关于有组织犯罪和恐怖主义的秘密信息。执法情报单位是一个执法机构的协会，在很多方面与为医生、律师、记者和教育工作者服务的许多其他职业协会类似。执法情报单位的成员可以通过专用渠道访问一个安全的在线数据库，包含有组织犯罪、恐怖主义和街头黑帮的犯罪情报信息。成员还可以访问一个自动化的赌博索引，协助博彩执照的背景调查。执法情报单位的分析师可回应成员对犯罪嫌疑人及其活动信息的查询。

执法情报单位在地理上划分为 4 个区域：东部、中部、西北和西南。每个区域选出 1 名会长（Chairperson）和 1 名副会长（Vice Chairperson）担任区域主管（Zone Officer）。执法情报单位选举 1 名总会长（General Chairperson）和 1 名副总会长（Vice General Chairperson）。总会长任命 1 名财务主管、1 名法律顾问、1 名联邦机构代表以及 1 位执行董事。被任命的这 4 位与上一任总会长和来自中央协调机构的 2 名代表共同担任全国主管（National Officer）。全国主管和区域主管组成执行委员会（Executive Board）。中央协调机构作为执法情报单位的行政部门，坐落在加利福尼亚州萨克拉门托市的加利福尼亚州司法部。自从 1956 年执法情报单位成立后，中央协调机构一直位于加利福尼亚州司法部。执法情报单位的成员资格限于具有情报职能的执法组织，包括美国、加拿大和南非的大约 240 个执法机构。由于在年度培训研讨会和通过多机构调查建立的友好关系，成员机构的代表已建立了一个高度职业化的相互信任与尊重的关系。这有助于机构间秘密犯罪信息的交换。

为了更准确地反映其结构，2008 年，该组织正式更名为执法情报单位协会（Association of Law Enforcement Intelligence Units），但仍然保留了首字母缩写“LEIU”。此外，执法情报单位协会最近扩大了其成员分类，以容纳联邦执法机构成员，并在执行董事会为联邦机构代表设置了 1 个席位。

执法情报单位协会努力成为在国家层面上的信息共享和犯罪情报问题的发言人。协会的领导们协助制定国家犯罪情报共享计划，并且在几个国家级的委员会任职，包括犯罪情报协调委员会、全球情报工作组、国家融合中心协调组、跨机构威胁评估和协调组咨询委员会、国土安全信息网络咨询委员会、州和地方国土安全情报利益共同体咨询委员会以及受控非密信息委员会。

自 1956 年以来，执法情报单位协会一直走在建立执法情报单位职业标准的前列。通过这些严格界定的标准，在保护我们的宪法自由和社会免受犯罪或恐怖活动的危害之间，执法情报单位协会寻求创造一种平衡。

官网：*http://leiu.org*。

17.22 国际情报教育协会

国际情报教育协会（International Association for Intelligence Education，IAFIE）成立于 2005 年，为致力于提供情报教育的学院、大学和学校教育提供支持。虽然它是梅西赫斯特学院（Mercyhurst College）系列学术会议的产物，但已扩大到 400 多个成员。

国际情报教育协会举行年度会议时，执法、情报界、军事和竞争情报教育从业人员聚在一起共享关于情报教学的计划和想法。国际情报教育协会网站包含事件日历、会员清单和共享情报的文档。该协会在华盛顿特区和五大湖地区有地方分会，并在美国、加拿大、澳大利亚、欧洲和南非有会员。

官网：*http://www.iafie.org*。

[第 18 章]
执法情报面临的挑战

莉萨·帕尔米耶里

18.1 引言

在警察机构工作近 20 年之后，展望 21 世纪，我相信执法在情报的生产和使用方面将面临一些明确的挑战。之所以如此判断，不仅仅是因为我曾作为一名执法分析师工作多年，而且我还曾担任一名军事情报搜集人员，当前我仍是情报界里的一位成员。本章将从一个独特的视角分享我的一些看法，其中许多观点源于我在国际执法情报分析师协会的领导工作经历。

背景

"9·11 事件"之后的几年里，有两个重大的进展提升和拓展了美国的犯罪情报工作。第一大进展涉及创建国家犯罪情报共享计划。在国际警察首长协会和美国司法部的领导下，这项工作将执法和犯罪情报专家召集在一起，创建了一个纠正情报信息在执法和国家安全机构间共享不足和清除障碍的计划。由此产生的文献随后为地方、州、部落以及联邦执法机构有效共享情报提出了一些建议性措施。这些措施包括建立或加强情报系统模式的方方面面：原则和政策，培训，保护隐私和公民权，技术，以及促进情报主导警务。从本质上说，国家犯罪情报共享计划为执法提供了建立或提升情报职能的适当标准。

近年来的第二大进展涉及建立一个整合各州和主要城市区域融合中心的国家网络。这些中心旨在将联邦、州和地方机构的人员聚于一处，一起搜集、处理、分析和共享关于公共安全的信息和情报。72 个融合中心中大多数还在适应它们的新角色，致力于培训员工并获得持续的资金投入，以支持它们的行动。无论如何，融合中心的理念肯定为增强美国情报共享提供了潜力。

挑战

尽管上述两大积极进展推动了执法犯罪情报工作，但许多事仍未完成。美国大约有 75% 的执法机构太小了，以至于不能指定专职人员从事情报职能，也没有受训参与到区域或州一级的情报循环中。而许多规模足够大的机构要么缺乏愿望与培训，要么缺乏资金参与情报职能。

在规模介于二者之间的执法机构中，情报单位已经就位，但尚未建立或维持适当的标准，或者尚不能为它们的管辖领域提供有用的情报产品。为了使执法机构达到可接受的犯罪情报标准，以下观点探讨了一些应该认识到并采取行动的问题。

许多执法机构继续把重点放在培训上，并只对反应能力（逮捕、没收、起诉）进行绩效评估。如果情报职能被有效地纳入公共安全领域，那么我们需要有一种方法，以量化明智决策以及威慑、瓦解、预防犯罪活动的益处。如果实施支持决策的情报循环带来的不是所有挑战，那么在战略和战术环境中，大多数挑战是可以克服的。然而，为了实现这个目标，必须将情报培训纳入到各级警务，从巡逻警察到行政领导，并发展为一个国家甚至国际标准。

全体执法界需要的最重要调整是对情报内涵的理解，以及情报如何有利于决策者。决策者可能是街头巡逻警察、调查人员或行政长官。基于由受过训练的人员对所有相关信息的分析，他们需要能够做出明智的决策。执法机构搜集和存储了关于犯罪活动的海量信息，无论是逮捕、呼叫服务，还是业务过程中的各种报告。一般而言，这些知识没有得到充分共享，以支持超越那些参与具体调查的警务目标。警察高层管理人员、巡逻警察和调查人员应该收到持续的、源源不断的情报产品，帮助确定、理解和响应在其管辖范围内犯罪活动的趋势。

至此，在执法情报的演变过程中，太多用户遭遇了“情报”产品的不良服务，这些产品仅仅提供了关于特定时间内的逮捕信息，或者一个直接从系统里取出来的当前事件的翻版，或者更糟糕的是来自互联网媒体网站。这些情况中，大部分可以归因于缺乏培训，以及未能量化支持执法目标的情报价值。

在大多数国家，最常见的情报应用是在国家安全领域。在这一情境下，基于决策者提出的疑问或问题，需要有明确界定的、由决策者需求决定的搜集要求。熟谙特定领域的操作人员和分析师要理解这些信息需要或需求，并根据搜集要求指导他们的工作。分析职能将搜集的信息拼在一起（这要比字典里提到的看图连点要复杂得多），并用结构化和逻辑化的方式来解释其含义。国家安全官员希望听到来自分析师的“是什么”和“会怎样”的分析，分析师已经访问了所有可用来源的信息，而不仅仅是机构当前手头所掌握的信息。

在将搜集放在优先位置方面，执法界已远远落后于国家安全情报界。决策者不应满足于分析师试图解释仅仅是日常搜集了什么，搜集的信息是否保留在数据库中，或者是否是作为调查一部分进行的搜集。训练有素的职业分析师应当成为一个情报单位不可或缺的组成部分，但决策者对此缺乏了解和重视。为了成为合格情报，一个产品（可能是从一份 5 分钟的简报到一份 30 页的评估报告）必须传达“是什么（情况）”（例如，“红帮和蓝帮之间的暴力袭击有些上升的苗头”），“（因此）会怎样”（例如，“这种暴力威胁危及无辜的人，并且可能阻止投资者参与当地商业区改造项目”），并根据情况决定“现在该怎么办”，即合格情报将提供建议，以制止该地区的公共安全进一步恶化。

作为一门学科的一个重大挑战在于，对宣誓警官而言，执法情报不是一个公认的职业路径。同时，它也缺少情报培训的院校机构，以补充其他标准课程，诸如武器训练、面试技巧或报告撰写。从培训学院毕业的警官，很少能对情报循环、情报需求、情报产品或他们自己在流程中的角色，有一个最基本的认识。经常，情报指挥官和情报官员会被分配到情报单位，但他们根本就没有受过职业培训，而希望在工作中学习。这往往导致对有限来源的搜集信息过分依赖，很少提供对用户有助的分析或产品。这些指挥官和官员确实在主动了解情报，并且在其管辖范围内尽力提供真实情报，以支持本机构的工作，但很少能长时间留在岗位上来推动制度的变革，通常在几年后，升职考虑和轮岗政策使他们不得不调离。

唯有情报工作成为一个标准化和公认的警务范畴，并可能为执法机构所有层级提供培训，应对挑战的另一种方式才会是发展一个职业化的文职情报分析师骨干队伍，以管理警察机构中的情报职能。这将对业已存在的更传统的警务结构有益，也能将这一文化深深植入情报单位，鼓励和奖励职业化，并减少每 2 至 3 年领导变化带来的影响。机构的知识将被保存，并能较好地支持机构和管辖范围的情报需求。一个职业化的骨干队伍应支持情报分析师承担更适当的任务，对情报职能提供统一的管理，并减缓新警员对什么是情报，以及它如何被用来支持警务优先事项的学习曲线。

情报作为警务文化的一个元素，也可以应对在警察机构内评估情报分析师的挑战。由于公务员制度的局限性，许多分析师的岗位并没有一个明确的工作说明。现存的岗位说明可能是通用的，并且除非有人一直致力于推动建立准确的岗位说明，否则评估标准也像是风马牛不相及。在组织内培养一支职业的分析骨干团队，将进一步推动评估过程，这将与单位的任务和责任相适应。

这就引起了执法分析师的培训、整合和职业化的话题。多年来，被称为“分析师”的个人是一个知道如何从支持执法的杂乱无章的数据库中提取特定信息的人。由于拜占庭式信息系统的继续扩散，提取信息过去是、现在依然是执法的一个迫切需要，但它限制了分析师在警察机构中的作用。分析师的工作不是通过访问和分析不同数据来生产产品，以满足用户的情报需求，反而变得更像是一个“电脑人”，按照要求查找和传递数据，或者变得更像一个计算机图形专家，提供可视化帮助，以支持起诉。很少有人为满足需求而提出主动分析。在过去的几年间，由于个人的警觉，这种情况在一些机构已被改变，但尚未制度化。一些执法官员通过接触国家安全情报方法论，对真正的情报工作变得越来越熟悉，正努力在机构中重建情报职能。当前的挑战是使这种趋势制度化，并使其成为规则，而非特例。

在执法中，对调查的分析支持受到越来越多的认可，也为努力应对复杂罪行的警方调查人员提供了一个真正的优势。它为新入职的分析师提供优良培训，并且锻炼他们以结构化方式思考问题的能力。这种能力一旦被证实和记录，可用于法庭做证。然而，这并不能锻炼执法分析的全部潜力。在犯罪调查的情境下，情报循环可以实现，但在证明犯罪的构成要件时，如果它是次要的，那么在调查和起诉期间搜集的信息就会经常被忽视。超越个人调查的一步，就是要把涉及调查和司法管辖范围内的所有信息用来支持更多的战略工作，以发现、制止和预防大规模的犯罪活动。情报循环的这种实现将支持驾驭更广泛犯罪环境的决策，并使受其影响的社区产生实质性变化。实现和衡量这种程度的有效性，将是一个艰巨的挑战，但随着执法界各级人员接受适当的培训，这一目标当然是可以达到的。

除了调查性信息，还有大量的结构化数据可供执法使用。这种信息被搜集并存储在数十个数据库中，但大部分只用于针对个人、事件、地址或其他结构化数据点的特定查询。运用此信息更好地了解犯罪环境是例外，绝非常态，其原因很多。原因之一是，在过去几十年，执法使用的技术无法对分析内部存储的信息提供支持。一般来说，技术的获取不会以需求评估为导向，而分析师会利用数据支持情报任务。信息系统的这一弱点使犯罪信息的整体分析具有挑战性，并限制了情报流程的效率。

明确情报单位的工作重点也是一项挑战，因为许多情报单位没有成比例地获取资源去服务它们的机构，或者妥善处理分配给它们的任务。从政策上讲，设置优先事项可能是件难做的事情。因为有些人必须对什么是优先事项做出决定，然后在优先事项上集中精力，尽管“目前的问题”又出现了。关于**情报主导警务**，国际执法情报分析师协会的定义是：“管理层实施**情报循环**，支持积极的决策，以配置资源和预防罪案。”该协会也认为：“如果他们（管理层）成功将情报主导警务作为威慑、预防和破获辖区罪案的工具，那么在调动利益关系人和设定优先事项方面，负责并被情报单位支持的高层主管必须承担领导角色。”确定信息需求的优先事项，是情报循环中规划和指导步骤的一个重要部分，如果没有它，情报单位就不会起到任何作用。

18.2 结语

在过去 10 年里，执法界在对情报职能重要性及共享信息需求的理解上取得了巨大进步。然而，情报工作中还有许多改进措施能做且应该做。如果这些措施能够落实，而我们又能够专注并克服本章讨论的挑战，我们就可以继续加强能力，维护社会的安全。

[附录 A]

工作指南和法规条例

A.1 《执法情报单位犯罪情报档案指南》

犯罪情报档案指南

这些指南的建立是为执法机构提供一个信息基础，满足其执行保护公众和制止犯罪活动的工作需求。这些标准设计的目的是，在公民的民权和自由与执法机构对搜集和传递关于个人和团体可能参与犯罪活动的情报需求之间，带来一个公正的平衡。

犯罪情报档案界定

一份犯罪情报档案包含个人、组织、企业和团体的活动及关系的信息：

A. 个人：

1. 涉嫌参与实际或企图策划、组织、资助或实施犯罪行为；
2. 涉嫌与已知或疑似犯罪人物一起参与犯罪活动。

B. 组织、企业、团体：

1. 涉嫌参与实际或企图策划、组织、资助或实施犯罪行为；
2. 涉嫌被已知或疑似犯罪人物操纵、控制、资助或渗透，以非法的方式加以利用。

档案内容

犯罪情报档案仅存储具有上游犯罪的信息以及达到机构档案录入标准的信息。明确排除以下材料：

A. 只是根据这些个人或团体支持不受欢迎的原因的个人或团体信息。

B. 只是根据种族背景的个人或团体信息。

C. 只是根据宗教或政治信仰的任何个人或团体信息。

D. 只是根据非刑事的个人习惯的个人或团体信息。

E. 刑事罪犯记录信息（Criminal Offender Record Information，CORI）应排除在情报档案之外。这是因为刑事罪犯记录信息可能受到旨在保护个人隐私权和确保准确性的特定审查和传递的限制。

F. 不具有犯罪性质的个人联系也被排除在外。

州法律或地方法规可能会规定，公共记录和情报信息是单独存放，还是混合在一起。一些机构相信，在传票发出的情况下，单独存放可以防止情报信息的泄露。这种信念是没有事实依据的，因为传票要求的全部信息（包括公共记录和情报）都必须移交给法院，然后由法官来决定发布哪些信息。

严格地讲，决定混合还是单独存放公共记录和情报文档是一种管理决策。在决定这一政策时，管理者应考虑以下问题：

A. 由州或地方机构准备的关于公共事务行为的记录，无论其外形或是特征如何，可以视为公开的，公众可以访问这些记录。

B. 可免于公开披露的特定类型的记录（包括情报信息）。

C. 不管公共记录信息与情报数据是分开存放，还是混合存放，公众可以访问公共记录。

D. 公开信息和犯罪情报信息的分开存放可以更好地保护犯罪档案的秘密性。如果对公共记录有请求时，机构可以公布公共档案，并确保情报档案完好无损（从而不太容易意外泄露情报信息）。

E. 理论上讲，保存档案最好的途径是分开存放档案，然而，这却不容易做到。大部分情报报告要么引用公共记录信息，要么包含情报信息和公共记录数据的混合体。因此，很难将其彼此隔离。维护单独的公共记录和情报文档也增加了要求索引、储存和检索信息的工作量。

档案标准

保存在犯罪情报档案中的所有信息应满足机构制定的档案标准。这些标准应列出机构的罪案类型，并提供详情确定这些罪案所涉及的主题是否适合编入档案。

由于机构的规模、职能、资源、地理位置、罪案问题等方面的差异，所以，档案录入标准在机构之间也会有所不同。下面建议的模型中列出的类别并非详尽无遗。

A. 永久状态

1. 个人、组织、企业或团体涉嫌参与实际或企图策划、组织、资助、实施以下一个或多个犯罪行为的相关信息：

· 毒品贩卖 / 制造；
· 非法赌博；
· 放高利贷；
· 敲诈勒索；
· 卖淫和色情；
· 为非法目的渗透到合法业务；
· 证券证书被盗；
· 行贿受贿；
· 谋杀、性侵犯、入室行窃、汽车偷窃、绑架、破坏财物、抢劫、诈骗、买卖赃物、纵火等重特大犯罪；
· 为了诈骗、恐吓或政治动机，制造、使用或藏有爆炸装置。

2. 除了属于以上犯罪活动范围内的一项或两项外，被给予永久状态的主体 / 实体必须是可识别的——通过姓名或唯一的识别特征（例如，出生日期、犯罪身份编号、驾驶执照号码、住址）区分。在档案录入时，身份鉴定是必要的，以便能够将主体 / 实体与现有文档条目和那些可能随后录入的文档条目区分开来。**注意**：对于这一规则，犯罪手法档案是一个例外。犯罪手法档案描述了一种特定类型罪案（杀人、欺诈）的独特操作手法，并且可能无法立即关联到一个可确认的嫌犯。在寻求额外的标识符时，犯罪手法档案可以被无限期保留。

B. 临时状态

并不满足永久存储条件，但可能与涉及前面列出罪案类别之一的调查有关信息应给予“临时”状态。建议临时信息的保留期不超过 1 年，除非存在令人信服的理由，可以延长这一时间段。（令人信服的理由的例子是，如果几条信息表明罪案已经实施，但是确认犯罪嫌疑人需要一年多的时间。）在这段时间内，必须努力确定主体 / 实体，或验证信息，以便确定其最终状态。在 1 年期限结束后，如果信息仍被认定为临时身份，且使其保留的令人信服的理由并不明显，那么就应清理该信息。在以下情况下，个人、组织、企业或团体会被赋予临时状态：

1. **主体 / 实体难以确认**——主体 / 实体（尽管涉嫌从事犯罪活动）没有已知的身体特征、身份数字信息或显著特征。
2. **是否参与并不确定**——当存在下述两种情况之一时，主体 / 实体参与犯罪活动与否并不能被确定：
   · **可能的犯罪联系**——个人、组织、企业或团体（目前没有报告显示其在参加犯罪活动）和一个已知的罪犯来往，并且似乎共同参与非法活动。
   · **犯罪前科**——个人、组织、企业或团体（目前没有报告显示其在参加犯罪活动）有犯罪历史，并且目前报告的情况（即在企业中具有新职位或所有权）表明，其可能再次犯罪。

3. **可靠性 / 有效性未知**——在接收信息时，信息源的可靠性和（或）信息的有效性是无法确定的，然而，在尝试验证时，信息似乎是重要的，值得临时存储。

信息评估

在归档之前，应该对要保留在犯罪情报档案中的信息进行评估，并标明来源的可靠性和内容的有效性。

一个情报单位接收到的大量数据包含未经核实的断言或信息。对于将来的用户而言，信息的来源和内容的评估表明信息的价值和有用性。在信息源可靠性很低或内容有效性可疑的情况下，未经评估的信息的流通对机构的行动是有害的，并且是违反个人隐私权的。

为了与情报界保持一致，我们强烈建议，依据以下提出的标准评估存储的信息。

来源可靠性：

（**1**）**可靠**——来源的可靠性毋庸置疑，或过去一直是行之有效的。

（**2**）**通常可靠**——来源的可靠性通常是以事实为依据的，大多数过去的信息被证明是可靠的。

（**3**）**不可靠**——在过去，来源的可靠性是零星的。

（**4**）**未知**——来源的可靠性无法判断。任何经验或调查未能确定真实性或可信度。

内容有效性：

（**1**）**被证实（Confirmed）**——信息已经被调查者或其他独立可靠的来源证实。

（**2**）**很可能（Probable）**——信息与过去的记述是一致的。

（**3**）**可疑（Doubtful）**——信息与过去的记述是不一致的。

（**4**）**不能判断（Cannot Be Judged）**——无法评估判断。其真实性尚未被任何经验或调查确定。

信息密级

为了保护信息源、调查及个人隐私权的安全，应对保存在犯罪情报档案中的信息划分密级。保密级别也表明在向机构以外的人员发布信息之前，必须完成内部批准。然而，在本质上，信息密级并不是要抵制携带附有证件的传票出庭做证。

犯罪情报信息的密级也处于不断变化之中。时间的流逝、调查的结果以及其他因素可能会影响到分配给特定文档的安全保密等级。应持续不断地对情报档案中的文档进行审查，确定是否需要较高或较低的文档安全等级，确保只有在适当的时机发布信息。

由于安全等级的数量和信息发布的权限，不同机构的保密级别体系会有所不同。在建立一个密级体系时，机构应该为每一安全等级、传递标准以及发布权限界定信息的类型。根据下列密级之一，以下体系对维护在犯罪情报档案中的数据进行了密级划分：

极机密（Sensitive）：

1. 信息与目前正在调查的重大执法案件有关；
2. 腐败（警察或者其他政府官员），或者其他极机密信息；
3. 举报人的身份信息；
4. 需要严格的传递和发布标准的犯罪情报报告。

秘密（Confidential）：

1. 未被指定为极机密的犯罪情报报告；
2. 通过情报单位渠道获得的信息，该渠道未划分为极机密级，并仅供执法机构使用。

限制（Restricted）：

1. 早期被划分为极机密或秘密级的报告，现在不再要求高安全等级；
2. 为执法机构准备的或由执法机构准备的非秘密信息。

公开（Unclassified）：

1. 公共记录数据——普通公众可以直接访问、未经处理的公民信息；
2. 新闻媒体信息——涉及特定犯罪类别的报纸、杂志、期刊剪报。

信息源

在任何情况下，都应以某种方式识别信息的来源。除非来源需要保护，否则都应使用来源的真实标识。因此，每个执法机构都应建立标准，表明什么时候识别信息源是合适的。

储存在犯罪情报档案中信息的价值通常与此类信息的来源直接相关。在确定来源标识是否必要时，应考虑以下因素：

· 所报告信息的性质；

· 为进一步行动或起诉行动而参考来源标识的潜在需求；

· 来源的可靠性。

不管秘密来源标识是否必要，报告应反映出机构和报告人的名称。出于内部安全原因，通过名称识别来源是不现实的，在这种情况下，可以使用代码。然后，可以由情报单位指挥官保存一份已加密信息源的清单。除了识别信息源，在特定情况下，描述信息源如何获取信息可能是适当的（例如，“代号 S-60，一位可靠的警察线人听说”，或“警察部门一个可靠执法情报源看到”在一个特定时间发生的一个特定事件）。

信息质量控制

在归档之前，应对存储在犯罪情报档案中的信息进行全面审查，审查是否符合已建立的档案录入指南和机构政策。质量控制审查员负责检查录入犯罪情报档案中的所有信息是否符合机构的档案标准，并被正确地评估和划分密级。

档案传递

机构应采取合理的程序传递已存储的信息。这些程序将保护个人隐私权，并维护来源及档案本身的秘密性。

犯罪情报报告中的信息仅能发布给一位已证实“需要知道”和“有权知道”的人员。

“有权知道”——请求者具有官方身份和法定权利访问所要求的信息。

“需要知道”——在发起、推动和完成调查时，被请求信息对请求机构是相关和必需的。

不允许向第三方机构传递从其他机构获取的“原始文档”。如果收到这样一份请求，请求机构将被称为提交机构，以寻求进一步帮助。

在某种程度上，信息的密级和评估属于传递控制。它们意味着谁可能会收到信息，以及发布信息所需要的内部审批级别。为了鼓励与情报界一致，建议根据与下列类似系统对存储信息划分密级。

安全等级	传递标准	发布权力
极机密	限于有特定“需要知道”和“有权知道”的执法人员	情报单位指挥官
秘密	等同于极机密级别	情报单位管理者或指定人员
限制	等同于极机密级别	情报单位主管或指定人员
公开	人员不受限制	情报单位

只有通过严格地遵守正确的传递指南，才能维护犯罪情报档案的完整性。为了消除未经授权的使用和滥用系统，一个部门应采用一种可以维护每份存储文档的传递控制表单。这个控制表单会记录请求日期、请求信息机构和个人名称、需知内容、提供的信息以及处理该请求的工作人员姓名。取决于机构需求，控制表单也可以设计用来记录对机构管理其业务有用的其他项目。这种控制表单也易于被发现。

档案审查和清理

应定期审查保存在犯罪情报档案中的信息，以重新划分密级或清理，目的是确保档案有效、准确以及与机构需求和目标相关；像联邦和州法律的保障一样，保护个人隐私权；并且确保安全保密等级仍然合适。

执法机构有义务保证主题信息的时效性和准确性。由于机构人员使用这些材料开展日常活动，所以，应持续不断地对犯罪情报进行审查。在这种情况下，必要时，可以立即对不再有用或无法验证的信息进行清理，或重新划分密级。

为确保系统地审查和清理所有档案，机构应制定清理标准和时间表，应建立清理的操作程序以及被清理材料的销毁方式。

A. 清理标准

对存储在犯罪情报档案中的信息进行审查和清理的一般注意事项如下：

1. 实用性

信息使用频次是多少？

信息使用目的是什么？

信息使用者是谁？

2. 时效性和适宜性

这项调查是否持续进行？

信息是否过时？

信息是否与机构需求和目标相关？

信息是否与搜集和存储目的相关？

3. 精确性和完整性

信息是否依旧有效？

信息是否足够满足识别的目的？

数据有效性能否通过调查技术确定？

B. 审查和清理时间表

随着文档的审查，应持续不断地对情报档案信息进行重新划分密级和清理。此外，为了清理的目的，应定期对犯罪情报档案进行彻底审查。这份审查和清理时间表可以有所不同，临时身份的文档每年进行 1 次，永久身份的文档每 5 年进行 1 次。机构应制定一套最适合其需求的时间表，并应联系其法律顾问寻求指导。

C. 销毁方式

从犯罪情报档案中清理出的材料应被销毁，处理用于通过姓名识别个人的所有记录和文档。每个机构都有责任决定按照适用的法律、规则和州或地方政策销毁它们过时的记录。

档案安全

犯罪情报档案应放置于一个安全的地方，并限于授权人员访问。

对于维护存储在档案中的信息的秘密性，并确保保护个人隐私权，犯罪情报档案的物理安全是当务之急。

术语

公共记录

公共记录包括含有公共事务行为信息的任何书面文档，无论格式和特征如何，其由州或地方机构准备、拥有、使用或保留。

“公众成员”是指除联邦、州或地方机构的成员、特工、官员或雇员，甚或其所在机构、办公室或雇佣单位在原地分支的职员之外的任何人。

为了实施这些指南，公共记录信息仅包括普通公众可以直接访问的信息（即出生或死亡证明、房产登记信息、公司注册信息，等等）。

刑事罪犯记录信息

刑事罪犯记录信息是指逮捕、预审程序、判决、囚禁、假释和缓刑等信息的汇总和概要。

a. 简要的犯罪历史记录通常被称为“前科档案”，前科档案上的条目包括提交在指纹卡上的数据、逮捕和传讯格式的处理以及缓刑加急通知等。

……

A.2 《联邦规章典集》第28篇第23部第20节

《联邦规章典集》第1卷第28篇

(2009年7月1日修订，获自美国政府印刷事务局[1]，引自《联邦规章典集》第28篇第23部第20节第433—435页)

第28篇 司法行政

第一章 司法部

第23部 犯罪情报系统运行政策

目录

第20节 运行原则

（a）仅当合理怀疑个人参与犯罪行为或活动，且该信息与犯罪行为或活动有关时，项目应搜集和维护关于个人的犯罪情报信息。

（b）除非这些信息与犯罪行为或活动直接相关，且合理怀疑信息主体参与或可能参与犯罪行为或活动，否则，项目不该搜集或维护任何个人或任何团体、协会、公司、企业、合伙人或其他组织的政治、宗教或社会观点、联系或活动的犯罪情报信息。

（c）当信息存在时，合理怀疑或上游犯罪得以成立。它们提供足够的事实，为训练有素的执法或犯罪调查机构的官员、调查人员或雇员提供一个理由，使他们相信个人或组织参与确定的犯罪活动或企业式有组织犯罪集团是有合理可能性的。在辖区之间的情报系统，要么通过检查参加机构提交的支持信息，要么通过将责任授权给适当训练的、服从于项目常规检查和审计程序的参加机构，项目负责证实对犯罪活动合理怀疑的存在。

（d）项目不应包括通过违反任何适用的联邦、州或地方法律或条例获得的任何犯罪情报系统信息。在辖区之间的情报系统，要么通过检查参加机构提交的支持信息，要么通过将责任授权给适当训练的、服从于项目常规检查和审计程

[1] 译注：美国政府印刷事务局（The U.S. Government Printing Office，GPO）是一个集联邦政府的官方资源、数字化资源和安全资源于一体的机构，主要负责美国官方信息的提供、获取、分类、索引、鉴定、传播和保存。通过联邦数字系统、合作伙伴（大约1200家遍布全国的图书馆参与了联邦寄存图书馆计划）和专有的网上书店，美国政府印刷事务局免费提供一个获取联邦政府信息的永久公众通道。

序的参加机构，项目负责证实录入的信息没有违反联邦、州或地方法律。

[第 434 页]

（e）在从事执法活动中，只有在需要知道和有权知道信息的情况下，项目的接收者或受权接收者才能传递犯罪情报信息。

（f）（1）除了在本节第（f）自然段第（2）条中提到的，项目只能将犯罪情报信息传递给执法当局，其同意遵守关于信息接收、维护、保护和传递以及符合这些原则的程序。（2）在必要时，本节第（f）自然段第（2）条和第（f）自然段第（1）条不应限制将犯罪情报信息的评估传递给政府官员或任何其他个人，以避免对生命和财产迫在眉睫的危险。

（g）维护犯罪情报信息的项目应确保采用行政、技术和物理的保护措施（包含审计记录），以防止未经授权的访问和有意或无意的破坏。应保存一份记录，显示谁得到了信息，发布信息的理由以及在项目以外每次传递的日期。应在信息上贴标签，注明敏感等级、秘密等级以及提交机构和控制官员的身份。每个项目必须为传递给其他机构的需要知道和有权知道的标准建立书面定义，正如本节第（e）段规定的那样。要么通过调查，要么通过将责任授权给需要适当培训的、服从于项目常规检查和审计程序的参加机构，项目组织者应负责证实调查者是否符合对所请求信息的需要知道且具有知情权的条件。每一个情报项目应确保执行下列安全要求：

（1）在适当的时候，项目必须采用有效的和技术上先进的计算机软件和硬件装置，防止对系统中包含信息的非授权访问。

（2）项目必须限制经项目授权的组织和人员对其设备、运行环境、文档资料的访问。

（3）项目必须以一种方式在系统中存储信息，这样信息就不能被擅自修改、销毁、访问或清理。

（4）项目必须制定程序，保护犯罪情报信息免于未经授权的访问、盗窃、破坏、火灾、水灾或其他自然或人为灾害。

（5）项目必须颁布规章制度，基于正当理由，执行项目审查，解除雇佣关系，调离或减少授权直接访问系统的人员的权利。

（6）在遵守这些安全要求的情况下，项目可授权和利用远程（在本建筑物以外的）系统数据库。

（h）所有项目应采用确保由项目保留的所有信息具有相关性和重要性的程序。这样的程度应为信息和任何误导、过时或不可靠信息的销毁提供定期审查，并应要求任何接收机构被告知这些涉及错误或更正的变化。该审查保留下来的所有信息，必须反映出审查者姓名、审查日期以及对保留决定的说明。在保留期期满之前，绝不能超过 5 年，保留在系统里的信息必须接受审查和验证，以继续遵守系统的提交标准。

（i）根据这个法案，如果获得的资金用于支持情报系统的运行，那么：

（1）所有项目都不应通过远程终端直接访问对系统参加者可用的情报信息，其中，司法计划办公室基于一项决定特别批准的除外，该决定规定系统有已到位的、足够的政策和程序，确保只对授权系统用户访问；并且，

[第 435 页]

（2）未经之前授予机构的批准，项目不应对系统设计进行重大修改。

（ii）[预留]

（j）在与任何联邦、州、地区启动正式信息交换程序之前，或在最初批准授予时，在授予文档中没有指出其他信息系统的，项目应通知授予机构。

（k）在实施过程中，项目应确保没有购买或使用任何电子、机械或其他装置用于监视，这违反了《1986 年电子通信隐私法》（Electronic Communications Privacy Act of 1986），《公法 99-508》（Public Law 99-508），《美国法典》（U.S.C.）第 18 编第 2510-2520、2701-2709 和 3121-3125 节，或任何适用的州法规中与窃听和监视相关的规定。

（l）项目应确保不会侵扰或干涉作为情报行动组成部分的任何合法政治活动。

（m）对系统包含信息未经授权的访问、利用或泄露，项目应采取制裁措施。

（n）辖区间情报系统的参加机构在其档案中必须既维护记录每一次提交到系统的信息，也维护支持遵守项目录入标准的信息。支持系统提交的参加机构的档案必须可供项目代表进行合理审计和检查。项目代表以这样的方式对参加机构进行检查和审计，以便保护参加机构情报记录的秘密性和敏感性。

（o）为了该系统的一类提交者或用户，总检察长或指定人员会全部或部分地放弃一个特定需求或本部分所含的关于犯罪情报系统需求的适用性。明确和令人信服的证据表明，这样的放弃会加强犯罪情报系统信息的搜集、维护或传递，同时，确保该系统的使用不会违反个人隐私和宪法权利或任何适用的州或联邦法律。

……

A.3 执法情报单位《宪法第一修正案》游行示威活动指南

（2008 年 12 月 19 日首印，2009 年 7 月 29 日修订）

致谢

执法情报单位协会执行委员会诚挚感谢约翰·加德纳（John Gordnier）先生对本文件的重要贡献。应执行委员会之邀，并在其成员协助下，约翰自愿进行研究、起草并最终完成这份文件。约翰一直是执法情报单位协会执行委员会、协会多个成员单位以及全国其他执法机构的长期朋友和顾问。他曾在很多议题上给我们提出建议，从《联邦规章典集》的修改（犯罪情报相关部分）到我们出版的《犯罪情报档案指南》。在我们的年会上，你们中的许多人可能参加了他关于犯罪情报法律问题的研讨会。

1966 年，约翰从华盛顿大学（University of Washington）毕业，获得学士学位。1969 年，在怀俄明大学（University of Wyoming）获得法学博士学位。1970 年 1 月，他宣誓成为了加利福尼亚州律师界的一员。1970 到 1972 年，他在加州圣贝纳迪诺县（County of San Bernardino）担任地区助理检察官。1972 年 10 月，他成为加州总检察长办公室（California Attorney General's Office）刑法处的副总检察长。在刑法处期间，他尝试处理涉及公职人员的案件，担任政治改革法案执行单位的负责人，并且负责掌管加州总检察长的立法 / 说客特别工作组（Attorney General's Legislative/Lobbyist Task Force）。1979 年，当成立特别诉讼单位（Special Prosecutions Unit）以处理有组织犯罪案件时，他是分配到一个小组的检察官之一，该小组由两名特工和一名检察官组成。1983 年，他被任命为高级副检察总长，主管特别诉讼单位。直到 1991 年特别诉讼单位被解散，他一直担任该职务。在特别诉讼单位任职期间，他不仅通过单位起诉案件、监督指控，而且还负责制定法律惩罚洗钱、没收财产，并依据加州《反有组织犯罪及腐化组织法》条款进行起诉。1991 年到 1998 年，他是审判和特别项目单位的高级助理检察总长。在此职位上，他担任刑法处的立法联络员，起诉了马克·弗曼（Mark Furman）伪证案等案件，贯彻了加州总检察长对医用大麻倡议的答复，并成功为《加州攻击性武器法》（California's Assault Weapons Law）进行辩护。从 1998 年到 2007 年退休，他一直被指派担任加州司法部情报系统的律师，同时担任加州黑帮（CalGANG）情报系统的法律顾问，并在加州司法部总检察长办公室高级培训中心（Attorney General's Advanced Training Center）主办的初级和高级课程中讲授情报法律。自从公职退休后，他担任犯罪情报法律方面的顾问和教官。

让我们共同感谢约翰所给予的大力支持、明智意见以及专业和个人的帮助。正是通过像约翰这样的朋友，才能使我们开发出这样的产品。

执法情报单位协会《情报单位游行示威活动指南》

执法情报单位协会委员会收到了会员的许多请求，希望我们提供指南，处理执法情报实体和参加公众游行示威活动公民之间的相互影响。在这一语境下，“游行示威活动”一词意指，在对所有公民正常开放使用的公共场所，一个或多个公民利用合法手段表达意愿的任何努力。本文件的主要部分就提供了这样一个模型。关于指南的这些建议，应当注意以下几个事项。

第一，这些指南应适用的唯一游行示威活动是那些属于美国《宪法第一修正案》赋予的自由（这是美国宪法所包含的自由）。其他类型的游行示威活动可能从属于其他具体规则。例如，如果劳工游行示威活动涉及这些不应被使用的规则，那么在采取行动之前，有关机构应咨询具有相关知识的法律顾问。

第二，应强调的是，这些指南假定没有导致合意判决[1]的司法行动，或者指示执法部门如何应对此类事件的其他命令。

第三，在所有情况下，未经法律审查，有关机构不能采取相关政策。法律审查确保机构的法律顾问感到满意，因为这是基于该管辖区法律当局具有合理控制权。在一些管辖区，这样的法律审查可能需要机构的主管部门以及法律顾问的批准。

第四，一旦采用了一项政策，应该有适当、持续的培训。其目标是，向负责执行政策的官员为履行职责的适当方式提供一个清晰认识。

第五，需要应用全部或任何部分政策的每一事件都应被视为一个机会，基于事件中汲取的教训，评估并（如果有必要的话）修改政策。

在适当的时候，依据《执法情报单位犯罪情报档案指南》或《联邦规章典集》第 28 篇第 23 部，在特定管辖区通过政策之际获得的信息，可用于创建临时档案、情报档案或两者兼而有之。

[1] 译注：合意判决（Consent Decree）是依据诉讼双方当事人的和解协议所做出的判决或裁定，是一种表现诉讼各方自愿达成协议的司法裁判，尤其是被告方签署的、表明其停止被政府指控为非法的活动，以便终结政府对其指控的一种协议。合意判决多用于刑法、家事法及美国反托拉斯法中。

模型指南

需求陈述

执法机构有责任在公共事件中为公众提供安全，包括为了行使《宪法第一修正案》特权的事件。这些指南的目的是，在保护公共安全的法律需求和行使《宪法第一修正案》特权的公民权利之间，协助建立合适的平衡。

情况总是如此，机构有义务尊重《宪法第一修正案》所赋予的自由。那些参加游行示威活动的公民期望，他们能够合法、安全地表达其观点，而不会受到参加游行示威活动的人的干扰，更不会受到没有参加游行示威活动的人的破坏。没有参加游行示威活动的公民则期望，这样的活动将不能以危及其人身或财产安全的方式进行。执法部门没有义务保证行使宪法权利，相反，它有义务以尊重宪法权利的方式，保证所有公民、游行示威者和非游行示威者的安全。

信息访问权

执法机构会通过所有合法渠道，搜集关于参加游行示威活动团体或团体的任何成员是否参与了非法行为这个问题的信息。这样的不法行为会在执法机构管辖区内对人身或财产构成威胁，或者会防止其他公民行使《宪法第一修正案》赋予的权利。

执法机构可以访问的信息应包括，已由具有或共享游行示威活动审批责任的当局（如果该当局不是执法机构）搜集的所有材料。执法机构会将这些信息用于针对游行示威活动的计划。

监视

在任何情况下，执法情报官 / 特工都会对游行示威活动进行监视，就像应邀观察游行示威活动的民众的任何成员一样。这种“与公众任何成员相同”的规则适用于在任何场所发生的、对民众中哪些成员受邀没有限制的游行示威活动。

在监视游行示威活动时，执法情报官不必将其身份视为一名执法官。

拍摄 / 记录

执法情报人员可以拍照、录像、录音或以其他方式记录游行示威活动。如果游行示威活动是在和平的、按照已签发许可证的要求之下进行的，那么这份记录可以保留一段合理期限，不超过 60 天，随后销毁。如果游行示威活动中发生冲突，或没有按照已签发许可证的要求进行，那么这份记录可以保留，并可以用于鉴定身份、起诉或情报之目的。

除非执法情报人员有法律依据拘留一个参加游行示威活动的人，否则不得以他（她）出现在游行示威活动中的影像记录为由拘留任何人。

如果已收到参加游行示威活动的人、团体或组织过去参与了和游行示威活动相关非法行为的可信和可靠信息，那么执法情报人员可以记录这些人、团体或组织，以及在游行示威活动中与其互动的人员、团体或组织。为了保护那些目标是在适当行使《宪法第一修正案》所赋予的权利，以及参加游行示威活动公众成员的安全，应该对这些进行记录。

为前款所述目的所做的记录可保留一段合理期限，不超过 60 天，然后销毁，除非发生非法行为。如果出现了非法行为，那么这些记录可用于识别那些被合理怀疑参与、煽动或协助 / 教唆非法行为的人。为了进行起诉，被合理怀疑参与非法行为的人的图像可以被保留，并且 / 或者可以被收入情报档案里，在合理保留期内管理这些档案。任何无助于识别被合理怀疑参与非法行为的人的图像，都应在合适时间内被销毁，不应超过 60 天。

文档

执法情报人员对游行示威活动的所有监视记录可以用于改善与公众游行示威活动有关的安全程序的目的。

当游行示威活动在和平的、按照已签发许可证的要求之下进行时，拥有管辖权的执法机构负责人（或其指定人员）可以通知准许机构游行示威活动未发生事故。在这种情况下，执法机构是唯一的准许机构，它可以将这样的一份通知放在与游行示威活动相关的公共记录中。

当在游行示威活动中发生非法行为时，应提交一份报告。这份报告可以用于起诉目的和（或）任何其他合法执法目的，包括情报目的。

参加

当其所在部门的政策和程序达到了需要的审批级别，并有以下情况发生时，执法情报官可以以卧底身份参加游行示威活动。

1. 存在合法参加游行示威活动的人处于受伤害的危险之中、被记录的可信和可靠信息；
2. 已经以卧底身份行动的执法情报官需要参加游行示威活动，以保护其卧底的可信度；
3. 存在合法的调查或公共安全需要，使官员参加游行示威活动。例如，监视示威者和旁观者的活动，以防任何非法活动或对游行示威活动的干扰；
4. 促进一项情报或犯罪调查。

如果一位执法情报官为维持卧底身份的可信度而参加游行示威活动，那么在策划和执行游行示威活动计划时，其不应承担任何领导或组织角色，只是参加而已。

上述情况一旦发生，在游行示威活动结束后最短的合理时间内，参加活动的执法情报官应提交一份其行动和监视结果的完整报告。除非州或地方法律要求，否则这些报告不得向公众开放。

游行示威活动指南权限

这些判例的权限依赖于游行示威活动指南文档的结构。在指南作者的脑海中，虽然它们有说服力，但谨慎的做法是，依据控制您辖区的法律权限，让您所在机构的法律顾问审查这些判例。

1. 访问许可证信息：

· **沙利文和丹辛格诉奥古斯塔市案**（*Sullivan and Dansinger v. City of Augusta* 511 F.3d 16 [1st. Cir. ME. 2007]）——本判例中的问题是处理游行以及“大型户外集会活动”的城市条例的应用。本判例中有用的规则是：（a）虽然《宪法第一修正案》保护抗议游行活动，但没有绝对的权利策划抗议游行活动；（b）根据治理街道的其他条例，适用的标准是许可证要求是否合理；（c）仅存在适用于街道游行的法规，并不能“阻吓”（Chill）[1] 公众行使《宪法第一修正案》权利；（d）如果一方坚称该法规“阻吓”或以其他方式影响公众行使《宪法第一修正案》权利，那么那一方的负担就会显示出来：（i）对受法律保护的利益进行特定而特殊的入侵，（ii）该利益是真实和迫切的，而非假定或推测的；（e）只要有自发游行示威活动的规定，那么为期30天的预先通知要求就是合理的；（f）执法机构可以审查那些判例中的许可证信息，在判例中，信息不是必须与许可证一起被审查的主要实体，只要提供了合理的异常情况，这样的审查可能需要面对面的会谈。

该判例也包含了条例维持应对不同挑战的大部分条款，并且可以作为辖区创建许可证条例的一种有用的语言来源。

· **格林诉罗利市案**（*Green v. City of Raleigh* 523 F.3d 377 [4th Cir. NC. 2008]）——在本判例中，有争议的城市条例要求，那些希望在公共人行道或其他公共通道上抗议或游行示威的人提前告知并遵守一定限制。本判例中有用的规则

[1] 译注：这里的Chill有“寒蝉效应”（Chilling Effect）的意思。20世纪50年代，美国最高法院法官小威廉·布伦南（William J. Brennan）首次在司法判决中将“寒蝉效应”作为一个法律术语使用。原意是指对言论自由的阻吓作用——即使是法律没有明确禁止的。在一般情况下，该词经常形容以法律或不明确行动施加不必要的压力，来禁止合法的讲话。另外，它也常用于政治和新闻学等领域。

是：（a）城市有维护“街道和人行道的安全、秩序和通达”的合法权益；（b）除非必要，不干扰演讲兴趣的提前告知需求在本质上是正确的；（c）提前告知需求允许警察分配必要的人员，“保护示威者和围观者的安全、秩序以及《宪法第一修正案》赋予的权利”。

显然，为了履行其职责，执法机构有权获取信息。以宪法为基础的城市法规部分副本应作为附录附加在判例中。

· **长滩地区和平网络诉长滩市案**（*Long Beach Area Peace Network v. City of Long Beach* 522 F.3d 1010 [9th Cir. CA. 2008]）——治理游行示威活动的城市条例受到各种以宪法为依据的挑战。虽然本判例——这并不令人感到惊讶，因为它是第 9 次巡回审判了——发现该条例的某些部分可以接受，其他部分无法接受，但是它维护并应用了一般规则：（a）当一个事件可能会对公众安全构成威胁时，许可证需求就是适当的；（b）执法机构有使用许可证信息的合法需要。

该判例确实很好地回顾了《宪法第一修正案》相关议题，并对议题领域的权限进行了讨论。

2. 监视《宪法第一修正案》活动：

· **莱尔德（国防部长）诉塔特姆案**（*Laird, Secretary of Defense v. Tatum* 408 U.S. 1 [1972]）——本判例反映出政府当局只是监视《宪法第一修正案》活动，并不能“阻吓”公众行使这些权利。虽然本判例产生于 1967 年底特律暴动（Detroit Riots）之后，但它成为这类主张的标准。显然，为了公共安全和相关目的，上述所引的判例支持执法机构参与《宪法第一修正案》的事件控制，并认为执法机构可监视这些活动。

3. 拍摄 / 记录《宪法第一修正案》活动：

· **汉德舒诉特勤部门案**（*Handshu v. Special Services Division* 475 F. Supp. 2d 331 [U.S.D.C., Southern Dist. N.Y. 2007]）——虽然本判例源于并与一个依据司法合意判决的管辖权相关，但关于拍摄问题还是有用的。这里有两种截然不同的情况。第一种情况，照片记录下一个违反了与核准的游行示威活动相关法律（管理停车标志）的人；第二种情况，照片记录下那些虽然参加了游行示威活动，但是并没有触犯法律和许可证的人（随后的真实提交材料显示那些人违反了许可证规定）。

在第一种情况中，法庭发现拍摄有一个“正当的执法目的”（合理的怀疑或信念）。在第二种情况中，法庭发现并没有此类目的。重要的是这样一个事实，这项裁决是对“9 · 11事件”后立即开始的命令的“收紧”。当游行示威活动被认为是“潜在有益或有用的”时候，该命令允许拍摄。

此外，该判例也适用于“莱尔德法则”（Laird Rule）——游行示威活动的执法监视并不能“阻吓”公众行使《宪法第一修正案》权利。该法则还论述了渗透和（或）卧底行动是在宪法准许的情况下使用的，只要渗透/卧底人员不被鼓励非法行使这些权利（在这些权限的随后部分，更加广泛地讨论了渗透问题）。

· **皮斯科塔诺诉墨菲案**（*Piscottano v. Murphy* 511 F.3d 247 [2nd Cir. Conn. 2007]）——本判例涉及对州惩教人员的纪律处分，而这些惩教人员是不法之徒摩托帮（Outlaws Motorcycle Club）的成员。本判例得出了几个有益的结论：（a）依据情报系统中的信息、犯罪起诉记录以及基于这些来源的专家分析 / 建议，断定或确认一个组织参与非法行动，这种做法是恰当的；（b）当一个社团和一个参与非法活动的组织构成了一个政府需要处理的威胁时，只要有可靠证据表明个人支持非法目标和（或）方法，那么该社团可能就是相关个人从事非法活动的基础。

4. 渗透 / 卧底：

· **美国诉迈耶案**（*U.S. v. Mayer* 490 F.3d 1129[9th Cir. Cal. 2007], *cert.den.*128 S. Ct. 1105 [2008]）——这是一个非常有用的判例。一位 FBI 特工渗透到起初与一项正在进行的调查相关的北美少年爱好协会[1]中，在调查结束后，该特工继续在该组织卧底，并参加该组织的活动。在这个协会里，该特工并非完全是消极被动的。

本判例中有用的结论是：（a）鉴于自由表达的价值，这里测试采取的行动是否是不合理的；（b）违背了《宪法第一修正案》禁止将“密探”（Agent Provocateur）介绍到组织的理念（考虑到《宪法第一修正案》的情况，如果人们接受该理念，那么将从根本上消除卧底行动）；（c）通过是否干扰了该组织表达/关联利益的标准衡量卧底行为。当发现由于领导层没有设想或发布的组织目标陈述失实，卧底就没有进行干扰。（d）如果（i）以“善意”开展调查（并不是为了干扰《宪法第一修正案》权利的行使）并且（ii）调查人员严格在已发出的邀请范围之内行动，那么支

[1] 译注：北美少年爱好协会（North American Man/Boy Love Association，NAMBLA），是美国以“促使禁止男人与男孩间发生性关系的法律自由化”为宗旨的一个非法组织。1978 年 12 月创立，总部在旧金山和纽约。

持卧底调查的“受邀告密者”（Invited Informer）理论就是适用的。换言之，法院认为主动发出的邀请决定合理的隐私期望程度。

至于“善意”，法院认为，“……善意……要求威胁《宪法第一修正案》权利的调查，就像任何政府调查一样，是合乎情理的，并依据胜过对《宪法第一修正案》利益造成任何损害的执法目的”。就此而论，只要有正当的执法目的，在一项调查可能发生之前，就不需要合理怀疑或可能原因了。

5. 反游行示威问题：

· 虽然该问题不包括在模型的一部分，但是近期的一个判例是值得关注的，因为它提供了一个克制并合适的执法行为的良好范例。在**斯塔特策尔诉费城案**（*Startzell v. City of Philadelphia* F.3d [3rd Cir. PA. 2008]）判例中，一个同性恋骄傲大游行团体[1]获得了在街头进行向公众开放的庆祝活动的许可证。然而，一个反同性恋信仰的团体宣布打算参加抗议这一事件。当获得许可的同性恋团体得知反同性恋团体的意图后，该团体要求警察阻止反同性恋团体参加活动。本判例中有用的规则是：（a）在公共场所面向公众开放、私人赞助的活动只是一个活动而已，警察不需要阻拦公众的任何成员参加活动；（b）签发在公共场所组织活动的许可证并不能改变该场所的性质——它仍然是一个公共场所；（c）当《宪法第一修正案》权利的行使会威胁到公共秩序时，州应采取合理的行动维护公共秩序；（d）**“言论自由的权利并不包括造成混乱的权利……”**。

· 对于律师而言，阅读**科罗拉多州美国公民自由联盟诉丹佛市和县案**（*ACLU of Colorado v. City and County of Denver*2008 U.S. Dist. LEXIS 59591 [8/6/08]）判例也将是有益的。虽然本判例并未被认定是可引证的，但它包含了一个良好和完整的宪政分析，即为近期在丹佛举行政治会议提供安全和行使《宪法第一修正案》权利的措施进行分析。最重要的一点是，它是将成为法律分析重点的政府法规的目标。因此，建议或采取行动的理由阐述得越好，法规获准通过的可能性就越大。

· 涉及活跃在受结社自由权利保护地区的团体、组织或社团的卧底行动引发了

[1] 译注：同性恋骄傲大游行（Gay Pride Parade），也译为“同志骄傲大游行”。每年6月是世界同性恋者的节日，庆祝活动长达1个月，在世界各个角落上演大游行，宣示自己的性取向。这一大游行可以追溯到1970年，近1万名男女齐聚纽约，举行纪念“石墙事件”的大规模游行，要求同性恋的法律地位与权利。之后，这项运动不仅在美国流传下来，并且在世界各地开花结果，成为同性恋团体表达自己诉求的最佳平台之一。

讨论，一些评论依次排列如下：

◇ “密探”这一概念产生于反情报计划时代。在那个时代，一些执法机构不仅渗透到团体中去，而且积极地煽动团体从事非法行动。起初的“**汉德舒案**”（Handshu Case）涉及这类活动。在“**迈耶案**”（Mayer Case）中，法院否决了卧底人员提出的任何渗透应被视为引入“密探”的论断，这会导致这类渗透可能永远不会发生的结论，事情就到此结束了！因此，问题转向了对渗透者行为的审查。

◇ 卧底人员应避免担任领导职务，只是因为领导权力的行使会被解释为安排团体、社团或组织的政策和（或）行动。要不是卧底特工担任领导职务，卧底人员能够制定决策这一说法的任何基础是对非法活动就不会发生的论断的依据。换言之，如果没有渗透执法特工的“煽动”，那么该组织将绝不会以非法的方式表达信念。

◇ 这导致了运用“受邀告密者”法则的智慧。就像在“迈耶案”中阐明的那样，只要渗透人员不担任领导角色，并且没有超越其“受邀”扮演的角色进行行动，那么就不会得出渗透活动“阻吓”公众行使结社自由的结论。很显然，这将允许把渗透人员搜集到的信息作为情报和（或）证据使用。

[附录 B]

标 准

B.1 执法机构认证委员会执法机构标准

(2006 年 7 月第 5 版，CALEA© 版权所有)

42.1.6 有关犯罪与国土安全活动的可疑事件和犯罪情报（包括 43.1.1 和 46.3.2 详述的信息）的搜集、处理和共享的书面指令包括：

a) 职能描述；

b) 机构所有人员的职责；

c) 人员培训；

d) 防护、保卫和存储信息的程序；

e) 确保搜集的信息仅限于犯罪行为或对辖区构成潜在威胁的相关活动的程序；

f) 法律和隐私要求；

g) 信息的编录、报告和传递；

h) 清理过期或错误信息的程序；

i) 程序和流程的年度审查。

评注：本标准的目的，是记录机构搜集和共享可疑事件及犯罪情报信息的责任。

情报搜集活动在所有机构都是重要的。不论规模大小，所有机构都必须有犯罪情报职能。各级政府生产并共享犯罪情报和信息的需求迫在眉睫。生产和交换可疑事件、信息和犯罪情报与每个机构都休戚相关。

执法机构应在特定指南下开展行动，以确保不会滥用职权。犯罪情报档案的敏感性要求它们与机构其他记录隔离维护以防止泄密，并保护档案系统的完整性。如果情报职能是由具有其他责任的个人（比如 CEO、副局长）履行，或者是作为一个更大职能（犯罪调查）的活动，那么本标准的隔离和安全原则仍然适用。建议机构利用档案程序（即《执法情报单位犯罪情报档案指南》）作为应对不当活动的制衡机制。犯罪情报信息的搜集/提交、访问、存储以及传递必须尊重个人、团体和组织的隐私和宪法权利。

执法人员应接受培训和鼓励以记录从各种来源搜集的信息。培训应强调，所有人员，无论从事什么工作，都有犯罪情报和信息共享的职责。培训可以是从日常的点名到更高级的培训，并且常常以很小或毫无机构成本获得。

国家犯罪情报共享计划确定了大量建议的问责机制，如管理层对整个犯罪情报职能决策的定期审查，犯罪情报流程和计算机系统的审计记录，工作人员调查和问卷，对部门政策、程序和职业犯罪情报实战的有效培训以及犯罪情报行动和档案的定期审计等。

机构应利用大量资源，既包括现有的信息共享倡议，如国际刑警组织、国土安全信息网络、区域信息共享系统以及执法在线，也包括一些参考材料，如《融合中心指南：执法情报、公共安全和私营部门》、《执法情报单位犯罪情报档案指南》、《司法信息隐私指南》文档以及《国家犯罪情报共享计划》。

43.1.1 机构调查卖淫、毒品和有组织犯罪活动的书面指令包括以下内容：

a) 明确规定接收和处理投诉的程序；

b) 维护接收的投诉记录；

c) 维护转达给和接收自外部机构的信息记录；

d) 明确规定向机构 CEO 的活动提供建议的程序。

评注：机构应建立程序，确保尽最大可能地记录并调查接收的每一个投诉。该指令应包括使用的投诉表格、需要的信息以及应采取的初步行动的清单。该机构应建立对卖淫、毒品、有组织犯罪进行初步和后续调查的程序。应记录每一个接收的投诉，录入一个投诉档案系统，并准备在指定时间段后进行清理。

众所周知，一些机构可能没有调查卖淫、毒品或有组织犯罪活动的职能性责任。尽管如此，该机构应具有达到该标准的程序，即使仅仅是在机构报告机制的正常过程中。

46.3.2 为向适当的特别工作组或机构报告和转达恐怖主义相关的情报/信息建立程序的书面指令。

评注：无。

……

B.2　国际警察首长协会犯罪情报政策

（国际警察首长协会国家执法政策中心犯罪情报部，1998 年 2 月 1 日）

目的

这个政策的目的是向普通执法官员、特别是分配到情报单位的官员提供搜集、分析和传递情报信息的指南和原则。

政策

信息搜集是任何执法机构无所不包的职责中一个基本和必要的元素。当获得后，信息被用于预防罪案，追踪并逮捕罪犯，以及取得定罪所需的证据。该机构的政策包括：针对有理由怀疑参与犯罪活动的特定个人或组织搜集信息；充分尊重涉案人员的权利搜集信息；仅向已确定的、被授权的个人传递信息。虽然犯罪情报工作可能被分配给机构中的特定人员，但是该机构的所有成员都有责任报告可能帮助确定犯罪策划者和实施者的信息。

定义

- **犯罪情报**：为了预测、预防或监视犯罪活动，而整编、分析或传递的信息。
- **战略情报**：为了短期或长期的调查目标，旨在协助刑事逮捕和罪案控制对策的、关于犯罪活动现有模式或新兴趋势的信息。
- **战术情报**：可立即被行动单位用于推进犯罪调查，筹划战术行动，并提供人员安全的、关于特定犯罪事件的信息。

程序

使命

情报职能的使命是以符合法律的形式搜集所有来源的信息，通常支持提供关于犯罪嫌疑人或企业式有组织犯罪集团的存在、身份以及能力的战术或战略信息，特别是促进该机构确定犯罪预防和执行目标的优先事项。

1. 支持情报职能的信息搜集是该机构每个成员的责任，尽管特定任务可能被情报当局主管认为是必需的。
2. 暗示任何公职人员卷入或共谋犯罪活动或贪污腐败的信息，应立即报告给该机构的首席执行官或另一个合适的机构。

组织

情报主管领导的该机构的情报当局，具有情报行动指挥、人员协调以及情报信息搜集、评估、整理、分析和传递的主要职责。

1. 主管应根据首长规定的方式和计划，直接向该机构的首席执行官或其指定人员报告。
2. 为实现情报职能的目标，并且以一种高效和有效的方式进行日常行动，主管应确保遵守警方、机构的程序、使命和目标。

I. 职业标准

情报职能经常需要面对执法信息搜集需求与个人权利之间的平衡。为此目的，该机构的成员应遵守以下几点：

1. 为情报目的而进行的信息搜集，应在提供已经实施或正在策划一个罪案的合理迹象的前提下进行。
2. 使用的调查技术应该是合法的，并且只有在为了搜集足够信息以预防犯罪行为和（或）识别和起诉违法者的情况下，才能采用侵入式技术。
3. 情报职能应尽力确保进入犯罪情报基础库的信息与当前或进行中的调查相关，并且是可靠和值得信赖的信息源的产物。应保存一份由情报职能接收和维护的所有信息源的记录。
4. 该机构出于情报目的搜集和维护的信息可以仅仅传递给适当的人，其要出于合法执法的目的，并依据法律和机构所建立的程序。应保存一份关于向在这个或其他执法机构中的人传递所有这些信息的记录。

整编情报

1. 情报调查 / 档案可以被拥有足够信息和正当理由的情报主管打开。这包括但不限于以下类型的信息：
   a. 犯罪主体、受害人和适当的投诉人；
   b. 可疑犯罪活动概要；
   c. 预计的调查步骤，包括建议使用线人、图像或电子监控；
   d. 资源需求，包括人员、设备、资金、成本等；
   e. 预期结果；
   f. 问题、限制或利益冲突。
2. 官员不应为个人参考或其他目的而保留官方情报文档，而应直接向情报当局提交这样的报告和信息。
3. 使用秘密线人以及电子、图像和相关监视设备的信息搜集，应以法律上可接受的方式，并按照该机构建立的、为其使用的程序进行。

4. 指定为给情报当局使用的所有信息应在指定的报表上提交，并且在提交前，由该官员的直接主管进行审查。

信息接收 / 评估

在收到任何格式的信息时，主管应确保采取以下步骤：

1. 在可能的情况下，应评估信息源的可靠性和内容的有效性。虽然评估可能不一定准确，但是这个评估必须尽可能达到能指导别人使用信息的程度。应保存一份已知的所有信息源记录。
2. 报告和其他调查材料以及该机构接收的信息应保留原始机构的所有权，但可以由该机构保留。这样的报告和其他调查材料以及信息应秘密地维护，并且不应给另一个机构访问，除非有原始机构的同意。
3. 与现行案件有关或需要立即注意的信息应尽快转发到负责调查或其他的人员。
4. 在企业式有组织犯罪集团或成员出现了有意义的趋势、模式、方法、特征或意图的情况下，应尽快整编分析材料，并提供给委托方。

档案状态

根据以下规定，情报档案将被划分为“开放”或“封闭”两种状态：

1. 开放状态——正在积极地运转的情报档案将被指定为“开放”状态。为了保持开放，处理这些案件的官员必须至少每隔 180 天，递交涉及案件进展的情报状态报告。
2. 封闭状态——封闭的情报档案是指那些已结束调查，用尽所有逻辑线索，或不能提供正当执法利益的情报档案。所有封闭的档案必须包含一个由负责的调查人员提供或经其授权的最终案件汇总报告。

情报密级 / 安全

1. 为了保护来源、调查和个人隐私权，同时，也是为了提供一个使该机构控制访问情报的结构，情报档案将被划分密级。每当新信息添加到一个现有的情报档案中，应对这些密级进行重新评估。

   a. 限制（Restricted）——限制级情报档案包括那些包含可能对正在进行的调查造成负面影响，给官员、线人或其他人造成安全隐患，和（或）危及他们身份信息的情报档案。由情报主管批准或机构首席执行官授权给需要知道且具有知情权的执法机构时，限制级情报才能发布。

   b. 秘密（Confidential）——秘密级情报没有限制级情报敏感。当情报主管或其指定人员已确认需要知道且具有知情权的情况下，秘密情报可以向机构人员发布。

c. 公开（Unclassified）——公开级情报包含从新闻媒体、公共记录以及其他热门话题性质的来源获取的信息。仅限于开展需要此信息的授权调查的官员访问。

2. 所有限制级和秘密级档案应受到保护，并且按照情报主管建立的程序，对所有情报信息的访问都应受到控制并进行记录。

a. 线人档案应与情报档案隔离维护。

b. 应根据州和联邦法律维护情报档案。

c. 特别是向任何授权的执法机构发布一般情报信息、电子监视信息和图像情报，应该只有在情报主管明确批准下，以及在未经该机构情报主管批准不应复制或以其他方式传递这些情报的规定下进行。

d. 应仔细审查依据信息自由条款或通过信息披露发布的所有档案。

审计和清理档案

1. 主管负责确保依据情报当局的目的和目标维护档案，并且包括及时和相关的信息。为此目的，应以机构主管确定的年度基准并通过独立审计员，对所有情报档案进行审计和清理。

2. 当一个档案不再具有进一步的信息价值和（或）满足任何适用法律标准的时候，它应该被销毁。被清理的档案的记录应该由情报当局维护。

（国际警察首长协会制定的这项政策，得到了美国司法部司法援助局司法计划办公室的拨款支持 [Grant No. 95-DD-BX-K014]。）

B.3 加利福尼亚和平人员协会情报委员会犯罪情报标准和指南

参与情报相关信息的搜集、保留和传递的每个地方和州执法机构，应考虑实施以下标准和指南：

标准1：每个机构都应实施说明其情报行动计划存在和职能的使命陈述。

指南：使命陈述应包含一个描述该计划的简明、明确的授权，支持该计划的情报流程的使用以及计划预期的结果。陈述应清晰描述重点在特定犯罪活动的计划，并强调使用情报作为一个致力于社区警务理念的犯罪预防工具。陈述应详细说明计划的主要功能，帮助机构首席执行官对意料之外的犯罪威胁及应对这些威胁的资源配置做出合理选择。至少，该陈述应包含以下内容：

使命陈述示例

该部门的情报行动计划将搜集和分析关于涉嫌正在或已经参与以下犯罪活动的个人或团体的信息：______、_______、______、_______、____________，并将这些信息提供给 CEO，以达到犯罪预防和决策的目的。

标准2：每个机构都应认识到，为提供适当的指导、控制、人员配置和后勤保障，对犯罪情报职能的积极管理和监督是必要的。

指南：情报行动计划的管理和监督层负责提供适当的指导、指南、程序、人员配置、装备、培训，并供机构CEO直接访问。

标准3：每个机构都应制定政策和准备程序手册，详细阐述其情报行动计划、使命、行动方法、档案指南和安全程序。

指南：手册应描述计划的行动政策和程序，创建一个关于某一犯罪主体的情报记录的协议，将该记录录入档案和（或）数据库，和（或）启动关于某一犯罪主体的调查。协议应基于犯罪主体参与或涉嫌参与机构使命陈述中重点关注的特定犯罪活动。对所有档案条目而言，需要一个上游犯罪。

标准4：每个机构都应实施一套规范其情报相关档案内容的指南。

指南：该指南应符合州和联邦法规，并规定保留和清理档案中情报相关记录的标准。必须评估信息有效性和来源可靠性。对信息访问应受保护来源、调查和犯罪主体隐私权的限制。

标准5：每个机构都应实施一个旨在预防和减少罪案的系统利用情报相关信息的流程。

指南：这一利用情报的流程应包括以下环节和内容：

· 搜集——重点关注获取确定影响管辖区、涉嫌或已知犯罪活动信息的工作。
· 评估——关于所获信息有效性的判定和来源可靠性的评估。
· 整理——对档案中系统性关联活动的信息进行一种有序排列。
· 分析——信息转换成情报后会产生有用的知识，对 CEO 和机构提供适当的建议。
· 传递——情报产品提供给“需要知道”和“有权知道”的人员。

标准6：每个机构都应为被分配到、受影响和监督情报行动计划的所有人员提供适当的培训。

指南：被分配到机构情报行动计划中的人员应接受培训，内容包括情报流程所有方面以及关于搜集、保存和传递情报相关信息的指南和责任问题。对情报的认识，它如何工作以及为什么它很重要，包括情报与信息的区别，应成为培训基础的一部分。培训应强调分析，并清晰地解释关于情报的术语和定义。机构的CEO、其他人员、法律顾问以及适当的民选和公职人员也应接受培训，或概要介绍情报流程及其在社区警务计划中发挥的作用。

标准7：每个机构都应为情报行动计划提供安全场所，并允许计划成为执法机构的独立实体。

指南：不同于一个执法单位的运行，犯罪情报是一个积极主动的犯罪预防职能。它通常处理从各种信用等级的不同来源获取的敏感信息。这些信息的处理必须不同于日常调查信息的处理。情报流程包括评估和分析，并要求平衡执法需求与个人隐私权。这些情报的传递必须遵循已建立的“有权知道”和“需要知道”标准。这些要求支持将情报单位分配到一个独立单位的需求，并在一个安全地方维护情报档案。

标准8：每个机构都应为其情报相关数据库和信息采取安全防范措施。

指南：必须写出一个指令，管理机构情报数据库的安全防范措施，并保护该数据库中存储的秘密信息。该指令也应声明，情报行动计划保存的档案与机构的其他档案分开维护。

标准9：每个机构都应使情报行动计划对生产战略和战术产品负责，并对与地方、州和联邦执法机构保持适当的联系负责。

指南：CEO应期望分配到情报行动计划的人员的高度责任感，并要求常态化的战术和战略产品。CEO应要求计划与周边机构联络，并参加到地区和州的共享网络，以便可以共享和交换共同感兴趣的信息。

标准10：每个机构都应实施一个评估其情报行动计划有效性的程序。

指南：一个机构应建立目标，以便定期评估情报计划的管理和运行。

标准11：具有犯罪情报职能的每位CEO应积极倡导情报行动计划，并将其描述为支持社区警务的一个积极主动的犯罪预防工具。

指南：CEO应积极鼓励情报行动计划，并确保其收到应有的政治和预算承诺。该鼓励应延伸至获得社区支持这一预防罪案的、积极的执法工作。

B.4　全球情报工作组犯罪情报培训最低标准

（本研究和建议可供美国执法和其他刑事司法机构参考，2007 年 10 月第 2 版）

引言

本文件的目的是为执法情报培训的开发和供给提供观点和指导。众所周知，基于个人的人生观、职业偏好和生活经历，任何类型的标准都可能引起争议。为了使偏见或非典型环境最小化，这些标准的开发过程使用了一个共识的办法，反映了各级政府的执法情报实战者、普通管理者、高管、培训师以及学者们渐增的判断。

本标准反映了主题专家[1]们关于每个标注的等级需要的最低培训标准的集体判断，为每个等级人员完成其情报职责，提供基本的知识、技能和能力。特别是情报分析师的职责将是入门级的。

本文件应被视为“活的文档”，因为未来可能会有增补完善。未来的增补可以处理额外的培训等级，或虽然不是犯罪，但是对国土安全造成内在威胁的其他专门培训需求。邀请个人和组织，通过国家犯罪情报资源中心为本文件的未来版本提交建议。该中心的网址：*http://www.ncirc.gov*；电子邮箱地址：information@ncirc.gov。

理念

这些最低标准是在适用于所有培训等级的以下所述理念的语境下建立的：

> 为了保卫美国社会，同时，保护公民的隐私和公民权，本培训的目的是，在执法界培育一个信息分析和信息共享的文化。

了解最低标准

制定这些标准的主题专家们表达了强调这些都是最低培训标准这一事实的需求。参加满足这些标准的培训人员将掌握合法和有效地履行其职责的核心竞争力。当然，效力和效率将伴随经验和额外的培训而增加。

计划开发者呼吁在可行的范围内扩展模块的内容和时间。随着新的法律、问题、趋势和最佳实践的出现，这是千真万确的。标准是动态的，反映

[1]　译注：主题专家（Subject-Matter Expert，SME），也称领域专家（Domain Expert），指在特定领域或主题方面的权威人物。

了撰写它们时的最有价值的知识。监测培训环境中的变化是培训计划开发者的一个关键职责。

- 由于适用于培训的每个组成部分，所以，应考虑将融合中心、信息共享环境、隐私问题和社区警务等问题贯穿于培训的每个组成部分。

本文件概述的最低标准是以下每个培训等级的核心犯罪情报培训最低标准的建议：

- 情报分析师；
- 情报管理者 / 指挥者；
- 执法行政长官；
- 普通执法官——基础犯罪情报；
- 普通执法官——犯罪情报进修；
- 犯罪情报官；
- 培训师认证培训（Train-the-Trainer）。

建议包括目标、标准、推荐课程 / 信息源以及时间分配。标准被界定为要求达到培训目标的具体课程或教学主题。

课程

需要提醒计划开发者的是，最低标准并不是课程。该标准代表了开发的课程主题。每个标准包括一个推荐课程和信息源。开发这些标准的主题专家们提出了一个关于课程的总体建议。

课程内容应包括执法情报国家标准（例如，国家犯罪情报共享计划和信息共享环境实施计划）最新的迭代以及该领域最新的发展（例如，新规定、刚出现的隐私指南和 [或] 州特定的要求、新技术以及情报资源）。

课程结构应建立在公认的成人学习原则的基础上，包括评估学习的方法，如课前和课后测验、问题解决练习和（或）掌握学习目标的示范。

额外的犯罪情报培训

本文件包含的培训等级来自国家犯罪情报共享计划中所阐述的内容，并且在很大程度上独立于个人在执法组织中的具体任务。众所周知，其他相关的重要情报培训计划并未纳入本标准里。例如，执法机构情报能力发展计划，专门针对情报主导警务的新计划，以及有关情报流程和信息共享环境的公共 / 私人合作伙伴计划。类似地，新的计划可以针对特定问题，例如，黑帮情报或毒品情报。尽管缺乏详尽的最低标准，但这些计划很重要且有价值。与惩教、假释和缓刑等相关的其他刑事司法机构未来也可能会有另外的协同工作主题。

计划的开发者呼吁，在存在培训空白的领域应探索执法情报的各种应用。在这些计划中，开发者也呼吁采用上述同样的理念和课程。

情报分析师（Intelligence Analyst）

时间分配：至少 40 小时
每个目标的时间分配：

3 小时	目标 I	情报分析师将了解犯罪情报流程、情报主导警务、信息共享框架及其如何加强在公共安全中的作用。
2 小时	目标 II	分析师将了解犯罪情报信息的正确处理和归类，包括档案管理和信息评估。
4 小时	目标 III	通过批判性思维、逻辑、推理阐释和建议阐释等过程，分析师将体验情报是如何生成的。
2—3 小时	目标 IV	分析师将了解制订和实施搜集与分析计划有条不紊的过程，包括该过程 / 产品的重新评估。
2—3 小时	目标 V	分析师将熟悉与情报相关的法律、隐私和道德问题。
3 小时	目标 VI	分析师将学习有关信息源的知识，包括互联网、信息共享系统、网络、中心、商业与公共数据库和其他信息源，以及这些信息源的局限性。
16 小时	目标 VII	分析师将能够展示分析所使用的方法、工具和技术的实务知识。
4—8 小时	目标 VIII	分析师将熟悉基本分析方法的技能，包括报告撰写、统计和图形技术等。

* 建议在每个培训目标的课程中参考该领域的最新进展（例如，融合中心、信息共享环境实施计划以及最新术语）。

概要

随着我们进入一个涉及信息共享环境的系统模式，情报分析师的角色比以往更加重要。分析师面对的信息更加多样，并被要求生产更明确的战术和战略情报产品。不仅情报职业人员，一线执法官员也有以更加容易的方式使用威胁评估和准备情报报告的需要。如果情报融合和信息共享环境的概念模式要取得成果，那么情报分析师的犯罪情报培训最低标准必须包含这些元素。因此，这些标准包括了整个执法情报界的情报分析师将不断面临的新责任。

目标Ⅰ：情报分析师将了解犯罪情报流程、情报主导警务、信息共享框架及其如何加强在公共安全中的作用。

<table>
<tr><th rowspan="8">3小时</th><th>标准</th><th>课程 / 信息源应考虑的主题</th></tr>
<tr><td>情报导论</td><td></td></tr>
<tr><td>情报流程 / 循环</td><td>搜集、分析、传递 / 生产、整理、评估、评价
情报的起源 / 历史
分析师的角色和职责
情报主导警务</td></tr>
<tr><td>社交网络</td><td>为了传递信息，与同行、其他机构、组织和职业会员保持联络</td></tr>
<tr><td>国家犯罪情报共享计划的重要性</td><td>信息共享 / 信息共享倡议（执法信息共享计划、全球司法信息共享倡议、国家数据交换实施者路径指南）（课程开发者应包括当前倡议和地方及地区倡议的重要性）
社区、州、国家面临的威胁
恐怖主义 / 专题材料
情报主导警务
社区警务</td></tr>
<tr><td>分析师的职业标准 / 认证计划</td><td>国际执法情报分析师协会《执法分析标准》
国际犯罪分析师协会（IACA）</td></tr>
<tr><td>信息共享框架</td><td>融合中心、信息共享环境实施计划以及地方 / 地区倡议</td></tr>
</table>

目标Ⅱ：分析师将了解犯罪情报信息的正确处理和归类，包括档案管理和信息评估。

	标准	课程 / 信息源应考虑的主题
2小时	安全	《执法情报单位犯罪情报档案指南》
	信息管理	电子信息、档案（存储）、文档（硬拷贝）
	评估	可靠性 / 来源有效性
	标记和使用秘密信息	涉密 敏感非密 受控非密信息框架提议 州授权标记

目标Ⅲ：通过批判性思维、逻辑、推理阐释和建议阐释等过程，分析师将体验情报是如何生成的。

	标准	课程 / 信息源应考虑的主题
4小时	批判性思维	
	逻辑 / 逻辑谬论	
	推理阐释	卡特·L. 戴维所著（1994年）《执法情报：州、地方和部落执法机构指南》（华盛顿，美国司法部）
	罪案指标	
	罪案模式 / 分析	

目标Ⅳ：分析师将了解制订和实施搜集与分析计划有条不紊的过程，包括该过程 / 产品的重新评估。

	标准	课程 / 信息源应考虑的主题
2—3小时	用户需求（包括战略和战术上的）	情报产品是否符合其预期目的之要求
	情报需求 / 搜集	情报缺口 情报需求 全球、州、地方和部落情报需求
	情报产品有效规划	搜集和调查计划的制订
	将用户反馈纳入情报循环	

目标Ⅴ：分析师将熟悉与情报相关的法律、隐私和道德问题。

	标准	课程 / 信息源应考虑的主题
2—3 小时	法律和法律方面	秉承政策 / 程序 《联邦规章典集》第 28 篇第 23 部 包括美国大检察官办公室、地区检察官办公室和地方检察官的可能资源
	隐私、公民自由和公民权利	包括关于隐私的问题 / 例子
	道德	提供情境，说明重要性
	民事责任	情报流程中的责任问题概览

目标Ⅵ：分析师将学习有关信息源的知识，包括互联网、信息共享系统、网络、中心、商业与公共数据库和其他信息源，以及这些信息源的局限性。

	标准	课程 / 信息源应考虑的主题
3 小时	信息源 / 可用资源	执法和情报信息系统，如区域信息共享系统、国土安全情报网络和执法在线 惩教和其他刑事司法信息系统 开源信息 所选系统的示范

目标Ⅶ：分析师将能够展示分析所使用的方法、工具和技术的实务知识。

	标准	课程 / 信息源应考虑的主题
16 小时	分析技术	威胁评估 罪案模式分析 关联分析 电话记录分析 流程图分析（事件 / 商品） 金融分析 战略分析
	分析工具	电子表格 流程图绘制应用程序 分析软件 演示软件等

目标Ⅷ：分析师将熟悉基本分析方法的技能，包括报告撰写、统计和图形技术等。

	标准	课程 / 信息源应考虑的主题
4—8 小时	报告撰写	出色报告的写作原则 情报 / 调查报告、简报等之间的区别
	信息演示	口头和书面简报

情报管理者 / 指挥者（Intelligence Manager/Commander）

时间分配：至少 16 小时
每个目标的时间分配：

3 小时	目标Ⅰ	管理者将了解犯罪情报流程、情报主导警务及其如何加强在公共安全中的作用。
2 小时	目标Ⅱ	管理情报单位。当创建或担负机构情报职能的指挥职务时，管理者将了解人事和政策考量。
2 小时	目标Ⅲ	管理者将了解处理敏感信息、线人政策和腐败预防及识别的原则和实践。
3 小时	目标Ⅳ	管理者将了解犯罪情报环境下的法律和隐私问题。
4 小时	目标Ⅴ	管理者将了解生产战术和战略情报产品必要流程，以及搜集计划的制订流程和实施。
2 小时	目标Ⅵ	管理者将获得对其机构可用的犯罪信息共享系统、网络和资源的知识。

* 建议在每个培训目标的课程中参考该领域的最新进展（例如，融合中心、信息共享环境实施计划以及最新术语）。

概要

情报管理者/指挥者常常被安排到一个自己无任何经验，或对新领域的职责缺乏实质了解的新职位。汽车行业有句古老的管理格言：一位有效的管理者不必知道如何制造一辆汽车，但必须知道其他人如何制造一辆汽车。虽然这种观点有几分道理，但汲取的教训告诉我们，当管理者对其监督下的流程有实质了解时，他们的管理会更加有效。执法情报是一个在政治上和宪法上敏感的领域，要求管理者了解情报流程的责任、危险和挑战。情报管理者/指挥者的犯罪情报培训最低标准的目的不是讲授管理，更准确地说是旨在为管理者提供执法情报流程的关键知识，不仅最大限度发挥其领导能力，而且为他们应对下属面临的独特挑战做好准备。

目标Ⅰ：管理者将了解犯罪情报流程、情报主导警务及其如何加强在公共安全中的作用。

<table>
<tr><th></th><th>标准</th><th>课程/信息源应考虑的主题</th></tr>
<tr><td rowspan="8">3小时</td><td>情报目标/使命</td><td>您所在机构的情报职能适合设置在哪里
情报职能的角色/职责
提供情报职能使命的例子
为您的情报职能撰写使命</td></tr>
<tr><td>国家犯罪情报共享计划的重要性</td><td>信息共享/信息共享倡议（执法信息共享计划、全球司法信息共享倡议、国家数据交换实施者路径指南）（课程开发者应包括当前倡议和地方及地区倡议的重要性）
社区、州、国家面临的威胁
恐怖主义/专题材料
情报主导警务
社区警务</td></tr>
<tr><td>“情报”的定义</td><td>它是什么/不是什么的例子
不要依赖于一个定义</td></tr>
<tr><td>通用情报流程/循环</td><td>包括情报流程/循环的障碍</td></tr>
<tr><td>为什么情报对管理者、分析师、行政长官重要</td><td>重点关注为什么情报对机构及其服务的社区重要</td></tr>
<tr><td>情报主导警务</td><td>情报主导警务的简要概览/定义
社区警务</td></tr>
<tr><td>信息共享网络</td><td>融合中心《信息共享环境实施计划》以及地方/地区方案</td></tr>
</table>

目标Ⅱ：管理情报单位。当创建或担负机构情报职能的指挥职务时，管理者将了解人事和政策考量。

	标准	课程 / 信息源应考虑的主题
2 小时	人员甄选	与国家犯罪情报共享计划一致的背景流程
	人员培训	增进知识的组件，包括应培训行政长官、分析师和人员什么内容，以及哪里可以提供培训
	人员评估	尽可能评估人员对情报职能的独特性
	评估情报单位绩效	单位的使命 / 范围是否与生产的产品相匹配 在执法组织内以及与用户之间是否存在有效交流 执法机构认证委员会及其他适用的国家和州标准 提供讲义 / 检查表，包括：公告产品、威胁分析、有关绩效指标的信息、与情报流程唯一标准相关的培训的独特措施 与使命相关联的评估
	运行政策和程序——情报职能机制	物理安全 档案管理 线人 道德 讲义 /CD（例如，术语表）

目标Ⅲ：管理者将了解处理敏感信息、线人政策和腐败预防及识别的原则和实践。

	标准	课程 / 信息源应考虑的主题
2 小时	信息的处理和存储（安全、电子邮件）	互联网、网络 / 系统、防火墙
	密级	机密、绝密、国家安全问题（FBI 的小册子等）
	运行安全流程	保护方法和来源 政策 / 规定（例如，游行示威活动） 向媒体、其他执法实体、公民、公共安全机构等披露敏感信息
	标记和使用秘密信息	涉密 敏感非密 建议的受控非密信息框架 州授权的标记

目标Ⅳ：管理者将了解犯罪情报环境下的法律和隐私问题。

	标准	课程 / 信息源应考虑的主题
3小时	法律和历史视角	由于过时的执法实践而对公民权的历史侵犯 提供说明法律 / 隐私问题重要性的例子或情境 包括关于隐私的问题 / 例子 包括美国大检察官办公室、地区检察官办公室和地方检察官的可能资源
	现行法规	CD中的法规/资源(《联邦规章典集》第28篇第23部)
	应用	问答环节 如何将信息用于实践
	确保责任	提供衡量合规性的清单（LEIU 清单副本）
	隐私	隐私政策开发 全球隐私和公民自由政策制定指南和实施模板
	道德	审查国际警察首长协会行为准则和机构特定的或公认的道德准则

目标Ⅴ：管理者将了解生产战术和战略情报产品必要流程，以及搜集计划的制订流程和实施。

	标准	课程 / 信息源应考虑的主题
4小时	定义用户	了解用户的需求以及什么对用户是重要的
	搜集方法	识别缺口
	竞争性假设	可靠性 / 有效性——确保分析是可靠的，不走死胡同
	情报产品和分析技术的类型	讨论机构可用的多种情报产品 情报产品规划 威胁评估 战略、战术、行动、数据可视化 讨论产品的价值
	出色报告写作原则	提供情报 / 调查项目（报告）、简报等之间的区别
	反馈	情报产品是否达到了其预期使用目的

目标Ⅵ：管理者将获得对其机构可用的犯罪信息共享系统、网络和资源的知识。

	标准	课程 / 信息源应考虑的主题
2 小时	信息源 / 可用资源	提供概述、CD 资源 执法和情报信息系统 开源信息（包括犯罪历史、区域信息共享系统） 选定系统的示范
	建立网络 / 关系	探讨情报如何既是技术的、也是人力的工作 提供关于协会 / 社交机会的信息

执法行政长官（Law Enforcement Executive）

时间分配：6 小时
每个目标的时间分配：

1 小时	目标Ⅰ	行政长官将了解国家犯罪情报共享计划、信息共享环境实施计划、融合中心理念及其各自的角色。
1 小时	目标Ⅱ	行政长官将了解情报主导警务思想和实践。
2 小时	目标Ⅲ	行政长官将了解犯罪情报流程及其如何加强在公共安全中的作用。
1 小时	目标Ⅳ	行政长官将了解与犯罪情报相关的法律、隐私和道德问题。
1 小时	目标Ⅴ	行政长官将获得关于可供其机构使用的、现有犯罪信息共享网络和资源的知识。

*建议在每个培训目标的课程中参考该领域的最新进展（例如，融合中心、信息共享环境实施计划以及最新术语）。

概要

没有机构首席执行官的支持，情报职能将不会成功。首席执行官不需要知道执法情报的流程，而需要知道情报职能将为机构提供什么价值，情报职能所需的资源是有效的，以及情报流程中固有的挑战和潜在责任。由于许多首席执行官对当代执法缺少经验，他们也需要深入了解情报职能新的和不断变化的角色和职责。例如，执法行政长官将毫无疑问地对融合中心和信息共享环境有一些印象，但他们不太可能有足够信息，理解其机构在执法情报思想中那些新的进展和变革。执法行政长官的犯罪情报培训最低标准旨在满足这些需求。

目标Ⅰ：行政长官将了解国家犯罪情报共享计划、信息共享环境实施计划、融合中心理念及其各自的角色。

	标准	课程 / 信息源应考虑的主题
1小时	国家犯罪情报共享计划概述	国家犯罪情报共享计划
	信息共享障碍	社区警务
	信息共享框架	融合中心、信息共享环境实施计划以及地方 / 地区倡议

目标Ⅱ：行政长官将了解情报主导警务思想和实践。

	标准	课程 / 信息源应考虑的主题
1小时	情报主导警务思想概述	情报职能 使用情报支持和制定政策 行政长官领导的角色和职责
	情报主导警务最佳实践概述	社区警务、问题导向警务、比较统计模式及其他倡议的要素

目标Ⅲ：行政长官将了解犯罪情报流程及其如何加强在公共安全中的作用。

	标准	课程 / 信息源应考虑的主题
2小时	为什么情报对执法行政长官重要	情报的类型（战略的 / 战术的） 可用的产品（简报、报告 / 图表）
	情报流程 / 循环	评估流程 / 绩效 情报转化为行动的示范
	政策和程序	情报官和情报单位的政策和程序需求概述 作为讲义提供术语 / 通用语言
	以下内容建议列入课程，但没有具体标准	情报流程 / 循环的障碍 建立一个成功的情报单位 管理 / 最大化情报资源

目标Ⅳ：行政长官将了解与犯罪情报相关的法律、隐私和道德问题。

	标准	课程 / 信息源应考虑的主题
1 小时	法律和责任问题、情报审计 / 完整性、问责、《联邦规章典集》第 28 篇第 23 部以及保护信息的标准等概述	作为讲义提供政策 / 指南模型 包括美国大检察官办公室、地区检察官办公室和地方检察官的可能资源
	社区信任以及与市民和媒体交流概述（向城市和社区领导详细介绍地方法规）	道德 公共关系（应对困难局面）

目标Ⅴ：行政长官将获得关于可供其机构使用的、现有犯罪信息共享网络和资源的知识。

	标准	课程 / 信息源应考虑的主题
2 小时	信息源 / 可用资源	执法和情报系统 开源信息 所选系统的示范
	支持材料概述	资源指南、联系方式、标准等
	建立关系 / 网络的策略	探讨情报如何既是技术的、也是人力的工作 提供关于联系 / 社交机会的信息
	公共 / 私人伙伴关系	社交网络和信息共享

普通执法官——基础犯罪情报（General Law Enforcement Officer—Basic Criminal Intelligence）

时间分配：2 小时
每个目标的时间分配：

40 分钟	目标Ⅰ	执法官将了解犯罪情报流程及其如何加强对刑事司法系统贡献的能力。
10 分钟	目标Ⅱ	执法官将获得关于有用数据系统、网络和资源的知识。
40 分钟	目标Ⅲ	执法官将能够识别犯罪活动的重要迹象，并熟悉搜集和报告这些活动的数据的程序。
30 分钟	目标Ⅳ	执法官将了解对犯罪情报信息搜集的法律、隐私和道德限制。

*建议在每个培训目标的课程中参考该领域的最新进展（例如，融合中心、信息共享环境实施计划以及最新术语）。

概要

后“9·11”时代，执法情报工作更重要的变化之一就是如何对待信息共享理念。以前，情报思想的一个关键部分就是维持情报报告的运行安全。从根本上说，这也意味着信息共享是最小限度的。一线指挥官极少看到情报报告。然而，当前的理念是，信息共享必须最大化——尽可能多的威胁相关信息应送到尽可能多的执法人员手中。理由是：掌握威胁相关信息的人员越多，制止或者减少威胁的可能性就越大。然而，由于情报的敏感性质，信息必须以“通知的方式”共享。也就是说，普通执法官必须了解情报记录和犯罪记录之间的区别，如何处理情报报告，以及原始信息如何必须与情报职能共享。他们也必须了解在整个情报流程中其角色的关键性质。犯罪情报培训最低标准的制定旨在纳入这些关键问题。

目标Ⅰ：执法官将了解犯罪情报流程及其如何加强对刑事司法系统贡献的能力。

	标准	课程 / 信息源应考虑的主题
40 分钟	执法官在情报流程 / 循环中的角色和责任	确保执法官了解情报循环的步骤 讨论流程的障碍 提供情报政策或情报政策模型副本 提供情报术语词汇表
	情报的类型（战略的、战术的）	定义“战略情报” 定义“战术情报” 提供产品范例
	情报的起源 / 历史	国家犯罪情报共享计划概述
	情报对执法官的重要性	提供为什么情报对机构及其服务的社区重要的案例
	社区警务及其与情报职能的关系	维护社区关系 定义“社区主导警务” 情报主导警务和社区导向警务的区别 案例
	信息共享框架	融合中心、信息共享环境实施计划以及地方 / 地区倡议
	信息源 / 可用资源	执法和情报系统 开源信息 所选系统的示范

目标Ⅱ：执法官将获得关于有用数据系统、网络和资源的知识。

	标准	课程 / 信息源应考虑的主题
10 分钟	提供可用系统类型的概述	解释不同计划的意义 系统的类型（指针系统、情报系统等） 讨论参与者唯一的系统 提供可用资源和系统的列表或摘要

目标Ⅲ：执法官将能够识别犯罪活动的重要迹象，并熟悉搜集和报告这些活动的数据的程序。

	标准	课程 / 信息源应考虑的主题
40 分钟	记录和提交原始信息的重要性	提供机构沟通流程 / 程序副本 案例
	信息搜集方法、报告程序及执法共享系统的使用	提供情报流程及其如何成功的范例 为了解当前威胁提供指导 提供识别和报告犯罪威胁相关行为的技术（包括实地访谈卡的使用） 提供关于地方 / 州 / 地区 / 联邦系统和网络的信息 提供地方官员可能用于搜集信息的资源的信息（如，开发信息源） 案例、视频（只要时间允许）
	了解术语	界定“情报”——它是什么，不是什么，提供产品范例 定义“情报主导警务” 编制袖珍指南式的词汇表

目标Ⅳ：执法官将了解对犯罪情报信息搜集的法律、隐私和道德限制。

	标准	课程 / 信息源应考虑的主题
30 分钟	道德	解释为什么道德与信息处理有关
	法律基础、限制和责任问题	如果可用的话，使用法律顾问 包括当前法规并提供关键法规副本
	《联邦规章典集》第 28 篇第 23 部	总体概述《联邦规章典集》第 28 篇第 23 部 提供法规副本
	隐私权利和个人自由的保护——当前隐私倡议 / 关切	包括关于隐私的问题 / 范例 视频——移民访谈：对比美国和其原籍国的权利，特别是《第一修正案》和《第四修正案》权利

普通执法官——犯罪情报进修（General Law Enforcement Officer—Criminal Intelligence Refresher）

时间分配：2 小时
每个目标的时间分配：

40 分钟	目标 I	执法官将了解犯罪情报流程及其如何加强对刑事司法系统贡献的能力。
10 分钟	目标 II	执法官将获得关于有用数据系统、网络和资源的知识。
40 分钟	目标 III	执法官将能够识别犯罪活动的重要迹象，并熟悉搜集和报告这些活动的数据的程序。
30 分钟	目标 IV	执法官将了解对犯罪情报信息搜集的法律、隐私和道德限制。

*建议在每个培训目标的课程中参考该领域的最新进展（例如，融合中心、信息共享环境实施计划以及最新术语）。

概要

后“9·11”时代，执法情报工作更重要的变化之一就是如何对待信息共享理念。以前，情报思想的一个关键部分就是维持情报报告的运行安全。从根本上说，这也意味着信息共享是最小限度的。然而，当前的理念是，信息共享必须最大化——尽可能多的威胁相关信息应送到尽可能多的执法人员手中。理由是：掌握威胁相关信息的人员越多，制止或者减少威胁的可能性就越大。然而，由于情报的敏感性质，信息必须以“通知的方式”共享。也就是说，普通执法官必须了解情报记录和犯罪记录之间的区别，如何处理情报报告，以及原始信息如何必须与情报职能共享。他们也必须了解在整个情报流程中其角色的关键性质。犯罪情报进修标准旨在融入这些关键问题。这些标准有助于加强信息搜集及情报流程中执法官角色的重要性。

目标Ⅰ：执法官将了解犯罪情报流程及其如何加强对刑事司法系统贡献的能力。

	标准	课程 / 信息源应考虑的主题
40 分钟	执法官在情报流程 / 循环中的角色和责任	确保执法官了解情报循环的步骤 讨论流程的障碍 提供情报政策或情报政策模型副本 提供情报术语词汇表
	情报的类型（战略的、战术的）	定义“战略情报” 定义“战术情报” 提供产品范例
	情报的起源 / 历史	国家犯罪情报共享计划概述
	情报对执法官的重要性	提供为什么情报对机构及其服务的社区重要的案例
	社区警务及其与情报职能的关系	维护社区关系 定义“社区主导警务” 情报主导警务和社区导向警务的区别 案例
	信息共享框架	融合中心、信息共享环境实施计划以及地方 / 地区倡议

目标Ⅱ：执法官将获得关于有用数据系统、网络和资源的知识。

	标准	课程 / 信息源应考虑的主题
10 分钟	提供可用系统类型的概述	解释不同计划的意义 系统的类型（指针系统、情报系统等） 讨论参与者唯一的系统 提供可用资源和系统的列表或摘要

目标Ⅲ：执法官将能够识别犯罪活动的重要迹象，并熟悉搜集和报告这些活动的数据的程序。

	标准	课程 / 信息源应考虑的主题
40 分钟	记录和提交情报信息的重要性	提供机构沟通流程 / 程序副本 案例
	更新信息搜集方法、报告程序及执法共享系统的使用（区域信息共享系统、高强度贩毒地区、执法在线、反恐怖主义咨询委员会、联合恐怖主义特别工作组）	提供识别关键情报和犯罪活动的技术 包括实地访谈卡的使用 提供情报流程及其如何成功的范例
	审查信息源的识别	案例、视频 提供了解当前威胁的指导 提供关于地方 / 州 / 地区 / 联邦系统和网络的信息 在线资源 公共 / 商业数据
	术语的审查和更新	定义“情报”——它是什么，不是什么，提供产品范例 定义“情报主导警务” 编制袖珍指南式的词汇表

目标Ⅳ：执法官将了解对犯罪情报信息搜集的法律、隐私和道德限制。

	标准	课程 / 信息源应考虑的主题
30 分钟	道德	解释为什么道德与信息处理有关
	更新法律基础、限制和责任问题	如果可用的话，使用法律顾问 包括当前法规并且提供关键法规副本
	更新《联邦规章典集》第 28 篇第 23 部	总体概述《联邦规章典集》第 28 篇第 23 部 提供法规副本
	审查隐私权利和个人自由的保护——当前隐私倡议 / 关切	包括关于隐私的问题 / 范例 视频——移民访谈：对比美国和其原籍国的权利，特别是《第一修正案》和《第四修正案》权利

犯罪情报官（Criminal Intelligence Officer）

时间分配：至少 40 小时
每个目标的时间分配：

5 小时	目标 I	情报官将了解犯罪情报流程及其在流程中的关键作用。
6 小时	目标 II	情报官将了解犯罪情报的法律、道德和隐私问题及其作为情报信息搜集者的责任。
4 小时	目标 III	情报官将获得互联网资源、信息共享系统、网络及其他信息源的知识。
6 小时	目标 IV	情报官将了解正确处理犯罪情报信息，包括档案管理和信息评估。
6 小时	目标 V	情报官将了解开发战术和战略产品的流程，并体验一些产品的开发。
5 小时	目标 VI	通过批判性思维 / 推理阐释过程，情报官将体验从信息中生成犯罪情报。
5 小时	目标 VII	情报官将了解创建和实施搜集计划的任务。
3 小时	推荐一个 3 小时的圆桌讨论。	

* 建议在每个培训目标的课程中参考该领域的最新进展（例如，融合中心、信息共享环境实施计划以及最新术语）。

概要

对于被分配为情报官的执法从业者而言，有几个关键问题会出现：为情报调查而搜集原始信息的法律基础，维护已搜集信息的运行安全，以及提交所搜集信息的适当方法，确保为分析师提供所需信息。公民权利问题以及区分“异常行为”和那些有“超越单纯怀疑的犯罪关系”的能力是错综复杂地联系在一起的。最起码，情报官必须清楚地了解这些问题。最后，情报官必须了解“情报需求”的概念，以便有效地履行这项职能。

目标Ⅰ：情报官将了解犯罪情报流程及其在流程中的关键作用。

	标准	课程 / 信息源应考虑的主题
5小时	情报导论	讨论情报的起源 / 历史 提供情报术语词汇表 提供国家犯罪情报共享计划概述
	情报官在情报流程 / 循环中的角色和责任	确保情报官了解情报循环的步骤 讨论流程的障碍 提供情报政策或情报政策模型副本
	情报对于情报官的重要性	提供为什么情报对机构及其服务的社区重要的案例
	社区警务及其与情报职能的关系	维护社区关系 定义“社区主导警务” 情报主导警务和社区导向警务的区别 案例
	社交关系	为了传递信息，与同行、其他机构、组织和职业会员保持联络 允许参与者讨论其机构建立社交网络的方式
	信息共享框架	融合中心、信息共享环境实施计划以及地方 / 地区倡议

目标Ⅱ：情报官将了解犯罪情报的法律、道德和隐私问题及其作为情报信息搜集者的责任。

	标准	课程 / 信息源应考虑的主题
6小时	法律基础和限制	如果可用的话，使用法律顾问 酌情包括当前法规并且提供关键法规副本 包括美国大检察官办公室、地区检察官办公室和地方检察官的可能资源
	《联邦规章典集》第28篇第23部	总体概述《联邦规章典集》第28篇第23部 提供各种法规副本
	隐私、公民自由和公民权利	包括关于隐私的问题 / 例子 视频——移民访谈：对比美国和其原籍国的权利，特别是《第一修正案》和《第四修正案》权利
	道德	解释为什么道德与信息处理有关 提供情境，说明重要性
	民事责任	提供情报流程中责任问题的概述

目标Ⅲ：情报官将获得互联网资源、信息共享系统、网络及其他信息源的知识。

学时	标准	课程 / 信息源应考虑的主题
4小时	信息源 / 可用资源	执法和情报信息系统，如区域信息共享系统、国土安全情报网络和执法在线 开源信息 所选系统的示范 人力情报源开发
	研究方法	研究方法与调查方法

目标Ⅳ：情报官将了解正确处理犯罪情报信息，包括档案管理和信息评估。

学时	标准	课程 / 信息源应考虑的主题
6小时	处理证据 / 情报	
	标记和秘密信息	涉密 敏感非密信息 受控非密信息 州授权的标记
	运行安全流程	保护方法和来源 政策 / 规定 向媒体、其他执法实体、公民、公共安全机构等披露敏感信息
	信息管理	电子信息、档案（存储）、文档（硬拷贝）
	评估	可靠性 / 来源有效性
	法庭证言	包括短暂的角色扮演开庭 提供可以做和不可以做的注意事项
	标记和使用秘密信息	涉密 敏感非密信息 建议的受控非密信息框架 州授权的标记

目标Ⅴ：情报官将了解开发战术和战略产品的流程，并体验一些产品的开发。

	标准	课程 / 信息源应考虑的主题
6小时	情报产品的类型	
	出色报告写作的原则	提供情报 / 调查项目（报告）、简报等之间的区别
	情报产品的使用	战略、战术、行动，数据可视化和产品价值 威胁评估
	反馈	情报产品是否达到了其预期使用目的

目标Ⅵ：通过批判性思维 / 推理阐释过程，情报官将体验从信息中生成犯罪情报。

	标准	课程 / 信息源应考虑的主题
5小时	批判性思维	
	逻辑 / 逻辑谬论	竞争性假设分析
	推理阐释	
	建议阐释	
	罪案指标	

目标Ⅶ：情报官将了解创建和实施搜集计划的任务。

	标准	课程 / 信息源应考虑的主题
5小时	创建搜集和调查计划	课堂练习——创建一个搜集计划 匹配情报搜集的战略要求
	用户需求	信息是否符合其预期目的
	将用户的反馈纳入情报循环	

* 建议这40小时培训应包括3小时左右的圆桌讨论。

培训师认证培训（Train-The-Trainer）

时间分配：至少 16 小时
每个目标的时间分配：

2 小时	目标Ⅰ	培训师将了解情报流程及其运行方式。
1 小时	目标Ⅱ	培训师将了解国家犯罪情报共享计划、情报主导警务和其他国家信息共享倡议，以及它们在全国减少罪案和暴力所发挥的作用。
5 小时	目标Ⅲ	培训师将获得有关情报系统、其他信息源、当前犯罪威胁、趋势和模式以及访问和应用信息策略的知识。
2 小时	目标Ⅳ	培训师将了解战术情报和战略情报产品的流程和使用。
3 小时	目标Ⅴ	培训师将熟悉最新的培训创新，并了解犯罪情报教学适合的专题资源。
1 小时	目标Ⅵ	培训师将掌握现有课程材料及其使用。
1 小时	目标Ⅶ	培训师将了解关于情报的法律、隐私和道德问题。
1 小时	目标Ⅷ	培训师将准备并提出关于情报的一个简短模块。

* 建议在每个培训目标的课程中参考该领域的最新进展（例如，融合中心、信息共享环境实施计划以及最新术语）。

概要

国家犯罪情报共享计划指出，所有执法官都应接受犯罪情报流程的培训。该培训的目的是确保机构可以有效地开发情报能力，并参与信息共享环境。为美国警官提供广泛情报意识培训最有效的方式之一是通过培训师认证培训计划。培训师认证培训计划的目的是机构将人员送到这个计划中，为了接受开发关于情报流程要求的必要信息基础需要的知识和课程，以便在机构中可以建立一个有效的情报能力。培训师认证培训计划的情报培训最低标准旨在确保新培训师和课程融合所需的关键知识。

目标Ⅰ：培训师将了解情报流程及其运行方式。

时间	标准	课程／信息源应考虑的主题
2小时	情报流程／循环	确保培训师完全理解并能应用情报循环步骤 包括情报人员的角色和职责 流程的障碍 案例、视频
	情报的起源／历史	
	为什么情报重要	提供为什么情报对不同的人／团队（行政长官、政策制定者、调查人员、分析师）重要的范例 案例

目标Ⅱ：培训师将了解国家犯罪情报共享计划、情报主导警务和其他国家信息共享倡议，以及它们在全国减少罪案和暴力所发挥的作用。

时间	标准	课程／信息源应考虑的主题
1小时	国家犯罪情报共享计划及信息共享倡议和系统的概述	信息共享／信息共享倡议（执法信息共享计划、全球司法信息共享倡议、国家数据交换实施者路径指南）（课程开发者应包括当前倡议和地方及地区倡议的重要性） 社区、州、国家面临的威胁 恐怖主义／专题材料 情报主导警务 社区警务
	信息共享框架	融合中心、信息共享环境实施计划及地方／地区倡议
	情报主导警务、社区警务及它们与情报的关系	定义“情报主导警务” 讨论情报主导警务的益处

目标Ⅲ：培训师将获得有关情报系统、其他信息源、当前犯罪威胁、趋势和模式以及访问和应用信息策略的知识。

	标准	课程 / 信息源应考虑的主题
5小时	情报共享系统	执法和情报信息系统 开源信息（包括犯罪历史、区域信息共享系统） 选定系统的示范
	将情报应用于当前威胁	动机、方法、目标

目标Ⅳ：培训师将了解战术和战略情报产品的流程和使用。

	标准	课程 / 信息源应考虑的主题
2小时	认识术语	定义“情报”——什么是、什么不是情报，提供产品范例 定义“情报主导警务” 编袖珍指南式的词汇表
	情报的类型	定义“战略情报” 定义“战术情报” 提供产品范例
	情报产品（情报报告 / 数据 / 联系分析等）	认识报告，战略情报和战术情报的区别

目标Ⅴ：培训师将熟悉最新的培训创新，并了解犯罪情报教学适合的专题资源。

	标准	课程 / 信息源应考虑的主题
3小时	当前的创新和教学技术	
	视听辅助设备、教学媒体及其使用	熟悉多种视听辅助设备 故障排除技术问题 培训材料包

目标Ⅵ：培训师将掌握现有课程材料及其使用。

	标准	课程 / 信息源应考虑的主题
1 小时	熟悉现有的课程、教案、测试和练习	讲义与教案、材料和练习示范 了解提供的培训类型及由谁提供

目标Ⅶ：培训师将了解关于情报的法律、隐私和道德问题。

	标准	课程 / 信息源应考虑的主题
1 小时	法律基础和限制	当前法规及它们如何应用于情报 情报审计 / 完整性
	责任问题	保护信息的标准
	《联邦规章典集》第 28 篇第 23 部	提供各种法规副本
	隐私权和个人自由保护（隐私问题 / 倡议范例）	提供情境，说明隐私问题 讨论保护个人信息的策略
	道德	

目标Ⅷ：培训师将准备并提出关于情报的一个简短模块。

	标准	课程 / 信息源应考虑的主题
1 小时	培训官将为参与者提供专题或者允许学生选择专题进行演示。参与者可以使用多媒体。演示的长度取决于参与者的数量和可用的剩余时间	

附件：犯罪情报术语表（2007 年 10 月）

各级执法机构比以往任何时候都更加共同努力支持信息共享。我们必须指出，为了促进信息共享，正在进行精简情报术语的巨大任务。因此，犯罪情报术语正在不断变化。建议各组织应及时掌握与情报相关的新术语。

此处包含的定义是从犯罪情报视角出发的。此外，众所周知，当处在国家安全情报、军事或商业等语境时，一些单词和短语将有互生或额外意义。这些定义意在描述那些具有犯罪情报职能的人士可能遇到的实体、问题或流程。按照各州法规或地方条例的不同，定义可能也有所不同。

Access（to sensitive information）访问（敏感信息）

当下述 4 种规定情形（指下面 4 个术语所代表的情况——编注）至少有 1 种适用于信息接收者时，执法机构可以发布敏感信息和（或）情报。

Right to Know 有权知道（知情权原则）

依据法定权利、官方立场、法律授权或正式协定，政府或公共机构允许个人接收情报报告。

Need to Know 需要知道（需知原则）

由于管辖、组织或业务需求，传递情报或信息以进一步调查。

Investigatory Value 调查价值

为了监视、逮捕或促进调查，在执法界传递情报或信息。

Public Value 公共价值

由于公共传播可能带来的价值，即（1）协助锁定目标 / 嫌疑人和（2）公共安全目的（如强化目标，采取预防措施），所以，当公众需要知道和有权知道信息时，情报或信息可以向其发布。

Actionable 可行动性（情报）

指对预防罪案或恐怖主义袭击产生明确反应的、具备足够特征和细节的情报和信息。

Administrative Analysis 管理（行政）分析

为确定对辅助管理人员制定政策和（或）资源配置决策有用的趋势和条件，对经济、地理、人口统计、人口普查或行为数据进行的分析。

Allocation 配置

指对表明涉嫌参与犯罪活动的不同个体之间关系的信息进行搜集和分析，可以为犯罪行动以及何种调查策略可能更有效提供洞察力。

Analysis 分析

为实现犯罪调查或评估，通过应用归纳或逻辑演绎方法，对信息进行组织和系统地审查，从而产生具有现实或启发性意义的活动。

Archiving（Records）归档（记录）

指在一个案件已结束或处理后，对长期存储的记录进行的一种维护。作为一个应急问题，应需要保留该记录，以供日后参考。

Association Analysis 关联分析

将关键调查和（或）评估变量输入一个二维矩阵，检查矩阵中关联变量呈现的关系和模式。

Automated Trusted Information Exchange（ATIX）自动信任信息交换系统

由区域信息共享系统（Regional Information Sharing Systems®）运营的自动信任信息交换系统，是通过 ATIX 电子公告栏、安全网址和安全电子邮件，向执法或其他应急机构传递国家安全或恐怖主义信息的一个安全措施。

Bias/Hate Crime 偏见 / 仇恨犯罪

指由于种族、民族、宗教信仰或性取向而引起的、针对任何人或团体的任何犯罪行为。

C3 指挥、控制和通信

最初由军事情报使用的一个情报应用概念，代表指挥（Command）、控制（Control）和通信（Communication），作为有效情报行动的标志。

Clandestine Activity 秘密活动

通常是一项广泛和以目标为导向的活动。该活动经计划并执行，用来掩盖行动的存在。只有参与者和发起该活动的机构需要了解这项行动。“店面”（Storefront）行动、“圈套”（Stings）和某些集中卧底调查（如“阿伯斯坎调查行动”）可以归入秘密搜集活动类别。

Classified Information/Intelligence 涉密信息 / 情报

指一个定密、防护和解密国家安全信息的统一体系，包括关于防御跨国恐怖主义的信息。为保护公民、美国民主制度、美国国土安全以及美国与其他国家和实体的交往，该体系应确保某些信息维持秘密状态。

Top Secret Classification 绝密级

适用于合理预期未经授权被披露会对原始密级权限可确定或描述的国家安全造成极严重损害的信息（根据《第 12958 号行政令》，2003 年 3 月 25 日 [Executive Order 12958, March 25, 2003]）。

Secret Classification 机密级

适用于合理预期未经授权被披露会对原始密级权限可确定或描述的国家安全造成严重损害的信息（根据《第 12958 号行政令》，2003 年 3 月 25 日 [Executive Order 12958, March 25, 2003]）。

Confidential Classification 秘密级

适用于合理预期未经授权被披露会对原始密级权限可确定或描述的国家安全造成损害的信息（根据《第 12958 号行政令》，2003 年 3 月 25 日 [Executive Order 12958, March 25, 2003]）。

Collation（of information）（信息）整理

指对搜集和评估的信息进行审查，以确定其对一个有争议案件或问题的独立适用性，并在一个允许快速访问和检索的表格或系统中确定有用信息的位置。

Collection（of information）（信息）搜集

指对信息的识别、定位和记录 / 存储，通常来自原始信息源，并使用人力和技术手段，为达到明确的战术或战略情报目标而被纳入到情报循环之中。

Collection Plan 搜集计划

指完成情报需求评估的预备步骤，以确定搜集的信息的类型、选择方案以及时间表。

Command and Control 指挥与控制

在完成任务的过程中，通过指挥官对规划、指导、协调、控制部队和行动所使用的人员、装备、通信、设施、程序进行安排，实现指挥和控制职能。

Commodity（Illegal）商品 / 物品（非法）

在本质上指非法持有 / 买卖的任何商品或物品，或者如果不是禁运的，但本身以非法方式进行分销、交易或销售的任何材料。

Commodity Flow Analysis 商品（物品）流分析

为辅助瓦解非法活动并逮捕参与非法活动的一切人士，而对来自非法活动的违禁品和金钱的交易、运输、分销进行图形描绘和说明的一种分析方法。

Communications Intelligence（COMINT）通信情报

为跟踪通信模式和协议（流量分析），在交换情报的各方或团体之间建立联系，并（或）分析通信的实质意义，采集情报目标之间交换的或由已知或被怀疑目标传递的加密或“明码”信息。

Conclusion 结论

基于信息分析对嫌疑人、行动或自然状态的明确表述。

Confidential 秘密

参见“涉密信息 / 情报”和“秘密级”。

Continuing Criminal Enterprise 持续企业式有组织犯罪集团

指涉嫌持续或永久存在的犯罪活动的任何个人、合作伙伴、公司、社团或其他合法实体，以及虽然不是合法实体，但事实上相关联的任何联盟或团体。

Controlled Unclassified Information（CUI）受控非密信息

这是一个被提议替代“敏感非密信息”（Sensitive But Unclassified）的术语，但尚未被正式采用。

Coordination 协调

针对目标的实现，使工作职能、职责、责任、资源和举措相互关联的过程。

Counterintelligence 反情报

既指为调查国家安全事务相关的间谍、叛乱或颠覆活动，而整编、分析和（或）传递的信息，也是一项通过识别、抑制和操纵其他团体、政府或个人的情报工作，介入反制或制定战略应对它们的国家安全情报活动。

Covert Intelligence 隐蔽情报

为掩盖信息搜集和（或）参加活动的任何官员或特工的身份，而策划和实施的一项隐蔽活动。

Crime Analysis 罪案分析

对搜集的关于犯罪案件和警察服务交付变量的信息进行分析的过程，目的是为警力部署、资源配置和警务战略提供指导，并作为一种手段，使警察部门的犯罪预防活动和高效运行最大化。

Crime-Pattern Analysis 罪案模式分析

基于作案手法、时间、地理变量等犯罪事件特征，对犯罪性质、程度和变化进行的一项评估。

Criminal History Record Information（CHRI）犯罪历史记录信息

刑事司法机构搜集的关于个人的信息，由逮捕、拘留、起诉、检控或其他形式的刑事指控以及由此产生的判决、惩教监督和（或）释放等任何处置的可识别描述和符号组成。这一术语并不包括指纹记录等身份信息，就此而言，这些信息并不表明个人卷入了刑事司法系统。

Criminal Informant 刑事特情

参见“线人”。

Criminal Intelligence 犯罪（嫌疑人）情报

参见“情报（犯罪）”和“执法情报”。

Criminal Investigative Analysis 犯罪调查分析

指一个研究连环犯、受害人和罪案现场的分析过程，目的是评估罪犯的特征和行为，从而确定或辅助识别罪犯。

Criminal Predicate 上游犯罪

当执法机构合理怀疑个人参与犯罪行为或活动，以及当发现信息与该犯罪行为或活动相关时，那么有关个人或他（她）行为的信息可能只被搜集和存储在执法情报档案系统中。

Cryptanalysis 密码分析

指一个破译已被加密的情报目标通信的过程。

Cryptography 密码系统

指为防止自己讯息被研究和解读而建立的、用于通信传输的密码或加密系统。

Cryptology 密码学（术）

为防止通信被未经授权或意想不到的一方窃听，对处理“密码”开发和通信“扰频”的通信加密方法进行研究的一门学问。

Data Element 数据元素

指描述或界定具体特征或属性的数据库字段。

Data Owner 数据所有者

指最初将信息或数据录入执法档案系统的机构。

Data Quality 数据质量

指为确保执法机构档案系统中所有信息的完整、准确和安全而实施的控制。

Deconfliction 消除冲突

用于确定是否多个执法机构正在调查同一个人或罪案，并且为在案件中涉及共同利益的机构提供通知的流程或系统。这是一个信息和情报共享的流程，旨在使机构之间的冲突最小化，并使调查的效力最大化。

Deductive Logic 演绎逻辑

指一个获取信息并从该信息中得出结论的推理过程。

Deployment 部署

为处理具体罪案问题或警察勤务需求而对人员进行的一种短期分配。

Designated State and/or Major Urban Area Fusion Center 指定的州和（或）主要城市区域融合中心

每个州被指定作为信息共享环境中主要或领先的融合中心。

Dissemination（of Intelligence）（情报）传递

指以最合适的格式使用某种协议，将已分析的信息有效传递给需要信息的人员，以推动后者的组织实现目标的过程。

Due Process 正当程序

指在刑事司法过程中应该遵守的基本公平原则，包括对法律标准、警察选区公民权利以及司法基本原则的遵守。

El Paso Intelligence Center（EPIC）埃尔帕索情报中心

指作为地方、州和联邦执法机构交换中心或情报资源的一个协同情报中心。该中心首要关注的是毒品走私，然而，埃尔帕索情报中心也管理其他犯罪情报。

Enterprise 企业式有组织集团

任何个人、合作伙伴、公司、社团或其他合法实体，以及虽然不是合法实体，但事实上相关联的任何联盟或团体。

Estimate 估算

参见“情报估算”。（有时亦被译作“评估”，如国家情报评估 [National Intelligence Estimate，NIE]——编者）

Evaluation（of Information）评估（信息）

借助信息有效性和可靠性评估，审查为情报循环搜集的所有信息的质量。

Event Flow Analysis 事件流分析

指对事件、行为以及参与非法事件的人进行图形描绘和说明的一种分析方法。作为辅助起诉以及预防未来违法事件的一个工具，该方法旨在帮助理解一个事件是怎样发生的。

Exemptions（to the Freedom of Information Act）豁免（针对《信息自由法案》）

依据《信息自由法案》的要求，执法机构不需要披露信息的情况。

Field Intelligence Group（FIG）地区情报组

联邦调查局地区调查处（FBI Field Office）的集中式情报部门，负责管理、执行以及协调地区调查处所在区域的情报职能。

Field Intelligence Report（FIR）地区情报报告

由警官发起对其认为行事可疑者的盘问，该方式可能表明后者策划或准备实施犯罪活动。

Financial Analysis 金融分析

指对金融数据进行审查和分析以确定犯罪活动存在与否的一种方法。该方法涵盖银行记录分析、净值分析、财务概况分析、资金来源和用途分析、财务报表分析和（或）《银行保密法》记录分析等内容。该方法也可以找出犯罪所得的目的地，并支持起诉。

Flow Analysis 流向分析

指对原始数据进行审查，确定事件的先后次序或可能反映犯罪活动相互作用的一种方法。流向分析包括时间线、事件流分析、商品流分析以及活动流分析，并且可能显示需要进一步调查的、下落不明的行为或事件。

For Official Use Only（FOUO）仅供官方使用

适用于敏感非密信息的一种标志。根据《信息自由法案》，这些信息可免于强制公之于世。

Forecast（as related to Criminal Intelligence）（与犯罪情报相关的）预测

指分析过程的一个产品。基于对过去、当前和发展趋势的全面、综合分析，该过程可提供未来罪案和罪案模式发生的可能性。

Freedom of Information Act（FOIA）《信息自由法案》

该法案颁布于 1966 年。《信息自由法案》（美国法典第 5 编第 522 节 [5 U.S.C. 552]）规定，具有法院强制执行权利的任何人可以访问联邦机构记录，除非这些记录（或部分）因 9 条豁免条款之一而免于被披露。

Fusion Center 融合中心

执法情报融合过程的物理位置。

Fusion Center Guidelines 融合中心指南

由执法情报主题专家们制定的一系列国家公认的标准，设计用于开发和管理情报融合中心的良好实践。

Fusion Process 融合流程

指管理各级政府和各级部门信息和情报流动的总体流程。

Granularity 精细度（粒度）

考虑信息的具体细节和片段，包括构成通过分析生产情报的要素的细微差别和情境推理。

Guidelines 指南

参见“情报记录指南”。

Homeland Security Advisory System 国土安全咨询系统

由美国政府设计的一个信息和通信结构，用于美国各级政府和美国人民传递关于恐怖主义袭击风险的信息，并提供了一个 5 级风险评估框架：低（Low）、审慎（Guarded）、偏高（Elevated）、高（High）和严重（Severe）。

Human Intelligence（HUMINT）人力情报

指一种要求对目标、目标的人际关系或目标环境进行观察的情报搜集方法。它一般通过使用个人直接感觉或感官的可视和（或）音频强化手段搜集情报。

Hypothesis（from Criminal Intelligence Analysis）（犯罪情报分析中的）假设

基于情报信息的积累和分析而得出的关于人、事件和（或）商品的暂时结论，这些结论将通过进一步调查和分析得到证实或证伪。

Imagery 图像

指通过光或电的手段，在任何介质上产生的一个物体或现场的再现。图像的性质将取决于感应介质和感应平台。

Indicator 指标

指通用界定和可观察的一些活动。基于对过去已知行为和特征的分析，这些活动共同表明一个人可能正在实施，可能准备实施，或已实施了非法行为。

Inductive Logic 归纳逻辑

指接收不同特定信息，并通过提出假设的过程，推断信息更广泛意义的推理过程。

Inference Development 推理阐释

基于运用归纳或演绎逻辑对与目标相关的原始信息进行分析，提出一个与情报目标相关的或然性结论、估计或预测的过程。

Informant 线人

指向执法机构提供关于犯罪行为信息但又不隶属于执法机构的人。线人可能是一位社区成员、商人或者试图保护自己免于被起诉和（或）提供信息获取报酬的刑事特情。

Information 信息

指原始和未经分析的数据，用以确定人、证据或事件，或者用以阐明犯罪事件发生或犯罪事件证人或证据的过程。

Information Classification 信息密级

参见“涉密信息 / 情报”。

Information Evaluation 信息评估

参见“评估（信息）”。

Information Sharing Environment 信息共享环境

指在各级政府、私营部门以及外国合作伙伴之间建立的一种值得信赖的伙伴关系，用以检测、预防、先制和减轻恐怖主义对领土、人民和美国利益的影响。这一合作伙伴关系首先在 5 个联邦共同体之间可以信任、安全、适当地交换恐怖主义信息，并以各安全密级往返于各级（州、地方和部落）政府、外国盟友以及私营部门。

Information Sharing System 信息共享系统

无论通过计算机还是人工方式，一种旨在快速有效地分发有关罪犯、罪案和（或）事件的重要信息，以加强执法机构的预防和逮捕活动的一体化安全方法。

Information System 信息系统

无论是手工，还是电子方式，为记录和参考而搜集、处理、存储以及检索关于个别实体信息的组织化手段。

Intelligence（Criminal）情报（犯罪）

为预测、预防或监控可能的犯罪活动，对与一个可识别的人或团伙有关的罪案或罪案模式相关的原始信息进行分析生成的产品。

Intelligence Analyst 情报分析师

指为了阐释刑事案件，解读犯罪现象，描述罪案和罪案趋势，准备法庭和起诉材料，或得出罪案问题或犯罪集团的评估结论，负责接收与一个罪案相关的不同事实、情况文档、证据、盘问以及其他任何材料，并将这些材料组织到一个逻辑和相关框架的专业职位。

Intelligence Assessment 情报评估

指适用于地方、州、部落以及联邦执法机构，与犯罪或国家安全威胁相关的情报问题综合报告。

Intelligence Bulletin 情报通报

指以文章的方式描述新发展和演变趋势的一种情报成品。它是典型的敏感非密信息，可以向地方、州、部落以及联邦执法机构发布。

Intelligence Community 情报界

包括军事领域在内的、负责防止对美国国家安全进行破坏，并对国家安全威胁做出反应的美国政府机构。

Intelligence Cycle 情报循环

指为实现情报职能的目标，而搜集、评估和分发信息的一个组织化流程。它是从事分析活动并使之成为一种可用形式的方法。

Intelligence Estimate 情报估算 / 评估

指为确定对刑事罪犯和恐怖分子可采取的各项措施及其被采用可能性的顺序，而对与特定情况或条件相关的可用情报进行的一种评估。该评估以书面或口头形式表达，内容包括对要分析的罪案或问题的经济、人和（或）定量的刑事影响进行战略预测。

Intelligence Function 情报职能

指执法机构内负责搜集、分析和（或）传递等执法情报某些方面的活动。

Intelligence Gap 情报缺口

指关于网络、犯罪、国家安全事务或威胁尚未解答的问题。

Intelligence Information Report（IIR）情报信息报告

指原始、未经评估的情报，即关于犯罪或国家安全问题的、易逝或有时限的信息。虽然完整的情报信息报告可能是保密的，但地方、州以及部落执法机构将有权接触（访问）报告撕裂线以下的敏感非密信息。

Intelligence-Led Policing 情报主导警务

指针对战术响应和有关资源配置、战略响应的战略决策，通过动态使用情报将运行的执法活动导向目标、物品或威胁的一种警务管理思想。

Intelligence Mission 情报使命（任务）

指执法机构的情报职能履行支持该机构整体使命的角色。情报使命（任务）使用通用语言明确规定情报职能旨在完成什么。

Intelligence Mutual Aid Pact（IMAP）情报互助协定

指执法机构之间旨在加快情报记录中信息共享进程的正式协议。

Intelligence Officer 情报官

指为调查、联络或要求宣誓警官执行的其他情报相关活动，而分配到机构情报职能部门的执法官员。

Intelligence Product 情报产品

指包含评估、预测、联系、关联和其他分析结果在内的报告或文件。其可以传递给执法机构使用，以预防罪案、强化目标、逮捕罪犯和进行起诉。

Intelligence Records（Files）情报记录（档案）

关于涉嫌（合理怀疑）正在参与实际或企图策划、组织、资助、实施犯罪行为，或者涉嫌与已知或可疑犯罪人物正在或已经参与犯罪活动的个人、组织、企业、团体之间活动和联系的存储信息。

Intelligence Records Guidelines 情报记录指南

指源于《联邦规章典集》第 28 篇第 23 部的指南和标准，用于制定执法机构使用记录的管理政策和程序。

International Criminal Police Organization（INTERPOL）国际刑警组织

为在预防、侦查和震慑国际犯罪工作中互相帮助，而建立的一个全球性执法组织。它拥有国际警察数据库，为成员国间交换日常刑事调查信息提供安全的国际交流；它也是一个国际罪犯 / 逃犯和被盗财产的信息交流中心。

Key Word In Context（KWIC）文中关键词索引

指对所选的代表被存储证据或信息的关键词进行索引的一个自动系统。

Law Enforcement Intelligence 执法情报

为对社区状况、潜在问题或犯罪活动做出判断和推理，是搜集、评估罪案和（或）企业式有组织犯罪集团信息这一分析流程的最终产品。该产品旨在提起刑事诉讼、预测罪案趋势或为管理部门做出明智决策提供支持。

Law Enforcement Sensitive（LES）执法敏感信息

指专门为执法目的整编的敏感非密信息，如果不受保护免于未经授权的访问，那么可以合理预期：（1）干扰执法程序；（2）剥夺一个人的公平审判或公正裁决权利；（3）对其他人的隐私构成不当侵犯；（4）泄露秘密消息来源的身份；（5）泄露调查技术和程序；（6）置个人的生命和人身安全于危险之中。

Method 方法

指如何获取并记录关键信息的方法，如电子监视或卧底行动。

Micro-Intelligence 微观情报

指为了促进案件进展或资源分配，关注于当前问题和罪案的情报活动。

Money Laundering 洗钱

指为隐瞒收入来源、已从收入中获得“报酬”的人员和（或）非法收入地点，而使用多种非法货币交易和（或）通过非法活动获得流通票据的惯用做法。

National Central Bureau（NCB / USNCB）国家中心局

指位于华盛顿特区的国际刑警组织美国总部。

National Criminal Intelligence Resource Center（NCIRC）国家犯罪情报资源中心

该中心是一个包含执法情报行动和实践信息的互联网站。该网站为刑事司法从业者提供可以访问多个犯罪情报资源的集中资源信息库，以帮助执法机构培育、实施和保持合法而有效的情报能力。

National Criminal Intelligence Sharing Plan（NCISP）国家犯罪情报共享计划

指一个由美国司法部司法计划办公室支持，安全连接地方、州、部落和联邦执法机构，并促进重要情报信息交换的官方情报共享倡议。该计划包括模型政策和标准，并且在增强或建立一个情报职能时，是执法管理人员遵循的一个蓝图。该倡议描述了一个将连接包括巡逻警员、情报分析师、单位指挥官和警察行政长官在内的各级执法人员的全国性交流能力。

National Security Intelligence 国家安全情报

指就政策、经济因素以及维护美国主权原则而言，关于美国与外国势力、组织以及个人间关系和平衡的信息搜集和分析。

Network 网络

指相互连接的组成要素之间的结构，旨在彼此沟通并作为一个单位以特定方式履行其职能。

Open Communications（OPCOM）公开通信信息搜集

指为了分析信息，对公开、公用的通信、广播、音频或视频记录、宣传、发表的声明以及其他分发的书面或记录材料进行的一种搜集。

Open-Source Information（or Intelligence）开源信息（或情报）

指执法机构不需任何合法程序或任何类型的秘密搜集技术而获取的可分析调查目标或事件的个人数据、记录、报告和评估。更准确地说，是通过满足供应商的版权和商业要求，以及寻求信息的任何人以不受法律限制进行访问的方式获取的信息。

Operational Analysis 战役分析

指对企业式有组织犯罪集团或恐怖主义组织进行评估的一种方法。所评估的方法描述了该企业或有组织犯罪集团如何从事活动，包括通信、思想、薪酬、安全以及对其生存必要的其他变量。

Operational Intelligence 战役情报

指对现行或潜在目标（如犯罪分子、犯罪集团、有关处所、联络地点、通信方式）进行评估而经过系统组织的信息。本质上，这是一个启发式过程，其中存在充分的理由怀疑犯罪活动。为了推动案件的逮捕或起诉，情报活动应探寻这些理由和最新信息的依据。

Outcome Evaluation 结果评估

指通过一些可衡量的定性和定量术语界定目标，并认定用于衡量是否成功实现目标，测定和解释成功的程度，以及实现预期目标（结果）的进一步行动建议的适当标准（或变量），进而确定成功实现预定目标价值和数量的过程。

Planning 计划

指针对未来情况的准备工作，即评估需要处理该情况的组织需求和资源，并启动相关的应对策略。

Pointer System or Index 指针系统或索引

指用来存储识别个人、组织和（或）罪案方法信息的一种系统。目的是将对该系统定义的实体有类似的调查和（或）情报利害关系的执法机构连接起来。

Policy 政策

意为指导职责履行的原则和价值。一项政策并非在特定情况下必须做什么的声明，而是在针对目标实现的活动中，应该遵循的指导原则的一种声明。

Prediction 预测

基于描述作为预见基础的历史趋势信息的分析，对未来犯罪行为、罪案趋势性质的变化以及企业式有组织犯罪集团进行的一种推断。

Preventive Intelligence 预防性情报

指可用于制止或预先阻止罪案或恐怖主义袭击发生的一种情报。

Privacy（Information）隐私（信息）权

指确保刑事司法机构对个人信息进行搜集、维护、使用和披露时，将遵守法律和宪法有关限制条款的一种权利。对这类信息的使用，被严格限定在法律程序允许的条件下。

Privacy（Personal）隐私（个人）权

指确保刑事司法机构对通信、联系和交易等个人行为信息进行搜集、维护、使用和披露时，将遵守法律和宪法有关限制条款的一种权利。对这类信息的使用，被严格限定在法律程序授权监控和调查的条件下。

Privacy Act 隐私法

指允许个人审查与己有关的几乎所有联邦档案（州档案受各自州的隐私法保护），限制个人信息的披露，规定不设立关于个人的秘密记录系统，并强迫政府披露其信息源的一种法律。

Proactive 前瞻性的（先发制人的）

为了消除或减轻事件的影响，针对问题或情况，采取预期的行动。

Procedural Due Process 程序性正当法律程序

在刑事司法过程期间，剥夺个人生命、自由或财产时，确保程序符合宪法标准的一种法律授权和保证。

Procedure 程序

指从事一项行动的方法或者一系列行动的进展方式。与政策的不同之处在于，它是在政策原则范畴内指导特定情况下的行动，以执行具体任务。政策和程序都是以目标为导向的。然而，政策设置了行动的限制条件，而程序则在这些限制条件内指导反应。

Profile/Criminal Profile 画像 / 犯罪画像

指基于对罪犯所犯罪行的分析，用于识别和界定罪犯的主要个性和行为特征的一项调查技术。（亦被译作“犯罪侧写”或“犯罪心理学画像”——编者）

Protocol（of Intelligence Collection）（情报搜集）协议

指用来获取战略情报和战术情报分析所需的口头或书面信息、人的行为以及物理证据的信息搜集程序。

Purging（Records）清理（记录 / 档案）

因为记录被认为不再具有长远价值，或因为对记录的进一步访问将对任何正当的政府利益没有用处，而对其进行移除或销毁。

Qualitative（Method）定性（方法）

指对以叙述或者修辞形式描述的信息进行搜集和分析的研究方法，得出的结论是基于对该信息意义的累积性解释。

Quantitative（Method）定量（方法）

指对可以计数或可被统计分析测量量表中的信息进行搜集和分析的研究方法。

Racketeer Influenced and Corrupt Organizations（RICO） Act or Similar State Statutes《反有组织犯罪及腐化组织法》或类似的州法规

《1970 年有组织犯罪控制法》第 9 编（《美国法典》第 18 编第 1961—1968 节）对敲诈勒索或非法债务募集者进行民事和刑事处罚，而该模式与影响州际贸易的企业式有组织犯罪集团具有特定关系。

Racketeering Activity 有组织敲诈勒索活动

指包括谋杀、抢劫、敲诈和其他一些重特大罪行在内的州重刑罪，以及敲诈、州际盗窃、毒品违法、邮件欺诈、证券欺诈在内的超过 30 种重特大联邦罪行。

Reasonable Suspicion 合理怀疑

当已有信息提供了充分事实时，为受过培训的执法或调查机构官员、调查人员或雇员提供基础，使其相信存在一种合理可能性，即一个人或组织参与了一个可确定的犯罪活动或企业式有组织犯罪集团。

Recommendation 建议

指基于分析结果，提出采取行动的提议。

Records（Intelligence）记录（情报）

参见“情报记录（档案）”。

Records System 记录（档案）系统

通过引用姓名或其他个人标识符，如社保号码，可以从中检索信息的一种记录集合。

Red Team 红队

指一项评估漏洞（脆弱性）的技术，包括从攻击者的视角看待一个潜在目标，以识别隐藏的漏洞，并预测可能的攻击模式。

Regional Information Sharing Systems®（RISS）区域信息共享系统

该系统由 6 个地区性情报中心组成，针对所有 50 个州、哥伦比亚特区、美国领土、澳大利亚、加拿大和英国等共 8000 多个地方、州、部落和联邦会员执法机构，提供安全通信、信息共享资源以及调查支持，以打击跨辖区的犯罪和恐怖主义威胁。

Regional Intelligence Center 区域情报中心

指在一个逻辑性的地理区域合作建立的跨辖区中心。该中心可协调联邦、州以及地方执法信息与其他信息资源，以跟踪和评估在该区域内运行或与之相关的犯罪和恐怖主义威胁。

Reliability 可靠性

指与问题"该信息源是前后一致且可靠的吗？"相关的一种状况。

Reporting 报告

依据情报类型，将分析后的信息以合适形式体现的过程，确保其得到最有效的利用。

Requirement（Intelligence）需求（情报）

指机构的情报职能部门或其他情报生产组织所需情报行动执法要素的类型，以便执法官员使保护和预防工作最大化，并发现和逮捕应负刑事责任的人。

Responsibility 职责

职责反映了一个单位或个人如何使用职权，并决定是否已经实现目标，以及是否以与界定的权限相一致的方式完成任务。

Risk Assessment 风险评估

指对一个目标、非法物品或受害人进行的分析，以确定被攻击或卷入犯罪活动的概率，并分析漏洞。

Risk Management-Based Intelligence 基于风险管理的情报

既指一个情报分析方法，其目标是计算威胁源造成的风险或受威胁源威胁的行为；也是一种为计划和政策制定提供战略情报，特别是关于旨在预防犯罪行为的漏洞分析和反制措施的手段；还是一个提供战术或战役情报，支持针对特定威胁源行动、能力或形态的方式。其可以是定量的，如果存在适当的数据库，那么就可以测量可能性和影响并计算风险；其也可以是定性和主观的，还可以为资源配置、战略计划的其他决策以及战术情况下的行动提供一个合理可靠的风险排序。

Rules 规则

指可防止偏离政策或程序的特定要求或禁令。违反规则的通常结果是接受内部调查，并且可能导致纪律处分。

Sensitive Compartmented Information（SCI）敏感隔离信息

指关于情报源、方法或分析过程，需要在正式的访问控制系统内进行处理的涉密信息。

Sensitive Compartmented Information Facility（SCIF）敏感隔离信息设施

指可以储存、使用、讨论、和（或）加工敏感隔离信息的官方认可的区域、场所、套房、建筑物或设施。

Sealing（Records）密封（记录 / 档案）

指由机构存储的记录 / 档案，但如果没有法庭命令或法定权利，就不能对其访问、参考或使用。而法庭命令或法定权利要基于存在审查密封信息的合法政府利益的证据。

Security 安全

指当被结合在一起时，可以保护人们免于伤害、信息免于泄露或篡改以及财产免于被盗或损毁的一系列程序和措施。（参见 Criminal Justice Commission, 1995）

Sensitive But Unclassified（SBU）Information 敏感非密信息

指尚未涉及正在调查重大执法案件的联邦执法机构确定密级的信息，以及只对那些须进一步调查与防止犯罪或反恐的人士传递，并符合传递标准的犯罪情报报告。

Sensitive Homeland Security Information（SHSI）敏感国土安全信息

指由机构或任何地方、县、州或部落政府产生或接收，一旦被丢失、滥用、未经授权披露、修改或未经授权访问，就会大大损害相关工作人员预测、分析、调查、阻止、预防、抵御、减轻恐怖主义影响，或从恐怖主义行动中恢复的能力和（或）工作的任何信息。这种信息并不包括以下几类：

1. 根据《第 12958 号行政令》（Executive Order 12958）及其修正命令或任何后续命令，划分为国家安全信息密级的信息；
2. 由《第 12951 号行政令》（Executive Order 12951）及其任何后续命令或者《1954 年原子能法案》（Atomic Energy Act of 1954 [42 U.S.C. § 2011]）指定，需要保护免受未经授权披露的信息；
3. 《联邦规章典集》第 6 篇（6 Code of Federal Regulations [CFR] § 29.2）规定受保护的关键基础设施信息（Protected Critical Infrastructure Information，PCII）；
4. 《联邦规章典集》第 49 篇第 1520 部（49 CFR Part 1520）规定的敏感安全信息（Sensitive Security Information，SSI）。

Signal Intelligence（SIGINT）信号情报

指通过各种射频信号、微波信号、卫星音频通信、非图像红外相干光信号拦截，以及用于支持通信情报活动以秘密音频微型发射器传输的一种情报。

Sources 线人（情报源）

从情报视角看，指搜集或持有情报分析所需重要信息的人，即从事人力情报（HUMINT）搜集的人。

Spatial Analysis 空间分析

指使用地理信息系统结合罪案分析技术，评估罪犯、罪案和其他执法活动地理环境的一种过程。

Statistical System 统计系统

为了分析、研究和参考之目的，搜集、加工、存储并检索聚合信息的一种组织化手段。这种系统并不存储单个记录。

Strategic Intelligence 战略情报

为计划、决策和资源配置目的，与罪案模式、罪案趋势、犯罪组织和（或）非法物品交易有关的一种评估信息，可用于独特、普遍、复杂罪案问题的集中审查。

Substantive Due Process 实质性正当程序

指帮助人们反对武断、不合情理、善变的法律的一种程序，可对独裁政府进行行动限制，以使任何政府机构均不能超越宪法授权而行使权力。

Surveillance 监视

为搜集用于推进犯罪侦查的犯罪或“线索”信息，对执法情报（Law Enforcement Intelligence，LAWINT）目标（个人或团体）的活动、行为和关系人进行的一种观察。

Tactical Intelligence 战术情报

指眼前的执法活动可以依据的一种评估信息，也是特别关注研究现场案件的一种情报活动。

Target 目标

指作为调查以及情报分析对象的任何人员、组织、团体、罪案、系列犯罪或物品。

Target Profile 目标概况分析

指针对启动目标行动或支持打击个人及网络化团体的持续行动，而包含充分细节的一种概述。

Targeting 目标定向分析

指对具有明显特征的罪案、罪案趋势、罪案模式进行识别，使情报信息搜集和分析成为识别、逮捕和起诉需承担刑事责任者的一个迅速而有效的方法。

Tear-Line Report 撕裂线报告

指一种包含涉密情报或信息的报告。用这种方式准备报告时，与情报源和方法相关的信息应极易从报告中剔除，以保护来源和方法免遭泄露。通常情况下，撕裂线以下的信息可作为敏感非密信息发布。

Telemetry 遥感测量

指一种对发自无线电导航系统（如脉冲转发器）、雷达系统等来源的非通信电磁辐射信息及车辆或设备监控装置的信息/数据信号进行搜集和处理的技术和方法。

Telephone Record（Toll）/Communications Analysis 电话记录/通信分析

指对与调查目标相关的电话呼叫活动进行的一种评估，具体包括对被叫和（或）接收的电话号码、号码间的呼叫频次、呼叫日期、通话时长和使用模式等要素进行分析。

Third Agency Rule 第三方机构规则

在接收机构不向任何其他机构（即第三方机构）发布信息的前提下，来源机构向接收机构发布信息的一项协议。

Threat Assessment 威胁评估

指对辖区内的罪犯或恐怖分子的存在情况、可能涉及的目标以及罪犯或恐怖分子将实施非法活动的概率分析等三者相结合的一种评估。这种评估重点关注罪犯或恐怖分子实施威胁的机会、能力和意图。

Threat Inventory 威胁清单

指在执法机构所在区域内，用于识别潜在、具有犯罪或恐怖主义威胁的个人或团体，但无法判断其威胁类型的一种基于情报的信息调查表。该清单仅可确定这些个人或团队存在与否。

Undercover Investigation 卧底调查

指主动渗透或尝试渗透到一个被认为参与犯罪活动的团体，和（或）与一个执法情报目标互动交往的调查行动，以搜集用来推进犯罪调查的定罪信息或线索信息。

Validity 有效性

指与问题"该信息真的代表着我们认为它所代表的那样吗？"相关的一种状况。

Variable 变量

指个人、团体、物品或事件的任何不同特征。

Vet 审查

指将提议、工作产品或理念委托给指挥人员和（或）专家进行评估的一种方式，以确定产品的准确性、与思想体系的一致性和（或）在行动前的可行性。

Violent Criminal Apprehension Program（VICAP）暴力犯罪逮捕计划

由FBI国家暴力犯罪分析中心运营，旨在搜集、整理和分析特定暴力犯罪情报的一种全国数据信息中心。

Vulnerability Assessment 漏洞评估

指对司法管辖区内犯罪或恐怖主义集团的可能目标的一种评估，通常与目标漏洞、被袭击的可能性以及抵御攻击的能力等评估相结合。

Warning 预警

由于获取了关于罪案或恐怖袭击可能性的信息和情报，而提前通知以免造成可能的损害或牺牲的一种手段。

B.5 国际执法情报分析师协会分析师标准

以下是国际执法情报分析师协会出版的“执法分析师标准”概要。若需要此出版物的完整版本，请通过邮箱 admin@ialeia.org 联系国际执法情报分析师协会。

分析师标准

1. 教育标准

受雇的分析师应具有 4 年大学学位或同等条件。同等条件是指 2 年学位加上至少 5 年的先前研究 / 分析 / 面向情报的经验，或不到 2 年学位加上至少 10 年的先前研究 / 分析 / 面向情报的经验。这些经验可以来自于私营、公共或军事部门。经验可以通过工作描述或工作业绩来证明。适当的大学学位领域应包括研究与写作方面，具体可指社会科学、英语、新闻以及刑事司法等专业。如果获得的知识有助于需要完成的分析类型，那么这些领域也可以包括商业或科学学位。

2. 培训标准

初步的分析培训应至少 40 小时，并且应由具备执法分析经验的教官提供。培训应包含但不限于以下主题：

· 情报循环 / 流程、情报主导警务、国家犯罪情报共享计划；

· 文档管理、信息评估、批判性思维；

· 逻辑；

· 推理阐释和建议；

· 搜集计划；

· 研究方法和信息源、罪案模式分析、关联 / 网络分析；

· 电话记录分析 / 通信分析；

· 流向分析、空间 / 地理分析、金融分析；

· 战略分析；

· 分析写作、演示技巧、统计；
· 图形技术；
· 计算机程序辅助分析；
· 职业道德、职业精神、法庭证据。

3. 继续教育

从事分析职能的人每年应接受至少 8 小时的继续分析教育，通过正式教育、培训课程、远程学习或自主学习相结合的方式完成。培训提供者应参加该主题的专业协会或具有学历证书。继续教育可以包括上述第 2 条“培训标准”所列举的主题。

4. 职业发展标准

在整个职业生涯期间，分析师应保持职业发展计划，并且在这个过程中，受到雇主的支持。通过为分析人员（履行情报职责的分析师或宣誓官员）实施职业发展计划，雇主应确保分析师为行动提供最大利益。

5. 认证标准

分析师应由专门为情报分析师开发的机构或组织（政府、职业协会或高等教育机构）认证。这些分析认证计划应反映经验、教育、培训和能力测试。

6. 职业联络标准

应鼓励分析师及其组织与公认的职业机构和协会保持联络，并寻求后者可用的支持。

7. 分析属性标准

应基于分析师的工作和属性对其进行雇佣和评估，包括以下多个方面：

· 知识专长、分析方法、用户服务伦理；
· 信息处理和加工技能；
· 沟通技巧、批判性思维技能、计算机素养；
· 客观性和学术诚信。

8. 计划标准

分析师应了解自己的任务目标，界定问题，并为必需的资源制订计划。这应通过使用搜集和调查计划或情报需求来完成。完成任务需要采取的具体步骤，应涵盖潜在信息源和预计的时间表。用户的需要（需求）应在计划中反映出来。

9. 指导标准

分析师应参与规划和指导。执法机构应该使用分析专家制定长期和短期的调查优先事项和计划，并开发情报需求，作为确定调查优先事项的驱动力，同时纳入调查计划以驱动行动。

10. 搜集标准

分析研究应是全面彻底的，并使用所有可用资源。一个分析产品应包含通过来源和手段向分析师提供的所有可用的相关数据。

11. 搜集后续标准

在调查人员和其他人员的搜集过程中，分析师应评估搜集的进展，确定是否满足了搜集计划 / 需求，并应确定额外的信息源，同时确定可能对其他案件或活动有用的信息。在可能的情况下，分析师应将该信息传递给一个合适的机构进行跟进。

12. 法律约束标准

已获得但违反任何适用的地方、州或联邦法律或条例的原始数据，不得纳入任何分析产品。

13. 评估标准

从所有来源搜集的信息均应接受评估，并保证来源的可靠性、内容的有效性和相关性。有效的评估不仅对情报产品的有效性，而且对官员的安全、调查成效及起诉证据的确凿性都是重要的。

14. 整理标准

原始数据应被组织化并格式化，这样分析师就可以检索，分类，识别模式、异常和信息缺口，并且存储这些数据。在可能的条件下，分析师使用可用的、最合适的软件以计算机格式完成这些工作。

15. 分析准确性标准

一个分析产品应是数据的准确再现。在一些案件中，无罪数据连同证据一并出现，两者都应包含在分析产品中。

16. 计算机分析标准

分析应利用对分析师可用的、最好和最新的计算机可视化和分析工具。

17. 分析产品内容标准

分析产品应总是包括分析、评估、集成数据、判断、结论和建议。在适当时候，应开发预测、估算和模型的工具。

18. 分析结果标准

在适当时候，特别是当结果可能会产生严重后果时，分析应包括替代方案，并避免单一解决方案的结果。分析应指出最有可能的假设，并通过竞争性假设分析得出这一假设。没有被选择的假设也应受到关注。

19. 传递计划标准

分析师应制订一个传递计划，鼓励与合适的机构共享产品。该计划应指出文档的安全等级。该计划应由监督人员审查和批准。

20. 分析报告标准

报告应被清楚书写，事实应被仔细记录，还应提供一个确切的分析底线。经严谨陈述的事实应表明分析师是如何得出结论的，还应使用客观冷静的语言，并注意表达的简洁性和清晰性。

21. 分析产品格式标准

分析产品的格式应根据用户的需求量身定制。产品应包括但不限于：

· 战略评估和战术评估；

· 问题与目标概况分析、罪案模式分析、犯罪业务概况分析、网络分析；

· 人口学 / 社会趋势分析；

· 风险分析、市场概况分析、结果分析；

· 通信分析；

· 流向分析、金融分析、指标分析、地理分析。

22. 分析证词标准

分析师应提供事实或总结以及专家证词，应提出并捍卫它们作为证词的合理性，并为这些材料进行阐释和辩护。

23. 数据来源属性标准

每一份情报产品应明确区分哪些内容是公共领域或一般的非涉密信息，什么信息是限制级或涉密的，分析师和（或）其他专业人士的判断或意见是什么。

24. 分析反馈标准

如果适当的话，分析产品应该交同行审查并由用户评估。同行审查（Peer Review）可能仅限于事实内容的准确性，或者可能包括关于内容和建议的协同意见。

25. 分析产品评估

分析产品应基于本文件所阐述的标准进行评估。

B.6 国际执法情报分析师协会执法情报分析术语释义

Analytic Writing 分析性写作

为了给管理者和其他用户提供简明和清晰的报告，重点关注于提炼和总结事实性信息的一种书面沟通形式。

Analysis 分析

指对信息进行评估并将其与其他信息进行比较，以确定刑事侦查或评估所参考数据的意义的过程。

Assessment 评估

指为评估犯罪集团或犯罪活动在当前或未来对司法管辖区的影响，而进行的一种战略和战术评估，包括威胁评估、漏洞评估或风险评估等类别。

Association Analysis/Network Analysis 关联分析 / 网络分析

指搜集和分析展现涉嫌参与犯罪活动的不同个人之间关系的信息，并为犯罪行动及何种调查策略更有效提供洞见的一种分析方法。

Collation 整理

指将信息集中在一起，并审慎比较的一种过程。

Collection 搜集

指从所有可用的来源，有指导地、重点地搜集信息。

Collection Plan 搜集计划

一个指导搜集特定主题数据的计划，包括一个特定目标、该数据的潜在来源列表和估算的时间框架等要素。

Crime-Pattern Analysis 罪案模式分析

指一种寻找罪案和其他事件之间关联的过程，揭示其相似性和差异性，以帮助预测和预防未来的犯罪活动。

Criminal Analysis 犯罪分析

指在刑事司法领域，将分析方法和产品应用到原始数据，从而产生情报的一种过程。

Criminal Business Profile 犯罪业务概况分析

指一个详细揭示犯罪行动或技术如何运作的产品，包括如何选择受害人，他们如何被害，犯罪赃物如何被使用，以及犯罪系统的优劣势等内容。

Criminal Intelligence 犯罪情报

指为了预测、预防或监控犯罪活动，整编、分析和（或）传递的信息。

Critical Thinking 批判性思维

指应用于信息的一种客观、开放和批判性的认知过程，通常通过发现和回答关于数据的问题，实现对数据的更深理解。

Communication Analysis 通信分析

参见“电话记录分析”。

Content Validity 内容有效性

一种反映原始数据报告内容准确性等级的评估量表。量表范围从“已知为真”到“真实性未知”，一般用数字 1 至 5 或 1 至 4 表示。

Customer 用户

即情报产品的使用者，既可以是分析师所在机构的人员，也可以是其他机构或组织的人士。

Demographic/Social Trend Analysis 人口统计 / 社会趋势分析

指对人口结构变化的性质及其对犯罪、社会和执法的影响，而进行的一种调查分析。

Dissemination 传递

指通常根据某些协议，对信息进行发布的一种环节。

Dissemination Plan 传递计划

指表明情报产品如何传递，以何种安全等级传递，以及向谁传递的一种计划。

Estimate 估算

对基于事实但无法验证或确认的活动进行的一种数字预测。（亦被译作“评估”——编者）

Evaluation 评估

对来源的可靠性以及原始数据的准确性进行的一种评定。

Feedback/Reevaluation 反馈 / 再评估

对情报流程的运行以及为用户输出的价值进行的一种审查。

Financial Analysis 金融分析

指一种审查和分析财务数据以确定是否存在犯罪活动的方法。该方法包括银行记录分析、净值分析、财务概况分析、资金来源和应用分析、财务报表分析和（或）《银行保密法》记录分析等具体手段，以说明犯罪所得的去向，并支持起诉。

Forecast 预测

指基于已知可证实、怀疑不可证实以及未知等情况，重点关注已经发生了什么或可能发生什么的一种分析方法和手段。其内容通常包括未来活动的似然性和概率以及防御犯罪活动的建议步骤。

Geographic Analysis 地理分析

指着眼于犯罪活动或犯罪分子的位置，通过基于历史原始数据进行预测，确定是否可以阻止或制止未来犯罪活动的一种分析方法。

Hypothesis 假设

指通过进一步调查和分析而被证实或证伪的一个试探性设想。

Indicator Analysis 指标分析

指通过审查过去的犯罪活动，确定已发生的某些行为或姿态是否可以反映未来犯罪活动的一种分析方法。它可用于开发计算机环境下的“标记”系统或行为描述模型。

Intelligence 情报

对涉嫌正在或在本质上已构成犯罪的个人或活动，对其原始数据进行系统搜集、评估和综合的一种产品。它既可是已被分析以确定其含义和相关性的信息，也能为预测、预防或监控犯罪活动而被整编、分析和（或）传递的信息。

Intelligence Cycle 情报循环

指由计划、搜集、整理、评估、分析、传递和反馈等环节组成的一个情报工作流程。

Intelligence-led Policing 情报主导警务

指搜集和分析信息以生产情报这一最终产品，为警察的战术、战略决策提供情报支持。

Market Profile 市场概况分析

对一个区域内特定商品的犯罪市场进行调查，以确定如何缩小犯罪市场而进行的一种评估。

Model 模型

指被开发用于检验假设可能性的一种假设性事实或条件的组合。

Network Analysis 网络分析

参见“关联分析”。

Problem Profile 问题概况分析

为了预防或遏制未来罪案，对既有和新兴罪案或事件进行识别的一种过程。

Raw Data 原始数据

由官员或分析师搜集的、尚未进入情报流程的数据，因此还不是情报。

Results Analysis 结果分析

指为遏制特定犯罪问题，而对警务战略和战术的有效性进行的一种评估。其内容可以包括变革未来政策和策略的建议。

Requirement 需求

指用户对情报职能有何需要的详细说明，即情报需求。

Risk Analysis/Assessment 风险分析 / 评估

对由单个罪犯或组织给单个潜在受害者、公众及执法组织构成的风险级别进行的一种评估，通常包括用于降低风险的预防措施。

Source Reliability 来源可靠性

一个反映信息源可靠性的评估量表。量表范围从事实性来源到可靠性未知，一般用字母 A 至 D 或者 A 至 E 表示。

Spatial Analysis 空间分析

参见“地理分析”。

Strategic Intelligence 战略情报

指通常与有组织犯罪集团的结构与活动，以及犯罪活动模式、犯罪趋势预测或预测性计划有关的一种情报类型。

Tactical Intelligence 战术情报

指针对具体犯罪事件，为推进犯罪调查、计划战术行动，行动单位可立即使用并为警官提供安全的一种信息。

Target Profile 目标概况分析

指提供可能对个人或组织启动调查有用的所有已知情况的一种特定报告。基于这些数据，可以建议采取关于调查的最佳行动步骤。

Telephone Record Analysis/Communication Analysis 电话记录分析 / 通信分析

指对反映可能表明犯罪关系或活动的实体之间的通信（电话、电子邮件、传呼、短信等）记录进行审查的一种分析方法。该方法可以建议采取措施，以继续或扩大调查研究。

Threat Assessment 威胁评估

指重点关注犯罪集团或犯罪活动，评估该集团或活动当前或未来对辖区构成的威胁，以及减少威胁的建议方法的一种报告。

Vulnerability Assessment 漏洞评估

指重点关注个人、地点或事件，评估个人、地点甚至可能发生犯罪行为的漏洞，以及减少或消除漏洞的建议方法的一种报告。

B.7 融合中心标准“执行摘要”

过去几年，在各级政府之间，开发与共享信息和情报的需求发生了显著变化。执法机构、公共安全机构以及私营部门之间，长期存在的信息共享挑战正在慢慢消失。然而，识别、预防、监控以及应对恐怖主义和犯罪活动的需求，仍是执法、情报、公共安全和私营部门共同的重要需求。

通过所有参与实体领导者的支持、专业技能和知识，融合中心的概念可以成为现实。每个官员都与信息和情报的开发和交换休戚相关，并且应该成为支持和推进这一倡议的使者。执行和坚持《融合中心指南》是领导层的责任。

情报的开发和交换并不容易。共享数据不仅需要强有力的领导，也离不开笃信协同力量的不同群体的承诺、奉献以及信任。

执法、公共安全及私营实体如何欣然接受一个协同流程，以改善情报共享，并最终增强监测、预防和解决犯罪，同时保卫我们家园的能力呢？最近，出现了一个融合了信息和情报共享项目各种要素的理想倡议：融合中心。这一倡议提供了帮助融合中心建立和运行的指南和工具。指南是在各级执法机构、公共安全机构（例如消防、卫生和运输部门）以及私营部门之间形成统一力量的一个里程碑。融合中心使所有相关的伙伴团结起来，使预防和应对恐怖主义和犯罪活动的能力最大化。通过接受这一概念，这些实体将能够迅速高效地保卫我们的家园，并使预防犯罪的工作最大化。

融合中心指南倡议是什么

在2004年和2005年，许多州开始使用地方、州和联邦的基金创建融合中心。当时，在州、地区和联邦层面，还没有标准和指南帮助处理与其他中心的互操作性和沟通问题。因此，旨在共享信息的融合中心实际上是信息的仓库，不能够实现信息的交换。作为回应，应全球司法信息共享倡议全球犯罪情报协调委员会的邀请，美国司法部成立了执法情报融合中心焦点小组（Law Enforcement Intelligence Fusion Center Focus Group，FCFG）[1]。

同时，通过为地方和州的机构制定关于搜集、分析和传递恐怖主义相关情报（即，融合过程）的指南，美国国土安全部国土安全咨询委员会的情报和信息共享工作小组（Homeland Security Advisory Council Intelligence and Information Sharing Working Group）把重点放在了预防和信息共享上。司法部的倡议和国土安全咨询委员会的工作形成的建议，为推广《融合中心指南》进而整合公共安全和私营部门实体奠定了基础。

继发布《融合中心指南》第1版以及国土安全咨询委员会《情报与信息共享倡议：国土安全情报与信息融合》（*Intelligence and Information Sharing Initiative:*

---

[1] 原注：先前命名为融合中心情报标准焦点小组（Fusion Center Intelligence Standards Focus Group）。

Homeland Security Intelligence and Information Fusion）报告之后，为了给融合中心制定一套完整指南，司法部和国土安全咨询委员会（Homeland Security Advisory Council，HSAC or Council）建立了两个额外的焦点小组，即公共安全融合中心焦点小组（Public Safety FCFG）和私营部门融合中心焦点小组（Private Sector FCFG）。三个焦点小组的参与者[1]既包括来自地方、州、联邦的执法机构，公共安全机构，私营部门的专家和从业人员以及当前运行的融合中心的代表们[2]，也包括来自国家执法、公共安全和私营部门组织的代表们。

这些指南应用来确保融合中心的建立和运行保持一致，致使协调工作得以加强，合作伙伴关系得以强化，以及打击犯罪和反恐怖主义能力得以提高。指南和相关材料将为融合中心提供帮助，因为它们优先考虑并处理了在其特定管辖区内的、包括恐怖主义在内的所有罪案类型。此外，指南将帮助管理人员制定政策，管理资源，并评估与管辖区融合中心相关的服务。

指南应用于国土安全以及所有罪案和危害活动。完整报告包括对指南及其关键要素的深入解释，也包括额外的资源、模型政策及指南实施的工具。

融合过程是什么

融合的概念已成为促进国土安全相关和犯罪相关信息和情报共享的基本过程。出于这一倡议的目的，融合是指管理各级 / 部门政府以及私营行业的信息和情报流动的总体过程。它超越了建立一个信息 / 情报中心，或建立一个计算机网络。融合过程支持基于风险、信息驱动的预防、应对和结果管理计划的实施。同时，它支持处理即时或新兴的与威胁相关的情况和事件。

数据融合涉及包括来自执法、公共安全和私营部门等不同来源信息的交换，并经分析可以产生有意义和可行动的情报和信息。融合过程将该信息和情报转换成可行动的知识。为了不断地更新，融合还允许在新的数据环境中对现存数据进行不间断的再评估。在融合过程中，公共安全和私营部门的组成部分是不可或缺的，因为它们给融合中心提供罪案相关的信息，包括风险和威胁评估以及可以帮助识别威胁的主题专家们。由于对附加到个别身份信息的隐私的担忧，融合中心的意图不是将包含个人身份信息的联邦数据库与州、地方和部落数据库整合成一个系统或仓库，相反，当一个

[1] 原注：来自每个焦点小组的完整的参与者清单可以在附录 A 中找到（译注：不是本书的附录 A，而是融合中心标准的附录 A）。

[2] 原注：关于当前运行的融合和情报中心的信息可以通过国家犯罪情报资源中心（*www.ncric.gov*）访问。

威胁、上游犯罪或公共安全需求被确定时，基于该论断，并通过为由合适的地方、州、部落和联邦在融合中心的代表们维护和控制的各种不同数据库提供访问权限，融合中心将允许很容易地对来自所有来源的信息进行搜集、分析和交换。按照任何适用的融合中心和（或）部门的政策，包括州和联邦隐私法及要求，这一交换的产品将由采取行动的实体存储起来。

融合中心是什么

融合中心是交换信息和情报，最大限度地利用资源，精简运作，并通过分析来自多种来源的数据，提高打击犯罪和恐怖主义能力的一个快速有效的机制。此外，融合中心是部分实现国家犯罪情报共享计划（以下简称 NCISP 或计划）的中转通道。[1]国家犯罪情报共享计划是执法管理人员在加强和建立情报职能时要遵循的蓝图。该计划包含由来自地方、州、部落和联邦机构的执法官和专家们审核通过的超过 25 条建议。它接受情报主导警务、社区警务以及协同和服务作为《融合中心指南》的基础。

融合中心是指“为中心提供资源、专长和信息的两个或更多机构的一项协同工作，其目标是使它们发现、预防、调查和应对犯罪及恐怖主义活动的能力最大化”。融合中心的主要焦点是情报和融合过程，通过这些过程，搜集、整合、评估、分析和传递信息。公共安全实体和私营部门组织等非传统的情报搜集者拥有可以与执法数据“融合”的风险评估和可疑活动报告等重要信息，以提供关于威胁和犯罪活动的有意义的信息和情报。建议公共安全和私营部门的信息与执法数据通过虚拟网络并利用搜索功能进行融合。纳入这些过程的信息类型的例子是威胁评估以及与公共安全、执法、公共卫生、社会服务和公共工程相关的信息。包括个人身份信息的联邦数据不应与这些数据结合起来，除非已确定了威胁、上游犯罪或公共安全需求。这些过程支持预测、识别、预防、监控和应对犯罪活动。在考虑与非传统执法实体大规模地共享信息时，参加融合中心的联邦执法机构应确保它们遵守所有适用的隐私法律。

理想的情况下，融合中心包括政府、私营部门实体以及公共部门的各个层级和领域——尽管这些参与者中的部分参与级别基于特定情况会有所不同。至少在州级层面应组织和协调融合过程，并且每个州都应建立并维护促进融合过程的中心。尽管融合中心的基础是执法情报成分，中心领导层应评估其各自辖区，以确定哪些公共安全和私营部门实体应参加融合中心。为帮助这个评估，应制定职能类别，相似的实体分为一组。这些类别并不全面，但代表了融合中心领导层开始评估何种机构和组织应参

[1] 原注：《国家犯罪情报共享计划》可从网站 *www.it.ojp.gov* 获得。

与中心行动的一个起点。

这些职能类别包括：

- 农业、食品、水和环境；
- 化学工业和危险材料；
- 教育；
- 能源；
- 卫生和公共卫生机构；
- 信息和电信；
- 邮政和航运；
- 公共建设工程行业；
- 零售业；
- 交通运输。
- 银行和金融；
- 刑事司法；
- 紧急救援部门（非执法）；
- 政府；
- 酒店和住宿业；
- 军事设施和国防工业基地；
- 私人保安；
- 房地产；
- 社会服务业；

《融合中心指南》报告包含一个描述了职能类别的附录，并提供了实体能够向融合中心提供的信息类型的范例。

为什么应该建立融合中心

建立融合中心的最终目标是提供一种机制，该机制使政府、执法、公共安全和私营部门能够为同一目标同心协力，并提高保卫我们家园和预防犯罪活动的能力。对政府而言，事半功倍是至关重要的。融合中心体现了协同这一核心，并且由于需求的增加、资源的减少，融合中心将成为最大限度地利用可用资源和建立信任关系的一个有效工具。为了加强信息和情报共享，建议融合中心遵守这些指南，并且最大程度地整合每个指南的关键要素。

B.8 融合中心标准“指南和关键要素摘要”[1]

坚持包含在《国家犯罪情报共享计划》以及其他特定部门的信息共享计划中的原则，并且执行情报和融合过程的所有步骤：

○ 查阅《国家犯罪情报共享计划》的原则，并使用模型标准和政策作为建立和

[1] 原注：以下指南参考的文件、产品和报告的电子版可以在网站 *www.it.ojp.gov* 找到。

加强融合中心情报职能的蓝图。

○ 当合并到中心的融合过程时，查阅国土安全咨询委员会的《情报和信息共享倡议：国土安全情报和信息融合中心》报告。

协同制定和接受一个使命陈述，并且确定融合中心的目标：

○ 与参加实体协同制定中心的使命陈述及目标。

○ 确定用户需要，明确任务，并优先考虑职能。

○ 确保使命陈述明确而简洁，并表达了融合中心的目的、重点和角色。

○ 使命陈述包括中心的名字和类型，中心做什么，以及该中心为谁服务。

创建一个包括执法、公共安全以及私营部门的具有代表性的治理结构：

○ 确保所有参加机构在融合中心的建立和运行中有发言权。

○ 确保参加实体在治理结构中得到充分表现。

○ 由具有资源配置和决策权利的官员组成治理机构。

在地方、州、部落和联邦执法机构，公共安全机构以及私营部门之间，创建一个情报和信息共享的协同环境：

○ 维持一个多样化的会员资格，包括来自地方、州、部落和联邦执法，公共安全以及私营部门的代表。

○ 与中心人员定期举行会议，并参加社交网络团体和组织。

○ 教导并联络当选官员和社区领袖，增强中心运行意识。

利用谅解备忘录（Memoranda of Understanding，MOUs）、非公开协议（Non-Disclosure Agreements，NDAs），或者酌情考虑其他类型的机构协议：

○ 在融合中心的早期发展过程中，教导并咨询法律顾问。

○ 为了有助于专有信息的安全，让融合中心人员和参加者使用非公开协议。

○ 由于涉及非公开协议，所以确保对地方、州、联邦公共记录法律的认识，包括《信息自由法案》。

○ 为了共享和交换信息，使用谅解备忘录作为一项基于信任的协同倡议的基础。

○ 至少，在融合中心谅解备忘录中应考虑包括以下要素：

· 参与方；
· 使命；
· 治理；
· 权限；
· 安全；
· 人事安排（免职 / 轮岗）；
· 融资 / 成本；
· 民事责任 / 赔偿问题；
· 政策和程序；
· 隐私；
· 术语；
· 数据完整性控制；

· 争议解决程序；
· 有效日期 / 期限 / 变更 / 终止；
· 解决冲突问题的程序；
· 特殊条款；
· 联络点；
· 服务范围；
· 承包商行为规范；
· 通信和信息交换协议。

通过参加实体利用可用的数据库、系统和网络，使信息共享最大化：

○ 获取一批数据库和系统的访问权。至少，要考虑获取对驾照信息、机动车注册数据、位置信息、执法和刑事司法系统或网络以及惩教数据的访问权。

○ 成为地区或州安全执法网络的成员，例如，区域信息共享系统、FBI 执法在线系统、国土安全部国土安全信息网络或者 FBI 执法地区数据交换系统（Law Enforcement Regional Data Exchange，R-DEx）和国家数据交换系统（National Data Exchange，N-DEx）。

通过利用现有系统以及目前正在研发并允许将来连接到其他地方、州、部落和联邦的系统，建立一个参加者无缝交流的环境。使用美国司法部全球司法可扩展标记语言（Extensible Markup Language，XML）数据模型和国家信息交换模型（National Information Exchange Model，NIEM）标准推动未来数据库和网络的开发，并且考虑利用司法信息交换模型（Justice Information Exchange Model，JIEM）推动事业的发展：

○ 建立正式通信协议，确保快速有效的信息交换。

○ 制订和实施一个通信计划，并确保安全和备用的通信。

○ 确保通信和系统访问政策，包括对违规行为的后果。

○ 考虑利用结构化信息标准促进组织（Organization for the Advancement of Structured Information Standards，OASIS）批准的通用报警协议（Common Alerting Protocol，CAP），使紧急报警和公共预警信息通过数据网络和计算机控制的预警系统进行交换。

制定、发布并遵守隐私权和公民自由政策：

○ 制定、宣传、遵守融合中心的隐私政策，并对员工进行培训。

○ 在制定一项隐私政策时，参考公平信息惯例。

○ 确保所有其他政策和内部控制与中心的隐私政策相一致。

○ 建立一个追踪和处理隐私投诉或关切的流程。

○ 制定关于使用私人掌握的数据系统信息的规则。

○ 遵守适用的州和联邦宪法、法定隐私以及公民自由条款。

○ 明确规定公共安全和私营部门数据库不应与任何包含个人身份信息的联邦数据库合并。

○ 在适用的情况下，融合中心参加者应遵守所有地方、州、部落和联邦隐私法律。

确保为设备、数据和人员配备的适当安全措施到位：

○ 制订、发布并坚持一个安全计划，并确保适当的安全保卫措施到位。

○ 确保安全计划作为敏感非密信息被标识、处理及控制。

○ 使中心人员和需要访问的关键决策者获取适当的安全许可。

○ 对人员进行背景审查。

○ 就中心的安全协议，对人员进行培训。

○ 在制订一项安全计划时，查阅全球情报工作组《应用于司法信息共享的安全实践》（*Applying Security Practices to Justice Information Sharing*）文档以及资源材料。

○ 在搜集和存储关键基础设施相关信息时，查阅《2002 年国土安全信息法案：关键基础设施信息法案》（Homeland Security Information Act of 2002: Critical Infrastructure Information Act）。

○ 在获取和存储特定行业信息（例如，建筑安全保卫计划）时，咨询私有行业安全保卫人员。

○ 确保州法律允许公共和私营部门数据的安全和保密。

整合技术、系统和人员：

○ 使人员共处一地，和（或）利用虚拟技术将技术、系统和人员整合在一起。

○ 使网站的选择建立在中心的功能性需求之上。

○ 计划、确定、设计、培训、实施并坚持一个物理安全计划和一个应急计划。

基于中心的需求和功能，实现人员代表的多元化：

○ 当可行时，维持 1 天 24 小时 /1 周 7 天的全天候运行。

○ 对于中心专职人员而言，要求有一个最低期限的承诺。

○ 当特定行业的威胁（例如，网络威胁）或者犯罪被认定后，确定要使用的来自私营部门的主题专家。

○ 在雇佣人员执行分析职能时，坚持通过国际执法情报分析师协会可用的《执法分析标准》（*Law Enforcement Analytic Standards*）手册和其他分析出版物。

确保人员得到适当培训：

○ 坚持在《国家犯罪情报共享计划》中概述的培训目标。

○ 确保中心人员达到在《美国执法和其他刑事司法机构犯罪情报培训最低标准》（*Minimum Criminal Intelligence Training Standards for United States Law*

Enforcement and Other Criminal Justice Agencies）报告中概述的最低培训标准。

○ 确保中心人员接受关于设备和信息安全、运行、政策以及程序的培训。

○ 关于融合中心和适用的职能类别的交叉教育培训，其中包括实体可以提供给融合中心的信息类型，以及一旦收到该信息，融合中心做些什么。

提供一个多层次的意识和教育计划，以实现情报主导警务以及信息的开发和共享：

○ 确保参加到情报流程的适当的非中心人员意识到该中心的职能，包括决策者、机构领导和私营部门主管。

○ 为官员、分析师、决策者以及其他人员编制和传递宣传教育材料。

为用户提供各种情报服务和产品：

○ 生产支持融合中心使命和优先事项的战略产品和战术产品。

○ 查阅《执法分析标准》手册，确保生产专业品质的分析产品。

○ 当产品被生产和分发时，确保发生来自参加机构和组织的反馈。

编制、发布政策和程序手册，并按手册执行：

○ 使用一个允许轻松阅读、归档、检索和更正的标准化格式。

○ 执行中心指令的年度审查，并清理或修订过时的政策和程序。

○ 确保人员能够访问最新的政策和程序手册。

明确期望，衡量绩效并确定效能：

○ 基于中心的核心使命、目标和宗旨，设计绩效指标。

○ 确保绩效指标是有效、可靠、可测量和可量化的。

○ 开发一个评估流程，衡量中心服务的充分性、恰当性和成功性。

○ 使用绩效指标和评估流程做出决策，并配置资源。

○ 使用绩效指标跟踪进展，并确保问责。

○ 定期向中心人员通报绩效和进展情况。

基于资金的可用性和可持续性建立和维护中心：

○ 确定中心需求和可用的资金来源，包括地方、州、部落、联邦和非政府资源。

○ 建立业务预算，并坚持报告要求。

在融合中心人员与所有参加的执法、公共安全、私营部门和实体，以及普通大众之间，制订并实施一个通信计划：

○ 在融合中心和参加实体之间，确定主要的和辅助的通信模式。

○ 合并计划的定期测试，以确保其功能。

○ 包括一个提醒融合中心参加者新信息和情报的机制。

与《融合中心指南》报告配套的光盘已制作完成。该光盘包括整个报告参考引用的样品政策、清单、资源文档及网站链接。需要资源光盘拷贝的，请联系司法部全球司法信息共享倡议（全球）情报工作组，电话：（850）385-0600。司法部全球司法信息共享倡议网站（*www.it.ojp.gov/fusioncenter*）、国土安全部网站以及国土安全信息网络（HSIN）也提供有关融合中心的资源。

[附录 C]
资 源

情报搜集的互联网资源

保罗·柯姆斯

下面列出的是各种各样的信息资源。如果没有提供网站地址，那就使用搜索引擎找到感兴趣的特定网址。一些资源要求付费订阅。

美国、州政府和执法机构

以下某些机构具体网址未注明的，可以借助互联网搜索引擎确认。

- 美国农业部（Agriculture, U.S. Department of）*http://www.usda.gov/wps/portal/usdahome*
- 州酒精饮料管理控制局（Alcohol Beverage Control, State）
- 美国烟酒枪械管理局（Alcohol, Tobacco and Firearms, U.S. Bureau of）*http://www.atf.gov/*
- 执法情报单位协会（Association of Law Enforcement Intelligence Units, LEIU）*http://leiu.org*
- 州和平委员会（专门监督税赋的政府机构）（Boards of Equalization, State）
- 美国人口普查局（Census Bureau, U.S.）*http://www.census.gov/*
- 美国中央情报局（Central Intelligence Agency, U.S.）*https://www.cia.gov/*
- 美国公务员委员会（Civil Service, U.S. Commission）*http://www.opm.gov/*
- 州消费者事务局（Consumer Affairs, State）
- 州企业管理局（Corporations, State Department of）
- 州惩教局（Corrections, State）
- 县、市高级法院（Courts, Municipal and Superior, County）
- 国防情报局（Defense Intelligence Agency）*http://www.dia.mil/*

· 美国联邦地区法院（District Courts, U.S.）*http://www.uscourts.gov/districtcourts.html*

· 美国毒品管制局（Drug Enforcement Administration, U.S.）*http://www.usdoj.gov/dea*

· 埃尔帕索情报中心（El Paso Intelligence Center，EPIC）*www.usdoj.gov/deal/programs/epic.htm*

· FBI 执法在线（FBI Law Enforcement Online）*http://www.leo.gov/*

· 联邦航空管理局（Federal Aviation Administration）*http://www.faa.gov/*

· 联邦调查局（Federal Bureau of Investigation）*www.fib.gov*

· 美国联邦选举委员会（Federal Election Commission, U.S.）*http://www.fec.gov/*

· 联邦能源管理局（Federal Emergency Management Agency）*http://www.fema.gov/*

· 金融犯罪执法网络（Financial Crimes Enforcement Network，FINCEN）*www.fincen.gov*

· 高强度贩毒地区调查支持中心（High Intensity Drug Trafficking Area Investigative Support Centers）*www.whitehousedrug policy.gov/HIDTA*

· 高强度金融犯罪地区（High Intensity Financial Crimes Areas，HIFCA）*www.fincen.gov/law_enforcement/hifca*

· 美国国土安全部（Homeland Security, U.S. Department of）*http://www.dhs.gov/index.shtm*

· 美国移民和海关局（Immigration and Customs, U.S.）*http://www.ice.gov/*

· 跨政府研究学会（Institute for Intergovernmental Research，IIR）*www.iir.com*

· 美国内政部（Interior, U.S. Department of）*http://www.doi.gov/*

· 国际执法情报分析师协会（International Association of Law Enforcement Intelligence Analysis，IALEIA）*www.ialeia.org*

· 美国劳工部（Labor, U.S. Department of）*http://www.dol.gov/*

· 州、县、市执法机构（Law Enforcement Agencies, State, County, Municipal）

· 美国海事管理局（Maritime, U.S. Administration）*http://www.marad.dot.gov/*

· 美国法警局（Marshals Service, U.S.）*http://www.usmarshals.gov/*

· 大西洋中部各州——五大湖有组织犯罪执法网络（Middle Atlantic-Great Lakes Organized Crime Law Enforcement, MAGLOCLEN）*http://magloclen.rissinfo.com*

· 中部各州有组织犯罪信息中心（Mid-States Organized Crime Information Center，MOCIC）*http://riss.net*

· 州机动车辆管理局（Motor Vehicle, State）

· 美国国家档案和文件管理局（National Archives and Records Administration,

U.S.）*http://www.archives.gov/*
· 国家犯罪信息中心（National Crime Information Center，NCIC）*http://www.fbi.gov/hq/cjisd/ncic.htm*
· 国家刑事司法参考服务摘要资料库（The National Criminal Justice Reference Service，NCJRS）*http://www.ncjrs.gov/*
· 国家毒品情报中心（National Drug Intelligence Center，NDIC）*http://www.usdoj.gov/ndic/*
· 国家白领犯罪中心（National White Collar Crime Center, NW3C）*www.nw3c.org*
· 新英格兰地区州警信息网络（New England State Police Information Network，NESPIN）*http://riss.net*
· 有组织犯罪毒品执法特别工作组（Organized Crime Drug Enforcement Task Forces，OCDETF）*http://www.usdoj.gov/criminal/links/ocdetf.html*
· 美国人事管理办公室（Personnel Management, U.S. Office）*http://www.opm.gov/*
· 联邦监狱局（Prisons, Federal Bureau of）*http://www.bop.gov/*
· 美国公共债务局（Public Debt, U.S. Bureau of）*http://www.publicdebt.treas.gov/*
· 区域信息共享系统（Regional Information Sharing System，RISS）*http://riss.net*
· 区域有组织犯罪信息中心（Regional Organized Crime Information Center，ROCIC）*www.rocic.com*
· 洛基山脉各州信息网络（Rocky Mountain Information Network，RMIN）*http://riss.net*
· 美国特勤局（Secret Service, U.S.）*http://www.secretservice.gov/*
· 州务卿（Secretary of State, State）
· 美国证券交易委员会（Securities and Exchange, U.S. Commission）*http://www.sec.gov/*
· 美国社会保障管理局（Social Security, U.S. Administration）*http://www.ssa.gov/*
· 州执法情报网络（State Law Enforcement Intelligence Networks，LEIN）*http://www.dps.state.ia.us/commis/intell/lein/index.htm*
· 美国国务院（State, U.S. Department of）*http://www.state.gov/*
· 美国运输安全管理局（Transportation Security Administration, U.S.）*http://www.tsa.dhs.gov/*
· 美国财政部（Treasury, U.S. Department of）*http://www.ustreas.gov/*
· 美国情报界（United States Intelligence Community）*http://www.intelligence.gov/1-members.shtml*
· 美国邮政总局（U.S. Postal Service, U.S.）*http://www.usps.com/*
· 美国退伍军人事务部（Veterans Affairs, U.S. Department of）*http://www.va.gov/*

· 西部各州信息网络（Western States Information Network，WSIN）*http://riss.net*

外国政府和执法机构

· 澳大利亚犯罪委员会（Australian Crime Commission）*http://www.crimecommission.gov.au/*

· 加拿大安全情报局（Canadian Security Intelligence Service）*www.csis-sers.gc.ca*

· 联合国毒品与犯罪办公室（Drugs and Crime, U.N. Office on）*http://www.unodc.org/*

· 大使馆与领事（Embassies and Consuls）

· 欧洲刑警组织（Europol）*www.europol.europa.eu*

· 金融行动特别工作组（Financial Action Task Force）*http://www.fatf-gafi.org*

· 国际刑警组织（Interpol）*www.interpol.int*

· 英国国家犯罪情报局（National Criminal Intelligence Service U.K.）*www.ncis.co.uk*

· 加拿大皇家骑警（Royal Canadian Mounted Police）*http://www.rcmp-grc.gc.ca/*

· 美属萨摩亚政府（American Samoa Government）*http://www.americansamoa.gov/departments/agencies/spicin.htm*

· 联合国（United Nations）*www.un.org/terrorism*

非政府组织

· 反诽谤联盟（Anti-Defamation League）*http://adl.org/*

· 反毒品网络（Anti-Drug Network, ADNET）*http://fas.org/irp/program/disseminate/adnet.htm*

· 州律师协会（Bar Associations, State）

· 美国商业改进局（Better Business Bureau）*http://us.bbb.org*

· 研究和政治暴力中心（Center for the Study and Political Violence）*http://www.st-andrews.ac.uk/~wwwir/research/cstpv/*

· 美国商会（Chamber of Commerce, U.S.）*http://www.uschamber.com*

· 戴伯客档案（Debka File）*http://www.debka.com*

· 国会研究服务中心美国科学家联盟（Congressional Research Service-Federation of American Scientists）*http://fas.org/irp/crs/*

· 美国科学家联盟（Federation of American Scientists）*http://fas.org*

· 国际有组织犯罪研究协会（International Association for the Study of Organized

Crime）*http://www.iasoc.net/*
· 国际反恐怖主义政策研究所（International Policy Institute for Counter-Terrorism）*http://www.ict.org.il/*
· 简氏信息集团（Jane's Information Group）*http://www.janes.com/*
· 预防恐怖主义纪念研究所（Memorial Institute for the Prevention of Terrorism）*http://www.mipt.org/*
· 全国证券交易商协会（National Association of Securities Dealers, NASD）*http://www.investopedia.com/terms/n/nasd.asp?viewed=1*
· 兰德公司（Rand）*http://rand.com/*
· 南方贫困法律中心（Southern Poverty Law Center）*http://www.splcenter.org*
· 斯特拉福战略预测公司（Stratfor）*www.stratfor.com*
· 恐怖主义研究中心（Terrorism Research Center）*http://terrorism.com/*
· 约克大学内桑森跨国人权、犯罪和安全中心（York University Nathanson Centre on Transnational Human Rights, Crime and Security）*http://www.yorku.ca/nathanson*
· 华尔街日报（Wall Street Journal）*http://online.wsj.com*
· 华盛顿近东政策研究所（Washington Institute for Near East Policy）*http://www.washingtoninstitute.org*

商业数据库和互联网资源

以下商业数据库和互联网资源的一部分可以订购：
· 律商联讯数据库 Accurint 系统[1]*http://www.accurint.com/*
· 选择点数据公司（Choice Point）[2]*http://www.choicepoint.com/*
· 美国有线电视新闻网（CNN）*http://www.cnn.com/*
· 快讯公司（Dataquick）*http://www.dataquick.com/*
· 数据时代数据库报纸索引（Data Times Newspaper Index）[3] http://*www.*

[1] 译注：Accurint 是由律商联讯（LexisNexis）数据库开发的一个系统，即 LexisNexis Accurint for Law Enforcement。

[2] 译注：*www.choicepoint.net*，*www.choicepoint.inc.com* 以及 *www.choicepoint.com* 由律商联讯风险解决方案公司（LexisNexis Risk Solutions Inc.）及其分支机构律商联讯运营。

[3] 译注：全称为 DataTimes & Newspaper Abstract and Index，收录的文献源自美国和国际报纸。该数据库除了收录 *Chrisitian Science Monitor, Commerce Business Daily* 和 *Investor's Business Daily* 以外，还收录来自全美的主要城市和地区的报纸，以及来自加拿大、

virtualref.com/_verifier/85.htm

· 道琼斯新闻通讯社（Dow Jones Newswire）*http://dowjonesnews.com*
· 德拉吉报道（Drudge Report）[1]*http://drudgereport.com/*
· 邓白氏国际信息咨询有限公司（Dun and Bradstreet）*http://www.dnb.com/us/*
· 艾可菲公司（Equifax）[2]*http://www.equifax.com*
· 福克斯新闻（Fox News）*http://www.foxnews.com/*
· 谷歌新闻（Google News）*http://www.google.com/*
· 投资百科（Investopedia）*http://www.investopedia.com*
· 律商联讯（LexisNexis）[3]*http://www.lexisnexis.com/*
· 梅林数据中心（Merlin）*http://merlindata.com/*
· 微软全国广播公司电视频道（MSNBC）*http://www.msnbc.msn.com/*
· 纽约时报（New York Times）*http://nytimes.com/*
· 标准普尔（Standard and Poor's）*http://www2.standardandpoors.com*
· 赫芬顿邮报（The Huffington Post）*http://www.huffingtonpost.com/*
· 市政厅网（Townhall.com）[4]*http://townhall.com/*
· 虚拟参考咨询台（Virtual Reference Desk）*http://www.virtualref.com*
· 雅虎（Yahoo）*http://www.yahoo.com/*

欧洲、中东、亚洲和太平洋周边等国际上的34种出版物。收录的文献有新闻文章、评论、社论和解说词等。数据库中文章的内容是以时事和财政新闻为主。该数据库每天更新。

[1] 译注：德拉吉报道是一家美国新闻网站，创始人是马特·德拉吉。与主流媒体不同，德拉吉报道挖掘了很多内幕消息，如率先报道了克林顿与莱温斯基的性丑闻，这些颇有刺激性的内幕消息为它争取到了不少读者。它比《华尔街日报》更具话题性，比《纽约时报》更迅速，比《国家询问报》更凶狠。

[2] 译注：艾可菲公司（EFX [Equifax, Inc.]）于1913年注册成立，是一家为企业和消费者提供信息化方案的公司。该公司的客户和顾客包括金融机构、企业、政府和个人。它的产品和服务基于消费者和商业信息，商业信息来自信贷、金融、就业、收入、公共记录、人口统计和营销数据的各类数据库。该公司经营5个分部：美国消费者信息方案（USCIS）、国际、ALX劳动力方案、北美个人方案和北美商业方案。

[3] 译注：律商联讯是目前世界上最大的为法律研究提供全文检索的联机服务系统之一，始建于1960年，由美国俄亥俄州律师协会发起，该州的DATA公司负责技术开发。全球许多著名法学院、法律事务所、高科技公司的法务部门都在使用该数据库。该数据库可连接40亿个文件、11439个数据库以及36000个来源，资料每日更新。

[4] 译注：Townhall.com是一个持右翼观点与政治意见的领先网站。创建于1995年，是第一个持右翼观点的网络社区。

· YouTube 视频网站 *http://www.youtube.com/*
· 维基百科（Wikipedia）*http://www.wikipedia.org/*
· Zaba 搜索（ZabaSearch）*http://www.zabasearch.com*

社交网络

· 社交网络列表（List of social networks）*http://en.wikipedia.org/wiki/List_of_social_networking_websites*
· 克雷格列表网站（*Craigslist*）*http://www.craigslist.org*
· 脸书网（Facebook）*http://www.facebook.com/*
· 聚友网（My Space）*http://www.myspace.com/*
· 推特（Twitter）*http://twitter.com/*

名录

· AnyWho 搜索产品和服务系统（AnyWho [businesses and people]）[1] *http://www.anywho.com/*
· 美国电话电报公司电话簿（AT&T Telephone Directory）*http://www.corp.att.com/directory/*
· 谷歌参考目录（Google Reference Directories）*http://www.google.com/Top/Reference/Directories/*
· 美国国家医学图书馆医疗在线（健康相关）（MedlinePlus [health related]）[2] *http://www.nlm.nih.gov/medlineplus/directories.html*
· 主题目录（Subject Directories）
http://www.lib.berkeley.edu/TeachingLib/Guides/Internet/SubjDirectories.html

搜索引擎

· About 搜索 [3]*http://www.about.com/*

---

[1] 译注：AnyWho 是美国黄页（*http://corporate.yp.com*）品牌家族的一部分，专注于本地搜索产品和服务，包括白页（用于找人 / 反向查找）和黄页（用于找企业）服务。

[2] 译注：MedlinePlus 是美国国家医学图书馆创建的一个公众健康网站，提供权威的、最新的健康信息。其数据来自美国国立卫生研究院以及其他可靠的数据，收录了 900 多种疾病的症状资料。该网站内容每天更新。

[3] 译注：About.com 是规模较小的人工操作（Human Reviewed/Manually Picked）目录

- 美国在线（AOL）*http://www.aol.com*
- Ask 搜索 [1] http:*//www.ask.com/*
- Dogpile 搜索 [2]*http://www.dogpile.com/*
- 谷歌（Google）*http://www.google.com/*
- 微软 Live 搜索（Live Search）*http://www.live.com*
- Lycos 搜索 [3]*http://lycos.com/*
- 搜 索 引 擎 指 南（Search Engine Guide）*http://www.searchengineguide.com/searchengines.html*
- 雅虎（Yahoo）*http://yahoo.com/*

索引。它主要由编辑人员在互联网上寻找有收录价值的网站或网页，然后分门别类地列出链接索引。

[1] 译注：Ask 是一个以问答为核心的搜索引擎网站。1996 年，它由加州大学伯克利分校的 Garrett Gruener 和 David Warthen 创办。它最初被称为 Ask Jeeves 公司，其想法是让用户在日常生活中获得自己提出问题的答案以及传统的关键字搜索。在美国，Ask 是谷歌、雅虎和微软之后的第四大搜索引擎。

[2] 译注：Dogpile 是一个著名的元搜索引擎。诞生于 1996 年 1 月 2 日，现属于 InfoSpace 公司，是目前性能较好的、统一检索入口式的元搜索引擎之一。它将用户的查询请求同时向多个搜索引擎递交，按照自定义的关联运算法则，对得到的结果进行重复排除、重新排序等智能处理，将优化的检索结果返给用户。每一条搜索结果都综合数个搜索引擎，包括 Google、Yahoo!、Ask Jeeves、About、FindWhat、LookSmart、Live 等。Dogpile 提出的口号是“Good Dog, Great Results”。

[3] 译注：Lycos 是搜索引擎中的元老，是最早提供信息搜索服务的网站之一，2000 年被西班牙网络集团 Terra Lycos Network 以 125 亿美元收归旗下。Lycos 整合了搜索数据库、在线服务和其他互联网工具，提供网站评论、图像及包括 MP3 在内的压缩音频文件下载链接等。它提供常规及高级搜索，其中高级搜索提供多种选择定制搜索条件，并允许针对网页标题、地址进行检索。它具有多语言搜索功能，共有 25 种语言供选择，其首页下部显示部分目录索引。Lycos 是目前最大的西班牙语门户网络。

[附录 D]

合规审计和调查

D.1 评估

D.1.1 情报单位合规审计和调查中可能出现的问题

保罗·罗杰

人员安全

- 就在情报区域内工作的人员而言，存在哪些人员安全审查程序？
- 是否定期对情报人员进行阶段性安全审查？
- 由成员披露的指南到位了吗？他们的个人情况应改变吗？
- 情报单位及其人员应采取何种措施，以防范针对情报单位的破坏或其他风险？
- （在人员安全方面，破坏是通过某种形式的强制改变一个人的忠诚，或改变一个人的道德标准。这种强制通常采取贿赂、勒索、心理压力或人身威胁等形式。破坏，作为一般的威胁，对其最好的反击方法就是对工作人员进行教育，从而允许个人识别并反击它。）

物理安全

- 情报单位在物理上安全吗？（如果是的话，如何安全？）
- 安全设施是否阻止了未经授权的人的访问？
- 是否监视和记录授权人员的访问和离开？
- 当情报单位人员休假或离职时，是否终止了他们的访问能力？
- 是否有关于工作人员携带情报材料回家或离开办公大楼的指南？
- 是否有针对材料输入输出软盘的指南？

情报材料的搜集

- 您有一个数据搜集计划吗？（附上相关文档复印件。）

· 这一计划是否详细说明了管理搜集哪些情报以及搜集方法的程序和指南？（附上相关文档复印件。）
· 为确保只搜集指定的数据，并录入情报数据库，实施了哪些程序？
· 谁负责搜集数据？
· 谁负责确保遵循正确的搜集程序？

情报材料的存储

硬拷贝存储

◇ 为了管理硬拷贝源材料的存储、处理和安全，已制定了哪些程序？（详细说明或附上相关文档复印件。）
◇ 您是否保留了有关情报信息的硬拷贝源文档？
◇ 它们储存在哪里？
◇ 谁可以访问这些文档？
◇ 如何控制访问权限？

电子存储

◇ 有记录电子（IT）系统情报材料的指南吗？（详细说明或附上文档复印件。）
◇ 是否有足够的访问权限进行检查和监督？例如，密码等。
◇ 密码多久被重置一次？
◇ 当情报单位人员休假或离职时，设备访问权限是否已被删除？
◇ IT系统能否为任何系统询问生成一条审计线索？
◇ 基于“访问需求”，是否设置了访问等级？
◇ 通过备份和恢复例程以及对重要文档、程序、系统的异地存储，文档是否得到了充足的保护？
◇ IT 系统是否与其他网络隔离，如果没有，是否设置了适当的“防火墙”？

情报材料的完整性

质量控制

◇ 为确保维护数据质量，制定了哪些质量控制程序？
◇ 关于电子数据库，制定了哪些保证数据质量的程序？
◇ 为了质量控制系统的持续发展、维护和实施，特定的岗位是否规定了明确的责任？

剔除和销毁

◇ 您有剔除和销毁情报材料的程序吗？
◇ 在剔除过程中，采用了哪些标准？
◇ 谁负责剔除及随后的销毁？
◇ 工作人员是否知道有任何相关档案或有关立法？
◇ 当硬拷贝材料被剔除时，相应的电子数据也要剔除吗？（如果是，谁负责剔除电子数据？）
◇ 是否维护剔除和销毁活动的记录？（如果是，它们可供检查吗？）

情报材料的可用性

访问

◇ 维护哪些包含情报材料的电子数据库？
◇ 谁有这些数据库的访问权限？
◇ 官员拥有什么级别的访问权限？（例如，读 / 写等。）
◇ 谁负责控制访问？
◇ 谁审计访问？
◇ 多久进行一次审计？
◇ 如何执行审计（例如，被动、主动、定期、随机等）？
◇ 关于访问审计，维护哪些记录？
◇ 在人员离职或转岗时，是否立即删除其访问权限？
◇ 为了确定当前人员继续访问情报系统的必要性，是否进行了定期审查？

情报材料的传递

自主主动

◇ 是否有涵盖情报材料传递的程序？（如果有，附上程序。）
◇ 谁可以授权情报材料的传递？
◇ 保存了情报材料传递的哪些记录？
◇ 是否对这些记录进行了审计？
◇ 如果进行审计，由谁负责？
◇ 为了检查目的，是否保留这些审计记录？

响应请求

◇ 您有管理情报人员将对信息要求做出回应的方式的程序吗？（如果有，附上程序）

◇ 应使用什么标准达成请求人需要和有权接收信息的决定？
◇ 应保存请求和响应的哪些记录？
◇ 审计这些记录吗？
◇ 如果审计，谁审计？审计的频率是多少？
◇ 是否保留这些审计记录？

材料传递

◇ 您有管理对这些从情报单位调度的涉密材料进行封装、调度和记录的方法的程序吗？（如果有，附上程序。）
◇ 从您的单位调度情报文档，使用何种调度方法？（例如，快递、可靠的人、内部调度、邮政服务等。）
◇ 在做出关于使用哪种调度方法的决定时，使用什么标准？
◇ 是否制定了适当的机制，确定未收到涉密材料？（如果有，附上程序。）

系统的问责和管理

责任

◇ 是否对情报系统的目的和目标进行定期评估，以及对实现这些目标的程度和有效性进行评价？
◇ 对于情报单位的职能，是否有明确的责任和问责？
◇ 个人责任声明是否定期审查和更新？
◇ 有足够的资源以切合实际的方式履行职责吗？
◇ 情报单位及其系统的安全风险审查定期完成了吗？
◇ 管理者和负责情报系统有效运行的人员是否获得了充足的培训，并保持系统运行所需的最新状态？
◇ 定期审查授权和权限吗？

意识

◇ 工作人员意识到情报职能及情报材料搜集和存储的安全和隐私问题了吗？
◇ 是否有足够的系统确保读取和理解程序的任何修改和更新？
◇ 在情报系统的运行中，如果遇到任何偏离批准的政策和程序的情况，工作人员是否意识到了他们应该采取行动并遵循程序？
◇ 单位的管理层能否清楚地证明它是否坚持了道德和职业行为的最高标准？

D.1.2 数值情报评估系统

唐·R. 哈里斯

（摘自 Harris 1976: 134-138）

本系统是基于情报流程职能主要元素相关问题的一种评估方法。由于每项职能对情报流程是必不可少的，所以，每项职能赋值100，如下所示：

信息搜集／流转	100
信息处理／整理	100
分析	100
生产／传递信息	100
管理程序	100

基于以下各项职能的分解，然后赋予分值。

a	搜集		
	(1) 作为信息正常流转的一部分，情报单位接收所有（或大部分）调查人员的报告副本。（而在那里，与大单位有组织犯罪和重特大犯罪活动有关联的已知或涉嫌人员的报告副本就足够了。）		30
	(2) 情报单位有自己的调查人员，或者可以把任务交给部门的调查单位，深入调查被情报单位评估结果确定为重要的领域。基于情报和行动单位指挥官或部门主管命令之间的协议，存在为非情报单位人员分配任务的程序。		25
	(3) 部门有一个有效运行的程序，据此，巡逻人员可以直接向情报单位报告指定的主题。		20
	(4) 情报单位从卧底单位、线人或其他专门来源接收（或至少记录包含的信息）敏感报告。		15
	(5) 情报单位有一个从其他执法机构（地方、州和联邦）获取信息的运行计划。		10
		总计	**100**

（接上页）

b	处理／整理	
	(1) 一旦归档，可以快速、准确地检索信息。	25
	(2) 信息归档系统具有将接收的数据按重特大犯罪人物、地区 / 地点、罪案类型及分析师发现有用的其他主题集中起来的功能。	25
	(3) 单位有一个信息流转系统，以确保分析师（或其他负责执行分析职能的人）阅读到关于其责任领域重要报告的方式，使报告得以审查、分发并标记归档。	20
	(4) 有一个高效和有效的操作系统，用于更新该区域（不一定限于管辖范围内的居住者）已知或涉嫌的重特大罪犯的经历（摘要或传记形式）。	20
	(5) 有一套清理过时和非相关档案的运行计划。	10
	总计	**100**
c	分析	
	(1) 情报单位安排一人或多人完成对接收到的信息进行分析的任务，以开发 / 预测 / 评估： · 有组织犯罪模式（通过罪案类型） · 被认为是有组织犯罪一部分的人之间的关联模式 · 罪犯之间的相互关系及其涉嫌参与的有组织犯罪类型	50
	(2) 情报单位有一个程序，通过该程序，负责分析的人或人员亲自或通过电话将情报档案中的信息及其专业知识应用到当前调查，以协助部门调查人员。	50
	总计	**100**
d	产品／传递	
	(1) 情报单位对正在进行的调查需求做出响应，包括有一套使其成员了解重特大案件的程序。	40
	(2) 情报单位定期和（或）按照订单生产关于其管辖范围内犯罪活动重大趋势的报告，强调有组织犯罪活动新的或发展的类型。	30
	(3) 在需要知道及信息敏感性限制的范围内，情报报告应尽可能广泛地传递（规则应是积极的，使那些需要及可以使用信息的人得到传递的益处）。	30
	总计	**100**
e	管理程序	
	(1) 情报单位有一个获得用户对其产品反应的程序。	25
	(2) 情报单位有一个协助它把精力集中在最重要的犯罪问题上的搜集计划。该计划定期（每月）更新，且与调查主任协调，并由部门主管核准。	20
	(3) 部门培训计划中有一个要素，为情报单位的专门活动准备人员，尤其是分析和情报调查人员。	20
	(4) 应有安全指南，并遵守它，尤其是限制分析师和档案职员对档案文档的访问，只能把情报报告发给组织内需要知道的人以及签有保护情报材料协议的外部其他执法机构。	20
	(5) 有一套评估情报单位运行效力的程序。	15
	总计	**100**

在评估绩效时，每个要素将按以下等级评分：

1. 该要素被有效实施。	1.0
2. 组织单位完成了要素，但运行只是部分有效。	0.8/0.7/0.6
3. 单位正在组织完成要素的过程中，但尚未运行。	0.5
4. 已经组织单位完成了要素，但运行是无效的。	0.3
5. 单位没有 / 不承认需要完成的要素。	0

下面是如何应用这个系统的一个例子：

A. 某情报单位响应调查，包含有一套使其成员了解重大案件的程序。评估人员发现该单位没有使其成员了解重大案件的程序。因此，他给了该机构这一项总值 0.6 的权重，即 0.6×40，共 24 分。

B. 上述情报单位定期按照订单生产关于其管辖范围内犯罪活动重大趋势的报告，强调有组织犯罪活动新的或发展的类型。评估人员在审查报告后发现，该单位确实进行了生产，但很少强调新的或发展的有组织犯罪活动。因此，他给了该机构这一项总值仅 0.7 的权重，即 0.7×30，共 21 分。

C. 在需要知道及信息敏感性限制的范围内，情报报告应尽可能广泛地传递。评估人员发现该机构重视传递，因此，给了该机构该项满分，即 1×30，共 30 分。

这一部分评估总计：**75分**

D.2 执法情报单位协会犯罪情报职能审计清单

引言

对个人隐私和宪法权利进行保护是政府官员的义务，并且犯罪情报共享的长期成功是至关重要的。保护个人隐私权和宪法权利，与此同时，提供国土安全和公共安全，将需要系统中的每一个人——从一线人员到最高管理层的承诺。

——《国家犯罪情报共享计划》第 10 页

犯罪情报职能是威慑、预防并保护公众免受重特大罪案的有效工具。然而，与犯罪情报流程相关联的信息搜集活动也可能对个人的宪法权利构成重大威胁。

当机构未能保护可能是犯罪情报流程主体的个人权利时，就会产生严重后果。除了给公民自由可能被侵犯的个人造成直接伤害外，这些严重后果还包括公众对警察信任和信心的丧失、正当合法的政治活动的抑制、昂贵和耗时的民事诉讼、犯罪情报职能的解散以及其他危害。

为了防止这些严重后果发生，执法机构可以有效地结合使用问责机制。正如在《国家犯罪情报计划》（*National Criminal Intelligence Plan*）中提到的，这些问责机制有助于**消除**警察决策过程中不必要的自由裁量权，**指导**（或制定）所需的自由裁量权，**审计**（或检查）过程，确保与总体目标的一致性。

例如，明确政策和有效培训可以用来禁止不当做法（即，消除不必要的自由裁量权），并为机构人员有必要行使其职责的那些行为提供授权和指导（即，制定必要的自由裁量权）。定期审计和审查作为有用的检查，确保按照既定的道德标准、法规和法律执行犯罪情报职能。

标题为“犯罪情报职能审计清单”的所附清单可以帮助执法机构高管对其机构的犯罪情报职能进行审查。使用这一清单，执法机构可以表明它们保护个人隐私权和宪法权利的决心，同时，确保其犯罪情报职能的运行效能。

关于清单的发展

这个清单由执法情报单位制定，以支持国家犯罪情报共享计划。成立于 1956 年的执法情报单位是最早的执法协会。执法情报单位致力于犯罪情报共享及职业犯罪情报标准和实践的进步，已率先在执法机构间建立了搜集、维护和传递情报的职业标准。

20 世纪 70 年代，为了建立和维护执法机构的犯罪情报档案，执法情报单位首先制定了一套指南，即众所周知的《执法情报单位犯罪情报档案指南》。这些指南的制定是为公民隐私权和其他宪法权利提供保护，促进职业化，并且在搜集信息追求预防和解决罪案时，为执法机构提供指导。多年来，《执法情报单位犯罪情报档案指南》被不断修订，以反映符合法律和道德规范的犯罪情报实践最新标准。公民自由团体、公民、政府以及警察官员一致认为，《执法情报单位犯罪情报档案指南》所展现的搜集、维护和传递犯罪情报信息的标准是适当的。

近年来，执法情报单位协会与国际执法情报分析师协会、国际警察首长协会、全球司法信息共享倡议以及其他组织紧密合作，开发了国家犯罪情报共享计划。事实上，执法情报单位协会执行委员会成员帮助策划并举行了国际警察首长协会犯罪情报共享峰会，并服务于全球情报工作组，并且为这两项倡议的最终出版物（国际警察首长协会《犯罪情报共享报告》和全球情报工作组《国家犯罪情报共享计划》）做出了贡献。

国家犯罪情报共享计划建议执法机构使用《执法情报单位犯罪情报档案指南》作为犯罪情报档案维护的模型。此外，国家犯罪情报共享计划建议定期审计犯罪情报的运行和档案，确保这些指南和其他规定付诸实施。执法情报单位协会以前协助地方和州执法机构对其犯罪情报职能进行审计，并且现在制定了附加清单，协助机构对其犯罪情报职能进行自我评估。执法情报单位协会在 4 个国家拥有 240 个会员机构，仍然是促进有利于在执法机构间合法和合乎道德地共享和使用犯罪情报所需的专业信任、培训和沟通的领导者。

本清单的目的是，为执法行政长官和高级到中级执法管理者提供一种审计或评估其机构犯罪情报职能的工具。具体而言，此审计工具可以帮助机构确保它正在执行的犯罪情报职能与适用的法律、法规和指南一致。清单中建立的原则最直接适用于市、县、州执法机构。一些介绍性的评论是适当的。

本清单应仅适用于犯罪情报档案——不适用于其他类型的执法记录。一些执法官不能区分犯罪情报档案和其他类型的执法记录（如，调查档案）。然而，在执法方面，这些差异是重要的，并且必须得到认可。

调查一般是指对事实的系统检查，以确定是否发生了罪案。如果是这样，那么就提出起诉案件。一般而言，“调查档案”这一术语是指在调查过程中搜集的信息，有合理理由怀疑某人已实施了具体的犯罪行为。

另一方面，犯罪情报流程是一个持续的活动，不一定由任何特定罪行的调查引发。虽然调查在本质上往往是被动的，但是犯罪情报却是主动的，并用来识别和理解特定地区的犯罪行动。一旦确定了个人和团体，了解了其习惯，执法当局就可以开始评估当前的罪案趋势，并预测和可能阻止未来的犯罪活动。情报提供用于决策的知识，并选择适当的调查目标（主体、犯罪集团或企业）。虽然犯罪情报可以用来协助调查、监视行动和起诉案件，但它还为执法机构提供有效管理资源以及预算的能力，并满足它们预测社区威胁以预防犯罪的责任。

犯罪情报由原始信息组成，这些信息经搜集、评估、整理和分析后，形成准确、及时、有意义和有用的判断。将这些原始信息转化为情报可以被描述为具有多个不同阶段的连续过程。经过适当规划，第一个阶段是搜集，从各种来源获得原始信息。接下来是评估，确定来源的可靠性及信息的有效性。第三个阶段是整理，涉及索引、交叉引用和信息归档。第四个阶段是分析，确定趋势、未来发展和案件构建。第五个阶段是传递，这涉及情报信息的实际分配。只有完成每一个阶段的单位才可以被称为犯罪情报单位。

理想情况下，本清单旨在供不直接参与机构犯罪情报职能日常运行的高级执法管理人员使用。这将有助于确保审计是客观的，并准确地识别职能的优势和劣势。然而，清单还可以被直接参与机构犯罪情报职能的人员用作自我评估的工具。这种努力将有助于确定该单位是否按照执法情报单位协会建立的标准和程序行事。

从历史上看，犯罪情报单位遇到了运行程序、搜集、整理、传递等方面的问题。因此，本清单关注于这 4 个方面。

运行程序

项	问题		
1	犯罪情报单位有使命陈述吗？如果没有，请转到问题 10。	❑ 是	❑ 否
2	使命陈述是否包含描述犯罪情报单位的简洁、明确的任务？	❑ 是	❑ 否
3	使命陈述是否描述了使用情报流程支持犯罪情报单位？	❑ 是	❑ 否
4	使命陈述是否关注上游犯罪？	❑ 是	❑ 否
5	使命陈述是否表明了犯罪情报单位将为行政长官提供打击和控制犯罪活动的犯罪信息和分析结果？	❑ 是	❑ 否
6	使命陈述是否确定了犯罪情报单位的预期结果？	❑ 是	❑ 否
7	犯罪情报单位是否在坚守使命？	❑ 是	❑ 否
8	犯罪情报单位是否承担了授权犯罪领域以外的工作？	❑ 是	❑ 否
9	为了确保满足机构 / 组织的需求，是否要定期审查使命陈述？	❑ 是	❑ 否
10	犯罪情报单位是否有政策、程序及指南？如果没有，请转到问题 18。	❑ 是	❑ 否
11	指南是否描述了犯罪情报单位的运行？	❑ 是	❑ 否
12	指南是否提供了犯罪情报单位的使命陈述？	❑ 是	❑ 否
13	指南是否详细说明了犯罪情报单位的运行方法？	❑ 是	❑ 否
14	指南是否概述了犯罪情报单位的档案指南？	❑ 是	❑ 否
15	指南是否建立了犯罪情报单位的安全程序？	❑ 是	❑ 否
16	指南是否描述了工作人员的责任和分配的职责？	❑ 是	❑ 否
17	是否已经向工作人员提供了指南？	❑ 是	❑ 否

（接上页）

18	是否经常对情报人员进行定期的安全审查？	❑ 是	❑ 否
19	犯罪情报单位是否坐落在物理上安全的位置？	❑ 是	❑ 否
20	是否阻止未经授权人员访问犯罪情报单位场所？	❑ 是	❑ 否
21	在情报单位人员休假或离职时，是否取消了他们的访问权限？	❑ 是	❑ 否
22	是否有关于如何将材料输入或输出软盘的指南？	❑ 是	❑ 否
23	犯罪情报单位是否可以接近行政长官？	❑ 是	❑ 否
24	情报单位是否向行政长官提供建议？	❑ 是	❑ 否
25	情报单位是否向机构提供有价值的战略和战术产品？	❑ 是	❑ 否
26	情报人员是否接受了适当培训？	❑ 是	❑ 否
27	对于情报单位的职能，是否有明确的责任和问责条款？	❑ 是	❑ 否
28	是否对情报单位及其运行系统进行定期的安全风险审查？	❑ 是	❑ 否
29	管理犯罪情报单位专项资金使用的程序到位了吗？	❑ 是	❑ 否
30	分配的员工数量可以满足犯罪情报单位的使命需要吗？	❑ 是	❑ 否

搜集

项	问题		
31	搜集工作是否始于书面计划的制订？	❑ 是	❑ 否
32	搜集计划是否包含一套详细说明机构或调查人员需要什么数据的信息要求？	❑ 是	❑ 否
33	搜集计划是否遵守适用的地方、州和联邦法规以及判例法？	❑ 是	❑ 否
34	搜集计划是否专注于犯罪活动的性质和范围？	❑ 是	❑ 否
35	搜集计划是否利用了所有已知的可用来源？	❑ 是	❑ 否
36	与犯罪情报单位工作人员沟通计划的目标和要求了吗？	❑ 是	❑ 否
37	犯罪情报职能是否推动了分析师和调查人员间密切工作关系的发展？	❑ 是	❑ 否
38	分配到犯罪情报职能部门的人员是否接受了隐私权的培训？	❑ 是	❑ 否
39	您机构所在的州是否有解决犯罪情报数据搜集的法律？如果没有，请转到问题 41。	❑ 是	❑ 否
40	如果第 39 个问题的回答是肯定的，那么您机构的犯罪情报人员是否接受了这些法律应用的培训？	❑ 是	❑ 否

（接上页）

41	您机构的犯罪情报人员是否已接受了合法的搜集方法培训？	❑ 是	❑ 否
42	您的机构是否具有线人指南？如果没有，请转到问题44。	❑ 是	❑ 否
43	指南是否论述了对线人的管理和控制？	❑ 是	❑ 否
44	指南是否论述了对线人档案的保管？	❑ 是	❑ 否

整理

项	问题		
45	单位是否具有犯罪情报档案指南？	❑ 是	❑ 否
46	犯罪情报单位是否在指南范围内运行？	❑ 是	❑ 否
47	是否只保存涉嫌参与实际或企图的行为，或涉嫌和已知或疑似犯罪人物参与犯罪活动的个人的档案？	❑ 是	❑ 否
48	是否只保存涉嫌参与实际或企图的行为，或涉嫌被已知或疑似犯罪人物操纵、控制、资助或渗透的组织、企业和团体的档案？	❑ 是	❑ 否
49	指南是否明确界定信息被录入并保存在档案中的标准？	❑ 是	❑ 否
50	在被列入一个犯罪情报档案之前，是否对存储在犯罪情报档案中的信息的来源可靠性和内容有效性进行评估？	❑ 是	❑ 否
51	是否有用于评估来源可靠性和内容有效性的明确说明系统？	❑ 是	❑ 否
52	带有适当保留期的永久、临时和工作等三种档案间是否有区别？	❑ 是	❑ 否
53	为了保护来源（线人）、调查人员和个人隐私权，是否对存储在犯罪情报档案中的信息划分了密级？	❑ 是	❑ 否
54	是否对档案清楚地标记了适当密级？	❑ 是	❑ 否
55	为了重新划分密级或清理，是否对保管在犯罪情报档案中的信息进行了定期审查，确保它是新的、实用的和准确的，保护了个人的隐私权，并划分了适当的安全等级？	❑ 是	❑ 否
56	犯罪情报单位的清理政策是否遵守了地方和（或）州的关于档案保留的法律？	❑ 是	❑ 否
57	是否有专门工作人员负责清理档案？	❑ 是	❑ 否
58	管理硬拷贝源材料的存储、处理及安全性的程序到位了吗？	❑ 是	❑ 否
59	犯罪情报单位保留硬拷贝源文档了吗？如果没有，请转到问题63。	❑ 是	❑ 否
60	这些文档是否存储在一个安全可靠的位置？	❑ 是	❑ 否
61	是否对这些文档的访问进行了限制？	❑ 是	❑ 否

（接上页）

62	管理电子数据库中源材料的存储、处理及安全性的程序到位了吗？	❑ 是	❑ 否
63	是否对档案数据库的访问进行了限制？	❑ 是	❑ 否
64	是否有专门员工负责控制自动访问？	❑ 是	❑ 否
65	是否对自动访问进行定期审查？	❑ 是	❑ 否
66	审查是否被记录存档？	❑ 是	❑ 否
67	当工作人员休假或转岗时，是否立即删除其自动访问权限？	❑ 是	❑ 否
68	通过对重要档案、程序及系统的备份、恢复例程以及异地存储，档案是否得到了充足的安全保障？	❑ 是	❑ 否
69	系统是否独立于其他网络，或者通过防火墙限制未经授权的访问以获得保护？	❑ 是	❑ 否
70	（硬 / 电子拷贝）档案是否以有组织的方式进行索引？	❑ 是	❑ 否
71	档案定位系统到位了吗？	❑ 是	❑ 否
72	是否有特定人员负责监督犯罪情报档案系统，以便它在所有适用法律的准则下运行？	❑ 是	❑ 否
73	依据所有适用法律，被清理的档案是否以一种安全和适当的方式销毁？	❑ 是	❑ 否
74	除非与犯罪行为或活动直接相关，有关个人或团体的政治、宗教或社会观点的信息是否被禁止列入犯罪情报档案？	❑ 是	❑ 否

传递

项	问题		
75	对信息的请求做出回应的程序到位了吗？	❑ 是	❑ 否
76	是否对信息的请求和响应进行记录？如果没有，请转到问题78。	❑ 是	❑ 否
77	是否对这些记录进行定期审查？	❑ 是	❑ 否
78	管理执法敏感材料传递的程序到位了吗？	❑ 是	❑ 否
79	犯罪情报信息是否只是传递给已经证明有权知道和需要知道的人员？	❑ 是	❑ 否
80	是否有可确定谁已访问犯罪情报档案的审查线索？	❑ 是	❑ 否
81	犯罪情报单位是否已制定了禁止第三方传递的政策？	❑ 是	❑ 否
82	机构是否已确定在法律事务中可以充分代表该机构的有关犯罪情报问题和程序的专业法律资源？	❑ 是	❑ 否

[附录 E]

国家犯罪情报共享计划

E.1 执行摘要

2001 年 9 月 11 日，恐怖分子袭击了美国，造成近 3000 名无辜者失去了生命。这一悲惨事件之后，对国家犯罪情报共享计划的需求显得极为紧迫。该事件促使美国执法机构同心协力地开展工作，纠正影响信息和情报共享的不足和障碍，以预防未来再次发生悲剧。

2002 年春季，参加国际警察首长协会犯罪情报共享峰会的执法高管和情报专家们意识到，他们代表的地方、州、部落、联邦执法机构和组织必须朝着一个共同的目标努力。这一目标就是，各个机构各自搜集信息、生产情报，并且与其他执法和公共安全机构共享情报。峰会与会者呼吁，建立一个全国协调性的犯罪情报协调委员会，该委员会负有制订和监督国家情报计划之责。[1] 为响应这一迫切需要，美国司法部宣告成立全球司法信息共享倡议（全球）情报工作组。地方、州以及部落的执法代表是制订国家情报共享计划的关键参与者。

具有情报搜集和评估责任的多数州执法机构和所有联邦机构都已在组织内建立了情报职能部门。然而，美国大约 75% 的执法机构只有不到 24 名正式宣誓的警官，并且在通常情况下，这些机构没有人员从事情报职能。在这些规模较小的地方机构，警官们每天都与其所巡逻的社区公众打交道。为地方机构提供开发、搜集、访问、接收和共享情报信息所需的工具和资源，对改善公共安全和国土安全是至关重要的。

在 2003 年 4 月的一次演讲中，时任总统乔治 · W. 布什承诺，让信息共享成为国家反恐怖战争的重要工具。“在全国范围内，我们将把恐怖信息和地方信息库捆

[1] 原注：关于国际警察首长协会峰会的进一步信息，可在国际警察首长协会情报峰会倡议《犯罪情报共享：地方、州和联邦层面的情报主导警务国家计划》（*Criminal Intelligence Sharing: A National Plan for Intelligence-Led Policing at the Local, State, and Federal Levels*）中找到。该文件亦能在国际警察首长协会网站获得：*http://www.theiacp.org/documents/pdfs/Publications/intelsharingre port.pdf*。

绑在一起，以便激活反恐前线、使之变得真实起来，而且这一前线的成员就是地方执法官员。我们期待他们成为我们努力的一部分，我们必须为他们提供从事本职工作的必要工具。”国家犯罪情报共享计划是执法机构用来支持他们打击犯罪和维护公共安全的一个关键工具。

不论是巡逻警察、情报管理者，还是机构高管，可以访问对完成其工作有所助益的信息是至关重要的。当执法官员开始审阅这项计划时，他们应当会问自己这样的问题，“我的责任是什么？”以及“我如何做才能参与其中？”他们应当评估何种类型的情报职能目前在他们所在机构运行良好，并利用该计划中的指南决定他们如何改进其情报流程。

这份报告概述了几乎任何机构可以马上采取的具体“行动步骤”，以及执行这些步骤之后的预期结果。我们应仔细审阅题为“国家犯罪情报共享计划的基本原理”这一部分报告，因为这部分内容深入地讨论了国家犯罪情报共享计划中提出的问题和建议。

全球司法信息共享倡议（全球）情报工作组愿景

国家犯罪情报共享计划对地方、州、部落和联邦执法机构而言应该是什么？全球司法信息共享倡议（全球）情报工作组成员阐明了自己的愿景：

- 一个情报共享计划模型。
- 一个促进情报主导警务的机制。
- 一份在增强或建立情报系统时执法管理员遵循的蓝图。
- 一个情报流程原则和政策的模型。
- 一个尊重和保护个人隐私和公民权利的计划。
- 一个提供系统间安全、无缝信息共享的技术架构。
- 一个情报培训的国家模型。
- 一个促进情报信息及时、可靠共享的外展计划。
- 一个利用现有系统和网络但允许灵活改进技术和流程的计划。

全球司法信息共享倡议（全球）情报工作组着力制订一个可更好开发和共享所有执法机构之间关键数据的情报共享计划。

全球司法信息共享倡议（全球）情报工作组确定了几个被认为是情报开发和共享障碍的问题。在为国家计划提供建议时，全球司法信息共享倡议（全球）情报工作组表达了对这些问题的必要性观点。全球司法信息共享倡议（全球）情报工作组公认的关键问题之一，是需要**克服阻碍情报共享的长期和实质性障碍**。这些例子包括执法和情报界的“等级制度”以及情报的财政赤字。克服阻碍信息和情报共享的这些障碍，需要持续的努力和各级政府的坚定承诺，而国家犯罪情报共享计划的实施一定会有助于这项工作。

全球司法信息共享倡议（全球）情报工作组已经认识并着手解决如下问题：

· 需要为管理一个情报职能制定最低标准。

· 需要建立一个犯罪情报协调委员会，由将提供和促进一个广泛、包容的犯罪情报产生和共享流程的地方、州、部落和联邦实体组成。

· 需要确保国家犯罪情报共享计划制度化。

· 需要确保个人的宪法权利、公民自由、公民权利和隐私权益在整个情报流程中得以保护。

· 需要为情报流程的所有阶段制定最低标准：规划和指导、信息搜集、处理/整理、分析、传递和再评估（反馈）。

· 需要增加信息的可获取性，从保密系统到地方和州执法机构，以预防和调查其司法管辖区内的罪案。

· 需要为所有受影响的各级执法人员制定最低犯罪情报培训标准，包括培训目标、任务、学时和频度。

· 需要确定可以被地方、州、部落和联邦执法以及公共安全机构广泛访问的情报信息共享能力。

有鉴于此，全球司法信息共享倡议（全球）情报工作组为国家犯罪情报共享计划提出了建议。以下是地方、州、部落和联邦执法机构应当作为路线图使用的行动项目和步骤，以确保有效的情报共享在全国执法界形成制度化。

本报告代表计划的第一版，计划旨在成为一份“活的文档”，并将定期更新。负责制订和实施该计划的那些人将继续争取执法和情报界、国家组织和其他政府及公共安全实体的参与，以确保该计划对它们的信息和情报开发与共享的需求做出积极响应。

E.2 行动建议

情报主导警务的主要目的是为公共安全决策者提供他们所需要的信息，以保护我们公民的生命。以下建议详细说明了国家犯罪情报共享计划的基本要素。

建议 1：为了实现这一计划中所概述的目标，执法机构，无论大小，都应采纳情报主导警务以及国家犯罪情报共享计划所载的情报职能使用和（或）管理的最低标准。标准重点关注情报流程，并包含诸如职能使命、管理和监督、人员甄选、培训、安全、隐私权、开发和传递情报产品以及问责举措等要素。

机构首席执行官和情报职能管理者应该：

· 通过参与特别工作组以及州、地方、联邦的信息共享倡议，寻求加强情报共享工作和促进信息共享的路径。

· 在机构内执行情报流程的使命陈述。

· 界定职能的管理和监督。

· 选择合格人员安排到情报职能。

· 确保制定工作人员 / 系统用户背景调查的标准，以保证系统、设施等的安全以及对系统 / 网络的访问。

· 确保所有分配到或受情报流程影响的人员接受适度的培训。

· 确保个人的隐私和宪法权利在任何时候都得到关注。

· 支持开发可靠、专业的分析产品（情报）。

· 实施为适当的组件 / 实体传递信息的方法 / 系统。

· 实施政策和程序手册。手册的目的是以书面方式建立机构对于情报职能的责任。手册应包括涵盖情报流程所有方面的政策和程序。

· 实施适当的审计或审查程序，以确保遵守政策和程序。

· 在与公众和所有利害关系方就犯罪情报流程进行交流时，并确实不影响流程的安全性和完整性的情况下，促进开放政策。

建议 2：为了对国家犯罪情报共享计划的执行和优化提供长期监督和援助，正如在国际警察首长协会犯罪情报共享报告中所设想的那样，应建立一个犯罪情报协调委员会。犯罪情报协调委员会的目的是，就最佳利用犯罪情报以保护我们的国家安全问题，向国会、司法部长、国土安全部长提供建议。犯罪情报协调委员会应当在全球咨询委员会 (Global Advisory Committee，GAC) 的支持下运行。犯罪情报协调委员会应当由包括来自地方、州、部落和联邦机构及国家执法组织的成员代表组成。在犯罪情报协调委员会运行之前，相关事宜由全球司法信息共享倡议（全球）情报工作组临时负责。

建议 3：为了评估该计划是否成功，犯罪情报协调委员会应监督国家犯罪情报共享计划的执行。从 2004 年 12 月 31 日开始，关于该计划进展状况的报告将被提交给司法计划办公室，之后每年提交一次。

建议 4：该计划旨在加强国土安全，促进情报主导警务。为了完成这些目标，迫切需要更多的国家资金。如果缺少充足资金，本报告所载许多建议，诸如改善培训和技术架构，将不会发生，并且国家将处于危险之中。犯罪情报协调委员会、全球咨询委员会、司法部和国土安全部应共同合作，确定并资助实施本报告所载建议的倡议。

建议 5：为了公开承认该计划的创建，展示相关各方的承诺，必须举办全国签署活动（National Signing Event），来自各级执法机构和国土安全机构负责人以及其他相关团体走到一起，共同“签署”国家犯罪情报共享计划。

建议 6：实施和促进国家犯罪情报共享计划的有关各方应采取行动，确保执法界在情报流程中保护个人隐私和宪法权利。

建议 7：地方、州、部落和联邦执法机构必须承认并与公共部门和私人部门合作，以便侦测并防止针对国家关键基础设施的攻击。应采取措施建立定期通信和信息交换的方法。

建议 8：执法机构官员应利用犯罪情报协调委员会准备的宣传材料，向其所属机构工作人员及其所服务的社区，宣传和推广包含在国家犯罪情报共享计划内的、基于标准的情报共享和情报主导警务理念。

建议 9：为了确保犯罪情报信息的搜集 / 提交、访问、存储和传递符合个人、团体和组织的隐私，执法机构至少应采用犯罪情报系统运行政策、联邦法规（28 CFR Part 23）[1] 所要求的标准，不论情报系统由联邦资金支持与否。

建议 10：在执行或审查其组织内部情报职能时，执法机构应使用国际警察首长协会犯罪情报模式政策（2003 年修订版）[2] 作为指南。

建议 11：除了《联邦规章典集》第 28 篇第 23 部外，执法机构应使用《执法情报单位犯罪情报档案指南》作为情报档案维护的一个模型 [3]。

建议 12：国际执法情报分析师协会应代表犯罪情报协调委员会制定情报分析的最低标准，以确保情报产品是准确、及时、真实和相关的，并建议执行政策和（或）行动。这些最低标准应在 2004 年 6 月 30 日之前制定完成。一旦制定完成，并得到犯罪情报协调委员会的批准，执法机构应采用这些标准。

---

[1] 原注：《联邦规章典集》第 28 篇第 23 部可在附赠光盘中查阅，也可在 *www.it.ojp.gov* 上获取。

[2] 原注：国际警察首长协会犯罪情报模式政策（The IACP Criminal Intelligence Model Policy）已被录入附赠光盘，也可在 *www.theiacp.org* 上获取。

[3] 原注：2002 年 3 月更新的《执法情报单位犯罪情报档案指南》（*LEIU Criminal Intelligence File Guidelines*）可在附赠光盘上查阅。

建议 13：为进一步提高专业判断，特别是当涉及个人隐私和宪法权利的保护时，国家犯罪情报共享计划鼓励参与专业犯罪情报组织，并支持对所有地方、州、部落和联邦执法人员的情报培训。

建议 14：为了培养执法机构、政策制定者和其所服务社区间的信任，在确实不影响流程的安全性和完整性的情况下，国家犯罪情报共享计划向公众推行有关犯罪情报职能的开放政策。

建议 15：国家犯罪情报共享计划促进有效的问责措施，正如在《联邦规章典集》第 28 篇第 23 部、《执法情报单位犯罪情报档案指南》以及《司法信息隐私指南》（*Justice Information Privacy Guideline*）[1] 中所表述的那样，执法机构应使用这些政策确保个人隐私和宪法权利受到保护，并纠正与政策不一致的做法。

建议 16：鼓励参与犯罪情报共享的执法机构在适用的范围内使用《司法信息隐私指南：为司法信息系统制定、起草和评估隐私政策》（*Justice Information Privacy Guideline: Developing, Drafting and Assessing Privacy Policy for Justice Information Systems*）[2] 中提供的隐私政策指南。《司法信息隐私指南》的目标是，在制定单个机构或集成的（多机构）司法系统的信息政策时，为寻求平衡公共安全、公共访问和隐私的司法领导人和从业人员提供援助。

建议 17：与联邦官员一起，犯罪情报协调委员会应确定援助和加快非涉密撕裂线 [3] 报告生产的技术手段。这些报告是为执法目的所需对涉密数据的解密，是对通过敏感来源和搜集方法获取的数据进行的编写，但保留尽可能多的情报内容。生产这些报告的技术手段应在 2004 年 6 月 30 日前确定下来。

建议 18：应为参与犯罪情报流程的所有级别的执法人员提供培训。正如国家犯罪情报共享计划中所包含的那样，培训标准应为所有受影响的人员考虑最低培训标准 [4]。另外，正如在国家犯罪情报共享计划所建议的那样，在成功完成培训后，犯罪情报培训的受训者应得到承认，并被授予证书。

---

[1] 原注：该文件可在附赠光盘中查阅，也可在 *http://www.ncja.org/pdf/privacyguideline.pdf* 获取。

[2] 原注：该报告也可在 *http://www.ncja.org/pdf/privacyguideline.pdf* 获取。

[3] 译注：参见附录 B.4 “全球情报工作组犯罪情报培训最低标准”之“犯罪情报术语表”。“撕裂线报告”是一种包含涉密情报或信息的报告。准备报告时，情报源和方法等相关信息应极易从报告中剔除，以保护来源和方法免遭泄露。通常情况下，撕裂线以下的信息可作为敏感非密信息发布。

[4] 原注：推荐的各级培训标准，包含角色和任务、核心培训目标、培训时长都包含在该文件的附录部分，可在附赠光盘中查阅。

建议 19：犯罪情报协调委员会应与国际执法标准和培训主任协会（International Association of Directors of Law Enforcement Standards and Training，IADLEST） 组织、国际警察首长协会国家和省级警察学院主任部（IACP State and Provincial Police Academy Directors Section, SPPADS）以及其他相关培训组织培养工作关系，以便在各州落实国家犯罪情报共享计划建议的培训标准时获取它们的帮助。

建议 20：为了支持机构的战术、战役和战略需求，除了传统的案件管理和情报系统外，鼓励执法机构考虑使用一个自动的、基于事件的犯罪记录跟踪能力，作为记录管理和统计数据的额外来源。为了便于所需数据元素输出——不需要重复输入数据或报告到相关州级和联邦犯罪信息计划，这些系统应是基于网络的，并配置以满足组件内部报告和记录保存的需求。

建议 21：2002 年 9 月 1 日，区域信息共享系统（The Regional Information Sharing Systems ™ , RISS）和 FBI 执法在线（Law Enforcement Online, LEO）系统实现对接，成为一个虚拟的单一系统，将为实施全国犯罪情报共享能力提供初始的、敏感非密的安全通信骨干网。这一全国敏感非密安全通信骨干网将支持全功能的、双向的信息共享能力，最大限度地重复使用现有的地方、州、部落、区域和联邦基础设施投资。全国敏感非密通信能力的进一步配置将连同业界和其他标准的制定以及和其他现有的敏感非密网络的对接继续发展。

建议 22：为了充分利用信息共享系统并扩大情报共享[1]，应立即推进地方、州、部落、区域和联邦层级的现有系统与区域信息共享系统 / 执法在线系统通信能力的互操作性。

建议 23：犯罪情报协调委员会将会同全球系统安全兼容特别工作组（Global's Systems Security Compatibility Task Force）确认并指定一个架构方法和过渡步骤，允许使用地方、州、部落、区域和联邦层级的现有基础设施（技术、治理结构及信任关系），以利用国家敏感非密通信能力实现信息共享。这一战略架构方法将确保地方、州、部落、区域和联邦情报信息系统和知识库之间的互操作性。

建议 24：在共享犯罪情报方面有既得利益的所有机构、组织和计划应积极与地方、州、部落、区域、联邦执法和情报系统一起招募代理机构，以连接到全国敏感非密通信能力。鼓励这些机构、组织和计划利用全国敏感非密通信能力，从而在现有计

---

[1] 原注：全球司法信息共享倡议（全球）情报工作组（GIWG）对地方、州、联邦和区域各级正在运行或开发的系统 / 倡议做了一个初步调查，确定了若干系统 / 倡议。请参阅附赠光盘，获取确定的系统清单以及调查过程中获得的摘要信息。

划中扩大协作和信息共享的机会，并利用现有的用户。另外，参与者标准和用户审批程序必须和当前连接的敏感非密系统相兼容，以便成为全国敏感非密通信能力的受信连接。

建议 25：鼓励正在参与国家犯罪情报共享计划的机构使用《应用安全实践于司法信息共享》（*Applying Security Practices to Justice Information Sharing*）[1] 作为一份关于信息系统安全实践的参考文档。该文档由全球安全工作组（Global Security Working Group）开发，在建立他们机构的信息基础设施之时，并且在与其他机构共享信息之前，被司法主管和管理人员用作一个保护他们司法信息系统的资源以及一个应考虑的想法和最佳实践的资源。

建议 26：在将数据库和其他资源连接到通信网络时，鼓励机构使用最新版本的全球司法可扩展标记语言数据模型（Global Justice Extensible Markup Language Data Model，GJXDM）及其组件全球司法可扩展标记语言数据字典（Global Justice XML Data Dictionary，GJXDD）[2]。全球司法可扩展标记语言数据模型和全球司法可扩展标记语言数据字典的开发能够通过在各种不同的信息系统间交换数据实现互操作性。

建议 27：为了增进信任并对目前进行的背景调查"提高标准"，在执法人员访问敏感非密通信能力之前，无论该人宣誓与否，执法机构必须对其进行基于指纹的背景检查。对执法人员访问全国敏感非密通信能力的背景要求应与用于指定和雇佣宣誓人员的要求一致，正如参加的州或部落政府规定的那样，至少这些要求规定通过联邦调查局和适当的地方、州和部落的犯罪历史资料库做过犯罪历史检查，并经申请人指纹卡确认。另外，在最初的基于指纹的记录检查之后，必须每 3 年对执法人员进行基于姓名的记录检查。

建议 28：与司法计划办公室和连接的敏感非密系统一起，犯罪情报协调委员会应开发一种采集机制或一个集中式网站，将使执法机构能够访问共享的可视化数据和分析工具。犯罪情报协调委员会应确定由执法机构推荐使用的分析产品，以便在履行情报职能时，最大化利用资源以及产品当前用户的资源清单。2004 年 6 月 30 日前，犯罪情报协调委员会将向司法计划办公室提交一份这些工具的报告。

[1] 原注：该文档可从 *http://www.it.ojp.gov/global/* 上获得。

[2] 原注：最新版本的全球司法可扩展标记语言数据模型和全球司法可扩展标记语言数据字典均可在配套 CD 中查阅，也能在 *http://www.it.ojp.gov/jxdm* 上找到。

[附录 F]

作者小传

❑ 迪安·巴拉塔（Baratta, Dean）

巴拉塔先生曾在美国陆军（U.S. Army）与新泽西州警察机构（New Jersey State Police）分别担任了 18 年和 6 年的情报分析师。他从事执法工作后，开始专注于毒品和街头黑帮调查，其工作涉及宾夕法尼亚州国民警卫队反毒品计划（Pennsylvania National Guard Counter Drug Program）的部分内容。自此，他开发了支持战术、战役和战略行动的产品，并为新泽西州警察系统的分析师制定了培训和业务指南。从 2003 到 2004 年，在支持在阿富汗的持久自由行动（Operation Enduring Freedom）的同时，他开始探索成功地应对有组织犯罪网络和叛乱之间的相似性。

您可以通过电子邮箱 dean.baratta@gmail.com 联系他本人。

❑ 查克·波谢特（Bochert, Chuck）

波谢特警督（Lieutenant）1983 年毕业于中密苏里州立大学（Central Missouri State University），获刑事司法行政学士学位。从那时起，他成为圣路易斯县警察局的一员。除了在该县西部、北部和中部警区工作之外，此前他还曾被分配到禁毒局（Bureau of Drug Enforcement），作为一名警探（Detective）和警司（Sergeant）工作了 10 年，其中包括在圣路易斯的联邦毒品管制局特别工作组（Federal DEA Task Force）工作的 5 年。另外，他还在圣路易斯县警察局情报单位担任了 11 年指挥官，监督调查有组织犯罪、公共腐败和恐怖主义。在那段时间，他负责监管圣路易斯恐怖主义预警小组（St. Louis Terrorism Early Warning Group），并担任该地区的情报融合中心主任。

波谢特警督曾担任美国司法部长反恐怖主义咨询委员会（U.S. Attorney's Anti-Terrorism Advisory Council）、美国司法部长仇恨犯罪特别工作组（U.S. Attorney's Hate Crimes Task Force）、中密苏里国内恐怖主义工作组（Mid-Missouri Domestic Terrorism Working Group）以及国家跨机构威胁评估和协调组（ITACG）咨询委员会成员。他曾在美国特勤局国家威胁评估中心（U.S. Secret Service's National Threat Assessment Center）接受培训，是执法情报单位协会前副总会长。他还是圣路易斯地区区域响应系统（St. Louis Area Regional Response System，STARRS）咨询委员会和圣路易斯区域资源协调计划发展委员会（St. Louis Regional Resource Coordination Plan Development Committee）成员。

目前，波谢特警督担任圣路易斯县跨辖区毒品特别工作组（St. Louis County Multijurisdictional Drug Task Force）副指挥官。

❑ 拉斐尔·布林纳（Brinner, Rafael）

布林纳先生现任职于美国国土安全部情报和分析办公室（Office of Intelligence and Analysis）。他曾向联邦、州和地方机构提供关于分析可疑活动报告最佳实践的咨询，并且在国内和国际会议上向执法和情报界听众表达自己的观点。2008 年，因在这一领域的开拓性工作，布林纳先生获得了负责分析工作的国家情报副总监（Deputy Director of National Intelligence for Analysis）颁发的杰出分析奖（Distinguished Analysis Award）。布林纳先生毕业于加州大学伯克利分校，还拥有西北大学和蒙特雷国际研究院（Monterey Institute of International Studies）的硕士学位。

❑ 小戴维·加里恩斯（Cariens Jr., David）

加里恩斯先生出生于俄亥俄州哥伦布市，获得俄亥俄州立大学的德国和波兰史文学学士和硕士学位。他在中央情报局工作了 31 年，已于 1997 年退休。在其职业生涯中，他在该局情报分局（Directorate of Intelligence）做了 22 年政治分析师，专攻巴尔干事务。在这个职位上，他曾为美国各级政府生产情报成品，为从总统到整个情报界工作层面的同行提供服务。他曾领导培训单位，为所有新入职的中央情报局分析师讲授生产情报成品需要的写作和简报技巧。他设计了情报分析和写作课程，并在整个情报界进行讲授。他还曾给外国情报机构培训生产情报产品所需要的写作技巧。

苏联解体之后，加里恩斯设计并讲授的基本分析和写作课程，现已被华沙条约组织的一位前成员用来培训新入职的情报分析师。他还曾是中央情报局监察长办公室工作人员。退休后，他继续为整个情报界设计和讲授情报写作和简报课程，包括中央情报局、联邦调查局、情报界工作人员、国家反恐怖主义中心、国土安全部、司法部、军事情报所有部门、科罗拉多州调查局和马萨诸塞州警融合中心。在国际执法情报分析师协会 2005 年亚历山德里年会、2006 年墨西哥城年会、2007 年 4 月加拿大温哥华年会、2008 年波士顿年会以及 2009 年拉斯维加斯年会上，他开办过写作专题研讨会。他还曾为加拿大犯罪情报局（Criminal Intelligence Service of Canada，CISC）和加拿大皇家骑警（Royal Canadian Mounted Police）做过情报分析培训。

加里恩斯是受害人权利的倡导者，目前正在为弗吉尼亚理工大学枪击案受害者家庭工作。他是《质疑问责：安吉拉山谷谋杀案》（*A Question of Accountability: The*

Murder of Angela Dales）一书的作者，该书审视了 2002 年 1 月 16 日发生在阿巴拉契亚法学院的疯狂杀戮。该书的网站为：*www.aquestionofaccountability.com*。

❑ 保罗 · 柯姆斯（Coambs, Paul）

柯姆斯先生曾在加利福尼亚州执法机构工作 30 年。在过去的 20 年，他是西米谷警察局（Simi Valley Police Department）的一名犯罪情报警探。他从加州斯托克顿太平洋大学（University of the Pacific）获得了学士学位和硕士学位。他在文图拉县刑事司法培训中心（Ventura County Criminal Justice Training Center）指导新招聘的执法人员，并为执法者和公众讲授犯罪情报、恐怖主义、亡命摩托帮、宗教仪式犯罪、仇恨犯罪以及受害等主题。他曾任或现任加州南部亡命摩托帮调查人员协会（Southern California Outlaw Motorcycle Gang Investigators Association）、加州宗教仪式犯罪调查人员协会（California Ritual Crimes Investigator Association）以及文图拉县情报单位（Ventura County Intelligence Unit）等的董事职务。

❑ 罗伯特 · C. 法尔曼（Fahlman, Robert C.）

前加拿大皇家骑警犯罪情报处处长。

法尔曼先生是加拿大皇家骑警的职业情报官，并于 2008 年 5 月 30 日晋升为犯罪情报处处长。在新职位上，他主要负责犯罪情报的政策、治理和原则，职业标准和培训，国内和国际合作，以及研究、开发、创新等工作。

2002 年 8 月到 2008 年 5 月，法尔曼被调到加拿大犯罪情报局，担任情报分析和知识开发（Intelligence Analysis and Knowledge Development）副局长。他负责开展加拿大犯罪情报局国家威胁评估（National Threat Assessment）、哨兵战略预警（Sentinel Strategic Early Warning）方法、国家情报需求（National Intelligence Requirement）和加拿大犯罪情报模型（Canadian Criminal Intelligence Model, CCIM）等工作。2002 年 8 月之前（1999 年 5 月至 2002 年 8 月），他被加拿大皇家骑警借调到位于法国里昂的国际刑警组织总秘书处（Interpol General Secretariat），担任国际刑警犯罪情报计划的助理主任。1999 年 5 月之前，他曾任渥太华皇家骑警犯罪分析分局犯罪情报处主管。

法尔曼是渥太华卡尔顿大学（Carleton University）加拿大情报和安全研究中心（Canadian Centre of Intelligence and Security Studies）咨询委员会成员，同时也是加拿大情报和安全研究协会（Canadian Association for Security and Intelligence Studies）会员。他还是国际执法情报分析师协会执行咨询委员会（Executive Advisory Board）成员，并从 2002 年到 2004 年担任国际执法情报分析师协会执行董事（Executive Director）。从 1995 年到 1999 年，他担任认证犯罪分析师协会（Society of Certified

Criminal Analysts，SCCA）会长（Chancellor），并拥有终身认证犯罪分析师（Lifetime Certified Criminal Analyst，CCA）荣誉称号。他是认证犯罪分析师协会理事会的创始成员，也是 1997 年该协会终身成就奖（1997 SCCA Lifetime Achievement Award）获得者。

法尔曼一直关注情报分析的发展，曾在 30 多个国家的情报系统领域担任顾问。他在这一领域写过许多论文，并为从业人员和管理人员举办过一些培训研讨会。目前，他服务于多个政府和私营部门的咨询委员会。他分别从渥太华加拿大警察学院（Canadian Police College）、里贾纳加拿大皇家骑警培训学院（RCMP Training Academy）、金斯顿王后大学（Queen's University）以及美国华盛顿特区乔治城大学（Georgetown University）拿到了应用艺术（新闻学）学士学位。

❑ 罗伯特 · D. 福勒（Fowler, Robert D.）

加登格罗夫（加利福尼亚州）警察局警督。

目前，福勒警督是执法情报单位协会副总会长，自 2010 年 6 月起，一直担任该职务。2004 年 8 月至 2008 年 4 月，他曾担任该协会西南区副会长。他是拥有 23 年执法经验的老将。在过去的 19 年，他在位于加州南部的加登格罗夫警察局（Garden Grove Police Department）工作。现在，他被指派为社区警务局（Community Policing Bureau）的警督。在该岗位上，他监管加登格罗夫警察局的恐怖主义联络官计划、骑警执法单位和度假村服务队。此前，作为一名警司（Sergeant），他负责监管该局的犯罪情报单位。他以前的工作涉及范围包括情报、巡逻、青少年调查、酒店服务业等。他拥有工商管理学士和公共管理硕士学位。

❑ 道格 · 弗兰克（Frank, Doug）

密苏里州高速公路巡警信息分析中心犯罪情报分析师。

2000 年，弗兰克先生从美国西点军校获得了军事史学士学位，同时被任命为美国陆军的一名中尉（Lieutenant）。在接下来的 5 年，弗兰克先生在佐治亚州和肯塔基州担任步兵军官（Armor Officer）。随后，他参加了密苏里州陆军国民警卫队（Missouri Army National Guard），并于 2005 年被任命为阿富汗省级重建队伍的执行官。2007 年，作为一名犯罪情报分析师，弗兰克先生加入密苏里信息分析中心（Missouri Information Analysis Center，MIAC）。他是国际执法情报分析师协会和国际犯罪分析师协会（International Association of Crime Analysts，IACA）会员。

❑ 范 · 戈德西（Godsey, Van）

密苏里州高速公路巡警毒品和犯罪控制部助理主任。

1984 年，戈德西先生获得了密苏里州斯普林菲尔德市杜利大学（Drury

University）的商业和政治学学士学位。1986年，他又在田纳西执法学院（Tennessee Law Enforcement Academy）获得毕业证书，此后4年在田纳西州东南部当一名警官。1990年，戈德西先生在密苏里州总检察长办公室（Missouri Attorney General's Office）的特别诉讼单位工作。1995年，戈德西先生以首席犯罪调查员的身份离开总检察长办公室，并在密苏里州高速公路巡警（Missouri State Highway Patrol，MSHP）任暴力犯罪支援单位（Violent Crime Support Unit）主管。1998年，密苏里州高速公路巡警将暴力犯罪支援单位与犯罪情报/罪案分析单位合并，戈德西先生任被任命为新单位的主管。在之后的7年里，他负责监管该犯罪情报/罪案分析单位，并参与了几个信息和情报共享倡议。这些工作内容涉及：密苏里全州警察情报网络（Missouri Statewide Police Intelligence Network，MoSPIN）、中西部高强度贩毒地区（Midwest HIDTA）、国家虚拟指针系统（National Virtual Pointer System，NVPS）以及许多其他领域。戈德西先生目前是国际执法情报分析师协会和国际犯罪分析师协会会员，还是执法情报单位协会总会长。2005年12月，他被任命为密苏里信息分析中心（即密苏里州指定的融合中心）主任。2009年4月，他开始担任毒品和犯罪控制部助理主任之现职。他以主题专家（Subject Matter Expert，SME）的身份参与了国土安全部和司法部的众多倡议，并担任州和地方国土安全情报利益共同体（HS-SLIC）中部区副主席。

❑ 约翰·加德纳（Gordnier, John）

1966年，加德纳先生从华盛顿大学（University of Washington）毕业，获得学士学位。1969年，在怀俄明大学（University of Wyoming）获得法学博士学位。1970年1月，他宣誓成为了加利福尼亚州律师界的一员。1970到1972年，他在加州圣贝纳迪诺县（County of San Bernardino）担任地方副检察官。1972年10月，他成为加州总检察长办公室（California Attorney General's Office）刑法处副检察长。在刑法处期间，他尝试处理涉及公职人员的案件，担任政治改革法案执行单位的负责人，负责掌管加州总检察长的立法和说客特别工作组（Attorney General's Legislative/Lobbyist Task Force）。1979年，当成立特别诉讼单位（Special Prosecutions Unit）以处理有组织犯罪案件时，他是被分配到一个小组的检察官之一，该小组由2名特工和1名检察官组成。1983年，他被任命为高级助理检察总长，主管特别诉讼单位。直到1991年特别诉讼单位被解散，他一直担任该职务。在特别诉讼单位任职期间，他不仅通过该单位起诉案件，监督指控，而且还负责制定法律惩罚洗钱、没收财产，并依据加州《反有组织犯罪及腐化组织法》条款进行起诉。1991年到1998年，他是审判和特别项目单位的高级助理检察总长。在此职位上，他担任刑法处的立法联络员，起诉了马克·弗曼（Mark Furman）伪证案等案件，贯彻了加州总检察长对医用大麻倡议的答复，并成功为《加州攻击性武器法》（California's Assault Weapons Law）进行辩护。从 1998 年到 2007 年退休，他一直被指派担任加州司法部情报系统的律师，同时担任加州黑帮（CalGANG）情报系统的法律顾问，并在加州司法部总检察长办公室高级培训中心（Attorney General's Advanced Training Center）主办的初级和高级课程中讲授情报法律。自从公职退休后，他一直担任犯罪情报法律方面的顾问和教官。

❑ **理查德·赫林顿（Herrington, Richard）**

赫林顿先生曾获得俄勒冈州波特兰大学（University of Portland）生命科学学士学位，具有 31 年的资深执法工作经历。目前，他是华盛顿州赌博委员会（Washington State Gambling Commission，WSGC）的特工主管。他被分配到华盛顿州赌博委员会犯罪情报单位做主管，同时监管犯罪调查卧底单位（Criminal Investigations Undercover Unit），也是华盛顿州赌博委员会监管和执法工作中的特工。他曾当过缉毒警探以及重特大罪案调查员，在 1992 年被任命为华盛顿州赌博委员会的特工之前，在刘易斯县警长办公室（Lewis County Sheriff's Office）干了 15 年警探。他是非正式的国家非法互联网赌博特别工作组（Illegal Internet Gambling Task Force）成员，目前是这一执法小组的领导，并为该工作组撰写调查计划。他与人合著了一本非法互联网赌博调查的培训手册。他还是一名为地方、国家、国际层面的执法官提供非法互联网赌博调查培训的教官。

❑ **梅利莎·R. 约翰逊（Johnson, Melissa R.）**

在过去的 6 年，约翰逊女士一直是州惩教局的一名情报分析师。她分析情报数据，识别犯罪活动和走私网络，监视黑帮成员的身份及获释情况，准备情报简报和威胁评估。在现职之前，她是在新泽西州警察机构的一名犯罪分析师，并且有广泛的分析经历，包括空间分析、罪案模式识别、下一次命中概率、黑帮迁移趋势和威胁评估分析等。如今，她是一名认证犯罪分析师（Certified Criminal Analyst）和认证黑帮专业人员（Certified Gang Professional），还参加了几个职业执法组织，包括国际执法情报分析师协会、东海岸黑帮调查人员协会（East Coast Gang Investigators Association）和国际犯罪分析师协会。

❑ **道格·拉尔姆（Larm, Doug）**

拉尔姆先生是一位退休的美国陆军军事情报官，西雅图警察局犯罪情报科（Seattle Police Department's Criminal Intelligence Section）的策略顾问，被指派为华盛顿州融合中心的一名高级情报分析师。在其军事生涯中，他曾参与国防情报局和中央情报局的项目。他曾接受美国陆军战争学院国防战略课程（US Army War College's

Defense Strategy Course）和得克萨斯州古德费洛空军基地国防部高级情报培训课程（Department of Defense's Advanced Intelligence Training Course）的培训。2006 年，他开始在西雅图警察局工作。2009 年，他开始在华盛顿州融合中心工作。同时，他在西雅图大学（Seattle University）担任兼职教授，为刑事司法项目硕士研究生讲授数据和情报分析课程。他获得了项目管理硕士学位，是远程教育和培训委员会（Distance Education and Training Council）2010 年度优秀毕业生。

❑ **詹姆斯·刘易斯（Lewis, James）**

刘易斯先生是宾夕法尼亚州约翰斯顿市的美国司法部国家毒品情报中心（National Drug Intelligence Center）的一名情报分析师。该中心的主要任务是生产国内战略毒品情报。在为国家毒品情报中心服务的 15 年间，他曾参与从搜集管理到国家威胁评估等多种任务。现在，他被分配到特别项目单位（Special Projects Unit），专注于美国街头、监狱、亡命摩托帮和非法毒品交易之间的联系。

❑ **弗雷德里克·T. 马腾斯（Martens, Frederick T.）**

马腾斯先生是宾夕法尼亚犯罪委员会（Pennsylvania Crime Commission）前执行董事。他已从新泽西州警察机构"退休"，曾在卧底岗位从事有组织犯罪和毒品调查工作。他是新泽西学院（College of New Jersey）的教师，多次讲授关于有组织犯罪、情报系统、洗钱和恐怖主义等内容。目前，他正为企业单位提供调查服务。

❑ **鲍勃·莫尔豪斯（Morehouse, Bob）**

莫尔豪斯先生是执法情报单位协会执行董事。他在加利福尼亚州司法部（California Department of Justice，CA DOJ）工作了 34 年，其中有 31 年与犯罪情报相关。现在，他是一位领受年金的退休人员，并以执法情报单位协会执行董事的身份在加州司法部调查和情报局（Bureau of Investigation and Intelligence，BII）工作。他撰写了好几本专业的执法出版物，还是《情报 2000：修订的基本要素》一书的撰稿人和主编。他是国际执法情报分析师协会会员，并被授予认证犯罪分析师协会终身认证证书（Lifetime Certification）。在任执法情报单位协会执行董事的半职半薪工作之前，他管理调查和情报局的情报支持单位和加州反恐信息中心（California Anti-Terrorism Information Center，CATIC）的形势和小组分析单位（Situation and Group Analysis Unit）。这些单位负责诸如调查和情报局的自动化犯罪情报档案等多种活动，对恐怖主义事件和调查保持全州性的总体战略视角。加州反恐信息中心的形势分析单位（Situation Unit）也负责向在加州的地方、州和联邦机构传递与恐怖主义有关的战术信息。该部门的分析师也需要支持加州司法部的 8 个特别工作组。莫尔豪斯先生从萨克拉门托加州州立大学（California State University）获得了公共管理学士学位。

❑ 莉萨 · 帕尔米耶里（Palmieri, Lisa）

帕尔米耶里女士现供职于美国国土安全部情报和分析办公室（Department of Homeland Security's Office of Intelligence and Analysis），被分配到马萨诸塞州融合中心（Commonwealth Fusion Center，CFC in Massachusetts）担任情报官。从 2009 年开始，她担任该办公室东北区代理主任。她的职责包括确保国土安全威胁情报在州与地方一级的公共及私营部门与国土安全部之间的双向流动。以前，她曾是马萨诸塞州警察机构安排在州融合中心工作的一名监察情报分析师（Supervisory Intelligence Analyst）。她早先的经历包括在马萨诸塞州保险欺诈局（Insurance Fraud Bureau of Massachusetts）担任分析师主管和调查分析师，从事复杂的白领犯罪调查工作，以及在新英格兰地区州警信息网络（New England State Police Information Network，NESPIN）担任犯罪情报分析师。在新罕布什尔州普利茅斯州立学院（Plymouth State College）毕业后，帕尔米耶里女士开始了美国陆军军事情报职业生涯，后来成为英国国防部在西柏林的一名文职书记员。2004 至 2009 年，她担任国际执法情报分析师协会主席，并且在该职位服务于犯罪情报协调委员会和国际警察首长调查行动委员会（International Chiefs of Police Investigative Operations Committee）。

❑ 玛丽莲 · 彼得森（Peterson, Marilyn B.）

认证犯罪分析师（CCA）、认证欺诈审查师（CFE）以及认证反洗钱专家（CAMS）。

彼得森女士现为华盛顿国防情报局联合军事情报培训中心（Defense Intelligence Agency Joint Military Intelligence Training Center）高级教官。作为一名情报管理专家，她于 2005 年 12 月从新泽西州法律和公共安全部（New Jersey Department of Law and Public Safety）刑事司法分部（Division of Criminal Justice）退休。她在执法方面的工作包括有组织犯罪、毒品、诈骗、洗钱和情报。

彼得森是一位知名作者，独著有《犯罪分析应用：资料读本》（*Applications in Criminal Analysis: A Sourcebook*, 1994），合著有《犯罪情报分析》（*Criminal Intelligence Analysis*, 1990）。她还撰写了由国家白领犯罪中心出版的《个人和企业银行记录财务分析指南》（*A Guide to the Financial Analysis of Personal and Corporate Bank Records*, 1996, 1998 & 2002）。2001 年，她担任《情报 2000：修订的基本要素》一书的执行主编。2002 年，国家白领犯罪中心和联邦调查局出版了她所著的《理解和分析银行保密法数据指南》（*A Guide to Understanding and Analyzing Bank Secrecy Act Data*）。2005 年，她的作品《情报主导警务：新的情报构架》

（*Intelligence Led Policing: The New Intelligence Architecture*）由美国司法部司法援助局（Bureau of Justice Assistance）出版。2009 年，她撰写了《反威胁金融情报指南》（*A Guide to Counter Threat Finance Intelligence*）。她拥有检测金融交易洗钱模式的专家资格，并曾在州大陪审团（State Grand Jury）和新泽西高级法庭（New Jersey Superior Court）做证。

1996 年，彼得森获得了由认证犯罪分析师协会颁发的终身成就奖（Lifetime Achievement Award）。她是 7 次分析奖的得主，其中 6 次是因她对该领域的写作贡献。2005 年，凭借在情报界的工作，她获得了执法情报单位协会 2005 年度会长奖。她是国际情报教育协会现任主席、国际执法情报分析师协会上一任主席、认证犯罪分析师协会上一任会长以及认证欺诈审查师协会（Association of Certified Fraud Examiners）荣誉评议员和会员。她还是一位认证反洗钱专家（Certified Anti-Moneylaundering Specialist）。

❑ 杰里 · 拉特克利夫（**Ratcliffe PhD, Dr. Jerry**）

拉特克利夫博士是美国宾夕法尼亚州费城天普大学（Temple University）刑事司法系教授。在进入学术界之前，拉特克里夫教授在英国伦敦警察厅工作了 11 年。在一次严重的冬季登山事故后，他离开了伦敦警察厅。数年来，他协调澳大利亚国家战略情报课程，并对世界各地的情报主导警务进行研究、培训和咨询。2007 年，因对犯罪情报分析的突出贡献，他被国际执法情报分析师协会授予专业服务奖（Professional Service Award）。

他已发表 50 多篇研究论文，出版了 4 本图书：《情报主导警务》（*Intelligence-Led Policing*, Willan, 2008）、《犯罪情报战略思维》（*Strategic Thinking in Criminal Intelligence*, Federation Press, 2004 & 2009）、《地理信息系统与犯罪制图》（*GIS and Crime Mapping*, Wiley, 2005）以及《监管非法毒品市场》（*Policing Illegal Drug Markets*, Criminal Justice Press, 2005）。其近期的论文仔细研究了费城枪杀案模式、闭路电视的有效性和新泽西州警方对贩毒黑帮的调查情况。他曾任费城徒步巡逻实验（Foot Patrol Experiment）的首席研究员。

拉特克利夫曾是英国陆军预备役军官（皇家工程师），登上过非洲最高的 3 座山脉，曾带领一支探险队沿着西伯利亚色的楞格河探险，并且是第一个成功地使用传统船只在婆罗洲（Borneo）的淡布伦河（Temburong River）急流航行的非伊班族人（Non-Iban Tribesman）。他喜欢潜水、驾驶超轻型水上飞机、畅饮单麦威士忌……当然，这些只是不在同一时间进行。

❑ 克丽丝·罗杰斯（Rogers, Chris）

1989 年 1 月，罗杰斯女士开始在加利福尼亚州司法部刑事司法信息系统分部（Division of Criminal Justice Information Systems，DCJIS）工作。在该分部的任期内，因致力于通过新兴技术推进信息共享，她赢得了全州乃至全国刑事司法从业人员的信赖和认可。

2008 年，她接受了加州司法部执法分部——调查和情报局的一个职位，在那里担任助理局长，监督该局情报行动计划的方案和活动。她是在全球司法信息共享倡议管理下的全球安全工作组（Global Security Working Group）和全球基础设施与标准工作组（Global Infrastructure/Standards Working Group）成员。她拥有信息系统管理专业学士学位。

❑ 保罗·罗杰（Roger, Paul）

澳大利亚管理学会会士（FAIM）、澳大利亚职业情报官学会会士（FAIPIO）以及认证犯罪分析师（CCA）。

罗杰先生在执法、国家安全、合规审计等领域拥有超过 30 年的管理经验。

目前，他是博斯公司（Booz & Company）的一位高级合伙人，掌管针对澳大利亚、新西兰和东南亚等国家的公共安全、执法和司法公正等工作。在加入博斯公司之前，他是昆士兰州犯罪和渎职委员会（Queensland Crime and Misconduct Commission）的一位高级行政主管，负责管理委员会的情报、信息管理和安全资料，支持使用多学科方法调查贪污和有组织犯罪。而在此之前，他曾是香港皇家警察部队（Royal Hong Kong Police Force）的高级警官。

罗杰先生是澳大利亚管理学会（Australian Institute of Management，AIM）会士，澳大利亚职业情报官学会（AIPIO）会士和上一任主席，以及认证犯罪分析师协会上一任理事。他也是认证犯罪分析师协会终身成就奖（Society of Certified Criminal Analysts' Lifetime Achievement Award）获得者，以表彰他作为分析师、培训师、作者、管理人员、国际咨询师对执法职业 30 多年的贡献。

罗杰先生发表了有关情报、安全和有组织犯罪等相关主题的多篇论文，为本科和硕士层次的学生授课。他拥有昆士兰理工大学（Queensland University of Technology）司法硕士学位（战略情报方向）和司法研究学士学位。

❑ 贝萨妮·舒斯勒（Schussler, Bethany）

舒斯勒女士是一位具有 9 年州级调查机构工作经验的老手，主要在洗钱科和保险欺诈局工作。她曾讲授金融调查、公开信息源研究以及如何分析金融犯罪执法网络记录等内容。她是国际执法情报分析师协会会员、认证犯罪分析师以及国际执法情报分析师协会中大西洋分会（IALEIA Mid-Atlantic Chapter）上一任财务主管。她拥有布莱恩特学院（Bryant College）工商管理学学士学位，主修金融专业。她也是认证欺诈审查师协会会员，曾为《国际执法情报分析师协会杂志》（*IALEIA Journal*）撰写了一篇题为“充分利用互联网”（Getting the Most Out of the Internet）的论文。在进入执法领域之前，她曾是破产欺诈专家、高级财政助理，也曾在华尔街期货交易所工作。

❑ 伊恩·韦尔斯（Wells, Ian）

韦尔斯先生长期从事情报分析和情报教育工作。目前，他在澳大利亚悉尼麦考瑞大学（Macquarie University）警务、情报和反恐中心（Centre for Policing, Intelligence and Counter Terrorism）担任领导角色。在此之前，他作为高级学者在情报教育领域工作了十余年。他有多个情报职位，包括昆士兰州刑事司法委员会（Queensland Criminal Justice Commission）首席情报分析师，以及澳大利亚安全情报组织（Australian Security Intelligence Organisation）亚洲（分析）分部情报协调者和管理者（Coordinator Intelligence and Manager Asia Branch [Analysis]）。伊恩还在国家评估办公室（Office of National Assessments）担任过两届高级南亚分析师。他曾是澳大利亚国防部（Australian Department of Defence）国际关系和军力发展部门的高级政策官员，在不同时期主导负责制定维和与反恐政策以及重大军事装备投资等领域。

❑ 加里·S. 威廉斯（Williams, Gary S.）

在工作近 40 年后，威廉斯警监（Captain）从洛杉矶警察局（Los Angeles Police Department）退休。他是包括反恐科和有组织犯罪情报科在内的重特大犯罪部（Major Crimes Division）的前指挥官。他毕业于瑞德兰大学（University of Redlands [BSBM]）和联邦调查局国家学院（FBI National Academy）。他是洛杉矶联合区域情报中心（Los Angeles Joint Regional Intelligence Center，JRIC）的最初设计者之一，是洛杉矶警察局恐怖主义威胁评估中心和洛杉矶联合区域情报中心现在使用的区域公共与私人信息协作系统（Regional Public/Private Information Collaboration System，RPICS）的创建者。他还是执法情报单位协会前财务主管，现任该协会基金会（LEIU Foundation）——一个支持全国执法情报工作的 501(c)(3) 组织 [1] 的首席财务官。

❑ 理查德·赖特（Wright, Richard）

---

[1] 译注：指受美国《国内税收法典》501(c)(3) 条款 [Section 501(c)(3) of the Internal Revenue Code] 控制的公共非营利组织。论条款涉及的免税政策适用于为宗教、教育、慈善、科学、文学、公共安全测试、促进业余体育竞争和防止虐待儿童或动物等公共利益而建立并运作的公司、机构以及公益基金等。

1965 年，赖特先生在洛杉矶警察局开始了执法生涯。在 21 年的工作中，在提任警员（Officer）、警司（Sergeant）和警督（Lieutenant）的时期，他穿过制服，干过侦探，执行过特别任务等。在洛杉矶警察局的最后 6 年，他被分派到有组织犯罪情报部（Organized Crime Intelligence Division）担任领导。1986 年，他加入了西米谷警察局（Simi Valley Police Department），成为警监（Captain），曾在该局各部门担任指挥官，并任该局代理局长。

赖特与人合著了加利福尼亚和平人员协会（California Peace Officers' Association，CPOA）的出版物《小型机构犯罪情报计划》（*Criminal Intelligence Program for the Smaller Agency*）和多篇犯罪情报论文。他还是执法情报单位协会和国际执法情报分析师协会联袂出版的《情报 2000：修订的基本要素》的共同主编和撰稿人。他为加州司法部和其他执法组织讲授了大量犯罪情报课程，同时还供职于加州总检察长有组织犯罪咨询委员会（California Attorney General's Organized Crime Advisory Committee）。

从 2001 年 5 月开始，赖特担任了两届执法情报单位（协会）总会长。在担任总会长之前，他曾在执行委员会供职 10 年，先后担任了西南区副会长、会长以及执法情报单位副总会长等职务。2005 年，他从西米谷警察局退休，但仍以上一任总会长的身份活跃在执法情报单位协会执行委员会。目前，他从事咨询工作，并且开了一家专门为政府机关进行内部行政调查的公司。

赖特先生是联邦调查局国家学院第 122 届毕业生，拥有佩珀代因大学（Pepperdine University）公共管理学士学位和公共传播硕士学位。

《斯诺登档案：世界头号通缉犯的内幕故事》（修订版） ［英］卢克·哈丁　著

简介：本书对“斯诺登事件”进行了全面介绍和解读。它详细追踪了斯诺登的泄密动机、获取机密文件的方式、媒体的报道过程及事件的后续发展，讲述了事件背后媒体与政府的博弈较量、各国的攻防策略，披露了美英等国监控全球的手段和规模。作为该事件的全球首部权威著作，本书不仅曝光了西方国家的安全战略秘密，而且还披露了他们怎样监控中国的内幕。无论个人、企业和国家，都可从书中获得启迪和警示。

《二战后的美国对外政策》 ［美］史蒂文•胡克　约翰•斯帕尼尔　著

简介：本书是国际研究协会（ISA）外交政策分会前会长的担纲力作，堪称美国外交政策研究经典之作。作者将美国置于全球背景下，系统讲述了 1945 年二战结束后该国对外战略的重大发展与变化，深刻剖析了其外交政策的决策机制，提示了其对外战略的形成规律。通过本书，读者可以了解美国对外政策的根源和复杂性，深入理解其对外战略的全景图。全书涵盖了美国的对外政策变迁史、外交案例分析、全球争霸史、国际反恐发展史等等内容。

《谁来监管泄密者？：国家安全与新闻自由的冲突》 ［美］盖里·罗斯　著

简介：2010 年“维基揭秘事件”，2013 年“斯诺登泄密事件”……据统计，近年媒体泄密在所有未授权信息泄露中比例最高，对国家安全和利益影响也最甚。通过美国政府历史上重大的泄密案例和事件，作者探讨了未授权信息泄露背后的动机、代价、法律困境和解决之道，以期望提醒全美情报系统：对手是如何获取美国情报的，对手获得情报后会取得怎样的优势。本书内容具有较强的时代性，在互联网信息时代普及国家安全意识的目的十分明显，对我国相关读者同样具备较强的借鉴意义。

《情报术：间谍大师杜勒斯论情报的搜集处理》 ［美］艾伦·杜勒斯　著

简介：本书作者以第一人称的视角展开，着重阐述了情报的实用技巧——情报如何搜集和处理，以及形成的结果怎样为制定国家政策服务。本书是“间谍大师”、中情局任期最长局长、美国现代情报系统缔造者杜勒斯的收官之作。凭借美国战略情报局与中情局的独特任职优势，作者娴熟地将情报学知识、亲身经历和各种间谍事件与趣闻轶事有机融为一体，具备极高的可读性。

《骗中骗：克格勃与中情局的无声战争》 ［美］爱德华·爱泼斯坦　著

简介：本书以美国反间谍头目詹姆斯·安格尔顿之死为缘起，追踪了苏联从建国伊始到冷战末期“欺骗对手”的各种行动，以及美国是如何应对和接招的。通过中情局与克格勃在情报与反情报上的较量，作者向读者呈现了一场看不见硝烟的战争。本书是西方反情报代表作，既可作为饭后茶余之消遣，亦能当作国家安全研究的重要资料。

《全民监控：大数据时代的安全与隐私困境》 ［英］约翰·帕克　著

简介：阿桑奇、斯诺登等的接连爆料警示我们，“全民监控”的时代已经来临。为了获得全方位的监控能力，西方国家利用闭路系统、窃听设备、身份识别技术、定位追踪装置等随时随地监视民众。全书涉及国家安全、信息安全、个人隐私等问题，为人们敲响了监控无处不在的警钟。本书案例丰富、数据翔实、语言生动，是读者迅速掌握隐私与信息安全知识的必读之作。

《网络战：信息空间攻防历史、案例与未来》　[美]保罗·沙克瑞恩　等著

简介：通过梳理网络战的经典案例，本书系统探讨了其历史、现实和未来。以跨学科的研究方法，作者有机融合理论与实例，涵盖了从个人、组织机构到国家的网络安全问题，细致阐述了网络空间的生存之道。全书语言生动，通俗易懂，既可供信息技术与军事人士研读，也是普通读者的必读佳作。

《秘密情报与公共政策：保密、民主和决策》　[美]帕特·霍尔特　著

简介：本书围绕保密与民主这一核心，重点探讨了国家安全情报怎样为国家政策服务，以及政策实施过程中如何通过公共控制机制等对公众进行保密或公开，以及如何进行监督管理。全书讲述了美国安全情报的起源与演变，介绍了与国家安全政策制定相关的四大情报活动，穿插了一些情报利用、误用、滥用等的经典案例，并展望了情报和政策两者的未来关系。

《国家安全与情报政策研究：美国安全体系的起源、思维和架构》

[美]伯特·查普曼　著

简介：本书总结和收集了大量以美国为主的世界各国国家安全政策资料，既有公开的政府管理机构文件和网络资源，也有解密的安全政策文件，还有对独立组织与智囊机构研究文章、专著和期刊的评介。作者重点介绍了美国国家安全思想和架构的起源和发展历程，以及作为其国家安全基石的情报政策的历史变迁，还涉及其他一些国家和地区的相关内容。本书具有极强的资料性和实用性，是一部研究国家安全历史和知识的重要案头书。

《恐怖主义如何终结：恐怖活动的衰退与消亡》　[美]奥德丽·克罗宁　著

简介：了解恐怖运动如何被铲除或消灭的规律和历史经验，有助于加速终结恐怖组织，同时减少不必要的恐惧与过度反应。通过精心研究各种恐怖组织，本书总结出终结恐怖组织的六种模式，分别系统、深入地对其加以论述，辅以实际数据、案例研究和图表。本书极具历史性、实践性和经典性，论证严谨，是反恐领域的一部不可多得的标杆性读物。

《21世纪犯罪情报：公共安全从业者指南》　[美]理查德·赖特　等主编

简介：本书全面、系统、深入地介绍了以美国为主的西方国家犯罪情报工作的过去、现在和未来，论述了犯罪情报工作的思想、流程、方法、工具和实践。全书内容丰富、逻辑清晰、史料翔实、案例适用。在理论上，它揭示了犯罪情报工作的基本规律；在实践上，它提供了犯罪情报工作的方法工具。

《数据与监控：信息安全的隐形之战》　[美]布鲁斯·施奈尔　著

简介：在现今世界，我们大量的个人数据会被政府和企业监控，用于分析控制我们；政治自由与公平、商业公平与平等，甚至隐私以及安全等都因监控岌岌可危。本书对政府、企业和民众分别给出切实可行的建议，探讨如何才能有效应对监控，保护信息安全和隐私。作者被西方媒体誉为“网络安全教父”。